# 協同による
# 社会デザイン

編　小木曽洋司
　　向井清史
　　兼子厚之

日本経済評論社

# 目次

序章　社会の変容と協同の社会システム ……………………………… 1

  I.　協同による社会構想を ……………………………… 小木曽洋司　1
    1.　生協の自己改革への展望をどこに見出すか　1
    2.　生協の今後の課題をどう捉えるか　5
  II.　文明史的転換期の生協運動への期待 ……………………… 兼子厚之　13
    はじめに：時代の要請と生協運動への期待　13
    1.　新自由主義による資本主義経済システムの混迷と限界　13
    2.　くらしと社会をめぐって　16
    3.　文明史的転換期と生協運動への期待　19
    4.　消費動向の変化と未来　23
    5.　国際的な協同組合への期待と関心　25
    6.　市民参加型生協誕生50年の生協運動の課題　28

## 第1部　新しい生協像への視座

第1章　地域社会の当事者性を創る ……………………………… 小木曽洋司　33
　　　　―生協が拓くコミュニケーションの役割―

  1.　地域社会への「関与」と「貢献」　33
  2.　今なぜ「地域社会」なのか　36
  3.　協働の可能性　39
  4.　生協の地域社会への回路　41
  5.　高齢社会における生活ニーズの多様化　47
  6.　「おたがいさま」による個人のニーズの創造　51
  7.　ソーシャルキャピタルとしての生協　59

8．おわりに　67

第2章　「他者志向的事業体」として生協を見直す………… 向井清史　71

　　1．はじめに　71
　　2．なぜ，生協を他者志向的事業体とみなし得るのか　73
　　3．他者志向的事業改革と倫理的消費　79
　　4．生協の福祉事業と他者志向的組織改革の展望　92

第3章　地域福祉型生協の展開と可能性………………………朝倉美江　107
　　　　―協同組合は社会運動を担えるのか―

　　1．社会運動と地域福祉型生協　107
　　2．社会運動とコミュニティワーク　113
　　3．社会運動と生協運動　119
　　4．福祉サービスと地域福祉型生協　125
　　5．地域福祉型生協の実際　131
　　6．おわりに：地域福祉型生協の展望　141

第4章　「持続可能な消費」によるフェアトレード………… 近藤充代　153

　　1．はじめに　153
　　2．「倫理的消費」の推進政策　155
　　3．エシカル消費とフェアトレード　162
　　4．消費の社会関係性と「持続可能な消費」　168
　　5．「持続可能な消費」と生協　177
　　6．おわりに　182

第5章　格差社会における生協事業……………………………加賀美太記　186
　　　　―生協は変わる社会と消費にどう向き合うか―

　　1．はじめに　186
　　2．「格差社会」における消費と流通　189
　　3．「格差社会」における生協組合員　200

4.「格差社会」に向き合う生協事業　204

5.　おわりに　214

第6章　時代の要請に応える生協運動への期待と提言……兼子厚之　220

1.　はじめに：社会と組合員のくらし　220
2.　協同組合，生協運動への期待　221
3.　生協運動の現状と危機感　223
4.　なぜ，モデルなき「単なるものまね化」が定着したのか　225
5.　生協の商品開発の経緯と現状の課題　226
6.　時代の要請に生協運動はどう向き合うか　228
7.　生協運動への期待と8つの提言　228
8.　むすび：協同組合法制の一本化への願い　252

## 第2部　東海における生協の今

I.「愛知の生協のグランドデザイン」から未来を考える……磯村隆樹　257

　(1)　はじめに　257
　(2)　愛知の生協のグランドデザインとは　257
　(3)　コープあいち発足から9年，新しい生協づくりは「道半ば」　258
　(4)　組合員の主体的な事業と活動への参加・参画　260
　(5)　次代を担う生協職員の育成　261
　(6)　今後の実践に向けて大切にしたいこと　262
　(7)　おわりに　264

II.　"身近な"協同（協働）によるまちづくりをめざして……牛田清博　266

　(1)　はじめに　266
　(2)　"孤立"は急速に進んでいる　266
　(3)　コープあいちの実践から「身近な協同」の広がりづくり　269
　(4)　身近な協同を"いっぱいつくる"　274
　(5)　むすび：地域・まちづくり推進型の生協をめざして　279

III. 組織の変化と今後の生協のあり方 …………………………… 森下　智　281

 （1）　はじめに　281
 （2）　生協との出会い　281
 （3）　時代の変遷とともにうまれてきた利用の仕組みの変化　282
 （4）　日常の仲間づくりや利用の場で起きていること　283
 （5）　福祉の視点での事業や活動，地域の一員としての役割発揮　287

IV. 生協運動に夢とロマンを ……………………………………… 河原洋之　291

 （1）　はじめに：生協運動の原点　291
 （2）　全岐阜県生協連による飛騨生協支援　292
 （3）　岐阜大学生協に入協　293
 （4）　岐阜大学生協の赤字の経験　294
 （5）　工短デー　297
 （6）　「9.11東海豪雨」災害　298
 （7）　コープぎふ組織デザイン委員会　299
 （8）　おわりに　300

V. 「地域・社会的生活協同組合」をめざして ………………… 向井　忍　301

 （1）　協同組合原則の改定とレイドロー報告の意義　301
 （2）　「班活動」の源流と名勤生協の設立期　307
 （3）　80年代後半から90年代の「信頼と経営」　311
 （4）　組合員主体の生協とは：2000年代の模索　317
 （5）　21世紀の持続可能な社会を担う協同組合として　326
 （6）　「地域・社会的協同組合」の時代　330

補論　協同組合と文化 ……………………………………………… 中川雄一郎　337
 　　―「協同組合の文化」考―

 1.　はじめに：今なぜ「協同組合の文化」なのか　337
 2.　協同組合の文化：二つの事例　340

3. 持続可能な開発目標（SDGs）と協同組合の文化　352
4. 「文化」を支える「社会」とは　357
5. むすびに代えて：協同組合の文化　368

あとがき ……………………………………………………………………………… 377

# 序章
# 社会の変容と協同の社会システム

## I. 協同による社会構想を

小木曽洋司

### 1. 生協の自己改革への展望をどこに見出すか

　本研究会による前著『未来を拓く協同の社会システム』[1]では，経済のグローバル化に対応した戦後福祉国家システムの放棄による格差社会の到来という共通認識に立ち，福祉国家システムを構成していた，労働組合をはじめとした中間集団の解体による人々の孤立化，あるいはコミュニケーションの切断，変容という困難な状況をどう切り拓くかを課題とした．この困難から生協が自由であったわけではなく，冷凍餃子への異物混入事件などに見られたように，生協独自のガバナンス機能が有効ではなくなっているのではないかと思わせるような事件が起きた．事件は，生協の存在意義そのものを問われかねない根本的な問題を生協自身が内包しているのではないかという危惧を抱かせるものであった．それゆえに，事業高や一人当たりの利用高の「停滞」も課題ではあるが，生協の存在意義そのものの再構築からその克服の道筋を模索しなければならないことをまず確認したい．そのような自己改革を生協は今迫られている．

　前著の兼子論文がこの点を詳しく論じたうえで，生協事業の再構築へのベクトルを「現場発の参加型価値創造事業へ」と提起している．この提起は，生協のガバナンスの特質が組合員の参画にあることを意味している．市民型生協においては，組合員が自分たちのニーズとそれを満たす方法と仕組みにいかにかかわれるかが生協の社会的役割を規定すると言ってよいように思われる．本書

の基本的問題意識は，組合員の参画による生協ガバナンスのあり方をさらに探求することにおかれている．

　生協運動と事業の現状をどう把握するかは今後の生協のあり方を展望する上で基本的な作業である．組織率，事業高，一人当たり利用高などの指標はよく用いられるものであるが，これらが福祉国家の枠組みの中でもつ意味とその枠組みが解体した今においてもつ意味は異なるはずである．組織率一つとっても，核家族形態が最大の層をなしていた時代と高齢者のいる家族が全世帯の4割強を占め，その半分の約1,000万世帯が「高齢者のみ」「単身世帯」の高齢社会である現在では，組織化の内容がまったく異なるであろうことは明らかである．この組織率という場合，それは何を組織しているのであろうか．一般的な表現としてはニーズであるが，このニーズをどのように把握するかが重要な点である．一般的な「消費者ニーズ」の追求であれば，同質化競争の土俵に留まるしかない．生協の叢生期における安全な牛乳の追及はニーズの創造であったのであり，あるべき社会生活の内容の追求であった．だからこそ運動と事業が一体のものとして実感されたのである．

　現在の社会が生み出している高齢化段階のライフサイクル上の人たちの困難がどのような社会の構築によって解決可能なのか，その構築に，生産から消費までのありようをどのように再編成すべきなのか，という生協の運動・事業領域から接近する作業が必要であろう．

　したがってこれから目指されようとしている社会の枠組みを前提とした協同の内容，質を問う指標を見出す必要がある．生協はこれまでの発展を支えた基本的条件とは異なる基盤を必要としているからである．組織化の基盤として依拠していた福祉国家の家族形態，ジェンダー編成は一般的なものではなくなりつつあるし，また高齢化をはじめとする人口構成の変容は組合員像の変化をもたらしている．それゆえ，それに見合った事業と運動を構築しなければならない時期に来ている．その方向性の探求を自ら追及する生協のあり方として，「社会関係資本」としての生協をどのように再構築できるかという課題をおいた．社会的課題に向き合う組合員のコミュニケーションをいかに組み立てるかということである．すなわち組合員自身が組合員であることによって社会のあり方との関係でどのような自己認識を獲得できるかということである．生協が豊か

な関係を基盤に運動と事業を一体的に発展させえたのは，組合員・職員にそうした社会における自己認識の共有があったからである．消費とは生活資料の購入のことであり，社会の再生産の基本的要素の一つである．グローバル経済において，この購入行動が持つ社会的意味は生協草創期よりも格段に大きくなっている．次に述べる環境問題にも大きな影響力を持つ可能性は大きい．まさに「お買い物で世界を変える」行為にもなるのである[2]．

　歴史的に言えば，生協は日本の福祉国家のジェンダー編成に依拠しながら，女性の社会的な活動の場を生み出し，女性の都市の社会運動への参加や政治の世界への進出の基盤にもなったという点で，革新的な社会的役割を果たした．現在の福祉NPOなどが担うコミュニティビジネスと言われる社会的サービスの供給形態もその流れを汲んでいる．その活動は生協が依拠していたジェンダー編成への懐疑へと導く可能性をもったものである．しかしながらそうした流れは，どちらかと言えば生協組織本体からロールアウトした組合員たちによって新しい協同の形として展開されている[3]．最近の子ども食堂の全国的な叢生も，生協の組合員が関わっている事例も多いのではないかと推測される．

　これを組合員の活動と見るか，個人の活動と見なすのか．個人の活動と見なせば，生協との関係は意識されないことになる．また組合員の活動と見なした場合も，生協の事業とは直接に関係ないと見なすか，それとも生協の事業を見直す（展開する）契機と捉えるかで全く異なる態度になる．いずれにせよ，ロールアウトした組合員の活動は，新たな課題解決への挑戦である．それが外部化していくとすれば，生協内での十全な活動ができないことを意味してはいないだろうか．そのような組合員たちの試みは常に地域社会で生きている人々の生活課題を対象にしている．それゆえに，そういう新たな協同が外部化していくとすれば，生協の事業と組織がむしろ地域の現実と乖離していくことになり，自己変革の契機を失することになっていないだろうか．

　このような問題意識は「小さな協同」（田中秀樹）という捉え方と共通するものがある[4]．田中はその著書の終章で，生協を母体に生まれた「おたがいさま」について次のように整理している．

　生協しまねを母体にした「おたがいさま」は全県で一つでなく，市町村単位の組織として成立した．生協から支援は受けるが，組織的にも財政的にも自立

している．活動は福祉だけではなく，生活の困りごと全てに柔軟に対応するために，地域の応援者を発掘し登録してもらっているが，応援者を組織化しているわけではなく，依頼者と応援者をつなぐコーディネート集団が運営委員会としての組織である．この活動によって双方向の「おたがいさま関係」を作っていること，さらに地域の集団の連携を図る「地域つながりセンター」が生まれている．こうした活動が近年急速に広がっており，生協の枠を越えてきているという[5]．

この事例から田中は，生協を次のような存在として描く．

> 「おたがいさま」は，生協が培ってきた組合員の社会的な力や生協組合員同士の「つながり意識」のような，「生協がうみだしているもの」を基盤としている．つまりは社会関係資本を生協が生み出している．私たちは，まずそのことに確信を持つべきではないか．農協も含め，「大きな協同組合」は，地域に組合員同士のつながりとして，社会関係資本を培っており，それが「小さな協同」の基盤となっていることは大切な発見であった[6]．

こう述べた後で，田中はおたがいさま運営委員会に生協理事や組合員リーダーがかかわっていることによって「生協理事会にくらしの視点をもたらして」いることを評価し，「おたがいさま」という「小さな協同」と生協という「大きな協同」の「関連構造」を論点として取り上げている．この「関連構造」をさらに展開してほしいところなのであるが，それは述べられていない．すなわち「大きな協同」としての組合員としての立場と「小さな協同」としての自主独立の「おたがいさま」の担い手としての個人の立場の関連についてである．先に述べたここでの課題設定は，こうした「関連構造」ができないために，生協が自己を再組織化する契機をもてないのではないかというものである．

合併によって組織が巨大化すればするほど組合員活動と購買事業本体の関連が問われにくくなる．活動としては支援するが事業とは別というあり方が経営の官僚制化を再生産しているのではないか，ということである．しかしながら，このような課題設定は，田中が「発見」したように，生協が社会関係資本を生み出していることを否定するものではないし，現実としてもそうした経験を持

っているからこそ生協の可能性をさらに探ろうとしているのであることを改めて確認しておきたい．

　生協の自己改革への基盤をどこに見出すか．さまざまな事業と活動において現に機能している社会関係資本形成のメカニズムの解明を進め，自覚的にその形成の形を構築することがまずは必要であろう．その形成過程自体が組合員の参画（生協のガバナンスの形）の契機になるはずである．

## 2. 生協の今後の課題をどう捉えるか

　格差や貧困が現代の大きな課題になっている．その内容を具体化していくと，夫婦がともに働くために保育園に子どもを預けなければならないのに，預け先がないという待機児童の問題，小中学校でのいじめの問題，非正規雇用の低収入問題，過労死問題，老後の社会保障の後退など，言わば人生のどの段階でも困難が生まれているといってよい．こうした問題をさらなる経済成長で解決しようというのが現在の政権の考え方である．

　かつて1970年代に宮本憲一と庄司光はその著『日本の公害』（岩波新書，1975）で「人類は，貧困の克服，戦争の防止，民主主義という共通の歴史的課題に加えて，環境の保全と回復という新しい課題に取り組むこととなった」と述べた．彼らは公害に対する対策をとらなかったからこそ高度経済成長は可能になったことを明らかにした．研究者たちの作業はようやく，1972年のストックホルムで開催された国連人間環境会議で一つの節目を迎えたと言ってよい．人類史的課題として貧困，平和，民主主義，そして4番目の課題として環境問題が世界的な共通課題として取り上げられたのである．それらの課題が順次解決に向かってきた歴史の延長上に環境問題の成立を指摘したのである．しかしながら21世紀に入り，克服過程にあると思われたこうした人類史的課題は決して解決途上にあるのではなく，グローバリゼーションによって新たな形で再浮上し，さらに深刻な形で問われていると言わざるをえない．

　これまで経済成長がこうした課題に対する万能薬であるとされてきたために，さらなる成長が求められている．しかし，グローバリゼーションによる成長経済は，万能薬であるどころか，貧困を生み出し，戦争の危機をもたらし，地球

環境を悪化させる形で人類史的課題を再浮上させる要因になっている．現在の成長経済政策への疑問，批判は，現代がどのような歴史的な位置をあるかを見定める作業としてもなされている．

協同（組合）運動は成長経済とは異なる経済社会を構想する基盤としても期待されている．国連が2012年を国際協同組合年として定め，サステイナブル・デベロップメントの担い手としての役割を表明したのもその現れであろう．そのほか幾つかの現代社会の位置に関する見解を紹介してみたい．

2017年9月に徳島大学でおこなわれた協同組合学会第1日目の「地域シンポジウム」の主旨の中で，玉真之介教授は成長戦略の問題性として「資本主義経済の腐朽化」現象を取り上げている．東芝の粉飾決算をはじめとして企業の不正は連日報道されている．玉教授は株式会社KPMGFASによる「日本企業の不正に関する実態調査」（2016）をとりあげ，過去3年間に，上場企業の3社に1社が不正行為をしているという内容を紹介している．それを「格差と貧困のみならず『株式会社』というシステムにおけるモラルの毀損」であるとして，現在を新自由主義とグローバル化の時代の転換点であると述べる．この転換の方向性を考える現実的素材として「協同の地域づくり」の事例が報告され討議された．

この「腐朽性」という観点から現実の職場の状況を報告しているのが竹信三恵子である．正社員が少数派になった職場，あるいは0になった職場がどうなっているかを竹信は報告している．竹信は非正規同士がまとまるのではなく，むしろ「小さなもめごとや，その挙句の正社員への告げ口合戦がすくなくない」事例をとりあげ，「正社員や労組の消滅」によって「正社員」が多かったときの「常識」，すなわち「労使交渉のノウハウ」も伝承されず「けんかのルール」もわからなくなっているとしている．しかも少数派になった正社員は職場の状況を把握することもできていないばかりか，労働のルールやモラルさえ危うくなっているというのである[7]．

水野和夫は，グローバリゼーションという資本の運動が意味するものを次のように述べている．すなわちグローバリゼーションとは「中心」と「周辺」の組み換え作業であると．20世紀においては，「中心」は北の先進国であり「周辺」は南の後進国であった．その限りにおいて北の国民は富の配分に与れたの

であるが，21世紀においては，「中心」は象徴的な意味で「ウォール街」であり，「周辺」は「自国民」になった[8]．その結果，1999年以来，「企業の利益と雇用者報酬とが分離し，2006年に至っては企業の利益はあがっているのに，雇用者報酬が減少するという現象」が生まれた．この現象は「データが存在する過去130年の間の歴史において初めて」であり，「総付加価値がプラスの伸びを示しているときに，雇用者報酬の伸び率がマイナスになったことは，1990年以前には決して」なかった．

こうした現象はそれを現実化させる政策が採用されたことを意味する．法人税率を下げ，雇用の流動化という名による解雇しやすい環境づくりなど政治は資本家のためのもになっている．それゆえに水野は政治の状況を「資本側の完勝」と述べるのである[9]．

したがって「トリクルダウン」がそれなりに意味を持ったのは1990年以前までのことであろう．

現代が戦後の社会システムの転換期であるだけでなく，近代の大きな転換期になっているのではないかという見解が出てきている．ではこの転換はどこへ向かうのか．その一つの回答は「定常型社会」という見方である．すでにゼロ成長，マイナス成長は現実であるが，経済成長なしの成長経済という意味ではなく，より積極的に，これまでの経済成長が破壊してきた環境とそこに成立してきた伝統文化を再生・創造するためのシステムを展望しようとするものである．経済成長の絶対的制約要因としての環境問題に関する知見から求められる社会像である．

なぜ環境問題に行き着くのか．この項の最初で述べたように，第4番目の人類史的課題として環境問題は成立した．それは環境問題が貧困や平和，民主主義の問題の「後」にしか問題にされないということではない．むしろ貧困や平和，民主主義の問題は環境問題へ収斂するのである．貧困も平和問題も民主主義の問題も全て環境問題として現れる．環境問題は公害問題を引き起こさないための「維持可能な発展」という理念を根底に据えたものでなければならない．公害は貧困，人権，民主主義を無視したところに成立している．平和の問題で言えば，沖縄の米軍基地は，環境破壊を招き，住民の人権を無視することによって存続が可能になっているのである．つまり環境を守るということは，そこ

に住む人々の人権を守ることであり，そのためのさまざまなルールを作り上げることである．

　グローバリゼーションによる規制緩和はまさにこれと逆行する．しかしながら，環境問題の理解が，公害が終わったという認識の下で進められてきたために，環境が叫ばれながら環境は悪くなっている．この点について宮本憲一はまず何よりも公害の被害を全面的に明らかにしてこなかった政府や企業の責任を指摘する．被害を明らかにしないことこそ問題「解決」策であったのである．東北の大地震の被害も原発事故の被害も長期的・総合的な調査が本来必要であろう．それだけではない．宮本は政府の文書等は環境問題を「文明の問題」に解消し，「消費者主権」の立場から国民を環境問題の第一の責任の担い手にしていることを指摘する[10]．このことを宮本は「一億総懺悔」のようなものだとしている．

　公害問題を基本に据えた環境問題への対策として宮本が提起するのはサステイナブル・ソサイアティ（維持可能な社会）を足元からつくることである．地方分権化の流れの中で，市民運動に支えられた自治体が「環境再生」のための公共政策を実施していく道筋を，英独の事例とともに提起している．サステイナブル・ソサイアティの目的は地球環境保全にあり，その内容は，「平和・環境・資源・生物多様性の維持を枠組みに，絶対的貧困の除去，民主主義，基本的人権と自由が総合的に実現する社会」である[11]．

　「定常型社会」は，「経済成長が全ての問題を解決する」時代は終わりに来ているという現代についての認識を基本にしている．この認識の根拠のひとつは人間の生活が地球環境へ与える負荷（エコロジカル・フットプリント）がすでに限界に来ているということである．わかりやすい表現で言えば，日本の生活を発展途上国の人々がするなら地球が2.4個必要となり，アメリカの生活になれば地球が5.3個必要となるということである[12]．こうした自然環境条件の限界は，社会学者の見田宗介が「現代社会論」として論じていたところのものである．見田は人々の「豊かさ」を損なわないような，情報化技術を援用したモノの質的転換を図ることによって，必要な物質の量を減らす戦略を提示していた[13]．この点を「最適規模の環境マクロ経済学」として体系的に論じているのがハーマン・デイリーである．

「最適規模の環境マクロ経済学」は「生態学的なシステムという全体と，経済という下位システムの境界をまたいでおこなわれる物理的な交換」を主題にしている経済学であるという[14]．デイリーは現代を「成長の限界便益よりも限界費用」が大きくなった時代と見なしている．「経済成長」と区別された「経済的な成長」という言葉を用いて，「経済」の拡大が実質的に便益を増大させる場合と逆の場合があることを示し，現代の経済成長が，「経済的な成長」という観点から言えば「不経済」になっているというのである．近年の世界中の災害，日本での異常気象をこうした「不経済」という概念で捉えることも可能だろう．成長の便益よりも費用が大きくなった時代という認識は，すでに日本の地域社会レベルで指摘されてきたことである．宮本憲一は戦後の四日市をはじめとするコンビナートは，それによる便益よりもはるかに社会的費用のかかることを次のように述べる．

　　……大阪に造成された堺・泉北コンビナートが大阪府下の全工場に占める寄与度をみると，$NO_2$ や $SO_x$ の寄与度は 45% に達しているのに対し，所得のそれは 11%，雇用や事業税は 2% にすぎない．このように環境や資源を入れて，経済効果をみた場合に，素材供給型重化学工業の工場の地域開発効果は小さいのである．……このことは，堺・泉北地域だけでなく，四日市コンビナートをはじめ，政府が第一次全国総合開発計画……で指定した地域にすべて共通している．このような実証研究から，外来型開発よりも内発的発展をすすめることが，一部の地域で選択されることとなった[15]．

　現代が「不経済成長」領域に入ったことをデイリーは，開発した指標で説明している．要するに「GDP の中身を『費用』と『便益』に分けて GDP から『費用』の部分を差し引いて経済成長の実質的な『便益』を概算する」ものである．開発された「持続可能経済指標（ISEW）」と「真の進歩指標（GPI）」と GDP の相関は，1980 年ごろまで指標と GDP は正の相関をもっていたのに，それ以後は，GDP は増えても指標は横ばいであるという．もう一つの指標は「自己評価による幸福度」である．さまざまな調査によって，一人当たり年収 20,000 ドルぐらいまでは，個人の幸福度の自己評価は上昇する．しかしそれ以上にお

いて幸福度の決定的要因となるのは「友人関係，結婚，家族，社会的な安定性，信頼，公正さ」になり，GDPではない[16]．

「定常経済」は「成長できない成長経済」ではないことをデイリーが指摘していることに留意したい．自己抑制的で禁欲的な我慢の社会を想像する陳腐な解釈ではいけないということである．それはわれわれの創造性を発揮しうる可能性を含んだ社会と見なしたほうがよいだろう．デイリーは，GDPは量的拡大であるgrowthと質的向上であるdevelopmentをごちゃ混ぜにしているとして，「進歩の道筋を，持続可能ではない『量的な成長』から持続可能であろう『質的な発展』へとシフトしていくことが必要」[17]と述べているからである．生態学的な全体システムの下位システムとしての経済を組み立てる際に，デイリーが整理した維持されなければならない持続可能性の三つの条件は以下のとおりである．①「再生可能な資源」の持続可能な速度は，その資源の再生産速度を超えてはならない．②「再生不可能な資源」の持続可能な利用速度は，再生可能な資源を持続可能なペースで利用することで代用できる速度を超えてはならない．③「汚染物質」の持続可能な排出速度は，環境がそうした汚染物質を循環し，吸収し，無害化できる速度を上回ってはならない，以上三つである．こうした条件は，四日市公害裁判での総量規制という考え方，あるいは環境基準という考え方として，その設定方法に問題はあるとはいえ，現実的にも機能している考え方だと言っていいだろう．

以上　現代の課題として格差と環境を取り上げたが，最後にこうした課題への生協の役割を考えておきたい．

一つは，社会の状況自体がこうした課題を解決していく上で非常な困難な条件を抱えている，このことにどう対応するかということである．非正規労働者の状況で見たように，格差が分断を生み，解決のためのつながりがもてないという悪循環に陥っているところに現在の困難がある．その悪循環を支える考え方が「自己責任論」である．これに対して田中が述べたように，生協は社会関係資本を培っている．この点は大変重要である．「社会関係資本」を学問的な概念に作り上げたR.パットナムは，不平等と社会連帯は根本的に両立不可能であると述べる[18]．生協自体が社会的連帯機能をもっているとすれば，まさに社会的な格差を踏まえた社会関係資本の醸成とはいかにあるべきかが課題に

なる．それは組織のあり方の問題であるし，職員相互，組合員相互，職員と組合員相互のコミュニケーションのあり方の課題である．これを意識した組織構造や文化が求められることになろう．環境問題から言えば，原料採取から生産，そして廃棄までの過程を担う担い手とのコミュニケーションが必要になっていくであろう．それは協同関係の社会的拡張という意味を持つ．

　生協の扱う商品の理念を環境問題から考えるとはどういうことになるだろうか．生活に必要な衣食住を支える商品の基準を安全安心という観点から設定することは大切なことである．しかし，この安全安心という理念と製品を見る観点自体も常に見直さなくてはならない．基準は数値で表されるが，その数値だけに依拠すると個々の商品に対する関心が薄らぐ傾向が出てくる．安全と基準がイコールになってしまうからである．

　公害裁判における被害者の勝利を通じて作られてきた環境基準は，疫学的手法で設定されるが，それで安全である保障はない．幼子，妊婦，身体的弱者がその基準で大丈夫であるかどうかは定かではない．そういう危険の可能性がある物質は使わないに越したことはないのである．その場合，「○○の材料を使用した商品は扱いません」という立場があるべきだろう．基準は確定しているものではない．そして「扱わない」という立場そのものが未来の社会像を構想する立脚点になる．

　こうした社会，国の安全性への取り組みには生協のリーダーシップが大きな役割を果たしたが，それはすでに生協の専売特許ではない．環境への配慮という生協独自の新たな社会的役割を創造することが求められている．たとえば，デイリーが述べた質的な発展（development）も参考になるアイディアである．その例としては，「共用品」「ユニバーサルデザイン」があげられる．文化の多様化に伴って，これまでデザインに適応するしかなかった人たち，わかりやすい例で言えば，左利きの人たちであるが，かれらにとって使いにくい鋏やトランプの絵柄などの画一的なデザインを使いやすい形，あるいはどのような人も使える形に作り上げていくことである．それが「定常型社会」の豊かさの内容になるということである．

　以上，現代社会における生協の新たな役割をどう考えるかを環境問題から試論的に提示したが，生協のあり方という課題は現代社会の構造に起因する「生

きづらさ」の解決方法と戦略を明らかにする市民的課題である．

注
1) 小木曽洋司・向井清史・兼子厚之編『未来を拓く協同の社会システム』日本経済評論社，2013 年．
2) 日本弁護士連合会消費者問題対策委員会『お買い物で世界を変える』岩波ブックレット，2016 年．
3) 上野千鶴子『ケアの社会学』太田出版，2011 年，第 11 章「生協福祉」．
4) 田中秀樹編著『協同の発見』家の光協会，2017 年．
5) 同上，196-197 頁．
6) 同上，197 頁．
7) 竹信三恵子『正社員消滅』朝日新書，2017 年，48-52 頁．
8) 水野和夫『資本主義の終焉と歴史の危機』集英社新書，2014 年，61 頁．
9) 同上，77-78 頁．
10) 宮本憲一『維持可能な社会に向かって』岩波書店，2006 年，124 頁．
11) 同上，157 頁．
12) 尾関周二，環境思想・教育研究会編『「環境を守る」とはどういうことか』岩波ブックレット，2016 年，6 頁．
13) 見田宗介『現代社会の理論』岩波新書，1996 年．
14) ハーマン・デイリー／新田功・藏本忍・大森正之訳『持続可能な発展の経済学』みすず書房，2005 年，70 頁．
15) 宮本，前掲，110 頁．
16) ハーマン・デイリー／枝廣淳子 聞き手『「定常経済」は可能だ！』岩波ブックレット，2014 年，15 頁．
17) デイリー，前掲，2005 年，49 頁．
18) R. パットナム／柴内康文訳『孤独なボウリング』柏書房，2006 年，第 22 章「社会関係資本の暗黒面」．

## II. 文明史的転換期の生協運動への期待

兼子厚之

### はじめに：時代の要請と生協運動への期待

　協同組合の歴史は，時代と経済・社会の変化によって明確な変遷を辿ってきた．それは，協同組合を必要とする主体者の「組合員が，その時代に暮らし，生きていることからその時代と社会においての願いを協同でかなえようとしている存在である」という必要条件からである．

　時代の要請に応えず存在価値が期待されない，と人々に判断された協同組合は，やがて衰退し破綻する．そこで人々は次に時代の要請に応える存在価値ある協同組合を求め，必要な協同組織を生み出して，新しい協同組合のあり方をカタチにしてきた．このように協同組合の歴史をたどると，「協同組合は時代を映す鏡である」と言えよう．

　20世紀末から21世紀初頭にかけて経済と社会は，小さくとも明瞭な変化を重ねており，それらがやがて大きな時代の移行期という「うねり」の始まりであることを実感させる．

　生協運動は，大きな時代の移行期からの要請と社会の期待，そして組合員のくらしの願いに応えるために，「社会進化モデル」としての存在価値を果たせるのかが問われている．そのような視点から，以下に協同組合，とりわけ生協に対して時代から要請されていることの幾つかをみてみたい．

### 1. 新自由主義による資本主義経済システムの混迷と限界

　現代社会の資本主義経済システムの閉塞性とその歪みがもたらす深刻な負荷は，人々に次の未来をいかように創造するかを問いかけている．

2012年のダボス会議（世界経済フォーラム）は，「大改革，新たなモデルの構築」をテーマに開催された．同シュワブ会長は，総会で「今の資本主義は時代遅れ」と発言した．また2015年のダボス会議に向けた「世界的課題の見通し2015年」（2014年12月）の主要テーマは「格差」であり，所得格差の深刻化を分析している．そこでは，社会の主流から排除された人々，特に若者たちは「公民としての権利を奪われている」という感情をたぎらせるようになるとの指摘がなされ，また，民主主義が掘り崩され，持続的発展と平和な社会への希望が失われかねないという危機感が抱かれている．そのうえで，求めたい解決の方向性が，「人間らしい雇用を伴う排他的ではない成長」であると強調されている．

　さらに，2014年のOECD（経済協力開発機構）フォーラムの主題は「包摂的な社会のために，しなやかで強靭な経済」として，グリア事務局長は「OECD諸国で最も豊かな10%の人々と最も貧しい人々の所得格差は25年前より7倍も拡大している」と指摘した．また，OECDは2014年12月発表の「格差と成長」の報告書において，「多くのOECD諸国で，過去30年間において富裕層と貧困層の格差が最大となり，格差拡大は各国の経済成長を損なっている」と分析した．上位10%（人口比）の富裕層の所得が下位10%の貧困層の9.5倍に達し，成長の恩恵が自動的に社会にトリクルダウン（したたり落ちること）はなく，したがって大企業が利潤を生めば労働者・国民にその「おこぼれ」があるという「トリクルダウン理論」は明確に否定された．

　このことは，アメリカ・イギリス・日本などのOECD加盟国の経済先進国，つまり世界の富が集中する国々で貧困と格差が否定しようのない大きな問題となっていることを示している．富と貧困の偏在と格差の現れは，1970年代末から経済先進国の新自由主義経済システムへの移行が始まってますます顕著となった．資本主義経済国家の経済運営は，混合経済システムとして政府による「計画経済」と民間企業の自由な経済活動の「市場経済」の二つで成立してきた．資本主義経済システムは当然，私的経済主体が主要なアクターといえるが，1929年の世界大恐慌にみられるように，無政府的な市場活動のみに委ねた経済のあり方では需要と供給の齟齬による不況が訪れる．ゆえに，政府の手による「計画経済」としての経済調整を働かせて経済危機を回避することが必要だ

との認識が，それ以降の資本主義経済システムに共通の経済政策となった．

　しかし，1978年のイギリスのサッチャーによる保守党政権が誕生し，それまでの高福祉政策が転換され，市場経済の活性化を意図して大きな政府から「小さな政府」への転換が図られた．また，1981年のアメリカにおけるレーガン政権によって，レーガノミクスと言われる一連の自由主義的経済政策が進められた．レーガン政権は，前民主党政権の政策が企業の活動を阻害し，労働者の勤労意欲を奪ったとの主張から，市場原理と民間活力を重視し，軍備拡張する一方で，歳出削減と減税を行う刺激政策をとったが，結果的には対外債務と財政赤字の増大という「ふたごの赤字」を抱えることになった．そして，日本社会では1982年の中曽根政権の成立により「臨調行政改革」による「官から民へ」という規制緩和路線が採られた．この三つの政権がとった経済政策は，小さい政府論と市場原理主義による「新自由主義経済政策」であった．今日の企業利益の過半が「カジノ資本主義」とも言われている金融市場に向けられ，その利潤は実体経済の活動から得られた健全な利益ではなく，信用取引によっての利益でもある．アメリカは80年代から90年代にかけて金融市場の大幅規制緩和を数次にわたって行い「市場競争優先主義」の実態をつくった．この新自由主義経済政策は市場経済においての政府の介入を縮小し，経済制度における規制緩和政策を採ろうとするものである．言わば，市場における自由な活動を保証し，競争原理による経済の活性化を意図したものである．そして，このような動きは1980年代後半以降において世界的な広がりを見せ，多くの国々が採る経済政策となった．これらの背景には，ニューエコノミーと言われる資本主義経済の枠組みの変化を進める多国籍企業のグローバルな市場活動欲求がある．まさに，アメリカの経済学者ガルブレイスが言うように「企業の国家支配」が進行している実態を示している．

　この市場経済優先の新自由主義経済システムは，その恩恵にあずかるものと，そこから外れたものの格差をさらに深刻なものとしてきた．超富裕層と極貧困層の極大な格差を生み，総体として所得減の趨勢となり，社会の大きな歪みと矛盾を生んできたのである．

　1990年代には規制緩和と企業の自由な市場活動の結果，相次ぐ企業の不祥事や不正行為，また失業問題や所得格差，財政歳入低下など深刻な社会的負荷

が明瞭となり，企業の社会的な責任が問われることとなった．新自由主義経済システムの歪みと負荷への認識はヨーロッパの多くの国々に広がった．イギリスにおいては1997年に「第三の道」を謳う「ブレア政権」が成立し，「ポスト新自由主義経済システム」が意識されるようになった．社会的な批判により，企業の側も市場経済の「自由」のみを優先するのではなく，企業市民として「責任を担う」という志向や問題意識が広がり，「企業の社会的責任」が言われ，コンプライアンスや内部統制，内部監査などが意識され，説明責任を果たすことが求められ，証券市場においては社会的責任投資（SRI）という問題意識も広がった．そして，マーケティングではコーズマーケティング（社会的な意味としてのマーケティング）などが企業戦略的にも注目され，企業と社会の共通利益の創造という「CSV」の思考も広がってきた．

しかし同時に政府による市場経済への規制緩和による矛盾は，富の社会的再分配シテムをも後退させ，失業と貧困，人間疎外，富の偏在と所得格差の拡大，福祉の後退，地域社会の崩壊，広がる家族崩壊，自殺，社会的病理の諸現象の事件という暗い事態も加速度的に広がっている．このようことから，市民社会において格差是正の願いから「富の社会的再分配システム」の再構築を求める社会変革のうねりも期待されている．

一方に，混沌とした世の中がもたらす社会の価値軸の揺らぎの隙間をついて，新しい価値軸として人々の不満を利用した復古的な保守路線や右翼的な兆候も顕著となっている．このような資本主義経済システムの揺らぎと閉塞感を通して，今後の新しい経済ルールをどのように確立することが求められているのかという認識が明確になりつつある[1]．

## 2. くらしと社会をめぐって

国際援助団体のオックスファムは，2017年1月22日に過年度に生み出された富の82%を1%の超富裕層が得たと報告した．前述のトリクルダウンは無いと示した他の研究事例として，ベストセラーとなったトマ・ピケティ著『21世紀の資本』がある．彼は，各経済先進国の統計数値データ分析を用い，資本主義経済システムにおける「富の格差と集中」を解明し，資産を持つ者と持た

ない者の格差拡大を問題提起した．「資産の増＞所得の増」を分析し，証明したと言えよう．そして，さらに社会的再分配機能の縮小とその限界という問題を解明し，トリクルダウンを否定した．さらに，ピケティは，果てしない不平等スパイラルを解決する一つとして，資本に対する年次累進税を提起した．

しかし，そこにも病める「現代資本主義経済システム」を解決することへの妙案とはならず，我々市民が主体となる連帯と協同の「社会的連帯経済」によって，資本主義経済システムの矛盾と歪みを一つひとつ丹念に解決するサードセクターの果たす役割は大きいと考える[2]．

### （1） 格差と分断という不安な未来への思い

現代社会の大きな特徴は，貧困と格差，そして分断と対立の広がりと言えよう．私たちの日本社会の現状においてもそれらは深刻な事態となっている．

①進行する少子・高齢化と単身世帯化

日本の人口減少は，とりわけ深刻な事態となっている．年間死亡者数は，130万人超となり，やがて150万人超の時代がやってくると言われている．その一方で新生児数は100万人以下へと減少し，縮小社会へと激変している．また，未婚者の単身世帯，高齢単身世帯（高齢独居世帯）は，間もなく約4割になると推測されている．

つまり，人口縮小と継続困難な地域社会（コミュニティ）が現出している．これは，世界中で未体験の縮小社会の出現であり，かつ三大都市圏や都道府県内の最大都市などへの人口集中の一方に周辺地域の過疎化と維持困難な地域社会の出現をもたらす深刻な事態となることが予測される．

②広がる貧困と格差社会

非正規雇用労働者は2,000万人を超え，年収200万円以下の勤労者（ワーキングプア）は，1,100万人を超えたと言われている．貯金無し世帯が3割を超えるという統計数値もみられる．

それに加えて，削がれる社会保障がもたらす事態と逆累進性の高い消費増税の負荷が現れている．社会保障の後退（応能負担から応益負担の歪みの現れ），労働構成の多様化と低賃金化が，総所得の減少期と組み合わさって，激しい階層分解をもたらしている．それは，貧困の多世代化としての現代社会の構造と

しても現れている．例えば，母子家庭の子どもが母親に対しての孤独な介護をしている「ヤングケアラー」の増大が言われているように，日本の社会福祉制度は深刻な実態となっている．

### (2) 深刻な人間疎外

そのような貧困化と格差の広がりは，人々の孤独感も広げている．人々は自己の孤独や孤立を実感し，「あいつはボッチ（一人ぼっち）！」だという言葉も存在する．また，公共空間での自己都合優先の行為にみられる「社会の個室化」なども言われている．

そのようなことから造語として「買い物難民」，「無縁社会」，「孤食」，「孤育て」，「孤老」，「孤独死」，「葬送難民」などが広がっていることにみられるように孤独感や疎外感は広がり，深刻な人間疎外の社会が現れている．

その疎外感の広がりは，貧困と格差，差別がもたらす「怒りと不寛容」の社会に繋がっていく．自己に対して「注目されたい，目立ちたい，認められたい」と願う思いが「ネット社会の居場所化」につながる．「イライラする社会」，「不寛容の時代」と言われるような，不満や怒りの爆発を利用した保守的政治勢力と極右勢力の台頭もある．それが人種差別や宗教対立，自国第一主義，一国主義がもたらす国際的な軋轢（コンフリクト）と対立の実状である．

認められない自己，充たされない自己充実感と自己実現感は，孤独感を深め，疎外感を深刻化させている．人と人の関わりと協同が希薄化し，くらしの周りで「助けて」という叫びも存在する．その意味で，地域社会において必要な「世話焼き」の人間関係性が求められている．そして，「融和と寛容」の社会と人間関係性の構築が求められている．それは，人とのつながり，そして助け合い，支え合う社会をつくることである．

このように，現代社会において問われているのは，ともに参加し合って，担い合い，助け合い，個々人の尊厳を認め合う「参加型社会システムづくり」であり，生協運動の課題は相互扶助（助け合う）の価値や場の提供だけではなく，「参加型協同システム」をつくり上げ，あらゆる価値を協働創造を介した社会革新にあるのだと考える．

## 3. 文明史的転換期と生協運動への期待

　現代社会の資本主義経済システムの混迷と閉塞感，世界経済の混乱と衰退に対する新しい経済のあり方として，少なくない論者が市場メカニズムの根幹である市場ルールの見直しを主張する．例えば，ロバート・B.ライシュは『最後の資本主義』において，経済格差の原因は「市場ルールのあり方にある」と主張し，その市場は人間がつくりあげたものであり，そのルールを誰が，どのような目的でつくりあげているのかが問題だとする．そして，繁栄を分かち合える市場のルール設計を取り戻すことが問われていると主張する．そこには現代社会の資本主義経済の閉塞的な現状を問い直し，未来創造への資本主義経済システムの課題を説いている意図がみえる[3]．

　つまり，現代社会において健全な社会とくらしを創造する営みは倫理的で公正な市場経済のあり方を願い，市民主権を確立し，平和と自然・環境を守り，人間らしいくらしと社会づくりを行う生協運動の使命が問われていると言えよう．

### (1) 文明史的大転換への時代の移行期

　「第4次産業革命」によって，あらゆるモノがITとAI（人工知能）で結ばれ全自動機械化が進み，効率的に多品種の大量生産や新しいサービス市場の拡大が可能になると言われている．2025年頃には多様なテクノロジーの飛躍的進化が実現されるとされている．さらに，AIは2035年〜2050年において人間の頭脳に限りなく近づくと言われている[4]．

　ICT化からマルチチャネル化，そしてオムニチャネル化が進行し，さらに，IoT（Internet of Things）やAIの技術革新が進み，人の労働のあり方を激変させるばかりではなく，人間の労働力を介在させないで生産・流通過程が営まれるあり方が増大し，人々の賃金低下や失業という側面を広げることが懸念されてもいる．そして，これらの情報技術革新により「ステルス・マーケティング」や「ニューロンマーケティング」発想のように，プロダクトアウト側のマーケッターに支配される市民，消費者が生まれることが危惧される．科学技術の暴走を制約する人権＝人間性，そして社会的な倫理と公正なあり方が問われてい

ることとなろう．

　カナダに住む，ジャーナリスト・作家であり，市民活動家でもあるナオミ・クラインは，著書『これがすべてを変える』において，鋭い資本主義経済システム批判と深刻な環境問題がもたらす気候変動とを結んで次のことを分析している．一つは，このまま今の資本主義経済のあり方が野放しになれば，気候変動を解決できず，それにより人々の生活基盤は破壊されるとの提起であり，もう一つは，気候変動の真の解決には資本主義経済のあり方に対して根本的な規制が必要となるとの提起である．そして，新しい資本主義経済のあり方とルール確立への期待として，大量生産と大量廃棄型経済を転換し，社会全体を民主的なものにすること，市民（とりわけ弱者）の権利と平和，まともな労働環境の要求などの諸運動を結び，資本主義の身勝手を根本から規制しなくてはならないと提言する[5]．

　また，社会学者で都市論やメディア論，文化研究を専門としている吉見俊哉は，その著書『大予言「歴史の尺度」が示す未来』において，25年単位に歴史をみる視点を提起し，その「25年」とは「親子の世代間隔」に相当し，戦争や内乱，大きな社会的な事件が起きた場合には「歴史と世代が交わる事態が発生し，そうした非連続の歴史的変化に遭遇した一群の世代は一定期間に渡って影響力を発揮する」としている．この25年単位の尺度は，第2次世界大戦が終結した1945年を基準として，戦後の経緯をみると45年から70年は「復興と成長の25年」であり，70年から95年は「豊かさと安定の25年」であると説く．そして，95年から2020年は「衰退と不安の25年」にあると主張する．著者が言うように，95年前後を境にして日本社会は「大きな曲がり角」を迎え，「それまでの安定期と決定的に異なる歴史の奔流」に飲み込まれていると実感する．

　それとともに150年，500年といった，より長期的な世界的な尺度での歴史の変容への視点も提示している．同書で注目すべきは，今の時代を日本のアベノミクスと格差拡大や少子高齢化，そしてイギリスのEU離脱，アメリカのトランプ政権の誕生など，格差と分断という不安を基調に論じ，さらに長期的間隔で時代を視ることでは，21世紀においては大航海時代の16世紀と多くの類似点があると指摘するところである．いずれもグローバリゼーションと情報爆

発という2つの大きな歴史的変化が生じた時代である．著者は，15世紀末に始まった「近代の大きな波」が，500年以上を経て21世紀末までには「完全な飽和点」に達し，「環境学と人口学のいずれの面から考えても，21世紀末までに資本主義世界システムは限界に達する」と説く．確かな未来を創るうえで，人々が今，いかなる行動を取るのか，が問われているとも説く[6]．

今後の社会と経済のあり方を思考するうえで，吉見の指摘する「衰退と不安の25年」を超えて，生協運動は「幸福と安心を創るヒトとコトの未来創造」を人々の協働でいかに成すかが問われていると考える．

さらに，人類学・人類遺伝学の研究者である尾本恵市は，著書『ヒトと文明』において，今，ヒトは，どこへ行こうとしているのかとして，その進化の歴史を分析しつつ，「現代文明下のヒト」を対象とした新たな学際的研究としての「ヒト学」の必要性を志向している．それとともに，ヒトにおいて，支配する者と支配される者を生み出したのは遺伝子による進化ではないと思考する．「わずか1万数千年前までヒトは皆，狩猟採集民族であり，台風のように勢いを増しながら地球上を席巻した文明が，格差や差別を生んだ」として，行きづまりを見せている文明に，いかにしてヒトにしかできない「反省」と「自己規制」を組み込むかが必要と説く[7]．

尾本は，今の破綻状態の文明に危機感を持ち，環境と人権が重要課題であり，ヒトは能力として共感と利他主義，そして反省することができる力を持っており，自己規制する狩猟採集民に学び，「公正，平等，平和，相互扶助」を大切にする社会をつくるヒトの文明への期待を説く．尾本が提言する「公正，平等，平和，相互扶助」という理念はまさに協同組合の次元の価値を説いているようにも思う．

今，資本主義経済システムの混迷と閉塞状況を迎え，未来社会をマクロ視点から考えるうえで，人間の欲望と経済と社会のあり方などを健全な文明の進化としてどのように思考すべきかが問われている時代と考える．

### (2) 文明史的大転換を期待する3つの背景

少なくない論者が，現代における「文明史的な大転換期」を提言するのは，三つの背景があると考える．

一つは，現在の資本主義経済システムの閉塞状況と行き詰まり感から，新しい経済ルールを必要とするという問題意識である．とりわけ，所得の増を著しく超えて資産の増大する現在の資本主義経済システムは，格差拡大がこのままでは極限を迎えると複数の論者が提起している．新しい経済ルールを確立するような文明史的転換を図ろうという問題提起と期待である[8]．

　二つ目は，ライアン・エイヴェントの『デジタルエコノミーはいかにして道を誤るか——労働力余剰と人類の富み』が指摘するように，AIなどの情報技術や科学技術の飛躍的な進化と全自動化がもたらす新しい矛盾の発生を抑制し，倫理的で公正な社会システムが問われていると論じられていることである．これまで人間社会は機械の発明から始まって人間の労働を機械に置き換えて自動化を進化させてきた．さらに，AIの開発はそれを全自動化として促進し，社会システムは激変を迎えようとしている[9]．

　そして，三つ目は「平和と自然，環境を守り続け，持続可能な人間社会のあり方」が問われていることである．とりわけ，自然の破壊と温暖化にみられるような地球環境の破壊が深刻である．このまま二酸化炭素を大気に排出しつづける事態をどのように克服するかが問われていることが背景にあると言えよう．

　文化人類学者の渡辺靖は著書『〈文化〉を捉え直す——カルチュラル・セキュリティの発想』において，「時代の転換期のなかで私たちはどのような文化的な課題に直面しているのか？」を私たちに問うている．渡辺は，人間の安全保障に着目し，人々の生に向き合い，貧困と絶望から解き放たれて生きる権利や人としての尊厳を守ることや，物的支援にとどまらず文化環境の整備や人々の自信を取り戻す文化活動を重視することを説く[10]．

　このように「文明史的大転換期」という議論は期待される新しい文明を起こすことへの願いであり，かつ現代の社会と経済に変革を起こそうという問題提起と考える．

　その文明史的転換の時代は，2030年から2050年において，明確な時代の移行期として訪れると言われている．私たちの社会は，今から10〜20年後には，時代の大きな移行期，文明史的な大転換期を迎える．その時代と文明の移行期に対して，生協運動は如何なる使命と価値創出を担うのかが問われている．

　一方でこのような刻々と変化する社会と経済の根底には「変わらない人間の

くらしと社会への願い＝時代を貫く本質的な願い」も存在している．それは，多くの人が抱く「健全で人間らしい善い生き方を願う思い」であろう．社会的な公正と倫理観を成熟させ，その価値を享受し合う関係性への願いである．そこにこそ，変化とともに人々が願う「変わらない本質」があると考える．それは，「平和と自然・環境を守りつづけ，人間らしい社会とくらしを築こう」とする人としての願いでもあろう．生協運動は，その本質的な願いを協同でかなえるものとして時代を担う使命がある．

## 4. 消費動向の変化と未来

　貧困と格差のある現代社会であるが，21世紀のくらしと消費についての議論も多くに存在している．例えば，間々田孝夫は，著書『21世紀の消費』において，消費社会の変遷分析を経て，現在は「第3の消費の段階」に入ったと提言する．一元的な大量生産と大量消費の段階を「第1の段階」とし，消費欲求として記号消費にみられるように自己顕示や商品の差異を求める消費変化を「第2の段階」として位置づけている．そして，現代社会は「第3の消費」の段階に入り，20世紀末からの文化を通じた「幸福と社会的配慮」による安定を目指す消費の台頭を「第3の消費」として分析する．21世紀は「ゼロの消費」という消費文化への自制を経由して，文化的で人と自然にやさしい「第3の消費」が活性化すると間々田は論じ，新しい消費の段階を迎えることを提言する[11]．

　以下では，消費者の動きと現状，これまでの消費者運動をみてみる．

　1960～1980年代において，アメリカのラルフネーダーの消費者被害の告発運動から刺激を受け，各国で消費者の主権を求める消費者運動や市民運動が広がり，さらにレイチェル・カーソンの「沈黙の春」が有害な農薬と化学肥料や食品添加物などによる健康被害を提言したことで，世界中に食の安全と健康を守る消費者運動が広がった．それらの動きを受けて，日本の生協運動にみられたように，独占価格やカルテル，管理価格による相次ぐ値上げ，不当・不正表示への対抗や，「安全・安心」の消費者の願いからの食品添加物の無添加の商品開発・協同購買，合成洗剤の環境汚染（顕著な泡公害）から環境を汚染しない洗剤利用などの消費者運動や生協運動が生まれ，このような動きは世界各地

に広がった．それは，さらに脱化学肥料，無農薬などのナチュラル思考やオーガニックへの動きとなった．

さらに，1990年代においてはイタリアで，EU経済へのアメリカ資本のファストフード進出への抵抗から，イタリアの食文化を守る「スロー・フード運動」が胎動した．また，90年代半ばには，イギリスのブレア政権が「エシカル（倫理的）」な経済と社会のあり方を提起した．それを受けて「エシカル・コンシューマー」の志向と取り組みが広がり，さらに「フェア・トレード」の進化や「フード・マイレージ」運動につながった．

2000年代以降起きている新しい志向は「シンプルなくらしへの願い」と言えよう．それは「人間らしいくらし」と「生きているという自己実現」への願いの高まりでもある．それは「シンプルだけれども，人間らしく，私らしく，豊か……という新しいライフスタイルを皆で，協働で創造すること」への願いの広がりである．それは，「モノに支配される心を脱して，私らしいシンプルなくらしを願う」というアンチ消費社会の消費性向の現れでもある．それは，最近では，「ミニマリスト（Minimalist）」として広がっている．「自分にとって本当に必要な物だけを所有することでかえって豊かに生きられる」という考え方であり，これまでの大量生産・大量消費の社会において，それを否定する意味として新しく生まれたライフスタイルでもある．

これらの変遷には「モノ」と「コト」，そして「心（こころ）」という経緯が読み取れる．高度経済成長期の消費社会形成から「モノ」の所有に関心が寄せられてきた．やがて，モノの持つ意味と価値へ関心が移行し，「モノ」が生み出す「コト」への関心へと変わってきた．さらに，現在ではその「コト」が生み出す人間としての自己実現への関心が高まってきている．つまり，「モノ」と「コト」が生み出す「心（こころ）」への関心の移行である．現代社会と未来社会は，モノが持つ価値はいうまでもなく「コト」と「心」の充足へと広がる．消費社会をめぐって，モノの価値も，人間らしく生きているという喜びと自己実現を感じられるかということが問われているのである．

前述したように，市民社会において「エシカル・コンシューマー」として倫理的で公正なくらしと生き方の実現を誇りとする「エシカルヒーロー」への思いも拡がっている．そして，それは，ともに認め合い，ささえあい，協働し合

う社会形成が求められていることでもある．それは他者愛と自己愛のウィン・ウィンの社会的関係性の構築である．

　これらのことから，社会の変化を生協運動がどのように捉え，認識し，消費者の主権確立を願う消費者運動をどのように進化，発展させようとしているのかが問われているのだと考える．現代社会は，生産・流通主導の商品世界の形成と矛盾（「市場の失敗」）に満ち，さらに市場の不合理性として市場の情報交換過程における「再帰的再構造化」の限界もある．現代社会で起きている消費の変化と変容は，消費社会の高度化と消費の自立への胎動であり，生協運動は自らの固有の価値が求められているということである．

## 5.　国際的な協同組合への期待と関心

### (1)　1960 年代以降の国際的な協同組合のテーマ

　第二次世界大戦後の経済復興期を経てから今日までの国際的な協同組合の関心事とテーマの概略を以下に述べる．

　1960 年代は戦後経済の再生と国際市場競争下における協同組合の「構造改革路線」として各国の種別協同組合の経済的規模の拡大に向けた「事業統合路線」が議論と関心のテーマとなった．それは，1970 年代における協同組合，生協の事業組織の「株式会社化」への批判となり，議論の焦点となった．

　そして，それらは 1980 年の国際協同組合同盟（ICA）モスクワ大会における「レイドロー報告」の三つの危機論（信頼・経営・理念）と地域社会協同組合としての提起があり，協同組合の本質的なあり方が焦点化された．さらに，それは 1990 年代において「協同組合の存在とその価値論」の問題意識へと結びついた．

　2000 年代においては，イギリス最大の生協 CG と協同組合銀行の経営陣の不正な行為とも言える事例から協同組合経営の公正さと統治（ガバナンス）のあり方が問題として浮上した．この問題は，2010 年代以降は国際的な協同組合の関心事を超えて，次項における社会的使命と存在価値をどのように果たすかという課題と結びついているのである．

## (2) 2010年以後の国際的な協同組合への関心事の動向

　国連は，2012年を「国際協同組合年」とした．それを受けてICAは，マンチェスター会議において，2020年まで「国際協同組合年」の取り組みを継続して，①組合員組織とガバナンスにおける参加を新たなレベルに高める，②協同組合を持続可能性を構築する組織であると位置づける，③協同組合のメッセージをつくりあげ，協同組合のアイデンティティを確立する，④協同組合の発展を支援する法的枠組みを確保する，⑤組合員による管理を保障し，かつ協同組合が頼れる資本を確立する，という5つを「ブループリント」として位置づけ，協同組合の全体のアジェンダとした．

　また，国際連合教育科学文化機関（ユネスコ）は，2016年11月30日に「共通の利益の実現のために協同組合を組織するという思想と実践」の無形文化遺産への登録を決定した．10億人を超える世界の協同組合の組合員数からみても社会的に大切な文化遺産であるとする国際的な認識が登録決定の背景となった．

　さらに，国連は2015年9月の総会で，2030年までに実現する「持続可能な開発目標（SDGs：Sustainable Development Goals）」を全会一致で採択した．この国際目標は，2015年に達成期限を迎えたミレニアム開発目標（MDGs：Millennium Development Goals）の後継目標として採択された．SDGsは，2016年1月から2030年までに達成を目指す環境や開発などに関する17分野の国際目標を設定している．

　SDGsは，地球環境や気候変動に配慮しながら，持続可能な暮らしや社会を営むための，世界各国の政府や自治体，非政府組織，非営利団体，さらには民間企業や個人などにも共通した目標である．「だれひとり取り残さない」（No one will be left behind）をスローガンに，「①貧困をなくす，②飢餓の根絶，③全ての人の保健と福祉，④質の高い教育をみんなに，⑤ジェンダー平等を実現し女性と女児をエンパワーメントする，⑥安全な水とトイレを世界中に，⑦エネルギーをみんなに，そしてクリーンに，⑧経済成長と，完全かつ生産的で働きがいのある雇用の確保，⑨強靱なインフラ構築と持続可能な産業化・技術革新の促進，⑩人や国の不平等をなくす，⑪住み続けられるまちづくり，⑫持続可能な生産と消費，⑬気候変動への具体的な対策，⑭海洋資源の保全，⑮陸域生態系，森林資源の保全，⑯平和と公正を全ての人に，そしてこれらの⑰

パートナーシップによる目標の達成」という 17 の目標と，各目標を実現するための 169 の項目からなる．

　この SDGs においては，とりわけ非営利・協同セクターの取り組みや多様な社会運動，市民活動の果たす役割は大きいと言えよう．そして，国連も協同組合に対して持続可能な社会づくりの主体者として期待を寄せていると言えよう．

　日本生協連は 2018 年 6 月の総会において「コープ SDGs 行動宣言」を採択し，7 つの取り組みを通じて，持続可能な社会の実現を目指している．しかし，国連採択から 3 年を経過した後という遅い取り組みであった．また，17 の課題の幾つかの重なる項目をまとめて 7 つの課題としており，その 7 つでよいのかという疑問は残る．

　国連の期待も，ユネスコの期待も協同組合に対して，その存在価値を果たして欲しいとの思いだと理解している．その期待と現実の協同組合の姿にズレはないかを考えるべきではなかろうかと思う．

　その意味でサードセクターの立場を意識して協同組合の使命と責任を担うことが問われているのではないか．それは，協同組合の使命として協同組合の存在価値をカタチとする「アイデンティティ（らしさ）」を実現，または実態とすることが問われている．日本生協連は，1995 年の「協同組合の原則と定義」において「アイデンティティ」を「信条」と翻訳した．それは，間違いではないが，もっと解り易く言えば，「アイデンティティ（identity）」とは，自己同一性を言い，自分は何者であり，何をなすべきかという自己の心の中に保持される概念である．それを「らしさ」として表現したい．その「生協らしさ」が経済と社会において「先進モデル」として役割を果たすよう努力する使命が生協にはある．そのような「生協らしい固有の価値創出」の使命に向かう革新的創造性を生協運動内に醸成しつづけることが肝要である．そして生産現場と市場，そして消費者の願いには常に「ズレ」が存在する．その「ズレ」を的確に認識し，適正化＝革新する役割と使命が生協運動にはある．

## （3）　時代の変容に向き合う新しい協同組合原則の確立への期待

　ICA は，協同組合の国際的な共通認識として協同組合原則を確立してきた．最初の協同組合原則は，1921 年に第一次大戦後，スイスのバーゼルにおいて

開催された ICA 大会で「6 原則（ロッチデール原則）」が議論された．しかし，1929 年ウィーン大会で再検討の要望が出され，1934 年のロンドン大会でその調査研究経過が検討され，1937 年のパリ大会で国際的に確認された最初の協同組合原則として確立された．それから，およそ 30 年ごとに国際的な協同組合の共通の協同組合原則として改定されてきた．

そして 1995 年に開催されたマンチェスター大会において「新協同組合原則」が承認されてから間もなく 30 年を迎え，再び新協同組合原則が問われる時代がやってくる．では，その時にどのような協同組合原則が期待されるのか．前述した大きな時代の移行期，文明史的な大転換期に向き合う新協同組合原則の確立を期待したい．文明史的な大転換期で協同組合に期待されている要素を生かして欲しい．その意味でキーワードとなるのは，「平和と人間らしく生きるくらしと社会，公正と倫理的な経済のあり方を願い，かつ自然と環境を守り，まさに持続可能な地球と社会を築く」ことであろう．

そして，組合員の願いをカタチとするための民主的な協同組合のあり方を深化させて市場と制度における「進化モデル」として協同組合の存在価値を創出しつづけることを協同組合原則の基軸として欲しいと期待する．

## 6. 市民参加型生協誕生 50 年の生協運動の課題

各地に創設されてきた「市民参加型生協」の幾つかは，創立 50 周年を経過し，2027 年までには多くの生協が設立されてから 50 年を迎える．例えば，「京都生協」は洛北生協として 1964 年に創設された．「コープさっぽろ」は，札幌市民生協として 1965 年に，「コープあいち」は「名古屋勤労市民生協」として 1969 年に創設されるなど，1960 年代後半に各地で「市民参加型生協」が設立された．そして，1978 年に「市民生協しまね」が設立されて以来，全都道府県に「市民生協」が創設された．また，戦前からの地域生協や労働運動を背景にそれ以前に創設された地域生協も市民参加型へ脱皮していった．

市民参加型の生協は，四つの斬新さをもっていた．一つは，消費者側が求める「安全」を商品として具現化したこと，二つは，「女性の参加の場」という社会的な価値を創造したこと，三つは，購買のあり方として「共同購入事業」

という新しい業態を創造したこと，四つは，運動と事業の統合，組織と事業の統合を意識した事業経営観と哲学を基底に経営と事業の実質的な近代化を成したことである[12]．

しかし，それから50年を経て生協は当時の斬新さを喪失，むしろ，同質化競争に陥り，組合員の率直な思いとして「今の生協はイオンと何が違うの？」と言われるように「生協らしさ」は後退している現状にあると言えよう[13]．

いまの生協は，21世紀の社会の変容に向き合うために，時代の要請，社会の期待，そして消費者・組合員の願い発で，その期待に応えるために次の「斬新さ」を組合員や地域社会の人々とともに協働創出することが問われている．

これからの社会に向けて，生協運動に期待される課題は次の三つである．

一つは，ポスト新自由主義経済システムのあり方として，競争至上主義の市場原理主義に対して有効な対抗軸を，生協運動はどのように形成するかである．生協運動による新自由主義的経済システムへの対抗性は社会関係性＝「つながり」づくりにあるのではないか．人と人，そしてあらゆる社会関係によって協同ネットワークを創造・構築することではないか．例えば，生協は消費者を単なる需要者ではなく「協同生産者として登場させられるのか」が問われている．

二つには，市民参加・協働による価値創造を一つひとつ積み重ねることによって，くらし発で，市民の願いと知恵を価値創造につなげることである．生産と消費を媒介して，生協の場が果たす豊かな可能性を追求することである．

三つは，公・私に対する協同（市民社会）の主体形成であり，サードセクターが「新しい混合経済」の主体として機能し，期待に応えることである．

これらを介して，生協運動が市民・消費者のくらしの願いをかなえる市民のエンパワーメントとその自己実現の場としての存在価値を果たすべきであると考える．そのような「社会関係性の場」としての価値形成を生協運動が担うことを期待する．その使命を果たすためにも，「平和と自然，環境を守り，人間らしいくらしと社会・経済，そして文化を創造する」ことを期待したいのである．

注
1) 新しい経済ルールが必要であるとする研究書として，ジョセフ・スティグリッツ著『これから始まる新しい世界経済の教科書』（2016年，徳間書店）がある．同書においてスティグリッツは，資本主義経済システムの崩壊，世界経済の混乱と衰退

に対して新しい経済のあり方を提言しつつ，経済ルールの書き換えが必要であり，それを通して不平等な経済システムからの転換を提言する．

2) 1970年代半ば以降フランスから「社会的排除者」について市民の協同を手段として「社会的包摂」または「社会的な再統合」を果たそうとする社会運動が広がり，やがてヨーロッパにおける「社会的経済」への概念へ，そして「社会的企業」や「社会的資本＝社会的関係資本」の概念へ発展した．また，1990年代には，中南米諸国に市民の連帯と協同による「連帯経済」という思考も広がった．そのような動向は，2002年のILO（国際労働機関）総会において，「サードセクター」を「公的セクター」と「私的セクター」とともに経済主体として育成する政策が提案され，「均衡のとれた社会は，政府セクター，営利企業セクターだけではなく，協同組合などの社会セクターも必要であり，そのため政府は協同組合を支援するための政策と法的枠組みを提供すべき」という見解を新しい社会観として紹介されている．このようなことを介して，2000年代には，ヨーロッパの「社会的経済」と中南米諸国の「連帯経済」概念が統合されて「社会的連帯経済」という思考へ進化した．そして，2013年9月に国連において「社会的連帯経済」研究会が発足した．さらに，幾つかの国々おいて，「社会的連帯経済」の法制度を確立することがみられた．例えば，スペイン，ポルトガル，メキシコ，エクアドルの国々では，社会的連帯経済の法制度が確立されている．今後，このように資本制企業のみならず社会的な経済機能として「非営利・協同セクター」の果たす役割への期待はますます広がるであろう．

3) ライシュは，2008年に話題となった『暴走する資本主義』の著者でもある．また『最後の資本主義』の原著名は「*SAIVING CAPITALISM*」，であり，直訳すれば「資本主義の救済」である．

4) その事例の著書として，井上智洋著『人口知能と経済の未来―2030年雇用大崩壊―』（文藝春秋，2016年）があろう．

5) ナオミ・クライン著／幾島幸子・荒井雅子訳『これがすべてを変える（上下巻）』（岩波書店，2017年）．

6) 吉見俊哉『大予言「歴史の尺度」が示す未来』（集英社新書，2017年）．

7) 尾本恵市『ヒトと文明―狩猟採集民から現代を見る―』（ちくま新書，2016年）．

8) 例えば，ポール・メイソン著『ポストキャピタリズム　資本主義以後の世界』（東洋経済新報社，2017年）やヴォルフガング・シュトレーク／村澤真保呂・信友建志訳『資本主義はどう終わるのか』（河出書房新社，2017年）などがあろう．

9) ライアン・エイヴェント『デジタルエコノミーはいかにして道を誤るか―労働力余剰と人類の富み』（東洋経済新報社，2017年）．

10) 渡辺靖『〈文化〉を捉え直す―カルチュラル・セキュリティの発想』（岩波新書，2015年）．

11) 間々田孝夫『21世紀の消費―無謀，絶望，そして希望』（ミネルヴァ書房，2016年）．

12) 共著『未来を拓く協同の社会システム』（日本経済評論社，2013年）の拙稿第1章の2項「斬新な価値を創造した第一の段階の生協運動」参照．

13) 同上拙稿「同質化競争で低迷する第二段階の生協運動」参照．

# 第1部
## 新しい生協像への視座

# 第1章
# 地域社会の当事者性を創る
―生協が拓くコミュニケーションの役割―

小木曽洋司

## 1. 地域社会への「関与」と「貢献」

　生活協同組合の役割として地域社会への貢献が強調されるようになり，地域社会の一員としての生活協同組合という見方が共有されるようになってきた．実際に，東海のエリアでも，高齢化した団地の買い物難民に対して販売車による定期的な販売活動が行われるようになった事例，福祉基金による福祉活動への支援，あるいは地域の一員として子ども食堂を運営・支持する事例などが報告されている．そこに新しい生協の役割を見出すことができるとすれば，どのような生協像と組合員像を描けるのであろうか．

　いまあげた事例は地域社会への貢献事業，あるいは貢献活動としてイメージされることが多い．そのような姿を生協が出している CSR 報告書に見ることができる．それらの貢献活動は生協をどのような存在として意味づけているのであろうか．報告書を見れば，確かに福祉や環境の領域で様々な貢献活動が行われていることがわかる．ところが一般企業においても，そうした貢献活動をしている会社もあり，その社会貢献活動の報告書を見ることもできる．その貢献活動は生協のそれと何が違うのであろうか．貢献活動である限り，基本的な差異はないと見るべきだろう．つまり，生協と地域社会との関係を考える場合，「貢献」という観点からは生協の特質を捉えることはできないということである．

　言いかえれば，問題は ICA の原則の新しい第7原則「地域社会への関与」が地域社会への「貢献」という文脈に収斂していっているのではないかということである．「地域社会への関与」が「貢献」という考え方に収斂するのは，

あくまで生協は組合員のものであるという考え方からではないだろうか．その考え方に基づけば，当然地域社会と生協は別の存在としてみることになるから，移動販売車の事業は赤字だけれども「貢献」活動として継続するという見方や考え方になる．あるいは平和活動や環境問題への取り組み，あるいは子ども食堂運営などの活動は組合員活動であって，事業とは一線が引かれており，事業的には組合員活動支援という見方になる．

　生協は，組合員のための生協，組合員の生協であるということであり，地域社会とは別の存在だという考え方は，ことさら強調することでもないが，こういう別存在としての認識をしたまま地域社会との関係を組み立てるからこそ「貢献」という言葉が用いられるのではないか．そこには地域社会との内的関連を考えていく視点が消失する．本章の問題意識はここにある．

　この点を考えるために，島根の「おたがいさま」活動をとりあげてみたい．この「おたがいさま」についてはまた後に論じるので，課題との関連で，論点を述べておきたい．

　島根の「おたがいさま」は，生協組合員が作った有償の助け合い組織であり，仕組みである．しかし，組織的には生協から独立しており，助けを必要としている人とその助けに応えられる人（組合員であるか否かは関係ない）をマッチングする仕組みである．「おたがいさま」の目的は，地域社会における助け合いの関係を形成することであり，地域社会で必要とされる存在として認知されている．この方法は全国的にも広がりつつある．

　この活動は組合員による地域社会づくりと表現されるが，他方，地域社会に生きる当事者が「おたがいさま」関係を形成する活動として表現もできる．すなわち「おたがいさま」を組合員活動として見る見方と地域社会の住民が生協という方法（資源）を通じて組み立てたという見方である．二つの表現は「おたがいさま」を見る視点の違いであり，本章の課題はまさにこの二つの関係を論じることである．この関係を探求することによって，生協の「地域社会への関与」の現実的な内容を明らかにできるのではないかと考えるのである．

　「おたがいさま」を取り上げる理由は組合員が作った組織であることと，その組織が生協とは別組織だということにある．この点で組合員相互の助け合い組織「暮らし助け合いの会」とは本質的な違いがある．極端な言い方だが，「お

たがいさま」は生協がなくとも存続しうるということである．つまり，地域社会での社会資源として生協と同等の位置にあると考えてよいように思われる．「おたがいさま」を作った組合員は生協も「おたがいさま」も必要としていた生活者である．本章は，なぜ組合員であることによって「おたがいさま」を立ち上げたのか，そこに生協と地域社会の内的関連を見出そうとする試みである．

　この内的関連は生協の草創期には理解しやすいものであったように思われる．安全な食品を供給すること自体が，食品公害を引き起こすような社会にあっては，大変重要な社会的役割であることは誰の目にも明らかである．草創期の生協がこのような役割を果たしていたのは「生協運動」であったからだろう．つまり生協の組合員になることは，住民，市民の社会的課題への当事者としてのかかわりを意味していた．それゆえにこそ事業と組合員活動は分離しているものではなく一体のものとして考えられていた．

　しかしながら現代社会の課題は，草創期の生協運動の課題と異なっている．単純化して言えば，草創期の課題は生活防衛がその焦点であり，安全性を担保する市場の公正が課題であった．しかし，現代では，グローバル化した市場から，生活そのものの自律性を確保することが課題である．ローカリティが問題になるのもこの文脈である．このローカリティにおいて生活を再生産する関係性の構築が求められているのである．それが「おたがいさま」に示されているように思われるのである．すなわち生協組合員であることが地域社会の当事者性を形成しており，この当事者性が新たな協同を再生産していく基礎になっていくように考えられるのである．

　出雲で「おたがいさま」が立ち上がったのは新しい世紀に入った頃である．したがってこうした活動が成立した背景には現代社会の社会変動がある．それは端的に言えば，グローバリゼーションに対する国の対応としての地方分権化政策である．その中で「地域社会」あるいは「コミュニティ」が，生活を支える社会的力として要請されているということである．

　地域社会とは，生活の再生産を支える基本的な条件であり，宮本憲一が都市的生活様式の基盤として取り上げた共同消費の物的基盤が社会的空間を基礎づける．その整備・管理主体が自治体であり，自治体内の地域住民組織である．そのような意味で地域社会とは公的世界である．この地域社会との関わりが生

協にとって課題になるということは，社会的課題への当事者的関与が薄れてきたという，これまでの経過に対する認識をもたらすものであり，現在，それが再び意識され始めているということは生協運動の新たな段階が求められているということである．本論文の課題は，生協の草創期の生協運動がもった社会的な役割が現在において，どのような社会的プロセスで形成される可能性があるのかを考えることである．

## 2. 今なぜ「地域社会」なのか

　生協の協同組合や地域団体との連携への志向は，組合員の生活課題に対応しようとすれば必然的に生まれてくるものであろう．グローバリゼーション，少子高齢化は新たな生活課題を次々にもたらすことになったからである．その生活問題の相談機能を生協が持つことになったのである．それは生協自身が解決を担うということではなく，相談者を他の専門的な活動をしている団体や公的機関につなぐことが基本的な役割である．地域社会の中にこうした連携が形成される中で生協（協同組合）は一定の役割を担うようになった．この動きは組合員の生活問題やニーズを他の協同組合，市民活動団体，社会福祉協議会などとの連携で解決しようとするものであり，「サードセクター」という表現で括ることのできる社会的な力としてみなすこともできる．このような動きが形成されてきた理由をさらに考えておく必要があるだろう．

　ICAの原則において1995年に付加された新・第7原則「コミュニティへの関与」すなわち「協同組合は，その組合員によって承認された方策をとって，コミュニティの持続的な発展のために活動する」を一つの契機としてみることも可能だろう[1]．もちろんその水脈は1966年原則を通して脈々と流れてきたにはちがいないだろうが，なぜこの時期に「コミュニティへの関与」が独立した原則として立てられたのか．

　少なくとも日本社会の文脈における地域社会への関心は，1980年代後半からのグローバリゼーションに対応する地方分権化政策の構造にあるといってよい．この政策は「自立した社会」としての地方自治体を構築することを目的としていた．なぜなら，グローバリゼーションによって，自動車産業をはじめと

する多国籍企業化した日本企業を経済成長の核に置くための対応が地方分権化政策の基礎にあるからである．中央政府の基本的な役割を外交と軍事にシフトしていくために，国民生活を支える公共事務の遂行における地方自治体の役割を高めることが必要であった．地方自治体が「効率的」に「総合行政」を担える財政基盤を確保するために採られたのが平成の大合併である．その意味するところは小さな自治体の否定であり，大規模自治体の創出，そしてその延長上に道州制が展望されることであろう．これが，地方分権化政策の主要な柱に合併が採用される理由である．

合併政策は，要するに自治体の自立性を高めることを目的にしていると言っていい．それゆえに，明治の地方自治制施行と同時に導入された機関委任事務を廃止し，その事務の過半数を自治事務として整理し，その事務に関する自治体の条例制定を可能にした．この合併政策の遂行にあたって交付金の算定基準の変更による強制的な力が行使されたことも問題であるが，何よりの問題は，合併によって生まれた大規模自治体において，合併以前の住民生活への公共サービスを維持できたかどうかである．

少なくとも筆者が観察してきた愛知県B市の事例からは維持できているとは言いがたいことである．合併前，自前の財政基盤と住民の知恵で地域政策を実行していた小規模自治体の政策は，合併後，その意味を失いつつある．B市へ吸収合併されたA町は，かつて昭和の合併によって中心市街地と周辺の中山間地の村によって生まれた．A町はその中心部にある観光資源や商業集積のある中心地と周辺山間地の村の統合を基本的な課題としてまちづくりを政策化してきたが，B市との合併によって，その基本課題が消失したために，中山間地集落に対する公的サービスは縮小している．むしろ昭和の合併以前の地域単位で活動が主要な動きになっており，A町自体をどうするかという発想は薄れている．そのためか人口の減少はそのテンポを速めているように見える．

合併自体が，財政の「自立性」の低い周辺自治体が「自立性」の高い中心的な自治体に吸収されるのであるから，財政的に言えば，負荷を大規模化した自治体で背負うということである．その負荷を処理するためには，先ずは自治体の職員数や議員の数を減らすことである．A町では，町役場がB市のA支所になり，100人を超えていた職員は20人以下になった．A町出身のB市市会

議員は 1 名になった．この過程を見てくると，合併が自治体のリストラ風景に見えてくる．合併が最大の行革と言われるのもそのような意味である．

　大規模化した自治体は，拡大した市域を減少した職員で運営していかなければならない．そこで，大規模自治体の運営に用意された考え方が「新しい公共」と言われるものであった．「お上＝公」という等式によって，公の名の下に強権的な開発や土地利用の変更が進められてきた日本では，公共という言葉は，住民にとって生活を支える基盤づくりという意味ではなく，むしろ生活を破壊する災厄として見られてきた．他方で「公共工事」という形で，地域の不均等発展による過疎地方の収入源にもなっていた．公共という言葉はこのような矛盾に満ちた言葉である．それは現在でも，沖縄の辺野古の基地建設問題，リニア新幹線敷設問題でも同じ構造を維持しているといってよい．

　「新しい公共」とはそのような構造を変えることを目的にしたものではない．平成 21 年に総務省から出された「新しいコミュニティのあり方に関する研究会報告書」では住民への社会的サービスの供給機能を核とするコミュニティを構想する．これをその機能的観点から「地域協働体」と名づけ，これを構成する様々な地域団体をあげている．自治会，子ども会，老人会はもちろん，NPO，ボランティア団体，マンション管理組合，社会福祉協議会，商店街組合，商工会議所，地域金融機関などである．形成されるべきコミュニティは，住民生活のニーズを満たすことのできる「自立した地域社会」として構想されているのである[2]．つまり「新しい公共」とは社会的サービスの供給主体の多元化を意味する．

　大規模化した自治体は，形は様々だが，内部にこのようなコミュニティを形成することを自治体運営の基本的枠組みとして追及している．一つには地方自治法に新しく設けられた地域自治区制度がある．全国の大規模自治体でこの制度を現在導入している自治体は 14 ある．しかし今後増える見込みは薄いようである．甲州市や浜松市など廃止した自治体があるからであるが，これまでこの制度を観察した限りで言えば，地域自治区制度そのものには，当地で期待される自治の実効性が担保されないということであろう．ただ，地域自治区制度の導入が地域自治区内の地域社会の再編成の契機になり，その単位の実質的な自治の追及が進むという効果が生まれるケースもある[3]．

もう一つはこうした地方自治法の制度によらない自治体独自の地域住民組織を自治体内の地域に設置し，この地域住民組織の機能を拡充する方式である．「小規模多機能自治」という表現で紹介されているものが知られている．よく引き合いに出されるのが島根県雲南市である．平成29年1月19日付の小規模多機能自治推進ネットワーク会議の資料によれば[4]，その性格は，概ね小学校区の範域で，様々な地域団体を分野横断的に統合・組織された新たな地域組織（仕組み）である．この組織が，行政と協働し，意思決定だけでなく，実行にも責任を負う仕組みである．

　地域自治区制度も，小規模多機能自治も自治体運営の新たな仕組みであり，一般的には都市内分権制度と言われる．この運営のためのキーワードが協働である．この協働のシステムを通して「自立した地域社会」を構築することこそ経済のグローバル化に対応した地方分権化による国家の再編であり，中央政府の役割の軸を外交へ移すための梃子なのであろう．

　大規模化した自治体の財政が厳しくなることは，合併の性格からも明らかであるため，自治体は都市内分権制度を導入し，自治体内の地域社会にも「自立した地域社会」を構築しようとするのである．こうして「地域社会」が現代的課題として浮上してくるのである．

## 3. 協働の可能性

　前節で，自治体の運営のキーワードが協働になったことを示してきた．それは地域社会を，地方分権化が作り出そうとする統治構造の基盤にするための方法である．この協働がもつ本質的な意味はどこにあるのだろうか[5]．

　それは戦後，任意的な世界として，言いかえれば私的世界のこととして位置づけられた住民組織の活動や市民活動を自治体運営の基本的要素・力として制度内に引き入れたことである．住民の持つ社会的な力に頼らない限り，自治体の行政課題を遂行できなくなっているということである．先に「新しい公共」を示す仕組みの例として，社会的サービスの供給主体を構築するという「新しいコミュニティ」について紹介した．それは，社会的サービス供給機能が重視されていたが，実際にはそれに留まらない変化をもたらしている．これも先に

あげた雲南市の小規模多機能自治を担う地域組織の例であるが，行政からの補助金を得ながら地域課題を事業化して解決しようとする取り組みを行うようになっている．たとえば次のような事例があげられている．「まめなか君の水道検針」では，市との委託契約で，水道料金の検針を「地域自主組織」が請け負い，受託料によって住民を雇用し，検針の作業と共に，毎月全世帯を訪問，声かけをするというものである．この説明に「行政の場合，検針は検針のみと捉えがちだが，地域では横断的な事業が展開しやすい」とある[6]．地域社会の行事や共同作業は，本来交流，伝承，教育，などの複合的な機能を持っている．その拡張として検針事業を利用するということであろう．検針という事業を目的としているのではなく，高齢化にともなってニーズ化された地域の見回りを，担い手の減少という条件の中で行う工夫だということである．

こうした工夫を地域が生み出して蓄積していくなら，権力の分散という意味で住民の自治への参画が進展する可能性をもつだろう．それは公が政府の独占物ではなく，市民に開かれていく可能性である．この可能性は，公に対する私という関係性を壊すことであり，私が孤独死に繋がるような孤立から脱却することである．公が政府の独占物である限りにおいて私が対の世界として成立するからである．「公－共－私」の関係を，「公」と「私」の間に「共」という新たな領域が成立するというような捉え方は公私という二分法的理解からのものである．その場合，「共」が意味するのは，政府の公共事務の撤退の代替・補完機能という捉え方にとどまることになる．

公に対する私という関係性は，私相互を競争的関係におくことで成り立つ．今世紀に入り，格差社会を正当化するかのように言われるようになった「自己責任論」はまさにその究極の姿であるといってよい．この関係性を壊すとは「私」相互の関係を競争的なそれから脱却することを意味する．その脱却の方向に「共」があるのであって，その内容はまさにお互いの生存を肯定する公共性そのものにならざるを得ない．そのプロセスが自治という課題になるからこそ，地方分権化によって自治体は，自治体の憲法とも言われる「自治基本条例」を策定するという大きな流れが生まれてくるのである．政治学者の篠原一は，地方分権化を市民自治の実現の契機と見て，「自治体は市民社会の政府」であるとして，これを作り出すための「自治体基本法案」を提起している．その第

2条「自治体」では住民が自治体を設立するとして，第3条では自治体優先の原則をおいている[7]．このように，地方分権化は政府の公共事務を代替・補完する政策意図だけでなく，戦後からの市民自治の構築に向けた潮流の動きを含んだものであることに留意しなければならない．この文脈で1998年のNPO法の成立を理解すれば，地方自治システムの転換の画期ということができるであろう[8]．

そこで協同組合もまたその社会的力として自治体運営の一端を担う存在に連なることになる．「サード・セクター」という表現は，他のセクターとの関係でこそ成り立つ表現である．同時に重要な点は，セクター間の関係が課題化されることによってこそ自己の存在価値を創造していける契機を持ちうることだ．組織内部の運営原理としてもっていた価値が，社会に提示され，試されるのである．その価値の創造が今求められていることであり，「協同組合間」あるいは他の住民組織や行政との連携はそのプロセスであるように思われる．つまり，「協同」関係の拡大，「協同」が「共同」を支えるプロセスとも言えよう．「協働」がその契機になっている．

地方分権政策の進展の中で，「協働」を媒介に生協の「地域社会へのかかわり」の課題が成立してきたと捉えておきたい．したがって以下の課題は，このプロセスを生協組合員が地域社会の担い手へとその社会参加の幅を広げ，自分たちの生活の当事者性を確保する動きとして描くことである．その動きを，後の7節で，ある生協組合員に対するインタビューから考えてみたい．そこで生協という協同組合が地域社会の形成と自治を支える機能を確認する[9]．

まず協働を契機にした生協の地域社会への回路がどのように生まれてきたかを見ておきたい．それは地域社会との関係が切れたことが生協の発展に繋がったという逆説的な論理を含むものである．

## 4. 生協の地域社会への回路

生協の地域社会への回路の模索について，これまで次のように捉えてきた[10]．戦後の高度成長を支えた労働者の都市への集住は，本来同一の意味であった「地域」概念と「生活」概念を分離させた．「地域」概念は自治体の仕

事へと吸収され，他方「生活」概念は，プライベート空間としての家族を意味するようになる．言わば，「生活」の「地域」からの自立化であり，近代の「居住の自由」の行き着いた先である．これは経済成長を支える仕組みであり，閉じた家族が家電製品等の巨大な国内市場として機能したということである．その意味では基本的にはフォードシステムの構造である．この構造がふたたび変化しようとしている．すなわち，グローバリゼーションに対する政策的対応としての地方分権化によって自立した「生活」概念が「地域」概念と接合する社会的条件が生まれてきたのである．

「雇用なき景気回復」などと言われるように，グローバリゼーション下の現在の日本の経済成長は，雇用の「多様化」によって可能になっている．すなわち労働者の所得への再配分が切り詰められることによって可能になっている．非正規労働者への転換だけではなく，近年，次々に明らかになっている産業界における検査結果の改ざんが意味するのは，直接的生産過程とは関係のない部署の労働者を減らすということであり，この構造はかつての公害企業の姿と重なる．安全性は成長の背後に押しやられるのである．

企業の海外移転，労働者の非正規化は地方自治体の財政逼迫となっても現れているからこそ，自治体は社会的な力としての住民活動，市民活動をその運営の仕組みに組み込み，協働による自治体運営の形を模索するのである．このような日本社会の推移の中で生協運動の変化をどうみたらよいだろうか．

生協運動は「生活」概念の自立化が急激に進んだ1980年代に成長した．アーバンルネッサンスに始まった土地バブルによって全国いたるところで地域開発ブームが起こった．地方都市ではテーマパーク，ゴルフ場などの観光開発が進み，大都市では，都心から住民が押し出され，急速に開発された郊外の団地やミニ開発による一戸建てへと転居することになる．このようなスプロール現象は大都市圏の形成という言葉でも語られる．その結果「埼玉都民」現象が全国で進むなかで，長距離通勤が格段に増加し，大都市の自治体職員が勤務する自治体には住めない事態さえ出てくる．阪神淡路大震災はそのような事態を明らかにした．このように人間を土地から大量にきりはなす事態がこの土地バブルの前提でもあり，結果でもある．「地域」と「生活」の分離の頂点とも言ってよいだろう．しかし，その時まで郊外の一戸建て住宅は勤労者の人生の目標で

もあった．

　1980年代は日本が「経済大国」へ変貌していく時代であったが，その変貌はバブル経済が支えていたといってよい．それは土地から人間を切り離すことによる土地の商品化によってのみ可能な経済成長であり，切り離された人間は，家族単位で郊外の一戸建て住宅や団地へ移動することであった．生協の成長は，移動した，私＝家族を基礎とした協同が原動力であった．「個人」では必ずしもないことに留意したい．この点に留意したいのは，当時「標準的」な核家族の形成こそが共同購入という業態を可能にした，あるいは班の成立基盤であったからである．組織率を家族単位（おおよそ世帯と同じ）で見るという方法はそれを表している．それゆえ，少子高齢化が進み，その原因でもある，晩婚化，非婚といった傾向が深まれば，核家族という形態は「標準的」ではなくなる．一番多くなるのは知られるように単身世帯である．この家族の構造変容，スプロール現象に伴う地域社会の解体および近隣商店街の衰退，給与所得の減少，こうした様々な要因によって，共同購入班の基盤が崩れていった．こうした諸要因が「個配」というシステムへの転換の理由であろう．それは地域社会のつきあいが解体していくことを意味していた．したがって，この場合「利便性」がその主な理由になるのであって，生協運動としての対応は改めて問われなければならないだろう．

　協同の原動力が「個人」ではないという基本的な認識枠組みを先ずは確認しておきたい．しかし同時にそこに留まるものではないことがより重要な事実だ．それは生協運動という協同活動が本来持っている社会参加への志向性そのものが個を自覚させる働きを持つからである．

　1980年代の郊外の新興住宅地の姿はまさに一からの地域づくりであった．人口増加率全国2位にまでなった岐阜県可児市のある大規模団地では，開発企業の撤退に伴う道路や公園などの生活基盤管理の住民への移行，人口規模に見合うだけの集会所の建設の必要，小中学校区への児童生徒の割り振りなど実に様々な課題を背負っていた．それゆえに自治会組織が必要不可欠な役割を果たしていることは認められていたが，その役員を決めるのも大変な作業であった．お互いに見知らぬ同士が組織をつくらねばならないこと，しかも名古屋への通勤者が多いことなど，必要であるにもかかわらず，かかわる条件が乏しくなっ

ているために組織体制を構築するのにも多大な苦労を要していた．同時にそのことは地域社会が生活を支える基盤であることを認識せざるをえないことでもあった[11]．

　こうした郊外生活の中で，生活の社会的基盤の不足，とくに買い物にも不便であったこと，そこで見知らぬ人たちの中で，安心感をもって関係を築くことのできるきっかけとして生協があったことが生協拡大の背景として考えられるのである．生協の共同購入の班に属するということは関係づくりであり，生活の当事者性を確保する一つの手段であった．地域社会の関係が不安定な中，家族の必要を能動的に整える協同活動として主婦を中心とした女性の活動が新たな展開を見るのである．

　この能動性は，一言でいえば，協同活動を通じた社会性の獲得の経路であった．商品が内包する社会の問題を知ることによってのみ，「選択」は可能になる．したがって，その「知る」ということを通じて個としての判断や行為を求められることになるのである．そのプロセスにおいてこそ「個」の自覚が生み出されるのである．

　1980年代は，機会雇用均等法の成立（1985年）に象徴されるように，女性の社会進出が社会的課題になった時代である．しかし，機会雇用均等法の成立した同じ年に，専業主婦が保険料を負担せずに，年金を受け取ることができるようにするための第3号被保険者の制度も導入されており，機会雇用均等法自体，基本的には女性の社会的な自立を目的にしているわけではなかったと竹信美恵子は指摘している[12]．いずれにせよ，こうして女性の人生の経路は格差も含みながら多様化していくことになる．

　柏木恵子は1980年代に生きる女性の心の変化を描いている．柏木は1978年と10年後の1987年の「あなたにとって『母親』『妻』『女性個人』のうち，どの役割が重要ですか」という質問に対する回答結果を報告している．すなわち1978年では，『母』が50%を超えており，残りを『妻』と『女性個人』が二分している．1987年においては，やや『妻』が少ないが，三つの選択肢は三等分されているといってよい．つまり，この10年で『女性個人』が大幅に増加したのである．他にも女性たちの「個人化」を示すデータを示し，次のように述べる．

80年余に及ぶ長い一生のうち一人〜二人の子育てはほんの一時，また夫との生活だけに依存することも危うくなりました．女性＝母親・妻ではもはや幸福な一生とはならなくなったことを直視しないわけにはいかなくなったのです．そこで女性たちは母親としてでもなく，妻としてでもなく，一人の個人として生きなければならない，そうしたいと願うようになりました．こうした心の変化は，人口革命に直面した女性たちが出した結論，必然的な結論と言えるでしょう[13]．

　このように，個としての自分をどう生きるか，それが時代的な課題として浮上してきたその時に，その具体的な選択肢として生協は機能したといえるだろう．ジェンダー編成に規定されながら，そのジェンダーの条件を壊そうとする動きを女性たちは生み出すのである．女性たちがカテゴリーとしての女性に付着した「劣ったもの」を振り払う活動であり，剥奪されたものを取り戻す活動である．フェミニズムをはじめとする都市社会運動が問題にされたのもこの時期のことである．

　天野正子は1990年代に，全国ではじめて福祉専門生協をスタートさせた生活クラブ生協・神奈川の女性たち」を描いている[14]．生活クラブの様々な活動を生み出す，根本的な考え方として「食べ物の共同購入から全生活表現へ」があげられている．その広がりは「生活圏ネットワーク」という具体的な地域づくりとなっていく．それが福祉クラブ生協であり，それは「消費財の宅配と介助サービスを結びつける現代版御用聞きシステム」である．

　福祉が活動テーマになる理由を天野は二つ挙げている．

　一つは，生活クラブの初期からの組合員が高齢化して「第一世代にも老いと向き合う『順番』が回ってきた」[15]からである．彼女らの子ども世代が，30代になると同時に，親のケアに直面することになったのである．ケアが都市の共通課題として認識されたが，その認識は，それまでケアを担ってきた女性にとって自分の生を生きるためには社会的な解決を目指す以外に方法はなかった．そうかといって，画一的な制度に母親を預けることもできないことであった．

　したがって，制度的な制約条件を改変するためにも，彼女らは「日常の生活技術の延長上での対応の条件」として福祉クラブ生協という「生活圏ネットワー

ク」を編み出したのである．

　それは「日本型福祉社会」の根底にある強固な家族規範への挑戦でもあった．これが，天野があげる第二の理由である．福祉を「慈善」としての「施し」から個人が個人として生きるための仕組みへと転化させるために「市民参加型の福祉」の実践が必要であったということであろう．

　天野の描写は，強固なジェンダー編成と社会規範が続く日本社会で，女性が切り開いた社会参画へのルートが協同という方法であったということを示している．

　このように，生協は女性に担われることによって，運動としての性格を強く刻印されてきたといってよい．しかしながら生協の合併による規模拡大は，組合員によるガバナンスを希薄化させ，運動的側面は組合員活動という枠の中へ囲い込まれてきたように思われる．それゆえに，その枠では納まらない組合員の「運動」は，生協本体からロールアウトした活動組織として組み立てられていくのではないか．

　この点を 1990 年代の生活福祉の担い手としてのワーカーズ・コレクティヴの叢生に関する上野千鶴子の見解で確認しておきたい．上野は「介護保険前夜にワーカーズ・コレクティヴが成立し，急速に成長した背景」を 6 点に整理している[16]．

　①組合員組織のリーダーシップを身につけた女性に次の受け皿が必要だった．②不況による組合員女性への就労圧力の高まり，③労働市場に受け皿がなかった，④経済のソフト化・サービス化による，女性を担い手とする労働集約型産業の成長，⑤介護保険導入による市場の拡大と安定化，⑥不況による生協事業拡大の必要，である．1980 年代の生協の伸張の延長上に新たな社会的課題，ニーズを担う新たな生協が，「組合員組織のリーダーシップを身につけた女性」たちによって生み出されたということだろう．時代的な社会条件がそろうことだけでなく，その条件を事業化する主体が育っていたということに生協－協同組合が持つ社会的役割を見ておきたい．

　こうした社会性と地域社会がどう結びつくかが課題になるが，必ずしも結びついているというわけではない．上野も述べているが，「都市型の生協とは『消費』という活動の 1 点のみで結びついた共同性」であって，「部分的な帰属し

か求めないアソシエーション」ある．したがって「従来の意味の地域コミュニティではない」のである[17]．両者の関係はむしろ対立的に捉えられてきた歴史がある．本来別の原理をもつ組織なのであり，つなげる必要もなかった．たとえば高齢者の見回りという活動で言えば，アソシエーションは対象となる会員に対する活動になるが，自治会や町内会などの地縁による住民組織ではその領域の範囲内の高齢者が全て対象となる．両者が並存することは別に問題があるわけではなかった．

　こうした状況が，先に見たように，地方分権化によって，地域社会あるいはコミュニティが生活を支える社会的資源として構築されることを要請されるようになった．生協自身も組合員の年齢構成の変化－高齢化によって，食そのものの安全はもちろん，高齢化によるニーズの多様化に対応しなければならなくなっている．食という事業そのものが，それにかかわる多様なニーズと共にあることを配慮しなくては成立できなくなっていると言えるだろう．高齢化（長寿化）とケアの担い手としての家族形態・規範の変容によってそのような生活全般にわたるニーズが顕在化してきた．このニーズが，諸団体，諸集団の連携の基盤になっているのである．

## 5. 高齢社会における生活ニーズの多様化

　既に 1995 年には生産年齢人口は全人口の過半数を割った．現在の高齢化率は人口の 4 分の 1 を超えている．世帯類型に関して言えば，単身世帯が 20% を超える．他にも生涯未婚率の上昇，未婚・晩婚・非婚傾向も指摘される．戦後形成された安定的な「標準的」家族像，生活像は解体したといってよい．

　人口ピラミッドを過去から並べてみると，二つの世界があることを思い知らされる．2005 年は人口減少に入った年であるが，ここを軸として以前と以後の人口ピラミッドは真逆の形を描くことになる．以前は三角形であり，子ども・若者は最大のマジョリティであり，高齢者はマイノリティであった．だからこそ老いが持つ集積した知識や知恵が尊重された．しかし今後の推計によるピラミッドでは，少なくとも高齢者はマイノリティではない．推計による 2035 年の人口ピラミッドでは，年齢別に見ると 65 歳前後の人口が最大値にな

っており，実質的にこの年代層が人口のマジョリティになっているのである．1970年のそれでは，当時20歳前の団塊世代を含めた若い年代層が最大になっている．この層が結婚をして子どもをもうけ，核家族を形成したのが1980年代であり，彼らは生協運動へ参加する中核であった．

現在この層の高齢化に対応した事業が必要とされることはもちろんだが，高齢社会が提起する課題の一つは，特定の人生段階だけに運動や事業の焦点を当てることはできないということである．「30代夫婦と子ども」世代がマジョリティの時はこの層のニーズに対応すればよかったが，現在は人口構造，組合員の年齢構成の高齢化，多世代化が進んでいる．「標準的」組合員の解体は，ニーズの多様化をもたらすことになる．この多様化に対応できないとすれば，生協は特定の歴史的条件に規定された年代層の産物であるということになる．それゆえに，多様化を肯定するニーズの創造が求められる．それは新たなニーズの発見であり，ニーズが社会的課題として認識されるようになることである．先に見たように，高齢者ケアを家族内の女性に依存する規範が力を持っている限り，女性は個人としての生を生きることができない．高齢者ケアが社会的ニーズとして認識されるためには，見てきたように女性たちの「異議申し立て」が必要であった．そこに，横の連帯としての協同が見出されたのである．

したがって，ニーズの創造とは暮らし方の提案であり，社会の構想である．このニーズの創造はさまざまな分野で試みられているものである．たとえば，エネルギー分野では，小水力発電やバイオマス発電による再生可能エネルギーが，市民団体や協同組織によって取り組まれる事例が報告されている．そうした主体によって生産されるエネルギーが安定的に供給されるためには，地域の環境や産業との連携を必要とする．それゆえにこそこの事業は経済の域内循環と雇用を創る．それが地域社会の持続性を支える力になる．そうした試みが意味するのは，エネルギーの確保のための別方法を生み出すことによって生活の当事者性を取り戻すことであり，環境問題への主体的な関与を実質化するものである．したがって，まちづくりは生活の創造にならざるを得ない．また社会のあり方の捉え直しのプロセスである[18]．

二つには，とくに高齢社会が個人の生き方，暮らし方の個別性と多様性を提起する社会であるということだ．2050年には単身世帯が最も多くなり，42%

にいたるという．その中でも最大の割合を占めるのは23％の「65歳以上のおひとりさん」であるそうだ[19]．

　この事態も多様化という認識のもとで理解する必要がある．社会の活力の低下というような認識は「高齢者」を生産性のない存在として見なすことが根拠となっているといってよい．それゆえに，老いという言葉や，障害という言葉と結びつけてイメージすることにもなり，結局ケアの対象という「お荷物」論になっていくのである．「高齢者」は15歳から64歳を生産年齢人口として設定して組み立てられた制度から成り立つ制度的概念である．その内容はそれ以上でもそれ以下でもない．老いとは別の概念であり，老いは加齢による心身の変化に関する人間の社会通念や見方である．だから老いはどんなに寿命の短い社会でも存在するが，「高齢者」という概念が成立するためには，労働者として人びとが存在する社会であること，長寿化，そして年齢にかかわる定年制度などの条件が前提となる．そしてこの「高齢者」はマジョリティになることによって，日本社会の多様性をもたらす存在とならざるを得ない．ライフサイクル上の高齢化段階の内容は，個人が決めていくしかないからである．それは日本社会の豊かさの質にかかわる問題である．

　グローバリゼーションは外国籍の人びとを異文化とともに日本社会へ持ち込んできた．地域社会では，ごみ捨てのルールなどの生活規範の違い，子どもの教育の問題，研修制度に見られる労働条件の問題などを「共生」の課題として取り組まれてはいるが，苦慮している．

　こうした問題も，日本社会の多様化，多文化化の過程として認識するためには，共生の課題に対する政策的対応が必要であるが，それがなされているとは思われない．むしろ地域の取り組みに任せられているのが実情である．

　こうしてグローバリゼーションは，「外から」の異文化を意識させてきたが，生産性や効率性の行動基準から自由になった高齢者は家族という枠組みがもっていた形や内的規範を変化させ，多様な生き方を生み出すことになるだろう．いつ，誰と，どこで暮らすかの多様性をもたらすはずである．戦後徐々に伸びてきた高齢化段階をどう生きるかは日本社会が初めて直面する歴史的課題と言ってもよいだろう．それは家族という存在を根本的に捉え直すことにつながる．現実としても家族の「揺らぎ」は先進国で指摘されてきている．その基本的方

向は「家族の個人化」ということであろう．

　岩上真珠は，それを次のように述べる．①結婚するかしないかも含めて，結婚相手や結婚時期は当事者の決定に委ねられるようになる，②出産についても，産むか生まないかは当事者である女性の決定に委ねられる，③家族関係の維持は，「満足」や「不満」といった個人の感情に大きく左右される，④個人はそれぞれに自らが「好ましい」と思う家族を期待する，とされている[20]．それゆえ，家族の範囲は画一的に確定できないことになり，家族は「ネットワーク」という関係性において成り立つとされる．各個人の「ライフコースにおいてさまざまな経験が織り込まれ，そのつど，個人にとっての家族もまたその境界を変えていく」．「『家族』とは，それぞれの個人のライフコースが交錯しあう交点であり，その意味で，『家族』の全員が共通の一つの家族しかもたないというわけではなくなってきている．個人のライフコースの途上で，いくつもの交点があっても不思議ではない」のである．こうした傾向を「家族の相対化とネットワーク化」という[21]．

　こうした人生の多様化といってよいような現実の動きは日本の中でも垣間見られる事態であろう．高齢者の人生経路は，健康や老後の経済基盤の問題とならんで，「どう生きるか」が大きな課題になっているといってよい．人生80年から90年への移行の中で，ライフサイクルにおける高齢化段階は20年を超えるまでになる．それは，「余生」ではない．「第二の人生」という表現が使われ始めた1980年代は，退職後の問題が認識され，退職前の企業研修が開始された時期でもある．しかし，実際は，退職後から自分なりの生活を組み立て直す過程は実に様々な葛藤が生じる苦難に満ちたものであった．この高齢化段階をどう生きるかは，日本社会が初めて経験する事態であるが，ここでの基本的課題は「個人」としての生き方が問われるということである．この課題はむしろ「第一の人生」の生き方を問題として浮かび上がらせることになろう．つまり高齢社会は若い世代の意識や行動の変容もその要素としてもっているということである．高齢社会とは若い人たちがどう生きるかの問題でもある．

## 6. 「おたがいさま」による個人のニーズの創造

　ここでは「生協しまねの組合員が 2002 年にはじめた有償たすけあいシステム『おたがいさま』」を取り上げる．その理由は，前節で述べたニーズの多様化＝個人化に対応した協同の形を作ったと考えるからである．依拠する論文は，毛利敬典「『おたがいさま』の活動と地域づくり」[22] である．
　現在，この「おたがいさま」システムは「10 県 20 組織」にまで広がっており，2015 年度の応援時間では全体で 10 万時間へと伸びている．島根を中心に中国四国地方に多い．「スタート年」は，14 組織が 2012 年以降であり，近年急速に増えてきている．

### (1) ニーズ・ファースト

　この組織一番の特徴は次のところにある．「……応援依頼を会として受けて，会として解決していくという考えかたではなく，応援してあげたいという人を探し出して，利用者と応援者の出会いの場をつくり，その関わり合いの中で応援内容を解決していく」[23] というところである．この方法は生協組合員相互の有償助け合いシステム「助け合いの会」や介護保険と比べると大きな違いがある．一番の違いは「おたがいさま」は援助システムとはいえ，双方向の関係でしか成り立たないという点である．会が援助主体になると，援助内容が固定化し，メンバー内の利用ルールができる．このことが参加する人の制約になり，結局，会としてできるサービスの提供という一方向の固定した関係になる．「おたがいさま」の援助は先に援助内容があるわけではなく，支援の要請が，つまりニーズが先にあって，支援が組織されるという逆の流れを持つ．ここから二つの特徴が指摘される[24]．
　一つは「手助けしてほしいことを自分で決められる」ことである．したがって，そのプロセスで，ニーズが創造されるという働きがある．先にも述べたが，ニーズはそこにあるものではなく，能動的な生活の再生産過程で創造されていくものである．

## (2) 「したいこと」というニーズ

　二つ目に，当然そこから出てくる性格であるが，「『困りごと』から『したいこと』までの応援が得られる」ことである．とくに「したいこと」の支援のための制度はない．しかし，そのことこそが，個人が個人としての生活を作り上げるためには必要不可欠の条件である．それは高齢者だけの問題ではない．望む生活の仕方を他の人の手を借りながら作り上げることが必要な人は，障害を持った人や怪我をした人，妊婦さん，幼い子どもを育てるために奔走中の女性，一人暮らしの人など，人生のあらゆる段階でニーズが生まれるのであるから，それを声に出せる仕組みはますます必要になるだろう．そうした状況において，「声を出していいんだ」というメッセージをこの仕組みはもっている．これは，「自己責任論」が機能している現在にあって実に大きな意味を持つ．

　「おたがいさま」の事例では，60代後半の男性の馬券買いの付き添い応援であるとか，食事作り応援を始めたが，食欲が進まないように見受けられたため，一緒に食事をすることを提案，話しながら食べることで元気になった事例などが紹介されている．そこでは「双方向の関係を大事」にした「介護保険や助け合いの会とは異なる風景」が描かれている．「異なる風景」とは，応援を求めた人の声を聞くという姿勢であり，なぜそれがその人にとって大切なのかを理解しようとする関心である．「馬券買い」という行為を勝手に解釈せずに，その人に会ってその人の「したいこと」を理解しようと努力する．そうした人にめぐり合う機会をつくっていることになる．

　現代社会で，人に関心を持つということほど忘れ去られているものはない．ケアでさえ，関心よりも監視に近い目線になってしまうことのほうが多いように思われる．こうした他者に対する関心が薄れてきたことを，ドイツで，中東からの難民の支援をしているドイツ市民にインタビューをして本にまとめた長坂道子は，一時帰国したときに出会う光景をそのプロローグで書いている[25]．

　地下鉄の入り口階段で老人が手すりをたよりに危なげに降り始めたとき，手荷物をもってあげて手伝おうとすると「大丈夫」という返事．まるで親切の押し売りのようになってしまうと感じたそうである．また駅で，ベビーカーを押している女性が階段に四苦八苦していた．彼女が「手伝いましょうか」というと大きく手を振って「いいです，いいです」と言って，著者から逃げるように

立ち去り，違う場所に移動してまた四苦八苦し始めたという．長坂はこの風景を「手を貸すことにも，また貸されることにも不慣れな人たちであふれかえっている景色」と書いた．「ここ15年くらいだろうか．一時帰国する日本で，こうした状況を体験する頻度が増したように思う．人々の暮らしの中で，見知らぬ人に手を差し伸べたり，逆に見知らぬ人に助けてもらったり，という風景が非常に希薄であることを，外から戻ってくるたびに痛感せずにはいられないのである」という．

長坂の描写は，現代の日本社会が「助けて」を言えない社会であることを認識させる．NHKクローズアップ現代取材班は生活困難に陥った30代の人たちを取材して『助けてと言えない』（文春文庫，2013年）という本にまとめている．取材の焦点は，餓死してしまった30代の男性がなぜ助けを求めなかったかを解明しようとするところにあった．ちょうどリーマンショック（2008年9月）後の不況によってホームレスが大幅に増加し，明らかに日本社会が大きな貧困を抱えていることが認識され始め，格差社会が目に見えてきたときの出来事であった．当人が発見されたとき，横に「たすけて」と書いた紙の入った封筒が，投函されずに置かれたままになっていたという．その理由を取材班は追及していくのであるが，自分の窮状を告白して，人に頼ることを「一人前の人間」としては到底できなかったようである．このような「自立心」は，再就職の目途さえつかなくなっていた社会条件の下では黙り込むことにしかならない．貧困が拡大していく中で，湯浅誠が言うように彼らは「我慢しすぎた」のである[26]．人に頼ることが自分をダメな人間として見なすことになってしまうような価値観は，人間関係そのものが負い目に感じられ，当人にとって重いものにならざるをえない．このような関係に対して「おたがいさま」がもたらす関係性は負い目にはならない仕組みといえよう．それが三つ目の特徴である．

### (3) 地域社会における関係性という資源

三つ目の特徴としてあげられているのが，「一人ひとりが応援者であり，利用者であるということである」．介護保険も「助け合いの会」も応援する側と利用する側が固定されているので相互性がない．若い世代が順繰りに高齢者のケアを担うというこれまでの仕組みは家族の変容から見て，確実なものではな

くなった．介護保険の導入そのものが家族介護の限界を示していたのである．したがって，ケアする側とケアされる側は，地域社会ではいつでも反転するようなダイナミズムを持つようにしなければならない．年齢は後景に退くことになる．

> 自分は健康であるから，「利用者でなく応援者」というような考え方でなく，どんな人も，自分の暮らしをよくみてみると，得意なこともあれば不得手なこともある．そういうときに不得手なことについては他人の手を借りる．得意な分野については人の手助けをする．また，高齢の利用者であっても，その人の知恵が誰かの役に立つということもあるわけで，上手にその場をつくってあげられれば立派な応援者になりうるし，それはその人の生きがいにさえなるのだ[27]．

地域社会における「能力」とは，関係性によって育まれるものである．言いかえれば，「能力」は本来，必要とされることによって成り立つ概念であって，社会性を帯びたものである．一般的には，「能力」というと受験競争，昇進競争などを思い浮かべるかもしれない．その場合の「能力」は関係性という観点から言えば，対立的である．しかし地域社会での「能力」は自分の持っているものが他者に必要であれば，能力になるのである．その場合の「能力」が関係性において果たす機能は人と人を繋ぐ媒介である．人そのものが「地域資源」「社会的資源」であるのはそのような意味である．このような観点から高齢者やその他のマイノリティを見たとき，多様な社会的資源としての可能性を有した存在として現れてくる．それが先に述べた「共」的世界の構想に繋がっているのである．

### (4) 「おたがいさま」誕生の出発点：個人の生活を支える生協の模索

では，以上のような特徴を持つ「おたがいさま」はどのようにつくられたのか．とくに生協との関係，地域社会との関係，その運動側面を担う女性という存在，に改めて注目したい．

「おたがいさま」の誕生経緯は生協との関連から説明されている．生協しま

ねが生協のあり方を模索し，ちばコープから学んだことは「主体的に自分らしいくらしをつくろうとしている組合員一人ひとりに生協がなにをもたらしているのか」という観点から「事業のあり方や職員のあり方を考えていく」こと，「安全・安心な商品」の提供だけにとどまらず，その商品が「一人ひとりの生活」の中で持つ意味を大切にできるように配慮すること，であった．ちばコープは1999年に「おたがいさま」を初めてつくった生協である．

この学びをもとに，組合員に対して行った「くらしと夢のアンケート」の回答結果を読み込んで整理された暮らし作りの方向性が5項目に整理された．この5項目を改めて，解釈してみると，個人のライフスタイル（「自分らしく生きる」）を大切にすること，そのために，環境や生活の変化に伴う一人ひとりのニーズを受け止めること，その個人のニーズにかかわって生協の役割を見出すこと，といった一連の生協の新しい役割を追求する流れがある．重要な点は，変化する個人のニーズに注目し，それを出発点においたところだろう．あえて言えば，家族や子どもといった，誰かのためにという論理ではないということであり，グローバリゼーションや高齢化によってもたらされた内外の多文化化を前提にしているように見えるのである．

(5) 協同関係のための「おしゃべり」という方法

もう一つの論理は「人との関わり」の位置づけである．「自分らしく生きること」と「人との関わりをより豊かにすること」との関係である．人とのかかわりを豊かにすることが，それぞれの暮らしの像を描くプロセスになるということであろう．前の節で述べたが，ニーズは能動的な行為によって創られる側面をもつものである．自分らしいくらしがどこからか自然に湧いてくるわけではない．その方法論とも読めるのが第2の項目である．すなわち「私たちは，おしゃべりから生まれる知恵や元気，安心感，共感を大切にし，新しいくらしづくりにつなげていきます」とあり，「おしゃべり」が方法論になっている．この「おしゃべり」はさらに組織論，参加論として追及されるべき課題である．

毛利はこの方法論を「女性原理」という言葉でイメージできると述べる[28]．それは「融和，協調，共創」「感情・情」「統合」「目の前のことに感じて動く」「おしゃべり」といった表現を与えられている．したがって会議は「寄り合い

というイメージに近い世界で」であり，「みんなの気持ちをそろえるという機能があるようにみえる」という．

民俗学者の宮本常一が，その著『忘れられた日本人』（岩波文庫，1984年）で「村の寄り合い」を描いている．そこは村々の代表者が重要な議決をする場なのであるが，いつまでもあちこちで世間話のようなおしゃべりが延々と続いている．しかし，ある程度，時間が経った時に，まとめ役がそろそろこうしようではないかと着地点を提示するとおもむろに決まっていくのである．世間話とは，議題に関するこれまでの経験や議題に関わるあれこれをできる限り集めて，同じ認識を共有していく過程だと考えられる．それには時間がかかる．しかし村の寄り合いは，合意のために日を超えるような時間を費やすこともいとわない．そのような共有過程の中で集約点が徐々に形成されていくのであった．だから決まったことは，納得され，きちんと守られるのである．

「寄り合い」というイメージを具体化するために，宮本の描く世界を見たが，おそらくこれに近いもののように思われる．納得して誰もが参加できるようにマイナスを見るのではなく，プラスを見てこれを組み立てる，そういう姿勢を「女性原理」といっているのであろう．「応援者を派遣するのではなく，利用者と応援者をつなぐという考え方，また，利用者の声を共感的に聞くというコーディネーターのあり方なども女性の感性が活かされている」と毛利は述べている．

「人との関わり」は第3番目の項で「それぞれのライフスタイルに合った地域での新しいつながり」という形で具体化されている．つまり，「自分らしく生きること」と「人との関わりをより豊かにすること」の関係は個人のくらし作りと地域づくりが相互規定的であることを意味する．地域社会の関係性と個人のくらしは，コミュニティとアソシエーションという表現で対立的に捉えられてきた歴史があるが，2節で述べたように，地方分権化の過程で，両者が連携し，その機能を総合化することによって生活課題に対処する方向に向かってきた．「おたがいさま」を主軸とした「地域つながりセンター」という連携組織が2015年に設立されているのもそうした流れを示すものであろう．「構成団体は生協，保健生協，農協，各『おたがいさま』など11団体，オブザーバーとして県社協，市社協が参加」しており，「地域諸団体の連携・共同の活動や

事業」と「『おたがいさま』の全県の広がりを支援」の二つの目的を掲げている[29]．

### (6) コーディネーターが示す生協と地域社会の関係

　以上のように，ちばコープから学び，独自のアンケートに基づいて自分たちの暮らしを創っていく上で大切にしたい5つの項目が導き出された．これが出発点である．この大切にしたいことが生協から独立した組織を作ることになるのである．生協の事業となれば，「コーディネーターは生協の雇用者となり，また重要事項は理事会決定が必要となる」が，「それでは自分たちでつくるという意識がそだちにくいのではないか」として「利用者も応援者も当事者意識で一緒につくる」ことにした．そのために，「組合員の自立的組織として運営することを選んだ」のである．したがって「参加しているメンバーには生協の理事や委員も多いが，基本的には個人の立場」での参加であることを明確にしているという[30]．

　この選択は，個人のニーズが先ずあって，それに対応するための組織としては，どうしても必要なことであったと理解できる．この仕組みではコーディネーターが極めて重要な役割を果たすことになる．ニーズを利用者とともに現実的な形にすることがその役割であって，「お伺いする」のではないことは明白である．したがってその役割を果たすためには，様々な多くの人とのコミュニケーション経験や人的ネットワークを有していることが条件になる．そのような経験を通じて社会的な知識や人に対する理解力，そして共感する力が蓄積されてくるのである．この力が十二分に発揮できるためには，現場のコーディネーターの判断や決定がもっとも重要視されねばならない．それが「おたがいさま」の要である．そこで，「自立的で，みんなが当事者として関われるように」県単位でなく，市町村単位の「小さな単位」を基本にしたという．

　コーディネーターの独自の判断が，その後の関係づくりの出発点になる．つまり，コーディネーターは自律性を持つことになる．組合員としての立場，地域社会の住民としての立場，両方の立場は，コーディネーターの立場からは一度相対化され，個人対個人のコミュニケーションが，コーディネーターの独自の判断の根拠になる．この立場からは生協も地域社会も，ニーズを支える関係

構築の資源として考えられるはずである．ニーズを支えることのできる生協なのか，あるいは地域社会なのかが問われているわけである．したがって，コーディネーターは組合員ではあるが，生協を外から見る視点を得ることになるのである．同時に地域社会が生活を支える社会的資源として改めて認識される．コーディネーターによって社会的資源として生協と地域社会は接合されるのである．この接合によって，組合員であることが地域社会の当事者性を醸成していくことになっていると考えられる．

以上のように，コーディネーターを捉えるとすれば，このコーディネーターがどのように育ってきたかが問題になる．それを毛利は次のように述べている．

> 「おたがいさま」がこれだけ速いスピードで広がっていったのは，生協のあと押しと組合員が中心に立ち上げたこと，そして設立後も緊密な連携関係を持ち続けたことにある．そして，そういう現実を見ながら新たに発見できたことも多い．
> 　まず一番に思うことは，生協活動に関わっている組合員が身につけているものの大きさである．生協の活動に長年かかわっている組合員は，一人ひとりの思いや願いに共感していくこと，みんなでつくるという感覚，組織というものへの理解，場をつくる能力といったものが感じられる．もちろん，そういうものが身につくような組織文化を持っていることが前提になるのだが．
> 　またもっぱら利用しているだけの組合員であっても，同じ組合員に対して，それなりのこだわりのある商品を利用している仲間といった感覚が生み出されているようにもみえる[31]．

「共感」や「場をつくる能力」といったものは「ソーシャルキャピタル」という概念を市民としての成熟度として開発したR．パットナムが社会的スキルとして述べていたものである．そうしたスキルを持つ組合員は「長年かかわっている」層であることはもちろんであるが，現代の若い組合員はこのような感性やスキルをどのように身につける機会をもっているのであろうか．最後にこの点を考えたい．

## 7. ソーシャルキャピタルとしての生協

　ソーシャルキャピタルとは「個人間のつながり，すなわち社会的ネットワーク，およびそこから生じる互酬性と信頼性の規範」[32]のことである．このソーシャルキャピタルと協同組合の関係を北島健一は，条件はつけているものの「20世紀後半に，登場してくるような現代的な協同組合の場合には，古典的な協同組合のように，既存のソーシャルキャピタルを基盤にして組織されていくというよりも，協同組合という共同のプロジェクトに結集していくなかで，固有のソーシャルキャピタルを築いていったのではないだろうか」と述べ，市民生協を後者に位置づけている[33]．このような見方は，1990年代以降，グローバリゼーションと高齢化によって家族の変容が進んできた現代においてより一層はっきりとしてきたといえるだろう．したがって，これ以降に生協運動に参加してくる若い層は，生協を媒介にどのようなプロセスを経て，前節で述べた「共感」や「場をつくる能力」，あるいは地域の当事者性を獲得していくのであろうか．

　この課題を考えるために，東海のある生協の40代前半の組合員（女性）にインタビューを行った．その回答をもとに生協が持つ市民性の学習機能がどのような形であるのかを考え，今後の生協運動にとって必要な観点を提起したい．

　この組合員を選定した理由は，①若い世代に属すること，②組合員活動とともに地域での市民活動にも積極的に関わっておられること，である．この二つの条件をもつ組合員を，筆者が得られた情報から選定した．したがって必ずしも若い組合員層を代表しているわけではないが，「おたがいさま」でみてきたように，組合員であることと地域に当事者性をもっていることがどのように結びついているかを考えることのできる事例である．

　インタビューは2018年7月，8月の2回にわたって行った．プライバシーを配慮するため，対象の組合員に関する経歴等は省かざるをえないこと，本論文の課題に関わる限りの回答に限られること，をお断りしておく．以下この対象者をCさんと表記する．

### （1） 生協への加入と関係の蓄積

　Ｃさんは，現在，居住している住まいへ結婚して移ってきた．ご主人の職場に近いこと，また，震災等があったため，防災にも関心があって，比較的高いところ，交通が遮断されにくいところを選んだという．

　この住まいに移ってきてすぐに子どもが生まれる．2005年，その子育て中に，生協職員が生協加入の勧めのためにＣさん宅を訪れる．その時に，Ｃさんは個配を「便利」だと思い加入したそうである．微笑み制度によって配達料は無料であったことも加入の要因であった．子どもの成長によってこの微笑み制度が使えなくなる時に，共同購入を生協職員から勧められる．しかし，近隣には全く知り合いがおらず，すぐには共同購入に切り替えることはできなかった．その後，子どもが幼稚園に入り，そこでできた「ママとも」と近所の組合員（個配）の３人で共同購入班をつくる．Ｃさん宅が荷受場所になった．

　３人とも，子どもが幼稚園であったので，荷受場所のＣさん宅がよく集まって食事をする場，子どもが遊ぶ場になっていった．しかし，子どもが小学校に入ると，共同購入は継続していたが，就労や育児などそれぞれの理由から集まる機会は少なくなっていった．

　以上が，Ｃさんの生協への加入契機とその後の経過である．加入契機としては，何かを求めての事ではなかったという．ただ偶然，生協加入の勧誘を受けて，「個配」という便利さにひかれて加入したという．その後，個配をそのまま続けていたが，商品案内以外の様々な活動案内など一切読まなかったと言われたこともそれを裏付けているように思われる．

　共同購入への切り替えは，知り合いが全くいないという理由で，すぐには切り替えできずにいたが，幼稚園の「ママ友」ができてから可能になった．この点では，共同購入は一定の関係性の形成がなされていないと難しいことが窺える．つまり共同購入班形成を関係作りの基盤にするという方法は，難しいのであろう．

　はっきりしたつきあいができてくるのは子どもが幼稚園に入ってからである．子どもが幼稚園児という共通項がコミュニケーションの必要性を高め，それが関係を蓄積していく契機になったが，Ｃさんが移った郊外では，相談相手がそばにいるわけでもないので，心配事はつきなかったようである．「子どものた

めに生きているようなわけじゃないですか」という状況であった．この言葉は，自分を「一時期」放棄することであると言ってもよい．こんな言葉も聞かれた．「子どもと家庭が自分の中心にあって，それ以外のことはすべて置き去りにしてきちゃって．化粧するのもやめちゃったりとか，子どもを追っかけなきゃいけないから，昔はこんなヒールを履いていたけど，今は運動靴しか履けないわ，とか」．Cさんや同年代お母さんたちの自分の変化に対するこうした表現は，笑い話にしてしまうこともあるだろうが，自分で欲してそうなったわけではないことを意味しており，自己認識にかかわる大きな意味をもっている．

### (2) 組合員活動は社会性を取り戻すリハビリ

Cさんは子どもが小学校に入った年に，応募形式の「コープひろば」に参加する．子どもと一緒に毎日を過ごしてきたために，「手持ちぶさた」になって好きな趣味などもいろいろやり始めた時期でもあった．「コープひろば」は「組合員活動をしたことのない組合員向け」の集まりで，「コープの仕組みの解説」とともに「普通，話したことのないようなテーマで話をしてみよう」ということで「たとえば環境について，お菓子を食べながら，知らない同士で」話し合う場であった．「無料の託児付きで，自由になれるという理由で参加する人」もいたという．全6回で毎月開催，Cさんが参加したときは10人くらいだった．この「コープひろば」の運営方法について次のように語っている．

> 「コープひろば」に行ったことで，全く接点のなかった人と急に知り合うわけですよ，募集ですから．個人で応募してきた人ばかりの場合，全員「初めまして」「今から関係作りましょう」となるわけです．初めて会った人たちが何かをしようとしたとき，一番大事なのはその場の雰囲気なんですよ．そこに集まる人はお互いにけん制しあってどう出るべきかをすごく考えている．そのときに，一番強く出た人のカラーが色濃く出ちゃんですね．その人と合いそうと思った人は，その主張に乗っかっちゃう．この人と違うと思う人はヒューっと引いてしまう．そこで二手に分断しちゃうじゃないですか．それはダメなパターン．ファシリテーションする人がゆるーくまとめて行けば，みんながお互いに気を使いながら議論ができるんです．

そうすると自分たちのカラーを自分たちで作っていこう，そういう意識が自然と芽生えるんです．

　Cさんは最初に，生協に対する「先輩世代の熱さはない」と述べた後で，上記のような話をしてくれたのであるが，先輩世代のように，何かを最初から共有しているわけではないからこそ，会議の方法が重要だということである．つまり，それぞれの参加動機は様々であるから，まずは個人の考え方をお互いに尊重しあいながらのスタートが大事ということである．したがってファシリテーターの役割が重要で職員の果たす役割は大きくなっていると言えよう．共同購入が主流の時には，班のコミュニケーションの中で「組合員が職員を教育する」ようなプロセスがあったことも指摘されたが，現代ではむしろ職員の知識と社会的スキルが必要で重要ということであろう．現場の職員こそ生協がソーシャルキャピタルであることの要になるかもしれない．
　次に，「コープひろば」での話し合いの意味をとりあげる．長くなるが，Cさんの言葉を引用する．

　そこに集まる人はみんなママさんたちなわけですよ．託児がついて，無料なんです．だから，二人の子どもがいて，上の子が幼稚園で，下の子を2時間預けて，同世代の同じ立場にいる人たちと何かについて話し合う場所ってそうないんですよ．しかも知り合いだと話しにくい．全く知らない人だから割と本音が言えたりして．しかもお題が決まっているから話しやすい．お題がなく，フリートークと言われたら困るんです．今日は環境について話しましょう，とか言ってポンと投げかけられて，みんな話し合うわけですよ．ああでもない，こうでもない，酸性雨がどうの，地球温暖化がどうの……ニュースでちょっと聞いたりとか，ちょこっと新聞で読んだりしたことを話すんだけど，私が参加して思ったのは，ここはリハビリ施設だなと思ったんですよ．社会性を取り戻すリハビリ．今まで子どもを産んで，育てて，自分の世界の中心はすべて子どもなんですよ．子どもと家庭が自分の中心にあって，それ以外のことはすべて置き去りにしてきちゃって．化粧するのをやめちゃったりとか，子どもを追っかけなきゃいけない

から，昔は，こんなハイヒール履いていたのに，今は運動靴しか履けないわとか，そういう人の集まりなんですよ．そういう人たちが，下の子が幼稚園に入って，ちょっと手がすいた時期に，じゃ何をするということを考えていくためのリハビリ施設だと思いますよ．

　自分ってなんだろうとか，自分は社会に対してどう思っているんだろうとか．若くて仕事しているときには，たぶん，いろんなことを感じていろんなことを考えるじゃないですか，社会に対して．生きている自分が中心だから．でも結婚して子どもを産むことで，自分の中心は子どもに全部乗っ取られちゃうわけだから，自分の持っている社会性は，今の社会と乖離しちゃうのかな．そこを戻したいんですよ．

　Cさんの「コープひろば」が「社会性を取り戻すリハビリ」であるという見方は，日本社会の，夫の家事時間・育児時間が，他の先進国と比べ，圧倒的に少ないという構造が生み出しているものであると考えてもよいように思う．逆説的ではあるが，それゆえにこそ，社会への感性が鋭さを増すのかもしれない．そこで，「リハビリ」の機会としての条件を考えておくならば，「社会に関するお題」が必要であること，むしろ知り合いではないこと，そして先に見た運営方法，ということになる．

　Cさんはそういう人（女性）は多いと思っているが，気づかないなら「平和かも」という．生活に余裕が出てくると，「立ち止まる余裕が出るので気づく」ことになる．気づくと「焦ったり」「どうしようもなく空しくなったり」「悲しくなったり」「私世の中についていけないと気づいてショックを受けたり」という経験をするのだという．しかし，そのことがCさんをしてテーマグループという次の組合員活動へと進ませる動因になっているというのである．その動因になっているものとは，妻でも母親でもない「何とかさん」の自分が自分であるために，自由な時間で「学生のときとか社会人になったときみたいに，何人かの人と話し合いをして何かを作り上げることがしたい」という欲求である．他者との関係性において協同して何かを作るときに自分が自分であることができる，しかもそれは母親としてでもなく，妻としてでもない「自分」がそれを欲しているということである．こうした欲求は，先の節で紹介した柏木の

説明にも合致することであり，現代はより強まっていることを認識しておく必要がある．「お母さん」だから組合員活動が成立しているわけではないことを知っておく必要がある．「やっていることは試食会だったり，食べ物の安全性について考えたりとか，そういうことをしているだけなんだけど，でもそれを考えているときは，妻でも母でもなく，一個人がすごく真剣に砂糖のことについて考えているわけですよ」というわけである．

それ以後Cさんはテーマグループの活動を代表者になって継続する．メンバーが事情でやめていくことは，関係が切れるわけではなく，関係が蓄積してプロセスになっているという．そうした経験を積むことによってCさんは「共感」や「場をつくる能力」を身につけてきたと言えよう．

では地域社会での市民活動へのCさんのかかわりはどのような動因があったのだろうか．

### （3）　市民活動への動因

Cさんは，市民講座を企画したり，趣味の会を持ったり，子ども食堂を応援したりと，生協の組合員活動以外にも地域社会で様々な活動をしている．しかし，子どもが生まれる前までは，「自分は自分だから自分さえよければそれでいい」というような暮らしをしていたという．しかし子どもができて，育てていく中で，衝撃的な映像が彼女を不安にさせる．それは東北の大震災の映像である．津波に襲われた町の映像に，「私が死んだら誰も気づかないだろうな」という不安が湧いたという．それは若い頃，将来の目標が見つからず，孤独だった頃の感覚と重なるものだったという．「誰かが探してくれないと見つからないんですよ，人って，何かあったとき」という言葉にCさんの不安が凝集されている．

このような感覚が，自分の子どもの存在を知ってほしいという強い気持ちに変わっていく．「もし，子どもを残して夫婦二人とも死んでしまったらこの子を誰も助けてくれなくなっちゃうんですよ．だってみんな自分のことで精一杯になっちゃうから」という不安から「地域の人と仲良くならなきゃ」と考えを切り替える．それまで地域の祭りも行ったことがなかったという．その後，公園デビューに失敗したり，子育て方法の違いで友達になれなかったりという苦

い経験もしたという．子どもが幼稚園の年長組のときに，親組織の役員を引き受け，このときの役員であった同年代の女性たちとのつきあいができ，生協の共同購入班を作る仲間になる．幼稚園の役員をしていた 2011 年の 3 月，東北の大震災の映像を見るのである．

　子どもが小学校に入ってからは，子ども会の行事にはできるだけ参加したそうである．近年では子ども食堂への関わりも強くなり，社会性ということを考えるようになってきているという．「自分の大事だと思っている人たちを守ろうするなら，同じように地域の人も自分の大事な人を守ろうと考えているんだったらみんなでどう守るか共有していけば，助け合える」はずだという信念が現在の C さんにはある．

　C さんが，「何かがあったとき，誰かが探して」くれる関係を必要としているのは，気にかけてくれる人が限られていることへの不安である．この不安は C さん個人だけの問題ではなく，まさしく現代社会の「孤独死＝孤立死」の構造を言い表している．先の 6 節でみた『助けてと言えない』状況を指していると考えてよい．したがって「誰かが探してくれる」関係とは存在を認知してもらうことであり，そのためには地域の他の人を認知する努力が必要になる．それは一方通行的な認知ではありえない．協同関係における現実の共同作業が必要である．人の心に他者が住み着くのはそうした時間を共有するから可能なのである．認知されているだけでなく，そこに，共にいることが承認されているからこそ，いないと気になるのである．このことは，阪神淡路大震災時の神戸市長田区真野地区の対応からも言えることである[34]．地域づくりの歴史を積み重ねてきた真野では，誰がいないかを自治会がすぐに把握できたのである．

　「建築計画学」を専門とする大月は高齢者のセーフティネットとしての資源を制度的資源，地域的資源，家族的資源に分類している．高齢者のセーフティネットにはこうした資源の有機的な組み立てが必要であるが，制度的資源は画一的で柔軟性に欠け，家族的資源は，縮小している．そこで最初の節で見てきたように，地域的資源を発見し新たに構築する必要に迫られているのである．大月は，地域資源の生成のために，人びとが集う契機となる建物やその構造，配置などを検討しているが，その背後には人びとが家から出ること，つまり日常の関係をつくることが難しい状況にあることを示唆している．大月は，お茶

を一緒に飲む場所といった時間を共有できる「居場所」を構想している[35]．

　Cさんの地域の活動の目的はできるだけ多くの人と時間を共有する機会を地域社会に作り出すことに置かれるのである．こうした他者との関係を紡ぐことをCさんは「社会性」という言葉で表現する．「今までは隣しか見えてなかったけれど，それがずっと向こうの人まで見えるようになる」ことだ．気にかける関係を縦横無尽に作ることがCさんの地域での活動の意味である．

### （4）　生協の組合員であることと地域活動

　生協組合員としての活動と地域の活動が，Cさんの中でどのように接合しているのかを考えたい．

　Cさんにとって生協や地域での活動の出発点は「誰かが探してくれないと見つからないんですよ，人って，何かあったとき」という，現代の人と社会に対する認識を東日本大震災の映像によって直感したことであると思われる．その後の関係作りは，私的な趣味のグループ，市民活動，子供会行事参加など地域社会での「気にかける」関係作りと並んで生協の組合員活動もある．関係づくりの活動の延長に生協の組合員活動があるということである．つまり生協は地域生活にセーフティネットを張る資源なのである．そのような意味でCさんの中で，生協は地域社会と接合しているのである．

　Cさんにとっては「地域の人同士がつながる，知り合う場を作ること」が重要であり，この目的にとって生協は「便利なツール」であると表現しているのもCさんの中の生協と地域社会のつながり方を表現している．しかし，その他のつながりと違って生協の組合員活動が，Cさんにとって大きな意味を持つのはCさんが言うところの「社会性」である．Cさんが述べた「コープひろば」への参加の意味にあるように，個人として社会に向き合う構造を組合員活動はもっているのである．新しい人との出会い，生協商品に「個人として」向き合うことによって社会の出来事や構造に関心を広げ，今まで見えなかった人にまで思いが及ぶようになることがその内容である．

　こうしてCさんの市民活動と生協組合員活動は現実的に有機的つながりをもつ．生協が市民活動にとっては貴重な資源になる．直接的には労力や資材の援助という「貢献」がある．もう一つは，市民活動に必要な「共感」や「場を

つくる能力」を組合員活動が培っているということである．それは市民活動にとってはネットワークの広がりをもたらす可能性もあるだろうし，そのことによって，閉鎖的にならないための，R. パットナムが言うところの「ブリッジ型」の社会関係資本を形成することにもなるのである．

## 8. おわりに

　地方分権化とはグローバリゼーションに対応するための国の形を変えることであった．現実的には自治体の合併を強権的に推し進めることによって，それまで蓄積されてきた自治の空間を破壊することになった．大規模になった自治体は，都市内分権制度を導入して自治の分節化を図るが，意思決定機関としては小さな権限しかなく，またすぐに機能するわけもなく，自治体の運営の模索は続くことになる．だからそれは「参加なき分権改革」と言われる．

　他方で，自治体を「市民の政府」（篠原一）として位置づけようという提起があるように，協働という自治体運営の方法を通して，参画の実質を確保していこうとする社会的な力も動き始めている．その動きの中に，生協の協同組合間連携や地域集団との連携を位置づけた．その場合，生協がそのような動きを担うことになるとすれば，どのような回路が成り立つのか．この回路を地域社会への「貢献」と捉えることでは，一般的な貢献活動と変わるわけではない．地域社会の構造そのものをセーフティネットとして構築していく力として，どのようにかかわる可能性があるのか．その可能性を探るために，「おたがいさま」と若い世代の組合員のインタビューを分析した．この分析から最後にいくつかのことを提起しておきたい．

　グローバリゼーションと高齢化によってさまざまな人生経路が顕在化してきている．

　生協は多様化した生き方を支える様々な組合員活動を創造する必要に迫られている．その対応を考える際に，「子育てひろば」「コープひろば」のような組合員活動は複合的な役割を持っていることを認識するべきである．居場所機能，親睦機能，学習機能，したがってまた健康維持・増進機能などにもつながる．それゆえ，この「ひろば」を，多様化した文化を支えるコミュニケーション機

能をもつものとして構想する必要がある．

　組合員Cさんの事例で見たように，ここで生み出される関係は，決して，生協商品を知る，学習するという役割にとどまらない，社会性を獲得する一つの経路でもあり，生協が社会関係資本として機能している一つの根拠でもあるように考えられる．共同購入の班が持っていた機能をこうした組合員活動として組み立てる必要があるのではないか．

　この組み立ての前提条件に留意したい．それは，「個人」としての参加が基本になる活動だということである．先に，1980年代の生協の成長は「家族」を基盤にした協同であるという性格を指摘した．ところが，この家族が多様化しており，ニーズそのものが個人化している．生協の事業とそうした個人化したニーズをどのように接合するかを探る上でも，ますます組合員活動の形を組合員参画の重要な契機として位置づける必要があるのではないか．そのような性格がすでに組合員活動には見られるからである．

注
1) 杉本貴志「協同組合史の新地平をめざして」，中川雄一郎，JC総研編『協同組合は「未来の創造者」になれるか』家の光協会，2014年の「協同組合間協同とコミュニティへの責任の時代」の項を参照．
2) 総務省『新しいコミュニティのあり方に関する研究会報告書』平成21年8月．
3) 山梨県甲州市の地域自治区廃止の経過は，三浦哲司「自治体内分権のしくみを導入するさいの留意点—甲州市の地域自治区制度廃止を事例として」，『同志社政策科学研究』第11巻第2号を参照．
4) 次のサイトから www.soumu.go.jp/00459163.pdf（2018.11.17），次の文献も参照のこと．『季刊地域』編集部編『人口減少に立ち向かう市町村』農文協，2015年の第7章「小規模多機能自治で地域力アップ—島根県雲南市」．
5) 小木曽洋司「協働の可能性」，松田昇・小木曽洋司・西山哲郎・成元哲編著『市民学の挑戦』梓出版社，2008年および同「地方分権化政策下における地域社会の市民協同とは」，2017研究フォーラム『地域福祉を支える市民協同』報告集2（特定非営利法人 地域と共同の研究センター）を参照．
6) 前掲，総務省サイトからの資料，11頁．また次の文献も参照のこと．『季刊地域』編集部編『人口減少に立ち向かう市町村』農山漁村文化協会，2015，第7章「小規模多機能自治で地域力アップ——島根県雲南市」．
7) 篠原一『「試み」の政治学—自治体の挑戦—』川崎市民アカデミー双書，2001年，第1章を参照．
8) 前掲，小木曽「協働の可能性」を参照．

9) この課題を地域社会の「形成」という表現にしておく．「再編成」はシステムの転換を表現するには不十分である．「再生」も可能かもしれないが，やはり新たな質の地域社会の関係性を生み出すところに力点を置くことと，「再生」も内容的に含めることが可能であることから「形成」が適切と考えるからである．
10) 小木曽洋司「地域社会と生協の回路を求めて」，小木曽洋司・向井清史・兼子厚之編著『未来を拓く協同の社会システム』日本経済評論社，2013 年を参照．
11) 小木曽洋司「『中濃圏域』における『人口急増都市』の『コミュニティ』形成へ―岐阜県可児市―」，北川隆吉・貝沼洵編著『地方都市の再生』アカデミア出版，1997 年．
12) 大内裕和＋竹信三恵子『「全身○活」時代』青土社，2014 年，第 2 章「『全身婚活』が終わらない」を参照．
13) 柏木恵子『子どもの価値』中公新書，2001 年，122-126 頁．
14) 天野正子『老いへのまなざし』平凡社文庫版，2006 年（初版は 1999 年），第 3 部「5「悪女」集団の 40 年」を参照．
15) 同上，252 頁．
16) 上野千鶴子『ケアの社会学』太田出版，2011 年，272-273 頁．
17) 同上，267 頁．
18) 五十嵐敬喜・天野礼子『市民事業』中公新書クラレ，2003 年，第 3 章「"自然エネルギーで"暮らす」，藻谷浩介・NHK 広島取材班『里山資本主義』角川書店，2013 年，大江正章『地域に希望あり』岩波新書，2015 年，第 2 章「自然エネルギーが地域を開く」などを参照．
19) 若林靖永・樋口恵子編『2050 年超高齢社会のコミュニティ構想』岩波書店，2015 年，第 1 章「提言『2050 年　超高齢社会のコミュニティ構想』―血縁から結縁へ―」を参照．
20) 岩上真珠『ライフコースとジェンダーで読む家族』有斐閣，2003 年，19 頁．
21) 同上，15-16 頁．
22) 毛利敬典「『おたがいさま』の活動と地域づくり」，田中秀樹編『協同の再発見』家の光協会，2017 年，第 3 章．
23) 同上，109 頁．
24) 同上，110 頁．
25) 長坂道子『難民と生きる』新日本出版社，2017 年，プロローグ．
26) 湯浅誠『反貧困』岩波新書，2008 年，第 3 章「貧困は自己責任なのか」を参照．
27) 毛利，前掲，111 頁．
28) 同上，118 頁．
29) 同上，126 頁．「地域つながりセンター」については高橋玲子「"おたがいさま"の活動から地域のつながりへ―おたがいさまの心が創る『これからの世界』―」，日本協同組合学会『協同組合研究』第 37 巻第 2 号，2017 年を参照．
30) 毛利，前掲，114 頁．
31) 同上，119-120 頁．
32) R. パットナム／柴内康文訳『孤独なボウリング』柏書房，2006 年．

33) 北島健一「地域ニーズに，協同組合は連携，連帯してどう応え，また，それによってどのような地域社会を創るのか」(座長解題)，日本協同組合学会『協同組合研究』第 27 巻第 1 号，2008 年，2 頁.
34) 中田実，他『町内会・自治会の新展開』自治体研究社，1996 年，第 1 章を参照.
35) 大月敏雄『町を住みこなす』岩波新書，2017 年を参照.

# 第2章
# 「他者志向的事業体」として生協を見直す

向井清史

## 1. はじめに

　生協は，事業高の推移からみると長い停滞局面から脱出できていない．このことは，日本経済自体が 2012 年 12 月以来景気拡大局面に入ったといわれながら，国民の間では一向に実感がわかず，押しなべて小売り流通業界が停滞していることからすれば，取り立てて問題にするほどのことではないのかもしれない．しかし，協同組合事業が景気循環の影響から自由ではありえないとしても，それを当然視してしまうならば，協同組合の一般小売業に対する独自的存在意義を見失ってしまうことになろう．協同組合事業が，資本主義市場システムが不可避的に生み出す様々な不調和性を克服する市民の経済活動と理解するならば，改めてこの停滞局面の意味を考察する必要があると考える．

　田中秀樹氏の研究を参考にしつつ，生協を「他者志向的事業体」とみなすという視点から，この問題について考えてみたいというのが本章の目的である．田中を参考にするのは，氏が現在日本における最良の生協研究者の一人であり，私の考えを整理するための参照基準として最適であると考えたからに他ならない[1]．

　ここで言う他者志向性という言葉の意味を簡単に説明するには，「公益を目的とする」という言い方との差異を考えることから始めるのが適切であろう．メンバーシップ組織である生協をこのように定義することは誤解を招きかねないので一応括弧つき（以下では括弧を省略）にしてある．しかし他者志向という概念は，事業対象が不特定多数（公益）か特定多数（組合員）かというように，量的差異に還元して理解する通俗的公益概念とは基本的に異なっているこ

とを最低限確認しておきたい．また，関係性の固定を前提とする利他性とも異質な概念であることも併せて確認しておきたい．

　他者志向とは行為論的概念であり，その意味は，目標達成という計算的評価に基づく機能主義的行為と真逆の行為を指すということである．機能主義的行為では，自己以外の人間は自己目的達成のための操作対象として道具的存在と位置づけられる．そこでの行為基準は功利主義的理性に置かれる．それに対して，他者志向的行為では，他者は相互了解を目指すべき相手として，コミュニケーション的行為の対象として措定される．だから，それは一方的な自己犠牲を前提とするものでもない．行為目的は互恵的相互了解＝合意の形成にあり，それには前提として他者に対する寛容性が不可欠であることは言うまでもない．この関係は，計算的評価以外の方法で社会的に最適な選択をしようとすれば，ある種の共通感覚に頼らざるを得ないことに根拠を置いている．行為判断の基準を，計算的合理性ではなく，コミュニケーション的理性に遷移させたときにはじめて成立する立場であるということである[2]．

　他者志向的事業体とは，このような共通感覚の醸成，相互了解の成立を目的とする立場に立って行為（事業）を行うという意味である．それは前述のように利他的行為として展開されるものではない．生協は事業体である以上，事業継続性を無視することはできない．だから，採算を度外視して奉仕的であらねばならないわけではない．公正な取引であることの相互了解を目指して事業展開するということであり，後述するように，そのためには取引当事者同士の信頼に基づく安定した関係性の存在が不可欠になる．ここまでくると，他者志向的という替わりに社会的といった表現も許されるように思われるかもしれない．しかし後述するように，資本主義とは社会性がストレートに顕在化されえない社会である点に特徴がある．だから，他者志向的という概念が決定的に重要な意味をなすのである．

　以上のような視角から考えようとするのは，今日存在する不調和性が単なる経済的問題の次元を超えて，社会性を帯びるようになっていると考えるからに他ならない．貧困問題が社会的排除問題と一体的に語られるようになったことはその象徴であろう．1995年のICA総会で，協同組合原則に地域社会への貢献が付加されたのもこのような認識を背景としていたからであろう．つまり，

貧困や失業が単なる経済循環的な問題としてではなく，社会構造的問題，すなわち，すべての市民が社会に包摂されるとはどういう意味を持つのかを考えねばならない時代に我々は生きているということである．あるいは，ポストモダン論争で議論になっているように，市民社会の意味そのものが変容しつつあると考えてもよい．それらがグローバリゼーションや金融主導型資本蓄積様式に規定されていることは説明するまでもないであろう．福祉の問題が，いまや財の分配問題にとどまらず，潜在能力の開花問題へと拡張しつつ議論されるようになった社会哲学の展開もこうした変化を反映するものと言えよう．言い換えると，機能的行為論の中に問題を定位してもその解決手段を見出すことは不可能であり，コミュニケーション的行為論の枠組みを社会的に広げていくことの中にしか解決の道筋が見えてこない問題が，そこかしこで発生しているのが現代であるということである．

　生協はこのような文脈の中で，いかなる存在として論じることができるのだろうか．そしてそのことによって，どのように生協の将来を構想し得るのかということがここでの問題意識であり，結論を先取りすれば，生協を単なる流通事業体と理解するのではなく他者志向的事業体ととらえ直し，社会的課題の解決主体としての可能性を探ることを通して，初めて生協にとっての今日の停滞局面の打開方向も見えてくるのではないかと考えている．やや視点をずらせば，今日盛んに議論されている参加の議論を社会的包摂の議論にまで拡張して考えてみたいということである．参加とは，自立した個人という存在を前提とする．しかし，今日の社会は自立することが困難な，あるいはそうした力を失った人たちも含めて，どうすれば共生していけるのかという問題に直面している．もちろん，サードセクター事業体の一つである生協の社会的課題解決能力には自ずから限界がある．しかし，解決に参画し，それなりの役割を果たし得る存在であるし，また，あらねばならないというのが議論の道筋である．

## 2．なぜ，生協を他者志向的事業体とみなし得るのか

　それでは，生協を他者志向的事業体とみなし得る根拠はどこにあるのだろうか．それは，株式会社における株主の地位と生協における組合員の地位を比較

することによって明らかとなる．株式会社ではなぜ株主の意向が重視されなければならないのかと言えば，株主こそが当該組織の所有者，オーナーであることに由来する．出資者が事業体のオーナーたる所以は，事業活動資金の負担者（出資者＝所有者）であるという事実に発する．そして，近代法の下では，所有には自益権と共益権が伴うとされている．したがって，突き詰めれば企業は株主の要求を侵害してはならないことになり，いわゆる株主主権が合理的に保全される仕組みを構築することが企業統治の第一義的提要ということになる．

もちろん，今日の企業ガバナンス論はステークホルダー論をはじめとして多様に論じられている．例えば，OECDのコーポレートガバナンス原則でもガバナンス（企業統治）システムに従業員を加えることの正当性や有効性が明言されている[3]．だが統治の仕組みや権限は多様であり得るので，原則が即従業員の実質的かつ頑健な経営参加を意味しているとは限らない．いずれにせよ，それは株主主権を軽視してよいという話にまで発展することは絶対にありえない．

協同組合の組合員は出資して組合員たる地位を取得しており，その意味で事業体との関係では株主と同様の地位にある．しかし，協同組合員所有権と株主所有権はいささか異なっている．協同組合の出資金（証券）は，株式市場のような金融市場で売買することができない．その代わりとして，組合員には脱退に当たって出資金が返還されることになっている．ここで問題は事業体価値の増加分（利益剰余金）の行方である．事業体が存続する限り，通常，利益（剰余）が発生し年々事業体価値は増大していくと考えてよい．企業の場合，事業体価値の増減は株価に反映されるので，株主は株式市場での売買を通して株価の値上がり（キャピタル・ゲイン）というかたちで増価分に対しても自益権を行使できる．しかし，組合員にはこのような権利行使機会が与えられていない[4]．

死亡や転出など何らかの理由で脱退した組合員には出資金が返還されるのみで，組合員であった期間に生まれた増価分については権利の行使が行いえないまま不分割積立資本という形で協同組合内部に蓄積されていく．正常に運営されている限り，協同組合には脱退組合員が残していった利益剰余金が蓄積されていくと同時に，当該期の事業も未来の組合員へ継承されるはずの剰余を蓄積し続けるという，利益剰余金の累積的蓄積の連鎖が存在する．要するに，協同

組合の事業体価値には所有権の帰属先を確定できない，当該時点で登録されている組合員による資金的貢献以上のものが体化されている．換言すると，所有論の見地からいえば，協同組合は当該時点で存在する組合員の所有権にのみ服すべき事業体とは言えない．近代的所有という文脈では厳密に所有者を特定することの困難さを内包している事業体が協同組合なのである．それゆえにこそ，事業の否[5]営利性が担保されていると解釈できる．現存する組合員利益が優先的に考慮されるべきであるという論拠は，所有権論的には部分的にしか成立しないのである．したがって，協同組合の利害関係者としての組合員の地位は株式会社に比べて絶対的とは言えないのであり，総代会における意思決定と言えども，退出していった組合員の想いによって制約されざるを得ないと解されなければならない．ただし，彼らの意思を集約する機会が存在しないので，協同組合事業は組合員のためだけでなく，社会問題の解決（他者利益）に対してより配慮することでその要請を便宜的に満たす以外にない．生協とは，所有論的に言って「組合員に最大の奉仕を行う」だけでなく，「国民生活の安定と向上」も同時的に追求しなければならない責任を負っている存在，私の言う「他者志向的事業体」の側面を同時に持つ存在でなければならないということである．1995年のICA声明は，協同組合の価値として「他人への配慮という倫理的価値を信条とする」と述べている．しかしそれは，道徳論次元の要請を超えた，所有論的根拠に基づく実体論的要請でもあると理解されねばならないのである．

　ただし，念のため付言しておくと，ここで株主至上主義が正当であると主張しているわけではない．事業体ガバナンスの論じ方としては多様な議論が可能であるが，企業形態論として論じるとすれば，最も適切な参照基準は事業体の所有構造であり，それによれば株式会社の特徴は株主所有の不可侵性であるところに見出され，生協の特徴は組合員利益と同時に，それ以外の社会的利益への配慮が求められるところにあると言っているに過ぎない．

　利益剰余金の増加に経営者機能の自立化の経済的根拠を求め，これを生協の企業化の背景とする田中の考え[6]は現実にはともかく，理論的には誤りである．生協の利益剰余金には本来的所有者が存在しないので，資本と規定することは適切ではない．だから実態はともかくとして，この点をもって，生協における事業論理の独断的専攻の論拠とすることはできない．組織の所有と支配（ある

いは指揮命令権）を混同してはいけない．所有なき支配というものもあり得る．だから，固有の議論としてガバナンス論も成立し得る．ある種の組織では，名望による人格的支配ということは今でも行われているし，株式会社においても，周知のように，既に戦前から経営（者）による所有（株主）の支配ということが議論されてきた．協同組合においても専従者支配の問題がしばしば議論されているのも故なしとしない．

　しかし，ここで生協のガバナンス論を正面から取り上げて論じようとしているのではないし，そのような問題を論じることは協同組合ウォッチャーでもない筆者の能力を超える．協同組合事業における利益剰余金の存在は，事業活動に他者志向性（利他性）の制約を付与するという規範的な視点に立った時，私が今後の生協事業を考えるうえで重要と考えている二つの問題，すなわち新しい運動結集軸として期待し得る倫理的消費と如何に向き合うべきか，介護福祉事業を取り込んだ生協の組合員組織の在り方をどうデザインすべきか，について若干の考察を行うことが本章の目的である．

　本論に入る前に，協同組合を他者志向的事業体とみることと，いわゆる企業の社会的活動との違いについても一言言及しておかなければならない．いわゆる企業の社会的責任（CSR）ということが言われるようになって久しく，今日では植林活動など社会貢献事業を実施している企業も少なくないし，株式会社の社会的責任（CSR）論が当然のごとくに論じられている．このような機運が盛り上がってきたのは，2000年に開かれた国連ミレニアムサミットに負うところが大きい．ここでは，それまでの貧困撲滅対策が不十分であったことが総括され，各国が共有すべき世界全体としての開発目的（MDGsと略称される）が設定され（2015年にSDGsと呼ばれる新しい改良版にバージョンアップされている），企業の社会的役割についての理念が整理された．近年では社会的責任投資（SRI，あるいはE（環境：Environment）S（社会：Social）G（統治：Governance）投資）という理念にも関心が高まっている．これは，利益率の高さのみに注目して投資するのではなく，環境や社会にも配慮した企業への投資を推奨するものであるが，2006年に国連が「責任ある投資原則」（PRI：Principles for Responsible Investment）を提唱し，今日これに同意署名をした機関投資家は1,700を超え，その運用資産残高は70兆ドルに達するという[7]．企業に

も，社会的問題に貢献しようという自覚がないわけではないのである．企業によるこうした活動と，市民による非営利活動の差異をどのように考えればよいかを整理しておく必要がある．

まず基本的に押さえておかなければならないのは，これらの活動の多くが，企業活動のリスク管理問題を背景に提起されてきたものだという点である．長期的に考えるなら，環境破壊や人権侵害が企業活動継続のリスク要因として考慮されるべきであり，このような長期的リスクへの配慮の程度は当然企業価値にも正当に反映されるべきであると主張されているのである．従って，これらを NPO など市民による営利を目的としない事業活動と同一視することはできない．つまり，出発点としての動機づけが全く異なっている．

同じことが，著名なマーケティング研究者であるポーターら[8]によって近年提唱されている共創価値の創造（CSV：Creating Shared Value）という考え方についても言える．この理論は，従来のように営利活動と社会的問題解決活動が二律背反的関係にあると考えるのではなく，むしろ両者間にシナジー効果（両方に取り組むことで，互いの補完関係による相乗効果が生まれること）があることに目を向け，企業は，むしろそれを活かすことによって競争的優位に立つことが可能になるという理論である．社会問題の解決を事業目的に挙げているいわゆる社会的企業と呼ばれる株式会社の存在は，その象徴である[9]．

CSV という考え方は，民間企業や政府による経済活動とサードセクター事業体のそれとの間の垣根は現実的には高いものではなく，場合によっては区別すること自体に意味がないとの主張に受け取れる．あるいは，動機（営利か非営利か）は違っていても，成果（問題解決）が同じであればあえて区別する必要はないという考え方とも受け取れる．実際，岡田によれば，営利企業とサードセクター事業体の垣根に大きな意味がないという認識は，アメリカ経営学では収束（convergence）という概念で理論化されているという[10]．これまでのサードセクター論の中でも，このような問題は同型化問題として論じられてきた経緯がある．

しかし，三つの点で協同組合の活動はこれらと明確に区別されるべきあると私は考える．ひとつは，組織の所有構造が異なることによる差異を無視すべきではないという点である．組織の所有構造は組織の意思決定を法的に拘束する

営利企業による資源配分方法である売買＝市場交換では便益の購入には対価の支払が必要とされ，それは所有権の絶対的排他性を前提とした仕組みである．組織所有者たる株主の意見は絶対的に優先されるべきであり，その意味で，いかなる企業行動も社会性に配慮しなければならない契機を必然的に内包しているとは言えない．所有論の観点からいえば，事業継続性への配慮を別にすれば，営利企業の意思決定には社会的配慮に拘束されるべき必然性は存しないのである．

　いまひとつは，課題解決の手段選択にかかわる志向性の差異である．企業的手法による社会問題解決は，いずれかというと革新的な技術や商品の開発による方法を志向するのにたいして，生協などサードセクター事業体のそれは社会的な人間関係（絆，連帯，協働と呼び方はいろいろある）を強化することによって実現しようとする志向を持つと言ってよい．これはあくまで手段次元の差異であり，前者のように論理的に截然と区別できるものではないが，一方が投資による資本集中を事業展開の前提としているのに対して，他方のそれは人の想いの共有を前提としていることを対比的に考えれば，志向性の問題は社団を成立させている人の結合原理の差異と関係していることで必然化されていると理解できる．例えば，資源リサイクル問題を事例にとると，企業的解決法がリサイクル技術の革新（再生効率の向上と資源化における新たな素材への転換の2方向がある）に傾きがちであるのに対して，生協などのサードセクター事業体は廃棄物回収効率の改善または廃棄物の排出量自体を縮小させることによって実現しようとすることが多い，と対比的に考えると理解しやすい．回収ルートに組合員や地域住民の参画機会を組み込むことによって廃棄物回収過程での効率を上げると同時に，彼，彼女らの環境意識を高め排出量そのものを減らすよう意識改革を進めるといった手法である．競争力の基盤を一方は技術イノベーションに求め，他方は地域的な人間関係の再構築に置いていると言い換えてもよい．

　そして第三は第一の論点ともかかわる問題であるが，CSVは，市民社会の再構築という問題と全く無縁な次元で構想されている点である．実は生協を含むサードセクター論の場合には，いかなる市民社会を目指すのかという問題との関係が最大の論点として存在していると言ってもよい．社会問題の最終的解

決は根本的に権力（財政権）を有する政治の在り方抜きに十全に構想することはできない．だから，どうすれば政治にそのための緊張感を与え続けることができるのかが最も問われるべき問題であり，それには健全な市民社会が不可欠であり，そのために生協をはじめとしたサードセクター事業体の広がりを求められているという関係性を看過してはならない．生協による社会的課題解決手段における志向性の特徴も，根底ではこの問題と緊密に結びついていることを確認しておきたい．

　もっとも，彼我に違いがあるからと言って連携できないとか，すべきではないと言っているわけではない．むしろ，方向において一致し，目的遂行上win-winの関係が存在するなら積極的に連携を図ってしかるべきである．

## 3. 他者志向的事業改革と倫理的消費

　21世紀生協活動が目指すべき方向として，倫理的消費の拡大ということが注目を集めるようになっていることは周知のとおりである．しかし，倫理的消費の社会的意義を正しく同定し，生協の事業改革の展望につなげる論理を認識するには，まず資本主義市場システムにおける商品価値の実現と流通過程の意味について十分理解しておく必要がある．前置きとしてはやや長過ぎることになってしまうが，資本主義市場システムをどのように理解すべきかということから話を始めたい．

　言うまでもなく，資本主義市場システムでは，商品の社会的有用性＝価値は売買が成立するという形で事後的にしか確定されない．買い手が現れて初めて価値が実現されるということであり，生産者は自らの生産物の価値を事前的に確定することはできず，売却できた時点で初めて確定されるという関係にある．売買の成立＝価値の実現という関係性をマルクスが「命がけの飛躍」と呼んだ[11]ことはよく知られているが，それはこのような意味においてである．この過程を生産過程からみれば，流通過程は社会的に平均的な生産力が発見される過程という意味を持つ．つまり，労働による生産物が商品として購買されることによって，事後的に社会的労働であることが確認されるという仕組みになっている．人と人の社会的依存関係は，商品という疎遠化された形態を通して，

物象＝貨幣に依存して顕れる以外にないのである．しかも，交換の当事者間で明らかになるのは，価格という情報のみであって社会的分業（依存）関係＝価値関係は決して顕在化することはない．そして，このようにして成立した交換関係が社会的依存関係を担保するに相応しいものであるためには，生産者によって提示される価格が広く社会的に告知されているという条件が必要である．何人に対しても情報からの疎外（隔離）が存在してはならないのであり，社会的分業関係の空間的範囲と市場の空間的範囲が基本的に一致していなければならない．

　そして，このようなシステムが「現在より善き暮らし」につながるためには，さらに交換が信頼と匿名性の上に築かれたものという保証がなければならない．それは二つの理由による．ひとつは，流通している商品の価値形成に恣意性（特異な生産方法による誤魔化しや悪意による情報操作など）が侵入していないことの相互保障である．これが守られないと，取引関係が持続できない．換言すると，価格が交換の参照基準として広く受け入れられるにはこの条件が満たされていなければならない．また，交換が正当であるためには，縁故や依怙贔屓という理由で特定者に特別な待遇が認められるといった関係があってはならない．市場に参加する誰もが等しく扱われなければならない．平等という規範は市場システムの維持，発展に不可欠な規範である．もちろん，独占や談合といった取引における結託の関係がないわけではない．しかしそれは，長期的な市場システムの発展と両立しない行為であると社会的にも見なされている．

　ロッチデールで公正先駆者組合が生まれた資本主義の生成期にはこうした条件が十分に満たされていなかった．それは，商品経済の発展が規模的にも質的にも不十分な段階であったことによってもたらされた．今日，このようなタイプの問題は大きく改善されている．もちろん，いわゆる食品偽装のような問題が今でも完全に払拭されたわけではないし，食品添加物問題のような新しいタイプの問題（品質の確認が個別消費者にとって困難）が生まれてきている．このような問題は経済学で「情報の非対称性」問題として議論されているが，消費者の自己防衛のために拮抗力を高める手段としての生協（連帯）の存在意義は今日でも失われたわけではない．しかし，生協の存在理由はこれで言い尽くせるわけではない．

よく言われるように，市場交換は双方にメリットがあるから行われる．商品交換とは売買し合おうとする所有者たちの純粋な意志的行為でなければならず，これは特別な社会的関係を超越したときにはじめて普遍化される関係に他ならない．自己が不当に扱われる交換関係に参入しようと思う者はいない．このように，交換は意志的行為という意味において自由を前提とするし，取引参加者の平等を必然的に招来する．マルクスが，商品交換は共同体と共同体の間に生まれるといったのは，交換というシステムを円滑に運行せしめるには，少なくとも匿名性と信頼の関係が制度的に担保されなければならないことを明確にするためであったとも理解できる[12]．しかし相識関係にあるならいざ知らず，匿名性を前提に信頼関係を維持することは，二律背反的な構造にも似て決してたやすいことではない．

以上のように，資本主義市場システムの発展はいくつかの条件が満たされることで実現されてきたが，決定的な意味を持っていたのは商品価値実現をスムーズに行うプロセスにかかわるものであることを認識する必要がある．言い換えると，資本主義市場システムのスムーズな再生産は流通過程の存在によって担保されている．流通事業体の存在は資本主義的市場システムの構造と不可分の関係にあり，その意義の考察は，価値の実体的関係におけるそれに勝るとも劣らないと同時に，資本主義市場システムの本質を探り当て，それをある程度まで制御するには何が必要かという問題を孕んだ論点であるということである．

流通過程の存在は資本主義的市場システムの自己組織性という性質と深くかかわっている．一般に経済学の市場システム理解は，価格をシグナルとする調整の万能性に基礎が置かれている．つまり，セリ人が介在しているような相互同時決定系（剛体モデル）として理解され，売り手は売りたいだけ売り，買い手は買いたいだけ買えるということが，当然の如くにして想定されている．言い換えると，売る努力も買う努力も求められることはないと考えられている．そこに流通業者の活躍する余地は存在せず，従って通常の経済学教科書で商業論が論じられることはない．しかし，実際の市場をスムーズに運行させているのは，必要な物がどこに行けば手に入り，どこに行けば，そしてどのようにすれば売れるのかという経験的に育まれてきた知識に他ならない．人々は合理的

選択というよりは，経験に基づく学習（ルーティン）に依存して行動している．このような行動選択の上に一定の安定した状態が存在し得るのは，経済変数が長い目で見れば相互に連関していても，一時的かつ一定の範囲内で相互に独立している（他から拘束されない）という条件が保持されているからである．独立しているとは，在庫を介在させることで供給と需要の連関が一定程度切り離し得ることや，交換があくまで相互に独立した任意の2者の合意により行われているといった構造を指している．例えば，在庫を持つ意味は生産，流通にかかわる攪乱的な変化を遮断し，生産と販売における意思決定上の制約要因の負荷を減らすことにある．

　資本主義市場システムとはこのような「ゆるやかな結合系」であると同時に，学習が成立し得る定常系でもある[13]．定常系とは，一定の価格の下で生産や取引が一定期間に一定の割合で繰り返される時間過程を内包しているという意味である．つまり資本主義的市場とは，運行上の攪乱を防止する秩序が自生的に生まれてくる構造を有しており，それを担保しているのが流通過程の存在意味なのである．資本主義的市場とは発見し成長する自己組織的秩序を持つ仕組みに他ならず，新たなる需要の発見と新たなる生産方法の発展を絶えず取り込み，そしてそれに相応しい流通システムを生み出しつつ拡張していくシステムなのである．

　具体的に言えば，「流通過程が果たす機能は，異なった個別主体間の必要（the need）に応じて，財およびサービスから便益を得る現実的条件を相互に置換（transfer）しあうという機能である．したがってそこでは，お互いの要求を知り合い（相互情報伝達過程：筆者）これを比較衡量しあう演算（目標評価関数＝目標達成度に対するコストパフォーマンスの測定：筆者）が何らかの形のシステムにおいて遂行される」[14]．言い換えると，流通過程は単なる商品の物理的移動過程にとどまらない，相互情報伝達過程としての意味を担っているということである．そこでは事後的調整が反復的に繰り返されることを通して，反応関数が定式化され，その結果として市場の自己組織的秩序（諸要素間に成立する整合性）が生み出されてくる．資本主義的市場システムの円滑な運行を支えているのは情報の秩序だった流れであり，その役割を担っているのが流通業に他ならない．

相互情報伝達行為とは，単なる物理的信号がやり取りされることのみを意味するものではない．第一に，情報の意味は受け手が解釈することによって初めて確定されるので，同じ情報でも受け手によって異なって理解される可能性がある．第二に情報の意味は独立した主体間の相互作用によって絶えず変化するので，陳腐化を避けるために次々と上書きされていかなければならないものである．消費生活の在り方は絶えず変化するし，生産諸条件も刻々と変化する．従って市場システムでは，情報の交換によって変化に対応した相互了解に向けて絶えず修正を加えていくフィードバック制御機能が極めて重要になるということである．換言すると，方法論的個人主義が想定するような，社会的諸関係や時間的系列から独立して意思決定が行われるという想定は幻想である．

　流通を相互的制御過程としてみた場合，お互いの行動が相手にとっての外乱（disturbances：当事者のあずかり知らないところに由来する，当事者の行動成果に影響する要因：筆者）にならないことが望ましい．外乱は流通過程が担っている調整機能を低下させる．外乱をできるだけ排除するには，互いに目標選好を交信しあい，意思決定を交信しあうことに加えて，それらの情報を共有するための学習の共同化（目標志向）が必要である．前述のように，人と人の関係が物と物の関係としてしか現れない物象化社会では，商品の社会的価値は事後的にしか決定されない．だから，外乱は互いの交信を密にするだけで防げるものではない．事業環境の変化という外乱要因が両者の間に常に存在する．すなわち，目標選好と目標評価関数は固定的なものではなく，状況依存的に絶えず変化するものと考えなければならない．だから，流通過程はできるだけ他者志向的な，すなわち相互的制御（mutual control）の関係になっていることが望ましいことになる．相互的制御の前提は，お互いの目的間に矛盾（conflict）がないこと（当然互いに事前に交流し合う関係が前提となる）である．換言すればお互いの目的が win-win の関係（相手の行動達成を自らの行動内容に包含し得る関係）で統合されていなければならないということである．そして，統合関係が何らかの事情によって阻害された場合，お互いに目的の再調整をスムーズに行うために，お互いの行動結果についての必要な限りでの情報共有（フィードバック）が不可欠な意味を持つことになる．

　しかし，他の主体を利潤最大化のための操作対象としてしか見ない資本主義

的市場システムのプレーヤーの場合，互いの行動が互いにとっての外乱になる以外にない．このような矛盾が直ちに顕在化しないのは，前述の如く「ゆるやかな結合系」になっているからに過ぎない．また，目標選好と評価関数の設定も孤立的に行われるため，社会的目標とそれらが一致する必然性も有していない．

　要約すると，流通主体間の制御は二つの方法によって行い得る．ひとつは直接的情報伝達と目的統合による方法（情報経路型制御）であり，いまひとつは相手の物理的環境を変更することにより制御者の意図に適うよう相手を誘導していく方法（環境操縦型制御）である．通常の資本主義市場システムでは，消費者が購買という選好顕示行為を通して生産者行動を変える環境操縦型制御が前提となっている．もっとも，今日のような高度なマーケティング手法が開発されている時代にあっては，逆に生産者が消費者の消費行為を操作する可能性も大きく拡がっている．いずれにせよ，相手を道具的に扱う点では同じである．社会システム的には環境操縦型制御は前者に劣るのであるが，どちらの制御方式が支配的になるかは，流通主体の意識と成果配分を規定する基盤としての所有権制度に依存することになる[15]．

　情報経路型制御の構築のために流通事業者に求められることは，社会的存在としての自覚であることは自明である．言い換えると，商品需要者と生産者が何を求めて流通過程に参加しているのかを正しく集約し，それらを公正に接合させる場を提供していることへの自覚である．計算的合理性に基づく行動を前提として需給を媒介することではない．このような調整では売買が成立した時点で相互取引は完結してしまい，消費者と生産者の関係はそれ以上に深化（フィードバック）する契機は存在しない．つまり，市場は偶然的に完結する取引の一大集積場となるだけである．田中が生協事業停滞の元凶と指摘しているところの，販売時点で流通事業が完結（苦情処理は残るが）してしまう「販売システム」化とは，調整がこのような閉じた系として実行されており，情報経路型制御を担い得るかたちになっていないことを意味している[16]．逆に消費者の立場からみるならば，消費生活が限りなく自閉化していっていることになる．せっかくメンバーシップ制をとっていながら，組合員の生活に裏打ちされた商品需要の集約システムとしての機能が不全になり，組合員からの入力情報を集約するより，物流の物理的効率を上げることが優先されている状態と言い換え

てもよい．事業成果が単年度で評価される会計制度が採用されている以上，こうした傾向が優越することを一方的に批判することはやや酷かもしれない．しかし，ことは組合員の生活ニーズに即した需要をくみ取るために経営資源を投入することが協同組合経営にとっての死重でしかないと考えるか，商品の普及プロセスとして不可欠な過程と考えるのかの差異の問題であると言い換えることもできる．ハンズマンは，協同組合という経営形態が株式会社に比べて普及していない理由を前者の考え方に立って説明している[17]．つまり，経済的合理人の仮定を前提に置いているがゆえに，情報経路型制御流通が環境操縦型制御流通に優越する可能性は極めて限られると考えているのである．

　これに対して情報経路型制御流通システムでは，取引成立後も流通経路の末端は外に対して常に開放されていなければならない．換言すれば，他者志向的立場が保持されていなければならない．商品購入者に対しても，生産者に対しても情報の入力部が常に開かれていなければならない．組合員に対して入力部が開かれているとは，組合員を政策の形成と実践に参加させることを通して，他の主体（生産者）との協働を得ようとするのであれば，時として自己に直接関係する私的利益よりもより広い社会的利益を考慮に入れなければならないことに気づき，個別的選好と社会的選好の相互関係について学ぶ機会を保証することを意味する．本来，協同組合はこのような学習の場となるはずであったし，協同組合が持っている他者志向的事業体性はそれを担保する基盤であると考えるべきである．流通が単なる物流機能，すなわち生産者から消費者への持ち手変換機能のみを負っていると考えてしまってはそうした反省は生まれようがない．売買の成立によって，静態的にはとりあえず価値は実現されたことになる．しかし価値は実体的な関係の中で決まるものではないので，動態的にはその関係が安定的に永続する必然性はない．流通過程が社会のスムーズな再生産を担保するには，外乱を抑制できる関係性の絶えざる再構築（フィードバック制御）が必要ということである[18]．

　このような観点から協同組合を考える時，我々は二つのことを確認しておく必要がある．ひとつは，本来，流通システムとしてみた場合の参加とは，選好顕示とは真逆のものでなければならないと理解すべきことである．購入が生協事業への参加の一形態であることを認めることにやぶさかではないが，そこに

とどまっていれば選好顕示すなわち流通における環境操縦型制御以上の意味を持ちえない．協同組合は利用経済には違いないが，消費者という立場に自閉的に閉じてしまってはその社会的役割を果たせないということである．また，主体の意思決定における交渉（bargaining）と協議（conference）の区別も重要な視点となる．前者は目標選好の共有化を想定していない単なる「駆け引き」であり，後者は選好と評価の共有化への志向を持ったコミュニケーション的行為である．協同組合という仕組みは，その組織所有構造からいっても生産過程と消費過程を情報経路型制御に統合していくことを目指すべき存在であり，そこに近代市民社会における生協の本来的存在意義があるはずである．共同購入や産直といった流通形式は，まさにかかる課題を実現していく潜在的可能性を有するものと私は考える．共同購入とは，事前的に生産者に購入意思情報が伝達される仕組みである．また産直は，学習の共同化（目標や評価の共有）を前提にしなければスムーズに運営できない．しかし今日，生協利用高におけるそれらに関する統計は，それらが在りし日の輝きを失っていることを伝えている．

　その原因が，生協が担っている流通の在り方が情報経路型制御から環境操縦型制御へと変質していったことに求めることができるのではないか，というのがここでの理解である．あるいは，二つの制御形態の区別が明確に自覚されてこなかったと言った方が当たっているかもしれない．田中によれば，20世紀後半以降の共同購入・店舗事業のシステム化によって事業と運動の分離（二元化）がもたらされたという．これによって，組合員の生活要求を吸収する仕組みが失われると同時に，生協労働者の販売技術専門労働者化が進行した．生協独自の事業構造としての「組合員の商品へのはたらきかけと，そこへの商品の専門家としての生協労働者の援助の仕組みとして，組合員の生活諸能力の発達と生協労働者の専門的能力形成という，相互発達の構造」が破壊されたというのである[19]．私は，このような田中の事実認識は正鵠を得ていると考える．

　組合員組織と事業組織が二元的になれば，組合員要求の事業への反映ルート（情報の入力部）が遮断されることになる．また，販売技術専門労働者としての役割を負わされた生協労働者にとっては，要求を事業に反映させる事業の組み立て（企画）機能を磨く場を奪われるので，生産者に対して単なる仕入れ担当者としてかかわるだけの関係となる．納入された商品をいかに販売するかの

みが問われ，生産過程への関心が薄れ，生産者からの情報入力機能も作動しなくなる．本部，店舗，後方支援の分業化は生協労働者の視野狭窄を起こし，取引相手からの入力を正当に受け止める能力を衰退させたと考えてもおかしくない．機能的レベルにおいて他者志向的事業体としての基盤が薄れていく方向にあった以上，所有論的レベルにおける自己認識が進化していくことなど考えるべくもなかったということである．

1980年代の生協産直事業と事業成長の関係を検討した日向，高倉は，青果物流通における現在市場機構の矛盾に対する課題意識が生協側になく，したがってまた生協側に農産物流通に固有の市場機構の再編を求める必然性も存在しなかったが故に，事業規模の拡大の中で生協産直は機能不全に陥らざるを得なかったと総括している[20]．農業の本質として避けられない生産の変動性に起因する取引費用の節減システムを模索しようとする生産者の意図を，生協は正面から受け止められなかったというのである．産直事業に対する目標の共有と，その成果評価のすり合わせが十分なされなかったということであろう．そこにはフィードバック制御という関係性が存在しなかった，あるいは生協側にそうした方向を目指す意図がなかったということである．生協産直事業は，流通過程における情報の流れにかかわる制御問題としてよりも，鮮度や価格問題として強調されてきた．やや酷な言い方になるかもしれないが，中抜きによる単なる物流的改善（あるいは精々顔の見える関係構築）という理解を超えるものではなかったのではあるまいか．もちろん，単価の上乗せや特別な取り扱いを通じて，特定の産地を応援したり，災害などに被災した生産者を励ます取り組みがなかったわけではないが，それはあくまで緊急避難的問題であって，組合員利益優先フレームを根本的に超えるものではなかったということであろう．

想えば，生協事業の停滞は食品安全性への近視眼的こだわりにあったという反省も成立するかもしれない．食品安全性へのこだわりは流通事業者として極めて重要なことであり，それがゆえに生協事業も成長した．しかし，安全性にかかわる生産者とのコミュニケーションの必要性は，政府による安全基準や添加物の禁止リストの作成などによって置き換えられることがかなりの程度可能である．にもかかわらず，祖業を重視するあまり視野狭窄に陥り，1990年代以降介護問題をはじめ消費生活をめぐる社会的問題構造が大きく変化したこと

に対応するのが遅れたのではないか．この問題は組合員間のコミュニケーションについてもいえる．今日，人々は多くの情報をデジタルネットワークから収集できるようになっている．それは，情報の質を担保しているわけではないのでだまされる可能性を持っているが，探索コストが安いという点でメリットを持っているし，個別化が一層進行している現代的生活様式にも合致しやすい．しかも，食品安全性のような政府が高権的に関与している分野の情報では，騙されるリスクは極めて小さい[21]．だから，組合員間の連帯意識を保持させるためには，生協は消費生活の向上につながるような情報の提供機能とアクセスの容易さの持続的改善に努め，組合員ネットワークに参加し続けたいと思わせる魅力ある場の創造を意識的に作っていくよう努める必要がある．果たして，このような工夫は十分なされてきたのであろうか．

　食品安全性分野でコミュニケーションの必要性が弱くなってきたとすれば，生産者とのコミュニケーションの結集軸（消費者と生産者のコミュニケーションを必然化させる契機となり得るテーマ）を時代に合わせて遷移させていかなければ，情報経路型制御を維持していく内的動機付けは希薄になっていく．他者志向性を意味あるものにするには，新たな結集軸を絶えず再発見・再構築していかなければならないのである．

　2017年から強調されるようになった倫理的消費という理念は，いささか遅きに失した感はあるが新しい結集軸となり得る可能性を持ったテーマである．しかし問題は，倫理的消費についても食品安全性問題と同様の経過をたどりかねない構造が存在することである．つまり，政府その他の機関の関与によってこの問題に関する情報フィードバック機能の一部が代替されるにつれ，生協側への動機付けとしてのインパクトが希薄化されていく危険性が大いにある．

　倫理的消費とは何かについて定まった定義はないように思われる[22]．2012年の消費者教育推進法では，「自らの消費生活に関する行動が現在および将来の世代にわたって内外の社会経済情勢及び地球環境に影響を及ぼし得るものであることを自覚して，公正かつ持続可能な社会の形成に積極的に参画する『消費者市民社会』を目指すこと」とされている部分が，定義に該当するようである．そして，消費者庁が組織した「倫理的消費」調査研究会のとりまとめ（平成29年4月）では，倫理的消費による消費者のメリットとして，消費という日

常的行為を通して社会的課題の解決に資することができること，商品選択に当たって，安全・安心，品質，価格に加えて倫理という第四の尺度が提供されること，消費者教育推進法でいうところの消費者市民社会形成のイメージが明確になることの３点があげられている．ここで，２番目のメリットが，同時に研究会が列挙している事業者のメリット，すなわち生産過程の透明性が高まることで法的リスクや評判リスクの管理が容易になること，他の事業者との差別化となり，新たな競争力基盤となり得ること，そして，持続的な成長と中長期的企業価値向上の基盤となること，と符合する関係になっていることに注目する必要がある．つまり，積極的に情報を開示し，消費者の社会問題解決意欲に訴求し，消費者行動を誘導し企業価値を上げることが推奨されている．ここでは，残念ながら情報についての事業者から消費者に向けた一方的流れしか想定されていない．消費者は，それを受けて合理的選択者として行動することが期待されているに過ぎない．

　今日が資本主義市場システムの上に成立している社会であることを前提とするならば，こういう発想は極めて自然である．我々が指摘しておいた，ポーターの「共創価値」やESG投資の考え方ともきれいに符合していると言ってよい．しかし，これは流通過程を環境操縦型制御システムとして位置づける考え方に他ならない．生協が情報経路型制御を目指す流通事業者であるべきならば，倫理的消費の理解レベルをこうした段階にとどめておくことはできない．何故なら，倫理観は時代状況依存的であり得るし，例えば，戦時体制下の増産運動への動員のように時に操作的ですらある．また，ゲノム編集に見られる生命倫理の問題のように，普通の市民が独立して判断を導出するにはあまりにも専門化されすぎて手に余る問題もある．中山間地域における野生動物による経済的被害の解決法，不妊治療における遺伝子操作など，財やサービスの提供を受ける当事者たる消費者自らが関与して解決を考えていくべき問題は多い．情報の流れは決して一方的であってはならないし，消費者が主体的に学ぶ姿勢を放棄することも許されるべきではない．だからこそ，連帯が大きな価値を持つのである．

　さて，ようやく私の言いたいことにたどり着いたが，それは倫理的消費の分野でも政府やNGOなどの役割が広がっていることが，生協の事業スタンスに

否定的な影響を与え始めていないだろうかという問題である．この分野での政府の関与は世界的にもまだほとんど見られず，調査研究会とりまとめによれば，イギリスで供給工程に奴隷労働や人身取引がないことの確認を義務付ける現代奴隷法（Modern Slavery Act 2015）が制定されているくらいという．それに対して現段階で積極的な役割を果たしているのが，Ethical Trading Initiative のような NGO や認証機関である．有名なものとしては ISO 26000「社会的責任に関する手引き」があるが，同じく調査会とりまとめによれば，食品に関する倫理的消費にかかわる主要な認証としては，エコラベル，フェアトレード，オーガニック等があり，今日，紅茶の 80％，粉コーヒーの 50〜60％，チョコレートの 50％，バナナの 33％ がこれらの認証を受けているという．

　つまり，倫理的消費についても，善意の第三者の活動によって生協の情報経路型制御に対する動機付けが希薄化される恐れが生じてきているのではあるまいか．流通圏がグローバルになり，物理的にも，言語的にも生産者と消費者が情報をフィードバックし合うことはより困難になりつつあることは否定できないが，他方で IT 技術の発展によってこうした距離を縮めることが可能になる状況も生まれつつある．

　エコやオーガニックという問題については，条件が遵守されているかどうかの物理的チェックは比較的容易にできる．ただし，条件の設定については生産者と消費者のコミュニケーションが不可欠である．品質，労働強度などを考慮して，消費者として許容できる環境水準を決定する必要があり，その遵守条件は技術発展等によって絶えず再設定されていかなければならないからである．この種の条件の設定であれば事前的に行うことが可能である．

　しかし，倫理的消費の最も重要な要素ともいえるフェアーすなわち公正という問題は一筋縄ではいかない．繰り返し述べてきたように，真の意味での商品価値は資本主義的市場システムでは事後的にしか確定できないからである．日本生協連も「フェアトレードバナナ」と称する商品を扱っているが，私に言わせればその定義は明快ではない．最初に表示されているのが「ECOCERT JAPAN（株）」という有機認証機関のラベルである．そして，生産者が熱帯雨林などの生態系保護に取り組んでいるとされ，「RAINFOREST ALLIANCE」なる認証機関のラベルも表示されている．そして，1 袋につき 4 円が生産者（コロンビ

ア共和国サンタマルタ）に還元されるとも謳われている．つまり，SDGs に即していることを意味していると言ってしまえばそれまでなのかもしれないが，環境保全を目指したものなのか，取引の公正さを保証しようとしているものなのか（あるいはその両方を追求しているのか）が不分明なのである．

　不分明性についてはとりあえず問わないとしても，問題は，私の見落としかもしれないが，私の知る限り 4 円の還元が価値の実現にいかなる意味を持っているのかが全く説明されていないことである．フェアーとは何よりも価値の実現における公正さを意味するものと理解するが，それを組合員が判断できる情報が与えられていないのである．そもそも 4 円という金額がどのように算出されて決定されたのかもわからない．そして生協との取引を通して，生産者の生活や生産にどのような改善がもたらされているのかといった成果についても伝わってこない．情報の上書き（フィードバック機能）が全くなされていないということである．これでは，組合員は情報経路型制御にふさわしい流通への発展経路をどう展望すればよいのか皆目分からない．もちろん，毎週詳細な説明・報告を求めるべきであるというつもりはない．しかし IT を駆使すれば，現実的対応としても一定程度の情報フィードバックは可能であろう．四半期でも半年に 1 回でもよいから，情報のフィードバックが必要ではないだろうか．生協が計算的合理性で行動していると批判するつもりはないが，相互了解を目指すという他者志向的事業体としては不十分と言われても仕方がないのではないか．判断に不可欠な重要情報を第三者に委ねることで，他者への関心を持つことを放棄していることになっていなければ幸いである．生協が資本主義市場システムにおける流通事業者の真の役割に無自覚的になりつつあるとすれば，ことは深刻である[23]．

　他者志向的流通事業者とは，取引の結果が生産者，消費者にいかに受容されたかに常に思いを致し続ける事業者でなければならないということである．生協事業の発展のために，倫理的消費という新しい組合員の結集軸（求心力）が本当の意味で役割を果たし，生協事業の新たなる発展に向けたターニングポイントとなることを願うものである．

## 4. 生協の福祉事業と他者志向的組織改革の展望

　組合員の生活にとって食の安全性問題が依然として重要であることに変わりないが，今日それを凌駕するような深刻な生活問題として浮上してきているのが介護，福祉問題であることを否定する人はいないだろう．だから，多くの地域生協が介護・福祉事業に参入し，「暮らし助け合いの会」などの相互支援事業にも力を入れている．それは，生協が「組合員の生活の安定と生活文化の向上」を目的としていることからも当然である．しかし，食料を含む日用品の市場構造と，介護や福祉の市場構造は全くと言っていいほど異質性を持っていることについてはあまり意識されていないように見える．このような異質な事業活動を並行的に展開することが生協の運営にとっていかなる問題を生み，それを解決するにはどのように考えることが必要か，ということを論じてみたいというのが本節の目的である．前述したように，田中は事業と組合員で別々の組織編制原理を持つようになったことを二元的組織化と評した[24]．現在も多くの生協の組合員活動が 1980-90 年代につくられた仕組みをベースとし，抜本的には変わっていない[25]とするならば，財の流通とは異質な要素を持つ福祉事業の展開によって事業組織そのものにも構造的二元性の萌芽が内在されつつあるにもかかわらず，古い組合員組織を抱えたまま，生協組織は三元的編制原理の混合体となりかねない危険性に直面していることになる．これでは，とても生協事業の停滞を打ち破ることなどおぼつかない．異質な事業展開の併存という現状認識に立って，事業組織と組合員組織を統一的に編成し得る新たな組織構想を持つことが求められていると言えよう．

　それでは，介護・福祉需要のどこが従来生協が取り扱ってきた食品や雑貨と異質なのか．異質性の具体的議論に入る前に，やや専門的になるが，対人社会サービスについては基本的に市場を通した資源配分が効率性を保証するものではないことを確認しておきたい[26]．市場を介した売買システムが効率的な資源の社会的配分をもたらすためには，人はあらゆる購買によって得られる満足（効用）に対して序列づけができるという仮定が成立する必要がある．しかし，介護や医療サービスに対する需要は欲求に根差したものではないので，何かと

比較して効用に関する序列をつけることは本来不可能である．苦痛から逃れたいという意味では欲求と言えないこともないかもしれないが，介護や医療が必要な状態になることを望む人は素より存在しないからである．これらの需要は，基本的に効用ではなく必要性（どんな心身状態になったか，あるいは何の病気になったのか）に応じて決定されるものであり，他の効用と比較して購入の是非が決められるような性質のものではない[27]．換言すれば，価格を考慮して他の選択肢と比較しながら自由に購入量を決定できるという仮定が成り立たない．病気は予期せず襲ってくるし，治療に必要な医療サービスの量は病気の内容によって決まってくる．風邪には風邪に，癌には癌に必要な治療サービス量は医学的に選択されるべきものであり，患者が選べるものではない．要するに，支配的経済学の消費者均衡論が前提にしているような需要曲線を導出するための代替的選択肢との間の無差別曲線を想定することができないのである．

　以上を前提としたうえで，具体的に差異性を論じると，まず対人社会サービスについては，効率という評価基準が適切でないという問題がある．この点については，かねてより多くの論者によって指摘されてきたところである．物的生産では投入物と生産物の形状が変わるので，変換の物理的速さなどの議論が可能になるが，サービスのように生産物の形状が具体的に把握できないものについてはそういう評価はできない．もちろん，器具や薬剤の発展によって成果は向上するし，それらを通じて一人の医者が担当できる一日当たり患者数が増加することは大いにあり得る．したがって，効率が無視されてよいということではないが，効率性のみで議論することは社会的に最適なサービス提供を保証するものではないという意味である．とりわけ，介護サービスなどでは評価の基準が個人の主観性（個性）に左右されるいという意味で，評価基準が要介護者側に保持されている側面が強い．医療サービスでもこのような性質は皆無ではないが，医療ニーズの場合，風邪なら風邪，骨折なら骨折というように提供されたサービスと効果の関係が比較的明瞭に把握できる．それに対して，個々の要介護者が抱えている課題は百態百様であり，本来，サービスの画一化，基準化になじまないのである．これは，慢性期医療についてもある程度当てはまる．だから介護保険のように，公平性基準を担保するためにある程度の画一化が避けられない政府主導型サービス（準市場）の評判が悪くなるのは避けられ

ない．とりわけ，わが国のように政府が財政的に脆弱な場合，サービスの提供水準が食事や排せつといった最小限のところに画一化されるので，生理的必要性を超えて要介護者の日常生活を少しでも豊かにしたいと思っている介護者ほど，制度と実態の乖離に悩むことになる．

第二に，サービス一般について常識化していることであるが，生産と消費の同時性と場所的同一性が求められる．従って，物理的意味でのスケールメリットが効果を発揮する余地は小さい．もちろん，施設介護にも一定の効率性は存在する．配食サービスや介護労働者の移動に伴う時間ロスなどを考慮すれば，そこに一定のスケールメリットが存在することは明らかであり，介護サービス事業でも，企業の方が生産性はより高いと言われているのは，おそらくこの点と関係していよう．しかし，物財の生産や流通に比べて規模を大きくすることによる問題解決余地ははるかに小さい．

逆に場所的同一性が意味を持つため，市場は参入障壁を伴いがちになるという問題がある．デイサービスを例にすればわかりやすいが，どんなに費用効率的に運営していても，利用者が分散的しているため送迎に費用がかかる事業者は効率よく利用者を集めている事業所に費用競争的に勝ることはできない．事業者間の競争という問題から考えても，対人社会サービスについては，市場での交換によって需要と供給を調整させることが効率性を保証するとは言えないのである．一定の空間的範囲内で供給されるサービスは地域公共財と呼ばれるが，それは，通院や通園時間を考えた場合，需要者側の選択余地に物理的制約があるのでこのように呼ばれる．このことは，対人社会サービス事業には地域独占事業体を生む土壌があることを意味し，営利企業に委ねた場合にこの弊害が発生する可能性が危惧される．

第三は，需要者が自立的選択者であるという仮定が通用しないことである．平成25年度『障害者白書』によれば，身体，知的，精神，発達など何らかの意味での障害を抱えている人は人口の6.7％に達する．加えて，高齢による認知症患者は約500万人と推計されている．オレオレ詐欺被害のニュースがなかなかなくならないことに示されているように，このような人々に対する，社会的支援は決して十分であるとは言えない．また，周知のように，今日，医療や福祉サービスの準市場化が進んでいる．社会保障サービスを享受するために，

個人が自ら選択し決定しなければならない場面が増えているのである．国民は自ら情報を収集し，判断することを求められているのである．さらに言うならば，我が国の社会保険はすべて申請主義で運営されている．社会保険を利用するには，まず自ら申請しなければならない．認知能力の低下など何らかの理由で社会保険制度そのものへの理解が薄いために，あるいは申請方法がわからないために少なからぬ人がその利用から疎外されている可能性が非常に高い．私は，「地域と協同の研究センター」が運営している「市民・組合員が協働を学び合う講座企画の検討会（仮称）」に参加しているが，ここで次のような話を聞いた．それは，貧困家庭の子供に虫歯が多いという話である．現在，すべての自治体に何らかのかたちの子ども医療費助成制度があり，なかには，中学生まで通院医療の無償化が実施されている自治体もある．しかし，そうしたことの知識を持っていない親は決して少なくないという．

　以上のような社会権にかかわるサービスの特性を考慮すれば，最適な資源配分を実現するのに資本主義的市場システムが必ずしも適合的と言えないだけでなく，その正当化を支えている公正性についても議論すべき論点が存在することがわかる．

　まず，公正性に関する匿名性が持つ意味の逆転がある．地方公共財の根拠要因である空間的制約を考慮すれば，公平性を担保し，生産力を社会化していく契機としての匿名性の正当性は著しく揺らがざるを得ない．むしろ人格的関係性を前提としてサービスの提供と享受がなされる方が望ましいかもしれない．絶対的にそうであるとは言えないが，相識的な関係の中で行われる方が好ましい結果を生む可能性が大きい．国が推奨する地域包括ケアシステムの理念にも，こうした発想が貫かれている[28]．

　また，効率性より有効性が重視されるべきであるならば，そもそも提供されるサービスが画一化，平準化されねばならない必然性がない．対人社会サービスではむしろ個別の需要者が置かれている事情の多様性への配慮が不可欠であると認識されているからこそ，ケースワークが重視されている．公正な競争を動力とする資本主義的市場システムとは，誰しもが等しく望む需要に対応した社会的生産力の発展を想定したシステムであり，画一化や平準化はそれに伴う必然的結果と言える．グローバリゼーションの下で，スマートフォンを活用し

たサービス・アイデアが次々と生まれ，それが世界的に急速に普及している現実がそのことを象徴している．社会的生産力の形成には，人格性という要素が考慮される契機は存在しない．ただし，画一性を単一性と理解してはならない．同一商品でも，階層別にターゲットを絞り込んだ（市場のセグメント化）複数の画一的商品が流通しているのが普通である．

　加えて，独占的供給者の出現にも対応し得るガバナンスが可能な仕組みが必要とされることである．市場システムでは独占性は公正を揺るがす元凶であるが，前述したように，対人社会サービスにおいてはそれを排除することが無用な場合があり得る．また，競争的環境が存在したとしても，需要者がそれを望むかどうかもわからない．対人社会サービスでは，いわゆる事後拘束性が大きい．一度入所すれば，近くに多少安い事業所ができたとしても，そこに移ることの心理的，肉体的負担（コスト）が大きい．高齢者や幼児にとって，慣れ親しんだ環境を離れることは大きな苦痛を課すことになる．だとすれば，独占的供給者を排除することより，利用者の評価が強く反映されるガバナンスの仕組みを有する事業体を作っていくことの方がより重要な意味を持つ．その点では，利用者が同時に所有者でもある協同組合という法人形式は最も適しているということになる[29]．ただし，対人社会サービスの世界では利用者が自ら判断可能な自立者であると前提できない場合も当然のことのようにあることを考慮しておかねばならない．だから，第三者評価も含めて，利用者以外の評価を経営的意思決定に反映（経営参加）できることを担保するガバナンスの仕組みに補完される必要がある．たとえ協同組合が最適であると言っても，協同組合自身に他者志向的存在であることの自覚がなければ，そういう論理は成立しない．

　以上のことから，協同組合が生活必需品の流通と介護・福祉事業を兼営するということはツートラックの事業組織を並行して運営するという難題を抱えざるを得なくなることを意味する．制度的にも，員外利用規制がある事業とない事業を兼営するという困難性があり，バブル期以前から存在する組合員活動組織を前提としていては到底適切なガバナンスが期待できないであろう．加えて，首都圏を除けば人口縮小局面に入っていることも考慮されなければならない．例えば岐阜県の場合，この10年で観光地として全国にも知られている高山市に匹敵する人口が減少している．現状の組織率から見てまだ事業拡張の余地が

あるというような考え方は，対象となる地域自体が消滅すれば全く意味をなさない．新しい事業組織や組合員活動組織の構想が求められる所以である．

　新たな状況に適うような組合員活動組織を構想する際に，参考になると思われるのは，田中によって提起されている協同組合の基礎組織という考え方である[30]．彼はこの組織を，「単にガバナンスの基礎単位にとどまらず，協同組合運動の協同の実態，協働の単位」と定義している．すなわち，協同組合の基底にあって，協働を根底で支えている活動力の源泉となるべき組織であり，基礎組織が衰退すれば，協同組合内部における協同も衰退することになるような組織と位置付けている．そこには，最終的に総代や理事として運営参加の担い手を生み出していくことのみに拘泥した組織政策への痛烈な批判がこめられているように思われる．かつては，基礎組織としての役割を果たしていたのは班や集落であったが，これに替わる得るものとして，小規模な地域づくり運動（「小さな協同」）がくらしの困難の質の変化を背景に各地に族生してきており，これらのエネルギーを自らの組織内部に取り込み，新たな協同組合運動の再構築につなげるべきことを今日の協同組合（「大きな協同組合」）組織政策にとっての喫緊の課題として提起している．そこに，協同組合とは時代の子であるから，時代ごとに異なった姿と機能を持たねばならないという一貫した思想が貫かれている．かつて，田中は「商品活動を通しての協同の質が，消費者的・同質的協働から，他者的・異質性を認め合う協働へと変化」しつつあると述べ[31]，それを倫理的消費を志向する組織への展開のように理解していたかに見える．しかし，基礎組織という考え方は，生協を取り巻く社会情勢の変化を踏まえた新しい組織構想として，より深化したものとして改めて提起されてきたものと理解できる．

　ただし田中は，新しく生まれつつある関係が小規模（「小さな協働」）なものとならざるを得ない理由を，介護サービスの有効性を高めるには要介護者とケア・ワーカーが支え，支えられる関係として協働関係を築く（協働が蓄積されていく関係）必要があるからという点に求めている[32]．つまり，新しい協働が小規模でなければならない根拠を，交換関係における匿名性の止揚に求めている．この点が私には疑問に思われるのである．確かに，介護・福祉の「市場」ではそれが重要な価値を持つ．しかし，前述したように匿名性は資本主義的市

場システムの公正性にかかわる不可欠の属性であり，それを止揚の目的にしてしまうと，田中の意図とは反対に，彼が望んでいる本体である流通事業者としての「大きな協同組合」（販売システムと化した生協のことをこう呼んでいる）事業のダイナミックな改革との接点を無くしてしまうことになるのではないか．確かに，前述したように介護・福祉の「市場」では匿名性の意味転換が起きる．しかし，それは介護・福祉事業に固有の属性によるものであり，それを基底に据えることは，「大きな協同組合」の事業展開において，直売所やハードな産直事業のようなものだけに価値を認める硬直性に陥りかねない危惧を孕むことを意味するだろう．協働の蓄積と組織の開放性が二律背反的構造に転化し得る．

　新しく生まれつつある関係が小規模になる必然性は，あくまでも資源利用の社会的効率性に根差すと考えたい．社会的とは，競争相手を打ち負かすことを目的にした効率性でないという意味である．それは，より善き生の追求（有効性）のためのものである．我々の周りには，市場の要求する画一性基準にそぐわないという理由から放置されている資源が多く存在する．まだ働く能力のある高齢者や，空いている時間であれば地域に貢献したいと考えている女性労働力などである．より善き生の追求のためにこうした資源は活用されるべきであり，それは社会的にも求められている．それを実現するには，こうした資源が生身の個人に内在して存在しているという事実から出発しなければならない．つまり，潜在的資源を顕在化させるには，市場的システムは不向きであり，それを必要とする人がこれら個人と直接つながっている以外に方法がないのである．「公式または非公式に個人と諸資源がつながっているとき，企業は無機的な物的（または資金的）諸資源の集積ではなく，生身の人間の集まりでなくてはならない」[33]．ここで企業と訳されている意味は営利企業という意味ではなく，事業体という意味であることは言うまでもない．潜在化している資源の社会的活用は，市場のような漠とした，それ故に画一性，均質性が求められる空間ではなく，具体的で地域的な情報ネットワークにつながっているときにはじめて可能になる．逆言すれば，潜在的資源はあるネットワークに帰属することなしに資源化される機会を持ち得ることは極めてむつかしい．それは，対人社会サービスが有効であり得るには場所的同一性が不可欠であるという属性に基づいている．「小さな協同」の必然性はここにあるのである．

ただし資本主義市場システムとは「ゆるやかな結合系」であり，本来的に必ずしもハードな協働関係とそぐわないところがある．他者志向性も，公正な関係性を志向するものであって愛のような絶対的利他性を志向するものではない．毛利は，「おたがいさま」活動と従来の生協の暮らし「助け合いの会」を比較して，前者の優れている点を参加者の融通無碍なる関係性に求めている．すなわち，会（組織）を作って運営しようとすると，会を運営するための約束事が先行し，それが，「そこに参加する人を拘束することにつながり，結果として，人と人との関係が硬直した一方的なもの」[34]になりがちであると述べている．
　しかし，そうと決めつけるのは早計であろう．重要なのは組織構想，言い換えれば「どのような場を作るか」という構想であり，本来的に購買組織であることを前提にした組合員活動組織になっていることに無自覚的なまま，新しい事態に対応しようとし続けていることに問題があるというべきであろう．対人社会サービス需要に対しては，アソシエーションより生得的に全員が構成員となる地縁的組織の方が供給者としてより適合的である場合が多い．先述したように，需要が多様であればサービス供給者も多様である方がよいし，効果が属人的要素に左右される面が大きい[35]ので，地縁的組織の方がより適合的であると考えられよう．また，需要者が必ずしも自立的であると言えない場合がある（潜在化している需要）ことを考慮すれば，社会的需要の把握という点でも地縁的組織の方が優れているだろう．こうした考え方は，政府の地域包括支援という理念の中にも貫かれている．しかし，地縁的組織には資本不足，専門性の不足といった問題がある．ここに協同組合が適切な供給者となり得る理由が存する．
　それでは，異質な事業に対応せざるを得ない協同組合における組合員活動組織をどのように構想すればよいのだろうか．財市場と対人社会サービス市場の統合の論理が全く逆である以上，それは組合員組織自体も二元化することを前提に考えざるを得ない．組合員を核に組合員ではない多様な属性を持つ人をも包摂する組織と，従来のメンバーシップ組織の併存状態である．繰り返しになるが介護・福祉事業は社会保険を基盤にしているので制度的にも員外利用を排除できない必然性を持っている．実際，介護や貧困対策とかかわって，行政と連携したり，医療生協やNPOと連携したり，事業体レベルでも，組合員レベ

ルでも全国的に様々な組織が続々と現れる時代になっている．東海地域でも，社会的問題の解決を目的に様々な組織が立ち上がっている．それは，福祉国家の解体やグローバリゼーションの進展がもたらした必然的結果である．国家福祉も企業福祉もグローバリゼーションの荒波に飲み込まれてしまっていったからである．

しかし，結集動機及びその機序を異にする組合員活動組織をそのまま放置していては，生協は事業体としての統一性を失うことになり，組織運営が破綻しかねないという新たな困難性を抱えることになる．しかも，一方はガバナンス的にも望ましいという理由で組合員以外も包摂せざるをえない組織[36]であるとすれば，それはよりむつかしくなることが予想できる．従って，二元化された組織を横断的に統合し得るもうひとつの組織＝場を作り出す必要があることになる．つまり，これからの組合員活動組織は二元性というだけでなく，二層性構造を前提とせざるを得なくなるということである．事業横断的組合員活動組織の下に具体的事業に直結した組織がつながっているという二層の組織構造である．そして，横断的組織の中に田中の言う基礎組織の役割をも包含し得る仕組みを組み込むことである．

今日，自然発生的に表れてきている「小さな協働」は生得的な関係を基盤にしているという意味において，直接的に協同組合の基礎組織としての役割を果たし得るものではない．基礎組織とはそのような「小さな協働」を包含しつつ，流通的必然性をも孝慮した最小公倍数的組織でなければならない．それでは，一部に非組合員を含みつつも公倍数的に包含し得ることを担保する組織の統合原理となり得る属性とは何であろうか．それは，協同組合が本来的に有する他者志向性という属性以外にない．非組合員を他者として，道具主義的に受け入れる組織には展望がない．公正とは何かを共に考え，学んでいくことを大切な価値と認めるという自覚によってのみ，協同組合は組織としての意義を全うすることができる．連帯の形式からいえば，生活の個別完結性を前提とした連帯と，個別完結性を前提としたのでは成り立ちえない連帯があることの自覚である．

もっとも，このような説明だけではあまりにも抽象的に過ぎよう．事業横断的基層組織のイメージをもっと具体化する必要がある．それは多くのところで

言われているように，さしあたりは規模的にもガバナンス的にも多様な相談機能（第一義的窓口機能）＝プラットフォーム的機能を果たすのに適した組織を模索しつつ拡充していくということになろう．言い換えると，「地域の駆け込み寺」となり得る組織である．例えば，相互扶助的おたがいさま活動で必要になると思われる専門的技能をすべて地域的に賄えるとは考えられない．地縁的ネットワークからは見出し得ない専門的技能（者）を補うために，地縁を超えた情報ネットワークにつながっている必要がある．あるいは，行政からの補助金を得るにもノウハウが必要だし，行政が要求する組織基準を満たす必要があり，こうした点でも「小さな協働」が「大きな協同組合」につながっている意義は小さくないし，「大きな協同組合」でこそなしえることも多い．これも前述した検討会（仮称）で聞いた話であるが，100年以上にもわたって存続している企業を100年企業と呼ぶが，それを支えている最大の要因は，FCC（First Call Company）の条件を満たしていることにあるという．つまり，問題を抱えた需要者から真っ先に声をかけてもらえる企業であり，そこに相談すれば何とか最善の対応をしてくれるだろうという信頼を得ている企業ということである．その意味で，事業横断的組合員活動組織の単位は物流的配慮だけでなく，ある程度地縁的関係をも配慮したものに転換していかざるを得ないのである．

　これを，生協はあらゆる社会的要望をかなえなければならないと狭く解釈する必要はない．適切な他の事業者を斡旋したり，さしあたりどこの相談窓口に行けば最も早い解決法にたどり着けるかということを助言できることも立派なFCCたる要件となろう．現在社会において「大きな協同組合」が持つ最大の価値は，事業を通して集約される情報ストック主体としての潜在的大きさであり，法人としての社会発信力であると言っても過言ではないであろう．地域的相談組織としては地域包括支援センターもある[37]が，これと競う必要は全くない．地縁組織ではないが，行政よりはるかに地域の近くで活動している事業体でなければできない機能を果たせばよいのである．生協が擁している人的資源の方が行政や行政の末端としての地域のそれより大きい場合が多々あり得る．田中は，「大きな協同組合」に加わることで自然的に醸成される「つながり意識」＝社会関係資本の方に，「大きな協同組合」の潜在的力をより期待しているようである[38]．しかし地域的差異はあるであろうが，私には市民の自覚に基

づくアソシエーション的活動の方が生協組合員活動組織の枠を追い越して進展しているように見える．少なくとも，純粋の組合員組織には存在しない多様性をもって進展していることは確かであろう．自然的に醸成されるつながり意識に期待するよりも，多数の組合員が提供し得る潜在的情報蓄積（プラットフォーム）機能を基盤として，つながる機会を積極的に提供していく姿勢を前面に出していくことの方が，今日の生活環境のあまりにも急速な変化を考慮すればより重要と思われる．

　辻によれば，日本でも，経済格差と健康格差が連動している段階に入っているという[39]．辻はその理由を，健康に気を配ることができるゆとり格差，将来を見据えて今の生活を考えられる希望格差，知識を得て実践できるリテラシー格差に求めている．上の二つは個人の所得から派生する問題であり，生協が解決できる問題ではないし，それは政府の役割である．しかし，生活リテラシー問題は市民の協同によって解決できるし，それによってしか解決できない問題ともいえる．自治体には，リテラシーのレベルにまで遡及して地域住民を教育する力はないし，それはできることでもない．生活リテラシーは日常的な生活交流の中で地域的に育まれ，伝承されるべきものだからである．

　今日の生協は，持続的社会の担い手たることを求められているし，また，それを目指すことを宣言している[40]．しかし，トータルとしての社会を支えることが，組合員利益にもつながっていることを直感的に理解することは難しい．共済事業であれば，事故を予防することで危険差益が増加し結果的に全員が裨益できることが理解しやすいので，大学生協共済などでは予防活動を主要4活動の一つに位置付けている．しかし，個人の購買や利用活動と全体としての受益との関係は見えにくい．だが，生活リテラシーの確立を目指すことはより良き市民社会に向かうことであり，社会の持続性に不可欠である．それは，公共経済学でいう価値財的役割と言ってよい．だからこそ，生協にとって他者志向的事業体としての自覚を常に覚醒させることが重要なのである．

　組合員とだけつながっていればよいといった発想では，もはや生協組織は今日の地位を守るのに精一杯となっていくだけであろう．地域社会の持続性を守るために，生協は何ができるかという発想で考え，行動していかなければならない．ロッチデール公正先駆者組合には，まず暮らしの立て直し（生活リテラ

シーの確立）こそが協働活動の原点であるという認識があったからこそ，多くの人々に受け容れられてきたのであろう．現金決済の原則は，まさにその象徴と言ってもよいだろう．当時において，生活防衛のための金銭管理という基本的生活リテラシーの構築が組合員生活の確立に不可欠な課題であるということが自覚されていたに違いない．食は生活リテラシーの重要な構成要素に違いない．しかし，何が最も重視されるべき生活リテラシーであるかは，経済の発展構造によって異なる．失業や介護難民など生活の持続性が危機にさらされている時代にあっては，生活リテラシーに占める食の地位も社会的脈絡においては変化していかざるを得ない[41]．

　いずれにせよ，事業組織のツートラック化と組合員活動組織の二層化を明確に認識したうえで，新たな組織運営機構を再構築していくことがいま求められている．もちろん，安全な食生活を求めて構築されてきた事業構造を直ちに変えることは困難であり，その必要もない．これまで培ってきた組合員の信頼の絆を基本ストックとして，多様に族生している様々な助け合い組織を統合へと誘導し，市民による社会的課題解決力をより高めていくプラットフォームとなるべく構想力こそが求められている．

注
1) もっとも，氏の生協論の根底には独特な労働論が存在するが，本章ではテーマの設定上そこまで遡及して論じるつもりはないことをあらかじめ断っておく．
2) この概念はハーバーマスに拠っているが，詳しくは向井を参照されたい．ハーバーマス，J.／河上倫逸ほか訳『コミュニケイション的行為の理論　上』未来社，1985年．向井清史『ポスト福祉国家のサードセクター論』ミネルヴァ書房，2015年．
3) 田中一弘は，従業員を統治される側に置いている（賃金債権者に矮小化）日本の原則と比較して，OECD原則は従業員が統治する側になることを認めている点で対照的であると述べている（日本経済新聞，2017年11月1日付コラム「やさしい経済学」）．
4) 2006年8月に「ヨーロッパ協同組合（SCE：Societas Cooperativa Europaea）法にかんするEU理事会規則（No. 1435/2003）」が発効した．この中では，普通出資以外に剰余金分配について異なる権限を付した出資証券の発行が是認されている．残念ながら私は，現実のEU協同組合経営の実態がどのようなものか，また出資証券の譲渡に関する制約などの細部について十分承知していない．さらにEU共通のSCE法は，既に存在している協同組合に関する国内法に則って協同組合を設立，運営することも排除していないので，おそらく実態はより一層複雑であろうと推察さ

れる．世界的にみるならばボルザガらの言うように事業体としての協同組合は世界的には極めて多様な姿で存在している．Becchetti, I. and C. Borzaga, eds., The Economics of Social Responsibility, Routledge, 2010. 従って，ここでの議論は日本の生協法制を前提としたものであることを了解されたい．

5) この否は非の誤植ではない．否の含意についても向井，前掲書を参照されたい．
6) 田中秀樹『消費者の生協からの転換』日本経済評論社，1998 年，116 頁．
7) 日本経済新聞，2017 年 9 月 8 日付．
8) Porter, M.E. and M.R. Kramer, "Strategy & Society: the link between competitive advantage and corporate social responsibility," Harvard Business Review, December 2006.
9) ここで社会的企業について詳しく紹介する余裕はないので，社会的企業そのものについては向井，前掲書，第 1 章第 3 節を参照されたい．
10) 岡田正大「CSV に基づく新たな企業間競争」，『生活協同組合研究』Vol. 498, 2017 年 7 月．
11) 『資本論』第 1 巻第 2 篇第 4 章第 2 節．
12) マルクス／岡崎次郎訳『資本論』国民文庫版第 1 分冊，1972 年，161 頁．ただし，ここでマルクスが最も言いたかったことは，交換が余剰物の交換から始まったという論点である．必需品なら欲望に限界があるが，奢侈品的（余剰物の変形）なものについては限界がない．直接消費を目的としないという不純で非合理的動機を内包した交換は，合理的でないがゆえにこそ限界なき欲望に全面的に獲り付かれる（善の問題を効用の問題に置き換えてしまう）という点である（大黒弘慈『マルクスと贋金づくりたち』岩波書店，2016 年，22 頁）．言い換えると，ホモエコノミカスとは倒錯した合理性を崇めている人々のことになる．
13) 塩沢由典『市場の秩序学』筑摩書房，1990 年．
14) 飯尾要『現代流通システムの構造』新評論，1975 年，248 頁．なお，以下の情報理論的整理についても同書に負うところが大きい．
15) 誤解を避けるために言っておけば，ここでの議論は，かつて協同組合理論で大きな影響を与えた近藤理論とは無縁である．近藤理論に言う流通費用節約説は価値＝実体論的な関係を前提に議論しているのに対して，ここでは情報の流れを議論している点で次元が異なる．また，今日では近藤理論が依拠しているような労働価値説理解の限界についてもすでに明らかにされている（マルクスは等価交換という意味を狭く理解し，流通過程から剰余価値は出てこないといっている．つまり，剰余価値の源泉は生産過程にしかないという（資本論第 1 巻第 2 篇第 4 章）．
16) 田中，前掲書．
17) Hansmann, H. "The Ownership of Enterprise," Harvard Univ. Press, 1996. ただし，本来この問題は販売方式の問題というより機関運営におけるガバナンスの問題として論じられなければならない．ちなみに，販売方式を商品の使われ方を中心に組み立てるという，モノ消費からコト消費へのマーチャンダイジングの転換ということが生協でも盛んに強調されているが，これについても，コトという概念はそれを経験する主体の側に立って解釈したときにはじめて成立することの認識がなければ，

地域の行事に留意して品揃えするという程度の理解に留まってしまう．
18) 田中は，本来の生協流通は組合員と生協労働者の協業と分業の関係であるべきと理解し，消費過程を私的人格の社会的存在への復帰過程と理解し得るとしている．そして，「生協の組合員活動の最大の柱は商品活動」であり，商品を媒介とした学習を通して社会の矛盾と向き合い，自己陶冶していくところに生協事業の本質があるという（田中，前掲，84頁）．しかし，価値の実現過程の構造を見れば，復帰過程として位置づけるのは無理があると言わねばならない．かかる無理を政府の流通過程への介入によって補えると考えたことが，ソ連型計画経済の失敗を生んだと私は考える．我々にできることは，他者志向的立場を見失わないこと，換言すると社会的に妥当な価値の発見に向けてたえざる努力を続けていかなければならないことを恒常的に自覚することだけである．

なお念のために確認しておくと，ここで言う関係性は匿名性と背反するものではない．それは独立した人格の選択行為の結果に他ならないからである．
19) 田中，前掲，70頁．
20) 日向祥子・高倉博樹「『市場の組織化』としての生協産直」（公財）生協総合研究所『生協総研賞・第13回助成事業研究論文集』2017年．
21) ただし，機能性食品の効能情報という点に関してはそうとは言い切れないようである．
22) 2015年に閣議決定された消費者基本計画では「地域の活性化や雇用なども含む，人や社会・環境に配慮した消費行動」との定義がみられるが，これではあまりにも抽象的すぎる．
23) 生協の中にもユニークな活動事例がないわけではない．1988年から(株)オルター・トレード・ジャパン（ATJ）がネグロス島のバナナから始めた「民衆交易」がそれである．ATJはグリーンコープ，首都圏コープ（当時），生活クラブ生協の3生協で立ち上げた事業体である．この例は，実際にできる「フェアトレード」の現実的形態を実現しているように思われる．ただし，「民衆交易」の理念，実際について十分な知識を持ち合わせていないので，ここでは注意を喚起するにとどめたい．
24) 田中，前掲書．
25) 『生協運営資料』2018年1月，45頁．
26) 飯尾要『成熟社会のニードロジー』日本評論社，1997年．
27) この点を，社会権的サービス需要に対して社会保障という形で政府が介入せざるを得ない理由と混同してはいけない．サービス提供を応益負担に委ねた時，所得的条件から必要量を享受できない人が生まれるのを防ぐことが政府介入の理由である．ここで問題にしているのは，最適な資源配分を達成する手段そのものとして市場システムが適しているか否かという問題である．
28) ただ，この理念は慎重に扱われる必要がある．それは，専門職の確立を妨げかねない側面を持つ点である．専門職の不足を地域人材の動員で賄おうとすることが，専門技能の過小評価につながらないよう慎重に進めなければならない．財政難のわが国では，この点への懸念が大きい．
29) 田中は，各時代の生協とは生活主体が抱えている人格的な自立化の課題と，それ

を可能とする協同組合構造の統一として存在してきた．自立化の課題が変化すれば，事業の組織と管理構造も変わっていかなければならない．つまり，生協は生活主体の自立に寄与しているかどうかを参照基準にして評価されるべきであるという（前掲書）．

30) 田中秀樹編『協働の再発見』家の光協会，2017 年，1 頁．
31) 田中，前掲『消費者の生協からの転換』，150 頁．
32) 田中編，前掲書．
33) ストリーヤン「社会的企業経営の実践」生活クラブ事業連合生活協同組合連合会編『進化する協同組合が未来をひらく』2007 年，133 頁．
34) 毛利敬典「『おたがいさま』の活動と地域づくり」，田中編，前掲所収，109 頁．
35) 例えば，子どもの頃から面識のある人に介護された方が被介護者の安らぎは大きいであろう．このような点についてのより詳しい説明は，向井清史「市民社会の再構築と NPO の可能性」，向井他編『希望の名古屋圏は可能か』風媒社，2018 年以下参照．
36) 従って，それは厳密な意味での組合員組織とは言えない．
37) さらに昨年の社会福祉法改正では，「我が事・丸ごと」の地域作り・包括的な支援体制の整備が自治体の努力義務と位置付けられ，こうした機能の強化が図られている．
38) 田中編，前掲書．
39) 日本経済新聞，2018 年 1 月 30 日付，同氏コラム．
40) 『協同組合の 10 年に向けたブループリント』（ICA，2013 年 2 月）は，「協同組合は特定の利害関係者の利益を『最大化』するのではなく，さまざまな利害関係者に対する成果を『最適化』することを目指す」存在であるがゆえに，持続的社会に最も貢献し得る事業モデルであると謳っている．ただし，マイケル・ポーターの理解に関しては私見と真逆になっている．
41) このことの政策的反映として，社会・経済政策上の生協の位置づけも当然変化すべきであり，生協として，位置づけに見合った政策要求を明確に訴求していくことが重要となる．

# 第3章
# 地域福祉型生協の展開と可能性
―協同組合は社会運動を担えるのか―

朝倉美江

## 1. 社会運動と地域福祉型生協

### (1) 社会運動と生協

　沖縄の辺野古新基地反対のテント村で,「1995年の米海兵隊による小学生少女拉致レイプ事件から『島ぐるみ闘争』が始まった」と語る浦島悦子さんに会った.浦島さんは,「私たちがあきらめなければ,やがて必ず,人間を含むこの島すべての命が生き生きと生きられる『みるく世』が来ることを確信している」と話してくれた.「みるく世」とは「戦世ん済まち　弥勒世ややがて　嘆くなよ臣下　命どぅ宝」という琉球王尚泰の琉歌の一節にある.弥勒世とは,目指すべき平和で豊かな理想の社会[1]だという.

　日本全体の約7割の基地が集中している沖縄の人々は,苦難の歴史を経て,今なお平和を強く願い行動し続けている.野本三吉は,沖縄の人々が新基地反対運動のなかで,日本の民主主義のあり方を問い,本気で生きようとしていることを感じ,「『希望』とは苦しみの中を歩み続ける中から生まれてくるのかもしれない」[2]という.

　野本がいうように沖縄では,過酷な環境のなか,多くの県民が声をあげ,集会を開催し,座り込み活動などが展開されている.1995年10月21日には,宜野湾海浜公園に8万5千人が結集し「少女暴行事件を糾弾し,地位協定見直しを要求する県民総決起大会」が開催された.2012年には「オスプレイ配備に反対する沖縄県民大会」に10万1千人が集まるなど「オール沖縄」としての大規模集会が各地で開催されている.そして「オール沖縄」による知事選や市長選などの取り組みも活発化している.

2015年5月17日には「戦後70年　止めよう辺野古新基地建設！　県民大会」に3万5千人以上が集まった．東京では，5月24日に1万5千人が国会を包囲し「辺野古阻止」「沖縄との連帯」を叫んだヒューマンチェーンが行われ，「オール沖縄」は全国各地の人びととも連帯しつつある．「オール沖縄」態勢をつくった翁長雄志知事の死去に伴う2018年9月30日の新知事選でもその後継とされた玉城デニー氏が当選した．さらに2019年2月24日の辺野古県民投票では，新基地反対が71%を占めた．

　また，全国的に子どもの貧困問題が拡大，深刻化したことを背景に2013年には「子どもの貧困対策の推進に関する法律」が成立した．この法律に基づいて沖縄県は子どもの貧困調査を先駆的に実施した．その結果，沖縄県の小・中学生の相対的貧困率は29.9%，高校生の困窮世帯の割合は29.3%（2015年度）であり，全国の子どもの貧困率13.9%（2017年6月）よりもはるかに高いことが明らかになった．厳しい現実の中で，沖縄県では，「子どもの貧困対策基本計画」を策定し，県内各地に「子ども貧困支援員」を配置すること，子どもの居場所づくりなどを推進している．そのような政策のもと子ども食堂や学習支援などの居場所づくりが多様に展開しつつある[3]．

　沖縄での集会や子どもの居場所づくりは，「みるく世」を目指す具体的な社会運動と位置づけられる．社会運動とは，「社会構造上の矛盾やその他の原因によって引き起こされる生活要件の不充足を解決するためになされる社会的状況を変革しようとする集合的活動」[4]と定義されている．沖縄で展開されているような「みるく世」を目指した活動を消費者であり生活者の組織である生活協同組合（以下生協）が展開しているのだろうか．本章ではそのような社会運動を展開する生協を「地域福祉型生協」と位置づけ，その実態と可能性を検討したいと考えている．「地域福祉型生協」とは「組合員が，地域住民とともに地域住民のニーズに基づいて，そのニーズを改善・解決するために当事者を中心として，自発的に多様な活動・サービス事業等を総合的に行い，誰もが暮らしやすいコミュニティへと変革する生協」と定義したい．

　協同組合は，「共同で所有し民主的に管理する事業体を通じ，共通の経済的・社会的・文化的ニーズと願いを満たすために自発的に手を結んだ人々の自治的な組織である」（「協同組合のアイデンティティに関するICA声明」1995年）と定

義されている．さらに協同組合は①自発的で開かれた組合員制，②組合員による民主的管理，③組合員の経済的参加，④自治と自立，⑤教育，訓練および広報，⑥協同組合間協同，⑦コミュニティへの関与という7原則をもっている．どの原則も重要であるが，本章では④自治と自立，⑦コミュニティへの関与により注目して「地域福祉型生協」とは何かを明らかにし，その展開と可能性を論じたい．

### (2) 生活の不安定化と社会保障制度改革

日本の協同組合のなかでももっとも大きな組織の一つである生活協同組合は，消費生活協同組合法で「国民の自発的な生活協同組織の発展を図り，もって国民生活の安定と生活文化の向上を期することを目的とする」（第1条）とされ，生活の安定を目指した組織である．しかし，現実には私たちの生活は安定とは程遠い状況にある．日本の相対的貧困率は15.6％（2017年）であり，子どもの7人に1人が貧困状態にある．非正規雇用労働者も約4割となり，ワーキングプアが増加傾向にある．私たちの生活は労働することを前提に成り立っているが，近年は「雇用破壊」といわれるほど労働環境の劣悪化が進行しつつある．また，失業，傷病，障がい，老齢などにより労働が不可能な場合，困難な場合などそれを支えるために社会保障制度が整備されている．しかし近年社会保障制度は，少子高齢化による人口減少が急速に進展するなかで，財源不足を理由としながら大きく縮小しつつある．

2012年8月に社会保障制度改革推進法が成立し，この法律に基づいて「社会保障制度改革国民会議」が設置され，「確かな社会保障を将来世代に伝えるための道筋」がまとめられた．この報告書の内容を具体化するスケジュールと内容が，プログラム法（「持続可能な社会保障制度の確立を図るための改革の推進に関する法律」）として，2013年12月に成立した．このプログラム法では，「政府は，住民相互の助け合いの重要性を認識し，自助・自立のための環境整備等の推進を図る」として，社会保障制度の核を自助・互助におき，政府の役割はそれを支援することとなっている．

さらにプログラム法の具体化として2013年6月に医療介護総合法が成立した．この法律は，効率化・重点化を図るとして，医療・介護を一体化し，そこ

では保険料・利用料の自己負担の増加と医療・介護サービスの縮小が示されている．そして，超高齢社会となる2025年に向けて「地域包括ケアシステム」を提起し，それを支える「自助・互助・共助・公助」の位置づけを示している．そこでは，「自助」とは自分のことは自分でするという以外に自費で一般的な市場サービスを利用するという方法も含まれるとし，介護保険は「自助」である自己負担の費用の1割の残りを「共助」である保険料と「公助」である税が折半しているが，全体としては「共助」の仕組みと考えられる．「互助」は自発的なものであり地域の住民やボランティアという形で支援の提供者の物心両面の支援によって支えられていることが多いとし，今後は自助・互助の果たす役割が大きくなっていく[5]と示されている．

その上，最後のセーフティネットと位置づけられる生活保護制度の核である生活扶助基準の引き下げも2013年度から実施されており，その削減率は，現行制度が始まった1950年以来最大となり，7％を超えた．

岩田正美は，戦後からの貧困の「かたち」の変遷を明らかにしたうえで，現在の貧困問題の解決を目指した政策について「自立という政策目標は，個人の怠惰が貧困を生むという，きわめて古典的な理解に基づいている．だが，問題は，怠惰ではないのだ．貧困を個人が引き受けることをよしとする社会，そうした人びとをブラック企業も含めた市場が取り込もうとする構図の中では，意欲や希望も次第に空回りし始め，その結果意欲も希望も奪いさされていく．だから問題は『自立』的であろうとしすぎることであり，それを促す社会の側にある」[6]と今日推進されている社会保障制度改革が自立，自助を強調していることに警鐘を鳴らしている．この自立の強調は政策側にあるだけではなく，私たちの身の回りに蔓延している．

そもそもなぜ社会保障制度に国の財源は充当されないのだろうか．財政学者の井出英策・古市将人・宮﨑雅人によると「成長をめざして多額の借金を財源に組み込む．景気対策のために都市中間層向けの所得税減税と公共投資を続け，都市の合意を整えながら地方での就労機会を保障する．かわりに社会保障や教育は個人と市場にゆだねる．日本人の労働への義務意識が染み込んだ『勤労国家レジーム』はこうして形成されていった」[7]という．つまり経済成長のもとに自己責任が貫かれたのが戦後の日本の社会保障の位置だということである．

したがって，勤労できない高齢者，障がい者などが選別されて限定的に保障されていたのである．

井出らは，勤労国家レジームの負の遺産として生まれた三つの罠を指摘している．①「再分配の罠」とは，経済成長が低下するなかで限られたパイが減少し，受益できない人と「既得権」をもつ人との分断が大きくなっていったこと．さらに②「自己責任の罠」は，そもそも日本は自己責任社会であったが，2000年代になり「成長の行き詰まり」が「生活の行き詰まり」に直結し，さらなる自己責任化が進んだ．そのうえ③「必要ギャップの罠」という高齢者と現役世代のニーズのぶつかり合いがあるという．これは世代間によって必要が異なり，子育ても介護もいずれは誰にも必要であるにもかかわらず対立させられている．

井出らは三つの罠により分断させられている私たちの国の財政を「必要原理」にもとづくものへと転換することを提起している．「人びとは，基礎的ニーズを満たすことをつうじて，利害を共有する社会基盤を作ってきた．その本来的な原理に立ち返って財政を再構築しよう．低所得だけでなく，中高所得層をも巻き込んだ，新たな物質的な利害関係を作り出すためだ．個人化の進んだ社会のなかで，国民国家全体を貫く『共同必要の共同充足』という価値・理念を共有できるようにするためだ」と提起している．

### (3) 地域福祉型生協と社会運動

井出らの「共同必要の共同充足」とは生協の理念である相互扶助にもつながるものである．生協は，生活の安定を目指した組織であるが，その生活の社会化が少子高齢化と家族規模の縮小によってさらに進み，育児，家事・介護などのケアニーズが多くの人びとに共通するニーズとなっている．地域で生活する人々の共通のニーズを解決する方法が地域福祉である．私は前著『未来を拓く協同の社会システム』で地域福祉型生協とは「組合員が，地域住民とともに組合員，地域住民のニーズに基づいて，そのニーズを改善・解決するために自発的に多様なサービス事業・活動を総合的に行う生協」[8]と位置づけた．しかし，ここでいう地域福祉は，後述するとおり，こんにち推進されている「自助」「互助」「共助」「公助」の担い手にとどまるのではなく，賀川豊彦の協同組合論，地域福祉・コミュニティワークの原点に立ち返り，その運動性を強調した「地

域福祉型生協」である．つまり「組合員が，地域住民とともに地域住民のニーズに基づいて，そのニーズを改善・解決するために当事者を中心として，自発的に多様な活動・サービス事業等を総合的に行い，誰もが暮らしやすいコミュニティへと変革する生協」を「地域福祉型生協」と位置づけたい．

地域福祉は，2000年の社会福祉法成立によって明確に規定された．社会福祉法第1条では，地域における社会福祉を地域福祉とし，第4条では，地域福祉の推進が位置づけられた．その後地域福祉の政策化が推進され，2015年には厚生労働省（以下厚労省）から「新福祉ビジョン」として，全世帯全対象型の地域包括支援体制の整備が提起され，2016年には『ニッポン一億総活躍プラン』で地域共生社会が提起，「『我が事・丸ごと』地域共生社会実現本部が設置された．そして2017年の地域共生社会実現本部の最終とりまとめでは，地域共生社会とは「地域住民や地域の多様な主体が『我が事』として参画し，人と人，人と資源が世代や分野を超えて『丸ごと』つながることで，住民一人ひとりの暮らしと生きがいをともに創っていく社会」と示されている

したがって，制度的な地域福祉は2000年からその歴史が始まる．しかしその源流は，イギリスで19世紀初頭から始まった共同体的な仕組みを基盤とした地域の貧困世帯への友愛訪問活動であり，その先駆は1820年代にグラスゴーのセント・ジョン教区で行われた友愛訪問である．またロバート・オウエンが1800年から行ったニューラナークでの工場労働者のコミュニティづくりの実験や1816年の性格形成学院の設立，さらに協同組合の試みも，人びとの福祉と近代的な協同性を目指した点で，その後の地域福祉につながるものと位置づけられている．

さらに1834年の劣等処遇を基本とする新救貧法のもと1869年に地域福祉活動の先駆として慈善組織協会（COS：Charity Organization Society）がロンドンで組織された．その後，1884年に設立されたトインビーホールでセツルメント運動が始まり，制度改革の推進を担ってきた．このセツルメントはCOSが貧民を道徳的観点から援助していることを批判的に捉え，社会改良を目指す運動として展開してきた．セツルメント運動はアメリカでもジェーン・アダムスによって展開され，制度改革の推進役を担った．そのような運動が後述するコミュニティ・オーガニゼーション（Community Organization）の理論化につな

がった．そしてコミュニティ・オーガニゼーションは世界恐慌時にルーズベルト大統領によって行われたニューディール政策のなかで固有の技術として確立してきた．

　以上のような欧米の地域福祉が，日本では，敗戦後 GHQ の指導による公私分離の原則に基づいて社会福祉協議会（以下，社協）が創設され，社協によって推進されることになった．社協は，住民の生活問題の解決方法であるコミュニティ・オーガニゼーションによって貧困問題などを「住民主体原則」のもと解決し，「運動体社協」と称されてきた．具体的には敗戦後の劣悪な環境のもと保健衛生の改善，さらに 1950 年代半ば以降，共働き世帯の乳児保育や長時間保育，留守家庭児童の問題，障がいのある子ども達の生活，一人暮らし老人の問題など地域の住民が抱える課題を解決するために話し合い，共同保育，学童保育などを要求し，一人暮らし老人の組織化を行うなど住民の共同活動・事業を推進してきた．

　地域福祉は，こんにち社会保障制度改革の推進のなかで，その政策化が進んでいるが，その本質は欧米の地域福祉の源流にあるとおり貧困問題を解決するために社会改良を目指した社会運動であった．現在進められている社会保障制度改革のもと地域福祉は自助・互助の担い手として期待されつつある．しかし，地域福祉は，住民主体原則をもち，福祉コミュニティの創造を理念としており，その運動的機能に本質がある．

## 2. 社会運動とコミュニティワーク

### (1) 社会保障運動とは何か

　地域福祉の源流であるセツルメント運動は，日本でも 1890 年代以降，スラム地区や工場労働者の居住地区，被差別部落などにおいて展開された．1897 年には片山潜が東京神田三崎町にキングスレー館を創設し，1910 年には賀川豊彦が神戸市新生田川地区に救霊団を設立し，無賃宿泊所や食事提供，子どもの預かりなどを行った．しかし戦中の治安立法のなかでセツルメント運動は衰えていったという歴史がある．

　敗戦後の貧困のなかで誕生したのが社会保障運動である．社会保障運動とは

「単一の運動体に担われるものでもなく，その運動体のみの消長に規定されるわけでもない．医療，年金，生活扶助，福祉サービス等多様な生活要求について，さまざまな社会集団を基盤とする諸団体が独自にあるいは協力して展開してきた諸運動の総体であり，客観的にみれば自由とバターの路線ないしは人間の尊厳に値する生存の社会的現実に寄与する運動であったし，これからはその意義を十分に自覚して取り組むべき運動である」[9]と定義されている．

1980年代までの社会保障運動の担い手の多くは，労働者，とくに組織労働者の占める比率が高かった．敗戦直後の社会保障闘争のなかではじめて労働者市民団体が結集して行った統一行動は，1948年2月の「生活保護改善規正同盟」（1,400万人）によるものであった．

1949年には「仕事よこせ闘争」が東京から全国に広がり，各地でデモが開催された．東京では8月2日に東京土建が主催し，全菅労・披鐵者同盟・失業者同盟など14団体が参加して失業者大会が開催され，①仕事よこせ，輪番制度反対，②あぶれなくせ，③手間賃を300円にせよ，④あぶれた者に生活保護法を適用せよ，⑤失業手当の100％支給，期間を1年にせよ，などの要求を決議し，労働省（現厚生労働省＝厚労省）や都に提出した．これに対し，労働省は，就労枠の拡大と「生活保護の適用に努力する」と確約したという．

このように労働運動とともに展開された生活保護闘争は，1947年11月3日に公布された新憲法の第25条（生存権保障）をよりどころに，「恤救規則」，「救護法」（1929年）以来の封建的・慈善的内容と制度的取扱いを強く批判して，法の改善と保護適用拡大の運動を組織的に展開したのが特徴である[10]．さらにこの運動は1950年に改正された新生活保護法に憲法25条の理念を反映させることにも影響を与えた．この改正の背景にはアメリカが1947年に派遣したワンデル調査団による社会保障制度についての報告を受けて，1950年に社会保障制度審議会が「社会保障制度のあり方に関する勧告」を公表したこともある．この勧告は憲法25条を反映し，請求権・訴訟権などの権利規定をうたい，社会保障の中核を社会保険とし，生活保護，社会福祉，公衆衛生と医療制度を総称して社会保障と定義した．

しかし，その一方1952年から厚生省（現厚労省）は生活保護の一斉調査を始め，被保護者の新規適用中止や収入認定，扶養義務の強化等「適正化」政策が

推進されていった．その背景には，敗戦後の飢餓的状態は改善されたとはいえ，依然多くの労働者は低賃金であり，失業者も多かったこと，さらに1950年の朝鮮戦争の影響等もあった．副田義也は，当時①結核患者の大量発生による医療扶助の増大，②貧困な状況にあった在日朝鮮人の受給が多かったことなどがあると指摘している[11]．そのような状況のなかで後に「人間裁判」と評された朝日訴訟が1957年に開始された．

朝日訴訟は，1948年に患者の人権を守りその要求を実現するための全国組織として創設した日本患者同盟の会員であった朝日茂さんの提訴によって始まった．その内容は日用品費に関する扱いや生活保護基準の低さへの行政訴訟であった．この訴訟を日本患者同盟とともに生活保護受給者や低所得者によってつくられた全国生活と健康を守る会連絡会（1954年結成），さらに産炭地域の多くの鉱山失業者などの失業者と貧困者によって1953年に結成された全日本自由労働組合（全日自労）が支援し，10年間にわたる長い裁判闘争が展開された．朝日訴訟を支えた新井章弁護士は「朝日訴訟の闘いは最初から『生活保護基準の低劣さを弾劾し，その改善（引き上げ）を求める』ことを標榜して，その実現・達成のために取り組まれてきた．その意味では，この訴訟は始めから社会保障分野での"政策形成"を目指す政策形成訴訟の一事例であった」とし，さらに「政治的・社会的な圧力に屈せず，『権利のために闘う』人々を生み出す源泉になってきた」[12]という事実を大きく評価している．

以上のように社会保障運動は，署名活動，デモ，さらに訴訟など多様な方法によって取り組まれてきた．しかし，近年，組織労働者や当事者組織などの弱体化が課題となっている．そのようななかで，新しい社会運動の形が求められている．

### (2) 多様な社会運動

社会保障運動とともに社会に大きな影響を与えたのは60年安保闘争であった．大畑裕嗣によると60年代後半から70年代前半にかけての『ベ平連』（「ベトナムに平和を！」市民連合）の運動によって，「『生活者』個人の自由な連合という戦後日本における市民運動の組織原理が定着」[13]したという．その後，2015年夏には安保法案に反対して，SEALDs (Students Emergency Action for

Liberal Democracy-s）の 200 人程度の学生有志のグループが国会前に 10 万人以上を集めた運動があった．2012 年夏には首都圏脱原発連合 Metropolitan Coalition Nukes（MCAN）の呼びかけによって首相官邸前に 20 万人が集まった．小熊英二は，「MCAN や SEALDs は，21 世紀の社会を象徴する運動である」[14]と評価している．そして，「彼らはフレキシブルで，不安定で組織を持たず，インターネットで結びついており，特定の世代や属性の人々ではない」とその特徴を示している．組織を持たない運動には，必ず高潮と退潮が伴うことからも彼らの運動は長くは続かなかった．しかし「20 世紀の政治システムが，21 世紀の社会と調和せず，機能不全が意識され，不満が蓄積するという問題は，そう簡単に解決しない．それが続く限り，21 世紀型の運動は，今後もくりかえし，トピックを変えて台頭する可能性がある」[15]という．小熊の主張は，私たちの社会に矛盾や不充足，不満がある以上，21 世紀型の社会運動は，多様な形で誕生し，展開されることを示している．

社会学の立場から社会運動を体系的に論じた道場親信，成元哲らは，社会運動を「複数の人びとが，社会を変革するために，非制度的な手段をも用い，組織的に取り組むことによって，敵手や競合者との相互作用を展開すること」[16]と定義している．そのうえで，「社会は否定や対立や分裂に満ちており，それをより良い世界へと作り変えていくまでの手さぐりの旅として社会運動は捉えられる．『もうひとつのこの世』へのあくなき希求．社会は運動しつづける」[17]と主張している．

社会運動は，社会の矛盾や不満を背景にして生まれるが，その主体がなければ存在しえないものでもある．80 年代以降，地域に根をはったかたちで，公害反対や環境問題，フェミニズム，マイノリティの文化・権利擁護運動，反核・反原子力運動，生活協同組合運動，ローカルパーティ形成運動など日常生活のなかで多様な運動が展開された．MCAN や SEALDs が反原発や反安保法の声を上げたように地域住民，消費者，女性，障がいのある人々など声をあげ，行動を起こす人びとによる多様な社会運動が行われてきた．数多く生まれては消え，そしてまた誕生するという社会運動の歴史のなかで私たちの生活は営まれ続けている．拡大しつつある貧困，格差，差別の問題など社会の矛盾や不満が満ちている今日，私たちの生活は社会運動なしには維持しえないとも言える

のではないか．

　さらに藤井敦史は，社会的企業が「社会問題をビジネスの力で解決する」NPO と営利企業のハイブリッド組織として論じられてきたことを踏まえ，ハイブリッド性が重視される理由について，社会的排除問題を解決するためには，コミュニティ形成，サービス供給，アドボカシーという諸機能が必要であることを指摘している．そのうえで，本来社会的企業における社会的目的とは当事者の参加とエンパワメントが重要であることから「社会問題を解決するためには，本質的に当事者的要素と他者に対する支援的要素は結び付けられる必要があり，協同組合と NPO のハイブリッドであり，マルチ・ステークホルダーの参加を重視する社会的企業は，共益性と公益性を接合しうる組織形態上の優位性をもっている」[18]と主張している．

　社会運動のあり方は多様であり，政府の政策への異議申し立ても重要であるが，それと同様に問題解決のための支援活動や事業活動が必要不可欠である．雇用環境の劣悪化と社会保障制度の崩壊が進展するなかで社会的排除の問題が深刻化し，拡大しつつある今日において，協同組合や NPO などの非営利組織の役割は大きくなりつつある．

## （3）　コミュニティワークとソーシャルアクション

　地域福祉の歴史のなかでは，セツルメント運動，社会保障運動が展開されてきたが，こんにち地域福祉援助のなかでソーシャルアクションが注目されつつある．ソーシャルアクションとは，「個人や家族，地域社会の未解決のニーズの充足や解決を求めて関係者を組織し，関連する立法・行政機関その他に対して制度運営の改善や改革，新制度の創設，社会資源の開発などを求めて圧力行動を展開すること」[19]と定義されている．そして，このソーシャルアクションはコミュニティワークの構成要素として捉えられ，他方，当事者の立場や利害を代弁するアドボケーション（アドボカシー）と重なりあう．

　コミュニティワークとは，地域福祉の援助方法であり，広義では「地域社会を変革することに向けた意図的な働きかけ」[20]と定義されている．具体的には，地域社会において発生する多様な生活問題を地域社会が内包する相互扶助機能などを再生，構築するプロセスのなかで，改善・解決しようとする地域福祉援

助の方法である．地域社会で発生する多様な生活問題は，歴史的・社会的な構造のなかで発生するが，具体的には，貧困問題，子どもの虐待問題，高齢者の介護問題，ひきこもりや精神障がい者の問題，障がい者差別の問題などとして個別に顕在化している．

　それらの個別の生活問題を解決するためにその問題を発生させている地域社会にアプローチするという援助方法がコミュニティワークである．例えば，高齢者の介護虐待の問題に対しても，個別に危機介入するという援助方法もあるが，コミュニティワークでは，予防的なアプローチが重視され，介護者の組織化，さらには介護サービスの充実を求めた請願や署名活動，そして住民による高齢者の見守りネットワークの構築や地域の支え合い活動としてサロン活動などの居場所づくり，グループホーム・デイサービスなど事業の創造・運営などが展開される．このようなアプローチによって，介護問題を個人の問題として捉えるのではなく，地域の生活問題であり，住民に共通する課題として問題解決に取り組むのである．

　コミュニティワークの理論の基盤となっているのは，コミュニティ・オーガニゼーションである．その統合化説を示した M.G. ロス（Murray G. Ross）は「コミュニティ・オーガニゼーションとは，コミュニティが，そのニードあるいは目標，および，これらのニードあるいは目標の序列を確認し，これらのニードの充足あるいは目標の達成を実現しようとする確信あるいは意志を発展させ，内外にこれらのニードの充足あるいは目標の達成に必要な資源を見出し，それらにかかわる行動を引き起こし，これによりコミュニティにおける協力的（co-operative）・協働的（collaborative）な態度と実践とを進展させる過程を意味する」[21] と定義している．そしてこの方法の一つにソーシャル・アクションアプローチを位置づけている．このアプローチは「社会的公正や民主主義により資源の確保や処遇の改善をより大きなコミュニティに対して行うものであり，多くの場合，社会的に不利な立場におかれている人びとの集団を組織化することにより進められる」[22] ものである．ソーシャルアクション（SA）には，消費者団体，環境保護団体，フェミニスト活動グループ，ゲイ・レズビアン・グループ，公民権運動・ブラック・パワー・グループ，労働組合，ラディカルな政治運動のグループによる実践があった．

日本では先述のとおり敗戦後1950年代にアメリカのコミュニティ・オーガニゼーションが取り入れられ，社協を中心に展開されてきた．その後1970年代以降高齢化の進展を背景に在宅福祉サービスが重視され，イギリスのコミュニティワークが取り入れられるようになってきた．高森敬久は，コミュニティワークのなかでもソーシャルアクション（SA）が重要な機能をもっているとし，「コミュニティワークにSAの機能がなければ，コミュニティワーカーは，一方的に既存の制度，地域環境，地域権力構造への適応や地域的な相互扶助のみを住民に押しつける結果に陥り，コミュニティワーク本来の機能とされている住民主体の住民参加活動と地域組織化活動をすすめることはできない」[23]と指摘している．

　この指摘は，こんにち社会保障制度改革のもとで提起された「誰もがささえ合う地域の構築に向けた福祉サービスの実現（2017年9月）」のなかで新しい地域包括支援体制が，「住民に身近な圏域」での「我が事・丸ごと」として推進されているなかで，極めて重要なものである．我が事となる「個別」の問題を「丸ごと」解決するためには，個人に焦点をあてるのではなく，個人が生活している地域に焦点をあてることが必要不可欠である．一人ひとりの個別の生活問題を丸ごと捉えるということは，生活問題を地域課題として捉えることに他ならない．そのような問題把握によって，その解決は「自助」ではなく，「自治」による地域の活動・事業の実施であり，それらによってコミュニティを変革するのである．

　つまり個人の生活問題は，消費者問題，環境問題と同様，社会問題として地域で解決することを目指さなければ，問題の本質に迫ることはできない．個別の生活問題を地域課題として捉え，それらを解決していくために住民の組織化による支援活動や事業を実施していくことが，地域福祉の援助方法＝コミュニティワークなのである．

## 3. 社会運動と生協運動

### (1) 協同組合運動と賀川豊彦

　コミュニティ・オーガニゼーションの理論を構築したM. G. ロスの理論の背

景にはコミュニティ・デベロップメントの実践がある．ロスの生誕地シドニーでは，1906 年に炭鉱労働者による消費生活協同組合（生協）が組織され，1916 年には農民による生産物の協同出荷が始まり，1928 年頃には住民の文化的・社会的水準の向上を目指す，社会改良運動として，協同組合運動が始まっていた．そしてその協同組合運動は，成人教育とコミュニティ・デベロップメントの新しい試みとしても評価されていた[24]．

　ロスが影響を受けていた新しいコミュニティ・デベロップメントは，協同組合運動であったが，協同組合は「一人は万人のため，万人は一人のため」(Each for All and All for Each) という相互扶助を理念としてもっている．生協は，産業化が始まったイギリスにおいてロバート・オウエン，ウィリアム・キングによって 1830 年代に提唱された．それを先駆的に実践したのはロッチデールの労働者たちである．「1843 年の歳末，職を失い食べ物もほとんどなく，世の中を全く悲観しきった少数の織物工が，救貧法を利用すべきか，しかし，それは他人に頼ることになる．移民はどうだろうか．しかしそれは貧乏に生まれたという罪で，流罪になるようなものだ」[25]．彼らは改正救貧法 (1834 年) のもとで，救貧院に入ることも移民になることも選ばず，協同の力で生活を守り向上させることを選択した．

　協同組合は，世界 100 カ国以上に 10 億人の組合員を組織し，2016 年 11 月には「共通の利益の実現のために協同組合を組織するという思想と実践」がユネスコ無形文化遺産に登録された．また，2008 年のリーマンショック後，国連は，協同組合がよりよい経済社会の建設に大きく貢献できると評価し，その発展を期するよう各国政府・国民に訴えるため，2012 年を国際協同組合年 (IYC＝International Year of Co-operatives) と定めた．その際，内橋克人は，グローバル化のなかでの「競争セクターとは，利潤追求を第一義とする企業体を中心とする社会である」とし，その特徴は「分断・対立，そして競争の制度化である」と，競争セクターの最大の特徴は，消費者主権論であり，「そこでは地域住民も市民もすべて消費者一般に還元され，生活者も市民も地域住民もその概念には存在しない」という．「国際協同組合年を機に日本でも『協同』の意味を根底から問い直し，協同組合のあるべき姿，担うべき使命を明確にして，そのうえでよりよい社会とは何かを示していかなければならない」[26] と論じて

いる.

　また，2009年は，賀川豊彦の献身100年を記念する年であった．賀川豊彦は1909年，当時スラムと呼ばれた神戸・新川に移り住んだ．その経験をもとにした『死線を越えて』はベストセラーになり，その印税は賀川の運動を支えたと言われている．今井鎮雄は「日本の社会運動の歴史の中で，彼ほど先駆的な役割を果たした者はないであろう」[27]と賀川が労働運動，農民組合，生協，キリスト教運動を生み，発展させていったことを評価している．

　賀川豊彦は，第一次世界大戦後，米騒動などが起こっていた当時「今の日本では，昔風の慈善事業では役に立ちませんよ．身体中に毒が回っているようなものです．うみが身体の表面に出たからといって，膏薬を貼るような姑息なことでは追いつけません．身体そのものを根本的に健康にする運動が必要なんです．それには民衆が自分たちの力を結集して立ち上がる協同組合に限ります．協同組合は，最初は地味なようだし，時がかかるようですけれども，民衆が自分達の力を自覚し，自分たちの足でしっかり立つ運動ですから，社会改造の根本運動です」[28]と言って協同組合を創設した．そして「利益共楽，人格経済，資本協同，非搾取，権力分散，超政党，教育中心」という協同組合中心思想を示した．この7原則を要約したものが「愛と協同」である．

　賀川について阿部志郎は，戦争の世紀であった20世紀に「貧しい人が，貧しいなかで助け合ってたくましくいきている姿を見て以降，社会運動の中で，賀川は後にもっとも力を注いだ生活協同組合を発想し，協同組合を興した」[29]ことを再評価し，21世紀に向けて賀川の「愛と協同」という壮大な夢を引き継ぐことの重要性を主張している．

## (2) 賀川豊彦の生協運動

　『賀川豊彦』の著者隅谷三喜男は，賀川豊彦を「特異なキリスト者，『死線を越えて』の著者」であり，「神戸にはじめて生活協同組合を創設し，労働運動，農民運動，平和運動の先駆者であった」と紹介している．そして賀川の生涯の課題は「宇宙悪の課題」だと指摘している．その宇宙悪のなかで「社会悪」にいちばん力を注ぎ「貧乏と，病苦と，社会悪」，と戦うために神戸の貧民窟にはいった．そして貧民窟で賀川は「貧民窟にも自我はあります．同情されるこ

とを好まない自我があります．同情は貧民を侮辱して居るのです」と貧民窟のよさ[30]を見出している．貧民窟のよさとは「相互扶助」のことである．つまり貧民は一方的に支援される人ではなく，支え合う人々なのである．賀川は貧民窟に暮らす貧しき人たちの生活が労働者の生活と近いことを事実として把握し，その貧困の問題を解決するためには防貧的な社会事業が必要であると考えていた．

1927年に賀川は『家庭と消費組合』という論文で「台所の隅っこからはじめなければならぬ消費組合の運動が，今日男子の間に多く思想的に行きわたって，実行的能力をもっている婦人がこれに参加しなかったことは，どう考えても残念なことである．イギリスの如きは，今から四十四年前に，婦人が消費組合活動に参加することをはじめて今日一大勢力となっている．ウーメンズ・ギルドといえば，今日では消費組合運動の急先鋒であり，押しも押されもせぬ社会改造の核質をなしている．日本においても，神戸消費組合などにおいて，婦人が中心になっている須磨支部が開設せられたが，実に有力なものであって，私は婦人が目覚めなければ到底この問題は解決されないと思っている．男子がいくら目覚めても，台所を管理する主婦が消費組合を利用することを面倒臭がっては，到底この堕落した癌腫のようになっている営利本位の社会組織を改造することは出来ない．私があえて家庭と消費組合を結び付けたいと思う理由は，全くここにある．私は，一日も早く日本の主婦たちが目覚めて，男子とともに社会改造の最後の難点である金儲け本位の社会を，失業と恐慌のないような社会に立て直して貰いたいものであると思う」[31]と論じている．この論述について，現時点では，ジェンダーの視点から全面的には賛同し難いが，とはいえ，賀川が防貧を実現するためには，当時消費の主役であった「主婦」がその消費のあり方を変革することが必要不可欠であると主張していることは重要である．そして，それによって営利本位，金儲け本位の社会の変革を目指そうとしていた．金融資本主義のもと格差が拡大しつつある今日，改めて賀川の協同組合論に立ち返る必要があるのではないか．

さらに賀川は，1936年にアメリカで行った講演録のなかで，現代の協同組合運動というテーマで，「現代の協同組合の基本原則の一つはそのサービスをコミュニティ全体へ広げることである．真の協同組合とは，その活動の広がり

において，全コミュニティ的なものである」とし，協同組合とは，共通の要求，職業の類似性，あるいは地理的な近さといった，なんらかの繋がりをもとにして組織される小さな自発グループから始まり，その小グループが地域連合を構成していく[32]，と協同組合の自発性，多様性，連携・ネットワークを強調している．そして，協同組合には，保険協同組合，農業協同組合などの生産者協同組合，販売協同組合，信用協同組合，共済協同組合，自然資源である水力発電や交通機関の利用者による利用協同組合，消費協同組合など多様な協同組合があることを示している．そのうえで，「組織化と運営が最も困難なのは消費組合型の協同組合である．それは，しかし，最も基本的な協同組合である」とし，「今までのところ，ロッチデールの開拓者によって開発された組織方法よりももっと優れた方法は現れていない．しかし剰余の全てを組合員の間に分けてしまう代わりに，剰余のもっと多くが公共の福祉のために使われるようになれば，幾分改善がなされるのではないか」と指摘している．

賀川は，協同組合の利益が，もっとも貧しい組合員たちの生産資金として融資されるか，またはその組合員たちの福祉事業のために使われることが協同組合運動に対する反対や非難を回避する方法であるという．そして自分たちの利益を医療サービスに使う医療協同組合病院を評価している．その上で「労働運動だけでは，求められる経済秩序の再建を完遂することはできない」[33]と再三論じている．この点が賀川への評価が分かれる点でもあるが，賀川は労働運動を否定しているのではなく，それだけでは労働は支配され続けてしまうことから労働によって生産される商品を消費するための目的意識的な堅実な組織，つまり消費生活協同組合が必要不可欠であることを示している．そこで生産者は消費者であり，消費者は生産者となる社会単位の組織化が最良の社会をつくるとし，世界の経済体制を「協同組合化」する努力を始めよう[34]と呼びかけている．

### (3) 生協運動と福祉サービスの共同生産

協同組合は，国際的な組織であり，その基盤をつくったのはイギリスのロッチデールの労働者たち（1844年）であった．そして協同組合運動の思想を支えたロバート・オウエンとウィリアム・キングは，「最終的には自立的コミュニ

ティを考えていた．そのコミュニティで労働者は自分たち自身のニーズを満たすために生産するだけでなく，失業した労働者に仕事を与えるために土地を購入したり，疾病手当てなどを供与したりして，ニーズを満たすのである」35)という．

　そして，ロッチデールの①民主的管理，②開かれた組合員制，③出資に対する固定され，制限された利子，④利用高に応じた剰余の割戻し制，⑤現金取引，⑥純良で混ぜものをしていない商品のみを供給すること，⑦教育の促進，⑧政治的・宗教的中立という8原則は，消費者主権と商業的な成功の双方を保証するものであると評価されている．この原則によって「消費者モデル」の協同組合運動は，アメリカ，スイス，イタリア，ドイツ，フランス，デンマークなど多くの国にひろがっていった．しかし，このモデルがすべての地域でうまくいったわけではない．「人間の基本的なニーズを満たすための協同は，一つの形態に限定されるにはあまりにも根源的なのである．それ故（中略）協同はいくつかの異なった方法で展開されるのである」36)と言われているように，農業協同組合，労働者協同組合，住宅協同組合，信用協同組合，保健協同組合，医療生協，森林組合，漁業協同組合，電力供給協同組合，ソーシャル・ケア協同組合など多様な協同組合が各国，各地に誕生していった．

　多様な協同組合のなかで，福祉サービスの協同組合に注目しているのは，スウェーデンのヴィクター・ペストフである．ペストフは「協同組合というのは複合的組織であり，複数の目的をもっています．協同組合が生存していくためにはもちろんお金が必要ですが，しかし事業目的のためだけに活動すると生き残っていくことができません」37)と主張している．これはオウエンとキングが主張していた目的の重要性とつながる指摘である．目的を見失い，事業目的だけに集中し，効率性を重視した組織となり，社会的な目標を見失ったことが，組合員や組合員の参画を失う結果になり，生協の衰退を招いたともいわれている．

　1980年の「レイドロー報告」では，現代の協同組合が直面している危機を「第3の危機」と総括し，「それは思想的な危機と呼びうるものである．協同組合の真の目的は何なのか，他のものとは違う企業として独自の役割を果たしているのか」と問いかけている．このレイドロー報告を評価し，中川雄一郎は「と

りわけ事業的な成長と合併による大規模化は協同組合の特質である非営利性と民主的性格を希釈化させる傾向がある」ことから，協同組合の「政策決定は，民主的な管理・運営が維持されるよう分権化されなければならないし，そのためにもまた教育とコミュニケーションに関心が払われなければならないだろう」と主張している．さらにレイドローが 1980 年に提出した『西暦 2000 年における協同組合』の要求は，協同組合人の「主体的選択に基づく行為性向」であり，協同組合アイデンティティであるとして，協同組合は「コミュニケーション・コミュニティとしての協同組合」として世界にその実体を示すことを提起している[38]．

さらにその「コミュニケーション・コミュニティとしての協同組合」とは「『自治・権利・責任・参加』をコアとするシティズンシップが，（中略）民主主義を協同組合の事業と運動に反映させていく」[39]と主張している．中川が重視するシティズンシップが協同組合の運動を実質化させていくともいえよう．その方法の一つとして，ペストフが提起する参加の新しい形である福祉サービスの共同生産が位置づけられるのではないか．

## 4. 福祉サービスと地域福祉型生協

### (1) 利用者主体の福祉サービス

ペストフは，欧州国家，日本も人口の高齢化，民主主義の質の低下，そして政府の恒久的な緊縮財政という三つの難題に直面し，それらの問題に対して，より多くの新自由主義，新公共マネジメントが必要だという考えがあることを紹介している．そのうえで，欧州各国では社会サービスの提供や運営に市民やサードセクターを関与させる新しい手法が模索されており，この新しい手法が共同生産であり，福祉国家を一層民主化することによって福祉国家が内側から刷新されると論じている．なかでも協同組合は持続的な福祉サービスの提供に関し，比較優位性を備えている[40]と評価している．

協同組合が，福祉サービスの提供に関して，優位性を備えているのはなぜだろうか．そもそも福祉サービスとは「社会福祉政策およびソーシャルアドミニストレーションは，より広範囲な社会的文脈から孤立することはできない」[41]

ものであり，福祉サービスは，そのサービス自体そのままで独自性をもつのではなく，そのサービスが誰に提供されたのか，さらに提供されたことによって利用者がどう利益を得たのか，ということがサービスの性格を規定する．つまり，福祉サービスには，利用者の「解決されるべき」ニーズがあることが前提であり，利用者によってそのサービスが福祉サービスであることが規定されるのである．具体的には，食事が弁当の宅配サービスとして提供される場合があるが，その弁当は，利用者にとって，いつでも利用できる食事のなかで，たまたま弁当にしたのか，もしくは食事を自分で作る，もしくは食べることが困難であるという「解決すべき」ニーズがある利用者に福祉サービスとして提供されたものなのか，によってその弁当の意味は大きく異なる．さらに弁当そのものだけでなく，「届ける」こと自体がその利用者の孤立を予防するという側面ももっている．

　また，個人の生活は私的なものとされているが，その生活が社会化するなかで，市場のサービス，もしくは制度的な福祉サービスの領域が拡大している．その際，生活者である個人の権利が尊重されるためには制度的な福祉サービスが不可欠なものとなる．しかし，家事，子育て，介護などの福祉サービスをすべて専門職によって提供することは不可能であるとともに望ましいものでもない．専門職による24時間365日の福祉サービスを提供するのが入所型の社会福祉施設であり，施設では専門性と安全性が担保されている．しかし，イギリスでは，1950年代から精神障がいのある人びとの長期入院の弊害や児童養護施設の「施設病」など家族や地域の人間関係を切り離す施設の課題が指摘されるようになり，コミュニティケアが推進され，1968年に「シーボーム報告」により地域社会のなかで他の人々と共に自立して生活するために対人援助サービスが体系化された．

　コミュニティケアは「我々の生活の一部であり，家族や地域住民と公的あるいはそれ以外のサービスによって提供されるケアとサポートのネットワーク」[42]であり，そのサービスは継続的に提供される．さらに言うならば，福祉サービスは，日常生活に内在化し，サービスを利用するというプロセスのなかに生活がある．つまり福祉サービスは，利用者の生活の質，ひいては人生の質に大きく関わるという特徴をもっている．したがってサービスの質の評価は，

誰でもなく，利用者によって行われる必要がある．そのうえ，そのサービスは利用者と提供者との関係性のなかに存在するものである．

ペストフは，福祉サービスにおける協同組合は，「利用者もしくは受益者によって構成されているので，市の役人や専門家がサービスを供給する場合に比べて，利用者・消費者はより強い権利が与えられており，サービス供給に組み込まれている」[43]という．この点については川口清史も「非営利・協同組織は当事者とステークホルダーの自己決定を公共サービス供給の中に取り込んでいくシステムとしてとらえることができる」[44]と論じている．

したがって，福祉サービスの提供主体が協同組合であることの優位性として最も重要なのは，そのサービス提供主体にサービス利用者が存在しているという点にある．つまり福祉サービスはその利用者によって，もしくは利用者の意見によって運営されていることがそのサービスの質に決定的に重要なのである．

ペストフや川口が指摘しているとおり私たちの生活を支える福祉サービスを利用者，市民が創造し，そのシステムを地域に構築していくということは，私たちのコミュニティを相互支援と市民が創造する公共サービスによって安心して生活できる共有の場＝コミュニティに変革していくということである．

### (2) 福祉サービスとコミュニティ

福祉サービスは，その運営にサービス利用者が参加していることが最も重要なことである．それと同時に重要なポイントは必要で質の高い福祉サービスがコミュニティに存在しているということである．ペストフは，保育や教育は社会サービスのなかでも非常に長期間に渡るサービスであること，さらにそれらのサービスは不満があるからといって提供者を変えるというより，声をあげていく，ということが求められる点を強調している．この指摘は，保育や教育，福祉などの対人援助サービスは，自分の利用できる範囲に多数あって，そこから選択することが不可能であること等による．例えば子どもがその校区にある小学校に通っていて，そこで問題が発生したとしても学校はそこしかない以上，問題解決が不可能な場合は，転居によって転校するという選択をせざるを得ない．同様にデイサービスやホームヘルプサービスも地域によっては複数ある場合もあるとはいえ，多くの地域では限られた中での選択となり，さらにはそこ

で形成された人間関係や多様な専門職・機関とのネットワークなども含めると他のサービスを選択することは困難である．また地域のなかで権利侵害など深刻な問題があったとしても認知症などによって自分で声をあげられないという場合もあり，利用しているサービスの質を高めていくシステムが不可欠である．

　つまり，コミュニティケアは，それぞれが生活している地域が基盤となっており，日常生活圏域に自分にとって必要な福祉サービス，助け合いの関係がなければ機能しない．先進的な事例として圏外にあるサービスや地域包括ケアの仕組みを紹介されても，それを利用できなければ絵に描いた餅に過ぎない．生活を支える福祉サービスのなかでも保育や介護など個人の生活に直接的，継続的に関わり，プライバシーなど尊厳に関わるサービスは，先述のとおりそのサービスの質が一人ひとりの生活の質，ひいては人生の質に直接関わる重要なものである．生活とは，①生命，②日常生活，③人生の三つの意味をもつ．生協のサービスは，従来食材など消費財によって組合員の生活を支えてきたが，私たちの不安定な生活は，食材とともに子育てや介護などの福祉サービスを必要不可欠としている．

　さらに私たちは長期にわたる生活のなかで，子育てや介護だけでなく，失業，疾病など多様な生活困難や生活問題を抱える可能性がある．その困難やそれに伴うニーズには個別性と多様性があり，それに対応するサービスは，個別的で多様なものでなければ有効に機能しないことは明らかである．したがって公的責任のもと政府によって一定の基準に添って画一的に提供してきたサービス供給主体が多元化してきたことには必然性がある．コミュニティのなかで，住民・利用者を含む協同組合，NPOなどと行政が対等な関係で議論し，試行錯誤のなかで生活を支える福祉サービスを生み出し，それを運営し，その際の財源や専門性についても議論を積み重ね，納得できる水準の質と量のサービスをつくり続けることによって，それらのサービスは利用者・住民の共有財産となる．

　協同組合は，賀川が「協同組合はそのサービスをコミュニティ全体に広げること」であると論じていたとおり「コミュニティへの関与」が協同組合の第7原則になっている．組合員が生活するコミュニティを持続可能なものとするために，そして今の私達の生活を安定させるためにも協同組合は生活しやすいコ

ミュニティを創りつづけていくことが求められている．現在推進されている地域福祉も「地域共生社会」の実現をめざすものとして、「我が事，丸ごと」を推進している．「我が事，丸ごと」とは，子どもも高齢者も障がいのある人など多様な人々，つまり全世代・全対象を地域社会の「自助・互助・共助・公助」の関係のなかで包摂し，誰もが抱えている生活問題を解決できるコミュニティを創造することが目指されている．

　しかし，これまで論じてきたとおり，国が推進している「地域共生社会」をそのまま追認することには問題がある．「我が事・丸ごと」は，先述の「地域包括ケアシステム」を高齢者介護に限定するのではなく，全ての世代，対象としていることは評価すべきであるが，自助と互助に過大な役割を期待しすぎている．本論で提起している「地域福祉型生協」は，「自助」ではなく，「自治を目指した自立」であることを強調したい．先述のとおり生活問題は自己責任論を基盤とした「自助」によって解決するものではなく，地域の人々の自立・自治，互助，共助，公助によって，中でも公共的なサービスを新しい助け合いの関係性のなかで創り出し，より強固なものに創り変えていくというプロセスが重要である．そのプロセスのなかで，一人ひとりの人権と安心した生活を保障できる地域へと変革する主体の一つが地域福祉型生協である．

### (3)　地域福祉と地域福祉型生協

　私たちが生活を継続するためには福祉サービスは不可欠なものである．誰もが抱えるリスクを主体的に，さらには協同によって解決するためには共有の福祉サービスが求められている．私たちが抱えるリスク・生活問題は，敗戦後，憲法25条に基づく公的責任による社会保障制度，福祉サービスの整備によって解決することが目指されてきた．その間，先述のとおり朝日訴訟などの社会保障運動が展開されるなかで，公的責任が担保されるようになったという歴史がある．しかし公的責任は社会運動によって実体化した側面があるとともに，公的な制度化は資本主義経済の発展によって促されてきた側面が強い．1951年に国民皆年金皆保険体制が確立し，その後1963年に福祉6法体制が整備されたのは高度経済成長期であった．したがって，1973年のオイルショックを契機に福祉見直しが進められ，1980年代は，「第二次臨時行政調査会」(1981年)

の設置に伴い,「福祉高額補助金削減」(1985年),「福祉サービスの機関委任事務から団体(委任)事務へ」(1986年),「社会福祉士法及び介護福祉士法の成立」(1987年)などによって福祉改革が推進された．これらの「80年代福祉改革」は,主に行財政改革として公的な福祉サービスから民間委託によるサービスへという形で推移し,福祉サービスは公設公営による運営から公設民営へと転換していった．その大きな転換の背景には,新自由主義による「福祉国家の限界」や高齢化の急速な進展による「高齢化社会危機論」があった．

「80年代福祉改革」が推進されるなかで，1980年代には,灘神戸生協(現コープこうべ)の「コープくらしの助け合いの会」が誕生し,生協では,組合員の相互扶助活動が全国的に広がってきた．なお農協でも女性部活動などを基盤に助け合い活動,ホームヘルパー養成事業などにも取り組み,高齢化が進む農山村地域の介護ニーズへの対応が組合員活動として展開された．そして1992年にはは農協法の改正により，JAが高齢者福祉事業を実施できるようになり，その動きはより活発化していった．さらに生協やJAの福祉事業への展開の動きを加速させたのは1997年に成立した介護保険法であった．介護保険制度が実施された2000年は,「企業福祉元年」と称され,企業福祉が急速にシルバー産業として展開していくことになった．しかし人びとの生命と暮らしを支える福祉・介護の分野に市場原理が導入されること,さらに公的責任の縮小に対して大きな危機感ももたれていた．

また，従来，社会福祉は施設福祉が中心であった．しかし高齢化が進展する1970年代から少しずつ在宅福祉へと転換し，1990年の老人福祉法等福祉関係8法改正によって在宅福祉が制度化された．そして先述のとおり2000年に社会福祉は地域福祉として制度化され,社会保障・社会福祉政策は,地域福祉を中心に急速に展開しつつある．そして2012年に成立した社会保障制度改革推進法のもとで展開されている地域包括ケアシステムは,「地域における住民主体の課題解決力強化・包括的な相談支援体制」(2017.12.26)として，自助・互助をその中核においている．

今日，求められている互助という「地域での支え合い」と，かつて救貧法の時代に行われ，その後否定された慈善事業としての「友愛訪問」とは異なるものなのだろうか．1979年に提起された「日本型福祉社会」では，家族や地域

社会が日本独自の「含み資産」として位置づけられ，「福祉見直し」が推進された．その結果，「寝たきり老人」が急増し，社会的入院や介護殺人などが社会問題となった．さらに福祉国家改革のもと民営化が推進され，その後1990年代にボランティアや住民参加型福祉サービスが期待された「参加型福祉社会」に対しては，安上がり福祉，住民の動員だという批判が展開されてきた．

　地域とは何か．その実態が，いかに希薄で，空虚なものになっているのか，という現実を踏まえないまま，地域包括ケアシステムを議論し，推進していくことの無責任さにどれほどの人が気づいているだろうか．そもそも「互助」が，どのくらい地域に存在しているのだろうか．さらに「互助」は，生活問題の解決にどの程度機能するのだろうか．生協の組合員による「互助」は，こんにち推進されている「互助」の担い手にとどまるのではなく，賀川豊彦の協同組合論，地域福祉・コミュニティワークの原点に立ち返り，その運動性を強調した「地域福祉型生協」として発展できるのだろうか．

　少子高齢社会，無縁社会となった今，そのニーズは子育て，介護，家事など生活支援を含むケアであり，組合員と住民の生活基盤であるコミュニティを誰もが安心して暮らすことができるコミュニティに変革することが，組合員，地域住民の安心できる生活を実現することにつながるのではないか．しかし，それを実現することは可能なのだろうか．次に「地域福祉型生協」の実践を紹介したい．

## 5. 地域福祉型生協の実際

### (1) コープあいちの「地域ふくし」

　地域福祉型生協の実践として，前著では，コープあいちの取り組みを紹介してきた．コープあいちは，組合員数48万270人，出資金92億454万円，総事業高586億2,652万円（2018年3月20日現在：第9回通常総代会議案書）の事業体であるとともに，組合員活動として，平和や環境などくらしのテーマグループ活動，お店委員会，子育てひろば，ふれあいひろば，コープひろばなどを行っている地域に開かれた組合員組織であり，愛知県全域で活動・事業を展開している．

コープあいちは，1990年代の初めにくらし助け合いの会を組織化し，組合員の地域での助け合い活動を展開してきた．そのなかから介護保険事業など多様な福祉事業・活動を展開し，現在コープあいちは，「私たちの地域ふくし」をひろげることを第二次福祉政策として推進している．具体的には①地域を基盤とした事業・運動の推進，②福祉事業を強化・発展させる，③くらしの困りごとを協同の力で解決するしくみづくり，④制度改善の運動を強化するという方針を掲げている．コープあいちの「地域ふくし」の実践は，組合員を中心にして，地域の人々や多様な専門機関や事業所と連携しながら子育て，障がい者支援，介護支援，生活支援，介護予防，くらしの相談，夕食宅配，移動店舗，福祉カフェなど多様な事業・活動として展開されている．

　コープあいちのエリアのなかで，もっとも人口減少が深刻化しつつある奥三河（新城市・東栄町・設楽町・豊根村）ではコープあいちとJA愛知東との協同組合間協同の事業・活動が積極的に行われている[45]．2011年にJA愛知東では農業従事者の高齢化，後継者問題・高齢者の生活支援等の課題が深刻化するなかで，生活支援アンケートを実施した．その結果をもとに2012年から愛知県の「地域支え合いモデル事業」のモデル地区として，1市2町1村の行政，社協，農協，生協，社会福祉法人，NPO等で生活課題の解決に取り組むことが合意された．

　その取り組みのなかで，2015年には生協とJAで健康サロン『まずは寄らまいかん』が開設され，地域住民の健康体操や昼食会など多様な活動が行われるようになった．また買い物難民問題等の解決の場として2017年には新城市の八名地区（人口約5千人）で『やなマルシェ（何でも朝市）』が開設された．地域の農産物や生協商品の販売，地域の人々の手芸品や古いレコード・本の販売とともに増加する一人暮らしの高齢者や子育て世帯等の多世代交流の場として事業・活動が広がりつつある．

　また新城市での生協とJAを中心とした活動の背景には2013年の新城市自治基本条例の制定がある．この条例の策定にあたっては2010年に公募市民による「新城市自治基本条例を考える市民会議」が開催され，そこで策定された「市民のことばによる新城市自治基本条例（たたき台）」を受けて，2011年に「新城市自治基本条例検討会議」が市民委員42名によって開催された．この市

民委員のうち8名が生協組合員であった．

　この条例に基づいて市内10自治区に地域協議会が設けられ，地域自治区予算で事業計画を策定・実施し，市民活動のための地域活動交付金も活用できるようになった．八名地区でも住民のワークショップで地域課題を明確化し，その課題に優先順位をつけながら地域課題の解決に取り組んでいる．『やなマルシェ』はその具体化の一つでもある．八名地域協議会にもコープあいちの組合員3名が参加し，そのなかの一人が地域協議会委員長を務めている．委員長は「長年，コープあいちの組合員活動をやってきたから，みんなの意見を引き出しながら議論をするのは得意」だと笑顔で語り，協同組合での話し合いが地域の多様な人々との議論につながり，その議論のなかから多様な事業・活動が生まれていることを評価していた．『やなマルシェ』の取り組みは，コープあいちやJA愛知東の組合員活動が，生協を地域福祉型生協へと発展させていく原動力になっていることを示している．

### (2)　南医療生協の組合員と住民による生協運動の展開
①組合員参加・自治による地域包括ケアの取り組み

　社会保障制度改革が推進され，地域包括ケアシステムの構築は当面する最重要課題となり，各地で実践が進んでいる．2014年に全国で展開している地域包括ケアの400の事例のなかから南医療生協の地域包括ケアシステムは50の先進事例の一つとして紹介された．しかし，南医療生協の取り組みは，それらのなかでも特筆に価する実践である．

　南医療生協は，1959年の伊勢湾台風の救援活動から，308人の地域住民が出資金を出し合い，1961年に「医療を民衆の手に」という志のもと創設した医療生協である．その南医療生協とは何か，を明確に示すことはとても困難である．JR南大高駅を降りると2010年に新築移転したベッド数313床，常勤職員371人，救急病棟，緩和ケア病棟，人工透析施設，総合的な健診・ドックセンターなどを有し，敷地5,400坪（1万7,878m$^2$）の南生協病院とサービス付き高齢者向け住宅おたがいさまの家や，さっちゃんとみんなの自習室やレストランなどがある「よってって横丁」が，近くにあるイーオンのショッピングセンターよりも目に付く．南生協病院は南医療生協の核となる拠点であるが，南医

療生協の本質はそれを生み出し，維持し，発展させ続けている南医療生協の組合員力にある．2019年に南医療生協の組合員は8万9千人を超え，組合員の活動は愛知県南部を中心に各地域の班組織を基盤としながら多様に展開している．

　南医療生協の成瀬幸雄専務理事は「上からの公共ではなく，下からの公共を創っていくことが求められている．南医療生協の実践は，下からの公共をつくることによって今までの公共そのものを変革していくことだと思っている」と力説する．成瀬の言う下からの公共とは「隣近所の人びとが助け合うこと」だという．さらに「平和運動でデモ行進をするのも一つの方法かもしれないが，足元の暮らしが成り立っていく地域をつくることが平和な社会をつくることになるのではないか」[46]と話す．成瀬の考えは，先述の賀川の言葉に通じるものがある．協同組合は急速に大きな社会変革は起こせないが，小さくても確実に一人ひとりの生活を良くすること，そしてそのために身近な人びとと助け合うことができる地域づくりに挑戦している．

　一人ひとりを大切にすることを南医療生協の基本理念として示したのが，2006年5月28日の通常総代会で決まった「みんなちがってみんないい　ひとりひとりいのち輝くまちづくり」である．これは2003年5月に「南医療生協・第6次長期計画」のメインスローガンとして採用されたのが始まりであった．この基本理念は一人ひとりの人権を尊重するために医療・介護・福祉・保健・予防などのくらしに関わる事業を進めていくことを明確にし，さらに「組織」よりも「ひとり」が大切にされる生活協同組合づくりと，いのちや環境を破壊する，戦争を含むあらゆる非人間的な行為に協力しないことを表現している[47]という．

　一人ひとりを大切にする生協の実践とはどのようなものだろうか．南医療生協には現在1,163の班があり，2017年には9,294回の班会が開催された．組合員が3人以上集まった班が組合員活動の基礎単位であり，その班を中心にくらしとまちづくりを考える単位が支部であり，さらに2001年には南医療生協の組合員の活動地域を8つのブロック制を敷いて組織化している．

　なお南医療生協の神田茂医師によると2017年の班会のなかで，運動・食事関連の班会は36％あり，その班会に参加しているのは組合員78％，非組合員である地域住民が22％であったという．この事実は南医療生協の基礎単位で

ある班会は地域に開かれたものとして活動が行われていることを示している．このような実態を踏まえ神田医師は「南医療生協の多くの班を核に介護予防，おたがいさま・支えあいで生活支援活動が行われ，まちづくりにひろがりつつある」[48]と評価している．

## ②まちづくりとしての南医療生協運動

　南医療生協は，組合員の組織である．8万9千人の組合員が，各組合員の生活の場で，各ブロックごとに多様なまちづくりの活動・事業を展開し，それらすべてが南医療生協である．なかでも生協病院発祥の地星崎地区の組合員活動はとても活発である．星崎地区の活動の原点にはセツルメント活動があり，若いセツラーと地域の青年たちが運営協議会をつくり，星崎診療所を創設した．その後，地域で健診や学習会の班会，健康づくり活動，さらに地域の高齢者問題が顕在化するなかで，2000年から「ひとりぼっちの高齢者をなくそう」と「食事会」や「お茶会」が開催されるようになった．

　また2003年7月にはグループホーム開設をめざす準備会が発足した．会には認知症の親の介護で辛い思いを経験した組合員なども関わりながら，自分達の地域で認知症介護の問題を解決したいと考え，組合員による空き家探しが始まり，地域を自転車（ちゃりんこ隊）で廻り，探し出した古い家を組合員から出資金を集め，その1,200万円で改修を行い2004年にグループホーム「なも」を開設した．2006年3月には小規模多機能ホーム開設委員会を発足し，2007年1月に空き家を改修して小規模多機能ホーム「もうやいこ」を開設した．「なも」，「もうやいこ」いずれも組合員が空き家を探し，改修費はすべて出資金で集め，利用者だけでなく，働く職員も組合員が集めてきた．このように南医療生協の介護事業所は組合員立，組合員の参加による運営であるところに大きな特徴がある．介護サービスを要求するだけでなく，それを自分たちの力で資金も専門職も運営への参加も含めて協同で創造していくのである．

　南医療生協は組合員が主役であることに特徴があるが，具体的には，毎年，国や自治体への社会保障の充実を求める行動や自分達が求める制度を自治体交渉の中で自治体職員と一緒になって考え行動し，必要な取り組みを行う一方で，くらしの中の困りごとや相談などをみんなで解決する「くらしの協同」，たす

けあい・ささえあいをするおたがいさま運動を継続的に行っている．南医療生協の運動は，星崎地区の先駆的な取り組みをモデルに「ゆうゆう村」「のんびり村」「よってって横丁」という「たすけあいのまちづくり」として展開している点に特徴がある．

「ゆうゆう村」にはグループホーム，小規模多機能ホーム，ショートステイ，多世代共生住宅，デイサービス，ヘルパーステーション，訪問看護ステーションなどがあり，「のんびり村」には，グループホーム，小規模多機能ホーム，多世代共生住宅，喫茶店などがあり，「よってって横丁」には，在宅診療所，メンタルクリニック，デイケア，サービス付き高齢者住宅，グループホーム，レストランなどがある．「ゆうゆう村」「のんびり村」「よってって横丁」は，それぞれの医療，介護，住居，居場所など多様な事業所や住居，拠点があり，それぞれの「村」は，組合員や職員，サービス利用者，住民など多様な人びとが集まってくらしている「いのち輝くまち」なのである．星崎診療所や南生協病院など医療機関を中心にひろがっていった組合員活動は，地域住民も巻き込みながらおたがいさまのまちづくり運動として発展しつつある．

組合員は「班会で人が集まるとくらしの情報も集まるし，なにより楽しい」，また「地域で人が亡くなることを見せてもらった」という．これは星崎のグループホームなもに最初に入居した組合員が亡くなった時，職員や入居者とともに組合員も駆け付け，組合員の最期を看取ることができたという経験からの言葉である．この事実は地域の組合員にとって大きな安心と自信になったと思われる．さらにこの地域では，2016年には組合員が空き家を探し，改修して「イエローハウス・サロン・だんらん」という地域のたまり場を創設した．この取り組みの背景には，家族や介護保険だけでは対応できない課題に「おたがいさまボランティア」を組織したり，組合員の困った課題を把握するための「ささえあいシート」の中に地域のスーパーが閉店して困ったという多くの声が届き，それを解決したいと移動販売車を始めたりという地道な支え合い活動があった．このイエローハウスは，毎日開かれ，誰でもいつでも集え，何でも相談できる地域の組合員や住民の「もう一つの家」になっている．

南医療生協の組合員を中心とした多様なたすけあいの取り組みは，そのプロセスにおいて多様な人びとの参加による話し合いの場が多いことが最も重要な

特徴である．南生協病院の新築移転運動では，組合員，職員，地域の人々を巻き込んだ「千人会議」，南生協よってって横丁建設にあたっての約1,000回，1万人の会議がある．その原点は2003年度の総代会で介護・福祉事業計画が策定され，その議論の場として設けられた「老健・特養づくり推進百人会議」であり，このメンバーが中心になって，ゆうゆう村づくりが議論と資金集め（増資）によって推進され，のんびり村づくりへと広がっていった．この百人会議の成功が「それまでの職員主導から組合員・市民に軸足を置いた協同組合運動に大きく変貌し，その後の会議（「千人会議」「6万人会議」「10万人会議」など）に受け継がれていった」と評価されている．

また，人口減少が続き，労働力不足，なかでも医療・介護・福祉現場の人手不足は深刻になりつつある．そのような課題にも「みんなで1000人職員紹介運動（みな1000）」委員会を立ち上げている．先述のグループホームなもなどで取り組まれた組合員による職員探しはその定着率も高いことが評価され，南医療生協全体で「みな1000運動」として展開されている．

### (3) 愛知高齢者生協・ケアセンターほみ[49]

格差・貧困が拡大し，雇用が不安定化しつつあるなかで，私たちの生活基盤は，大きく揺らぎ，不安定になっている．その背景には，人口減少と脱工業化の課題がある．神野直彦は，「『人口』という言葉は，生身の人間との関係が断たれている．『人口』は人間を没個性的存在として取り扱うことで，人間を管理・運営することが可能な対象としてしまう」と警告している．人間を「人口」とした事例として，太平洋戦争の「産めよ殖やせよ国のため」という政策，さらに現在は「少子長寿化社会」の恐怖を煽られ経済成長が維持できないどころか「消滅する市町村」という悲劇が唱えられているという．しかし，「工業化の時代」が終焉すると「逆都市化」が生じることから「田園回帰」など，自然環境と人的環境の豊かな地域が，人間が生活したい地域となり，「そうした地域に生産機能も集まる」として，工業化の時代は既に終わり，「ルールが変わった」[50]ことを指摘している．

神野が言うように「ルールが変わった」とすると，新しいルールとは，どのようなものだろうか．工業化の時代は終わったにもかかわらず，まるで「延命

措置」のように「外国人労働力」に依存して国内外の工場で過酷な労働が続いている現実がある．その工業製品は，本当に私たちの生活を豊かにしているのだろうか．私たちの生活に今，必要なものは，第一次産業による食べ物や環境保全，教育・医療・福祉・住宅などの社会サービスではないだろうか．さらに工業分野の労働条件の低下・劣悪さは，非正規雇用など雇用破壊の問題に当面している．脱工業化と雇用の問題を，従来とは異なった方法，ルールで解決しようとしている組織の一つとして労働者協同組合（ワーカーズコープ）がある．

労働者協同組合とは，働く人びと・市民がみんなで出資し，民主的に経営し，一人一票の決定権をもち，責任を分かち合いながら地域の必要に応える仕事を自らの手で創り出す，仕事おこしとまちづくりの協同組合[51]である．つまり企業や自治体など誰かに雇われて働くという働き方とは全く異なる働き方である．自分たちでその地域に必要なモノやサービスを生み出し，それを地域で必要とする人びとに提供し，その利益を分かち合いながら生活するという働き方である．

日本労働者協同組合の活動の中から 2001 年 11 月に誕生した高齢者生活協同組合は，労働者協同組合の組合員の高齢化と退職が課題となり，「寝たきりにならない，しない」「元気な高齢者がもっと元気に」をスローガンに，自分たち自身の手で，豊かな高齢期を創り出そうという相互扶助組織として全国に設立されていった．その一つに「愛知高齢者生協」[52]がある．そして「愛知高齢者生協」の事業所の一つに「ケアセンターほみ」（旧保見ヶ丘ケアセンター）がある．トヨタ自動車の本社がある愛知県豊田市に保見団地という大規模団地があるが，そこには，2008 年約 4,300 人の日系ブラジル人が暮らしていた．同年に起きた世界金融恐慌の影響でその約 7 割から 8 割が派遣切りに遭った．

その後 2010 年から「愛知高齢者生協」が日本労協連センター事業団などと共に「緊急人材育成支援事業（基金訓練）」を活用し，介護教室を開始した．その教室は，日本人よりも日系ブラジル人，日系ペルー人，エクアドル人，フィリピン人，中国人など移民の受講生が多かった．そして，ホームヘルパー 2級（現：介護職員初任者研修）を取得した受講生数人は，介護施設等に就職していった．その後も介護講座を積み重ね，修了生を含めて 2011 年には「保見ヶ丘ケアセンター」（2014 年「ケアセンターほみ」に改称）が設立された．

「ケアセンターほみ」は，「外国人住民が約4割を占める保見ヶ丘団地では，制度に関する手続きなど言葉がわからないために制度から置き去りにされている人たちがいます．少子高齢化とグローバル化の中，次代の福祉の担い手を育てることが急務であり，多文化を理解しつつ制度の橋渡しになれる人たちが，より一層求められています．保見ヶ丘ケアセンターでは，身近なつながりから信頼関係を築いてネットワークをつくり，皆が集まる拠点にしていきたいと考えています」として，悪化する雇用情勢の改善と地域のニーズに応えられる事業所を開設していった．2015年には「ケアセンターほみは，月900時間のホームヘルプを実施している．このうち，外国人の利用者が半分以上，高齢者2割，障がい者8割で，障がい者のうち半分が児童という状況になっているため，放課後等児童デイサービスの準備をすすめてきた」[53]．そして2015年7月に保見ヶ丘の中心部に障がいのある児童を対象とした「児童デイほほえみ」を開設した．

　「愛知高齢者生協」では，雇用環境がもっとも厳しかった豊田市の保見ヶ丘で，その地域のニーズであった雇用を創出していった．当初は，職業訓練として介護教室を開催し，資格取得者の就労支援を行いながら，自分たちで職場を生み出していった．地域で，地域に求められる仕事をつくることで，地域の移民の生活を安定させ，地域に多文化共生の拠点をつくっていった．移民問題は，統合的な「移民政策」がない日本においては最も困難な問題の一つである．その深刻な課題に取り組み続け，多文化共生コミュニティを実体化しつつあることは，人口減少が深刻化し，「外国人労働者」の受入れが積極的に行われつつある今日において大きな意味がある．

### (4) NPOあんしん

　特定非営利法人JAあづみくらしの助け合いネットワークあんしん（以下NPOあんしん）という長い名称のNPOが，長野県安曇野市を拠点にたすけあい活動・事業を展開している．NPOあんしんは2013年に創設された．NPOあんしんは，有償在宅サービス，介護予防・日常生活支援総合事業，あんしん広場，御用聞き車"あんしん"号という生活支援サービスや介護予防活動を中心に福祉事業・活動を展開している．さらにそれらの事業・活動の基盤ともな

っている活動として①ふれあい市安曇野五づくり畑，②菜の花プロジェクト安曇野，③学校給食に食材を提供する会，④ぬかくど隊，⑤朗読ボランティア，⑥心身機能活性療法指導士の会，⑦童謡と唱歌の会などがある．

　NPOあんしんは，住みなれた土地，住みなれた家で安心して生き活きと暮らし続けることのできる里づくりを目標に，住民の助け合い活動として展開し，任意団体であった当初から現在まで19年が経過している．介護保険制度が実施される前の1998年に介護保険ではカバーできない生活援助を中心とした「有償在宅サービス」（利用会員，協力会員による身体介護・家事援助サービス）のしくみをつくり助け合い活動を開始した．2001年には，地域で生き活きと健康で明るく暮らし続けるためのミニデイサービスあんしん広場を創設した．その第1号は宗徳寺だったが，次々とあんしんの会員たちがあんしん広場をつくり，運営を担い，現在は27会場に広がっている．そこでは会員はお世話係やあんしん広場のコーディネーターとして活躍している．

　2016年4月には，「地域支えあいセンターあんしん」という拠点を安曇野市の支援も受けながら開設している．その拠点を基盤として，2017年からは安曇野市の地域支援総合事業の「訪問サービスA」（食事，掃除，買い物・ゴミ出しなどの生活支援）「通所サービスA」（高齢者の閉じこもり予防，自立支援事業）を実施している．このように地域支援総合事業を担えるようになったのは2009年に"あんしん"ビジョンを策定したことにある．この"あんしん"ビジョン策定の前提には，任意団体であったJAあづみくらしの助け合いネットワーク"あんしん"が行ってきた有償在宅サービスやあんしん広場等を継続して担い続けることかできるのか，という課題があった．さらに高齢化が進む中で，買い物難民問題，認知症の方々の権利擁護や介護予防の問題に取り組むことも課題となっていた．当時，活動拠点や人材確保などの深刻な問題も挙げられ，「100歳まで農作業で達者が一番」という目標は明確に示すことができたが，それらの課題は残されたままであった．

　その後"あんしん"ビジョンのなかでも関心が高かった買い物難民問題の解決策として2010年に「移動購買車事業」がスタートし，各地のあんしん広場を会場に買い物ができるようになってきた．しかし，この事業を運営するなかで，任意団体のままの運営にはリスクがあることがより顕在化することにもな

り，2013年NPOあんしんを創設することになった．NPOあんしんとして活動をスタートすると「通所型介護予防事業」の実施，さらには安曇野市の予算等で「地域ささえあいセンターあんしん」という活動拠点を確保することが可能となり，先述の地域支援総合事業も実施するなど活動・事業が大きく発展している．

　池田陽子理事長は2013年8月4日のNPO法人設立記念の挨拶で，NPOあんしんが，1998年にJAあづみくらしの助け合いネットワーク"あんしん"として，「みんなで力を合わせて創ろうぬくもりのある里を」というテーマで活動を継続し，たくさんの自主的な活動を生み出してきたことを踏まえ，これらの活動は「特定の支援や補助に頼ることなく，そこに参加する人たちの意志と責任によって続けてきた」こと，「安心して暮らせる里づくりの運動をさらに明確なものにするため，特定非営利法人として再構築した」と挨拶していた．また，当日記念講演をした聖路加病院日野原重明名誉院長は「自分の足元の地を耕すことによって，その土から平和の心が芽生える．安曇野の地でも平和の種を撒き，いのちを大切にするこころを育てよう」と呼びかけ，NPOあんしんの活動が「自分を耕す」ことであり，自分の時間を誰かのために使っていることだと評価し，最後に「皆さんが武器を捨てて，それをこわして，武器から鍬や鋤を作って，それで地を耕すということが平和のエッセンスだ」と訴えていた．

　NPOあんしんは，JAの組合員活動を基盤としながらも地域の高齢化に伴う介護問題や健康づくり，買い物，環境問題など多様な地域問題をJAの内部にとどまらず，地域の多様な人々とともに安心して暮らせる里づくり運動として展開し，地域に根づきつつある．

## 6．おわりに：地域福祉型生協の展望

### (1) 当事者参加と多様性
①当事者参加
　私たちの生活は，雇用破壊や社会保障制度改革によるセーフティネットの縮小により，ますます厳しく，不安定化しつつある．にもかかわらず，自助が重

視され，それを補うものとして互助に大きな期待がかけられている．しかし互助の基盤となる地域社会，コミュニティは脆弱化し，無縁社会が拡大し，子育てや介護，身体や精神に障がいのある人々の問題はより深刻化し，貧困と社会的排除が私たちの当面の課題となっている．そのようななか社会運動が登場するのは先述のとおり必然性がある．社会運動は，「社会構造上の矛盾やその他の原因によって引き起こされる生活要件の不充足を解決するためになされる社会状況を変革しようとする集合的活動」であることからその集合的活動は多様なものとなる．

　コープあいち，南医療生協，愛知高齢者生協，NPO あんしんは，それぞれ特徴的な地域づくり活動を展開するなかで，前節で紹介したとおり地域の多様な生活困難，医療，介護，雇用，子育てなどの問題を解決している．四つの実践に共通するのは，地域の課題を明確にしながらその課題を組合員と地域住民との協同によって解決しつつあるという点である．そして，何より重要なのは，当事者が主体となっていることである．地域住民のなかでも活動・事業の中核が当事者であり，彼らは自分の問題を地域の問題として捉えている．そしてその当事者とともに目の前にいる他者の問題をいずれは自分もしくは自分の家族も当事者となる地域の問題だと捉え，だからこそ自分の多くの時間を使い，資金も負担して，地域づくりを担っているのである．抽象的に他者のためとかより良い社会のためということにとどまらず，地域のなかで自分自身，そして目の前にいる他者が当面している問題は自分たちの地域の問題であること，だからこそ自分の子どもや孫たちのためにも生きやすい地域をつくりたいと考え，行動を起こしている．

　コープあいちでは，組合員の高齢化を背景にくらし助け合いの会を組織化し，生活支援の有償サービスを創造し，その組合員活動が，介護保険事業を含むコープあいちの「私たちの地域ふくし」へと発展してきた．南医療生協では，当初は伊勢湾台風の被害にあった地域住民が医療専門職とともに自分たちの病院づくりに取り組み，高齢化がすすむなかでは介護問題を介護家族とともに自分達の課題として介護サービスを生みだし，運営も担っている．愛知高齢者生協は，リーマンショック後の「外国人労働者」たちの深刻な失業，貧困問題に積極的に取り組み，失業した彼らが職場復帰できるための就労支援を行い，さ

らに彼らと共に彼らの就労場所であり，地域の移民の介護問題，障がいのある子ども達の問題を解決するサービス・拠点を生みだし，運営している．NPOあんしんは，代表の池田陽子氏が「私自身も含めてこの安曇野で"あんしん"して暮らし続けられる方法を考えよう．この地域で生き続けるためにもっともっと住みやすくしたいという想いをもってこの地域をつくり続けよう」[54)]と決意して活動を開始した．そしてその決意を実践するために「JAあづみくらしのネットワーク"あんしん"」という生活支援の有償サービスを創った．そしてサービス利用者と支援者とともに「困った時はお互い様」のしくみを核として，最後まで安心して暮らせる里づくりを目指して，助け合い活動，介護予防の事業など多様な助け合い活動を展開している．

　以上のとおり地域の問題を解決するために何よりも重要なのは地域のニーズを正確に把握し，明確に示すことであり，そのためには問題を抱えた当事者の声をいかに尊重できるかが決定的に重要である．そのうえで，その当事者とは誰かが問われる．

②多様性

　当事者性を実体化させるために重要なのは多様性である．コミュニティには多様な人々が生活している．しかしその多様な人々の声や問題を把握することは困難である．なぜならばマイノリティの問題は潜在化する傾向にあるからである．コミュニティの本質は地域性と共同性にあるが，その共同性は同一性によってつながりやすいが，異質なものを排除するという側面をもっている．例えば生協のなかには，ボランティアの協力によって「声ログ」という視覚障がいのある人々への音声による情報提供を行っているところもあるが，多言語化の情報提供には至っていない．さらに総代会などがあっても手話通訳や要約筆記などの配置も不十分である．子どもの保育や介護家族への対応も限られている．

　多様性を担保するためには，運営方法を工夫し，誰もが参加できる条件を整備することが必要不可欠である．活動の情報を公開するとともにその情報は誰もがアクセスできることを担保する取り組みが求められる．具体的には活動拠点のバリアフリー化であったり，多様なコミュニケーションの方法であったり，

運営をオープンにし，誰でも参加し，誰の意見も尊重されるよう議論が継続的・開放的に行われていることである．活動・事業の運営が多くの多様な意見や方法によって行われていくことによって，活動・事業の発展や参加者の増加を促すことができる．組織運営は硬直化しがちであるので，その弊害を排除するとともに多様な意見や多様な人々が関わることで，活動の多様性や柔軟性も担保できる．

　コープあいちでは福祉政策の策定委員会に組合員も参加し，総代会等でも多様な組合員の意見を把握してきた．南医療生協の千人会議，6万人会議，10万人会議などは，組合員の参加を可能な限り多く保障したいという願いが実現しつつあることを示しており，NPO あんしんの「あんしんビジョン」の作成にあたっては，多様な地域活動をしているメンバーによって議論が積み重ねられ，ニーズ把握のためのアンケートも行われてきた．愛知高齢者生協は，「寝たきりにならない，しない」「元気な高齢者はもっと元気に」「ひとりぼっちの高齢者をなくそう」という理念によって組合員が出資，事業・活動参加を進め，地域に必要な事業を次々に展開している．高齢者が中心であることから介護サービスを多く生み出しているが，地域のニーズを重視した活動であることによって，地域の外国人労働者への支援，中学生の学習支援事業や「児童デイほほえみ」など中学生，障がいのある子どもたちなどのニーズに添って多様なサービスを展開している．

### (2) 仕事づくりと地域づくり
#### ①仕事づくり

　協同組合の福祉サービスは，サービス利用者が中核になり，その利用者も多様であることが特徴であった．私たちの社会は，今なお貧困や社会的排除などの生活困難・問題が拡大し，深刻化しているが，それらの問題は地域のなかで発生する．そして，そのような問題が発生するということは，その地域のなかに問題を発生させる要因があることを示している．

　「一人の人権を守ることは全ての人の人権を守ること」だと言われるように，地域には子どもから高齢者まで，病気や障がいのある人，国籍や文化が異なる人など多様な人が生活している．その多様な人のなかの一人を支えることが，

すべての人が，その人らしく，最後まで安心して暮らせる地域をつくることにつながっている．つまり地域から排除しないで，地域のなかで困難を抱えている一人ひとりの人権・社会権を拡張していくことが求められている．一人の人権・社会権を保障するためには，それを支えられる仕事や生活支援が必要不可欠である．

内橋克人は，「人間本来のあり方とは『生きる・働く・暮らす』の三要素がばらばらではなく統合されていること」[55]だと主張している．そしてそのような人間の暮らしを実現させていくためにF（フーズ：食料），E（エナジー：エネルギー），C（ケア：人間同士が支えあう関係，福祉）の自給を目指すのが共生経済である[56]と論じている．なかでも福祉産業に力を入れることで，従来の公共事業の代名詞だった土木・建築業をはるかに上回る雇用を生み出している「ケアの自給圏」[57]の創造を提起している．

愛知高齢者生協は，リーマンショック後，もっとも厳しい環境にあった日系ブラジル人たちの生活を支援するためにヘルパー講習会を開催し，就労支援を地道に行ったこと，さらにそのなかから彼らと共にケアセンターほみを生み出してきた．保見ヶ丘は自動車工場等で働く「外国人労働者」が多く生活していたが，その雇用環境は劣悪で，数多くの雇い止めが発生し，生活困難な外国人がいた．当時，緊急支援が行われ，地域の人々からの寄付やフードバンクなどからの支援もあったが，より困難な状況の人々に対しては生活保護の申請支援が展開されていた．そのような状況下で，何より重要なのは，生活できる職場を確保することであり，愛知高齢者生協は外国人労働者とともに彼らの就労支援を展開し，地域のなかに働く場をつくってきた．

愛知高齢者生協でつくった労働は介護労働であったが，介護労働のもつ意味は大きい．私たちは子育てからその人生の最期に至るまで，生活を支えるケアは誰にとっても，程度の差はあれ，必要不可欠なものだからである．地域のなかに子どもや障がいのある人や高齢者への生活支援や介護サービスがなかったら私たちの生活はたちまち困難な状況に陥る．どんな地域であれ，ケアサービスが不足，もしくはその質が低いということは先述のとおり生活の質，人生の質に関わる重要な課題となる．したがって，南医療生協では，自分たちの地域で最期まで，認知症になっても人間らしく尊厳のある生活ができるためには認

知症の人を支えるグループホームが必要不可欠であると認識し，それを自分たちで生み出し，そこは地域の人々を中心とした雇用の場にもなっている．さらにその活動をきっかけに南医療生協全体の「みんなで1000人職員紹介運動」が展開している．

　コープあいちやNPOあんしんも有償在宅サービスや地域のなかに広がったあんしん広場の活動などの実績をもとに介護保険事業の介護予防の事業所を運営し，それらは地域の職場であるとともに地域住民の助け合いや介護予防，健康づくりなどの共同の場ともなっている．NPOあんしんは，1990年代後半，介護問題が深刻化し，介護の社会化の必要性が認識され始めるなかで，特に農村地域の介護問題を解決するためにはJAの福祉活動・事業の展開が必要であることからJA組合員の助け合い活動として始まっている．当初ホームヘルパー講習会を積極的に開催し，介護の専門職を生み出しながら助け合い活動，さらには介護保険事業の担い手を養成してきた．

　以上のように「地域福祉型生協」は，介護労働などの労働を地域で創造し，発展させ，誰もが最期まで安心して暮らし続けられる地域へと変革しつつある．

② 地域づくり

　コープあいち，南医療生協，愛知高齢者生協，NPOあんしんの事業・活動が示しているとおり，地域の働く場と地域の活動の場は，バラバラに誕生し，活動が展開しているのではなく，地域の活動のなかから仕事が生まれ，仕事のなかから活動が生まれるというように連動していることが大きな意味をもつ．NPOあんしんでは，助け合い活動の中から「菜の花プロジェクト安曇野」，「学校給食に食材を提供する会」，「ぬかくど隊」などが生まれてきている．「菜の花プロジェクト安曇野」は，食の安心・安全を求めた循環型農業の実践であるとともに次世代の子どもたちに本物の味を届けたいと自分たちで作った菜種油，ひまわり油を管内の給食センターに届けている．同じような思いで「学校給食に食材を提供する会」は，次世代を担う子ども達に「美味しい野菜を届けたい」と，土づくりから収穫までを子どもたちと実践するなども含めた活動を行っている．「ぬかくど隊」は，ぬか（もみ殻）とくど（かまど）で米を炊くという「ぬかくど」文化を後世に伝えたいと始まった活動で，ぬかくど体験活動などを展

開している．

　私たちは，仕事と生活が切り離された暮らし方をつくってきた．近代化のなかで第一次産業から第二次産業・第三次産業へと大きく産業構造が変わり，私たちの生活の仕方も変化し，そのプロセスのなかで生活と労働が切り離されてきた．現在は，第三次産業が増加し，ポスト産業社会として知識産業が発展しつつある．情報，教育とともに介護・健康などのケアサービスは，少子高齢社会ではもっとも期待されている．にもかかわらず，現在も保育，介護，看護の現場職員の不足はどの地域でも深刻な課題であり，今後より多くのニーズが予測されているなか，ニーズは深刻化しつつある．それらのニーズは，生活の場である地域で発生し，その地域での解決が求められるものである．

　さらに過労死の増加，メンタルヘルスの深刻化などを背景に「働き方改革」が進められているが，そのなかでもっとも重要なのはワークライフバランスの問題であり，長時間労働の是正が課題となっている．過労死まで発生する長時間労働は早急に改善・解決する必要があるのは言うまでもない．しかし，この問題の本質は私たちの生活において，労働は目的ではなく，手段であるということである．もちろん働くことが生きがいということは当然あり得るが，とはいえ，その労働は心身をこわしてまで行うことを求めているわけではなく，さらには人間の尊厳やその社会権を守るためには労働以外にも家庭や社会生活を営むことが保障されるべきである．労働だけでなく，教育・医療・福祉・環境などについて学び，議論する時間や人との関係を構築し，自分たちの生活の場である地域をより暮らしやすいものにするための活動も保障される必要がある．

　地域とは，そこに暮らす人たちのつながりによって形成されていくものであるが，そのつながりは，地域の人々が多様な活動や事業を展開するとともに，共に学び，共に議論しあうなかで創造し続けるものである．

## (3) 地域福祉型生協の可能性

　コープあいち，南医療生協，愛知高齢者協同組合，NPOあんしんなど協同組合を基盤とした市民活動・事業は，その中核に問題の当事者が存在していること，さらにその問題を解決するためには自分たちで，活動・事業を展開し，そのなかから地域の働く場を生み出していることが重要なポイントであった．

私たちは，誰もが地域で自分と他の人々とともに生活を営んでいるということを深く理解し，他者とともに営む生活の質をより豊かに，さらに安心した生活を継続していくためには，自分たちの地域に自分たちの生活を支えられる活動や事業をつくり続けていくことが必要である．私たちの生活は，かつて社会保障制度もしくは企業福祉によって支えられてきた．しかしこれまで論じてきたとおり，こんにち，そのような社会保障制度，企業福祉は崩壊しつつあり，私たちの生活を支えきれない状況になっている．

　第2節で紹介してきたとおり日本では，敗戦後の膨大な貧困状況のなかで始まった社会保障運動や高度経済成長期に全国各地で展開した公害反対運動，1960年代後半から始まった障害者作業所づくり運動，1970年代の共同保育運動，さらに高齢者問題が顕在化し始めた1970年代半ば以降は高齢者の在宅福祉サービスへのボランティアなどによる住民参加活動が全国的に展開され，有償ボランティアが登場し，1990年代の宅老所づくり運動などとともに1990年代は，住民参加型福祉，福祉NPOなどが展開してきた．1995年の阪神・淡路大震災の被災地に約130万人という多くのボランティアが駆けつけ，支援活動を展開してきたことが社会的に評価され，1995年はボランティア元年と称され，1998年には特定非営利活動促進法が成立した．

　社会運動は，私たちの社会権である生存権等を確実に保障していくためのものであることがわかる．つまり生存権を保障する政府への要求であると同時に政府の制度・政策をいかに実体に添ったものとして構築できるのかが問われている．従来の公的責任はそのサービスを創設する予算と運営する専門職の確保，さらに継続的に運営するための費用負担によって担保されてきた．したがって社会保障運動など社会運動は政府への要求運動として展開してきたことがわかる．そのことの重要性は今なお変わらない．とはいえ，私たちの生活に関わる問題は，制度化によってすべてが解決するというわけではなく，さらに制度が成立するまでには一定の期間がかかること，予算には限りがあり，すべての要求が予算化されるとは限らないこと．また制度は公平性を原則としており，個別の対応には限界がある．したがって，どのように制度が整備されたとしても制度を超えた活動や事業を地域のなかで創設し，継続していくことが求められる．

私たちの生活を支える福祉サービスは，私たちの生活のなかに内在化するとともに私たちの生活基盤であるコミュニティのなかに共有サービスとして内在化させておくことが必要不可欠である．その共有サービスのなかで誰もが必要不可欠で，最低限のサービスは「公共」サービスとして整備していくことが求められる．そして「公共」サービスのなかにコミュニティの共有サービスも含まれることによって，従来の「公共」サービスでは対応困難であった個別性，多様性を担保できる「新しい公共」サービスを協同組合・非営利組織と地方自治体とともに創造していくことが求められている．

　本章で論じてきたように現在の貧困や社会的排除が拡大している背景には，セーフティネットから生活困難を抱えた人々が排除されていることがある．そのことが問題を一層深刻化させている．したがって従来のセーフティネットのあり方自体を変革すること，つまり私たちの生活の場である地域＝コミュニティを変革し，コミュニティの中にセーフティネットを構築することが求められている．地域共生社会を政府の責任を縮小する方向で展開させるのではなく，さらに自己責任を前提とした自助ではなく，当事者や地域の住民の生活を保障すること，人間らしい生活を営む権利を尊重することとして政府と市民との協同によって創りつづけていくことが求められる．そのためには多様な人々の参加と活動・事業の協同が多様に展開されることが重要である．

　そのような当事者，住民によるセーフティネットをつくる社会運動が，コープあいち，南医療生協，愛知高齢者生協，NPOあんしんなどを始め，各地で既に展開されている．このような活動を展開している「地域福祉型生協」がさらに増え，その活動が継続，発展していくことを願っている．

注
1) 浦島悦子『みるく世ややがて　沖縄・名護からの発信』インパクト出版会, 2015年, 317頁.
2) 野本三吉『希望をつくる島・沖縄　キミたちに伝えたいこと』新宿書房, 2015年, 301頁.
3) 加藤彰彦他編著『沖縄子どもの貧困白書』かもがわ出版, 2017年, 264-271頁.
4) 庄司洋子他編『福祉社会事典』弘文堂, 1999年, 411-412頁.
5) 「持続可能な介護保険制度及び地域包括ケアシステムのあり方に関する調査研究事業報告書」,『〈地域包括ケア研究会〉地域包括ケアシステム構築における今後の検討

のための報告書』三菱UFJリサーチ＆コンサルティング，2013年．
6) 岩田正美『貧困の戦後史　貧困の「かたち」はどう変わったのか』筑摩書房，2017年，324-325頁．
7) 井出英策・古市将人・宮﨑雅人『分断社会を終わらせる「誰もが受益者」という財政戦略』筑摩書房，2016年，21頁．
8) 朝倉美江「地域福祉型生協への展望―コープあいちの実践から―」，小木曽洋司・向井清史・兼子厚之編『未来を拓く協同の社会システム』日本経済評論社，2013年，206頁．
9) 社会保障運動全史編集委員会編『社会保障運動全史』労働旬報社，1982年，2頁．
10) 同上，73頁．
11) 副田義也『生活保護制度の社会史』東京大学出版会，1995年，65-72頁．
12) 新井章「朝日訴訟10年の闘い」，井上英夫他編『社会保障レボリューション　いのちの砦・社会保障裁判』高菅出版，2017年，33頁．
13) 大畑祐嗣稿，庄司洋子他編『福祉社会事典』弘文堂，1999年，408頁．
14) 小熊英二『首相官邸の前で』集英社インターナショナル，2017年，185頁．
15) 同上，186頁．
16) 大畑裕嗣・成元哲他編『社会運動の社会学』有斐閣，2004年，5頁．
17) 同上，257頁．
18) 藤井敦史「ハイブリッド組織としての社会的企業」，藤井敦史・原田晃樹・大高研道編著『闘う社会的企業　コミュニティ・エンパワーメントの担い手』勁草書房，2013年，4-7頁．
19) 前掲，庄司他編，660頁．
20) 濱野一郎他編『社会福祉援助技術各論II　コミュニティワークの新展開』みらい，1996年，16頁．
21) 山口稔『コミュニティ・オーガニゼーション統合化説―マレー・G.ロスとの対話―』関東学院大学出版会，2010年，17頁．
22) 同上，30頁．
23) 髙森敬久「ソーシャル・アクション」，前掲，濱野他編，207頁．
24) 前掲，山口，41頁．
25) ジョージ・ヤコブ・ホリヨーク著／協同組合経営研究所訳『ロッチデールの先駆者たち』協同組合研究所，1968年，21頁．
26) 内橋克人「『社会変革の力』としての協同」，『世界』2012年11月号，岩波書店，196-204頁．
27) 村山盛嗣編『賀川豊彦献身100年　賀川豊彦とボランティア』神戸新聞総合出版センター，2009年，2頁．
28) コープこうべ『愛と協同の志―コープこうべ70年史―』，1991年．
29) 阿部志郎「ボランタリズムと賀川豊彦」阿部志郎他編著『賀川豊彦を知っていますか―人と信仰と思想』教文館，2009年，45-48頁．
30) 隅谷三喜男『賀川豊彦』岩波書店，1995年，14-22頁．
31) 賀川豊彦『賀川豊彦協同組合論集』明治学院生活協同組合，1968年，158頁．

32) 賀川豊彦著・野尻武敏監修『友愛の経済学』日本生活協同組合連合会，2009 年，87-88 頁．
33) 同上，94-95 頁．
34) 同上，160 頁．
35) ジョンストン・バーチャル著／都築忠七監訳・中川雄一郎他訳『国際協同組合運動　モラル・エコノミーをめざして』家の光協会，1999 年，5 頁．
36) 同上，13 頁．
37) ヴィクター・ペストフ「福祉サービス提供における協同組合の役割―コ・プロダクションとコ・ガバナンスの視点から―」，『生協総研レポート　No71　国際協同組合年における来日スピーカーの講演集―協同組合の可能性をどのように可視化するか―』生協総合研究所，2013 年．
38) 中川雄一郎／JC 総研編『協同組合は「未来の創造者」になれるか』家の光協会，2014 年，20-40 頁．
39) 同上，48 頁．
40) ペストフ，前掲．
41) Titmuss, R.M., Social Policy and An Introduction, London: Allen & Unwin, 1974.（三友雅夫監訳『社会福祉政策』恒星社厚生閣，1981 年）
42) 杉岡直人他訳『コミュニティケアハンドブック―利用者主体の英国福祉サービスの展開―』ミネルヴァ書房，1997 年，3 頁．
43) Pestoff, V.A., Between Market and Politics: C0-operatives in Sweden. Colorado: Westview Press, 1991.（藤田暁男他訳『市場と政治の間で―スウェーデン協同組合論―』晃洋書房，1996 年）
44) 川口清史「非営利協同セクターの新たな発展とその社会的役割」，『生活協同組合研究 270　特集・協同経済』生協総合研究所，1998 年．
45) 向井忍「まちづくりを考える　福祉の視点から　コープあいちの事例」くらしと協同の研究所シンポジウム資料，2018 年 7 月 1 日（奥三河の事例はこの資料に基づく）．
46) 2018 年 2 月 18 日，南医療生協第 2 回地域包括ケア交流会の話し合い．
47) 成瀬幸雄「ひとりひとりのいのち輝くまちづくり」，『南医療生協 55 周年記念誌　地域だんらんおたがいさまのまちづくり』南医療生活協同組合，2017 年．
48) 神田茂「食と運動とおたがいさまの力で健康寿命を延ばそう」南医療生協第 2 回地域包括ケア交流会（2018 年 2 月 18 日）．
49) 朝倉美江『多文化共生地域福祉への展望―多文化共生コミュニティと日系ブラジル人―』高菅出版，2017 年，221-224 頁の内容を一部修正・加筆．
50) 神野直彦「人口減少に脅えるなルールは変わった」，時事通信社編『全論点　人口急減と自治体消滅』時事通信社，2015 年．
51) 広井良典編著・日本労働者協同組合（ワーカーズコープ）連合会監修『協同で仕事を起こす―社会を変える生き方・働き方―』コモンズ，2011 年，34 頁．
52) 2016 年 10 月 11 日，愛知高齢者生協山崎亜土氏へのインタビュー調査による．
53) 「愛知県高齢者生協たより」第 200 号，2015 年 7 月．

54）池田陽子「生きがいづくりと地域づくり」太田貞司・朝倉美江編著『地域ケアシステムとその変革主体―市民・当事者と地域ケア―』光生館，2010 年，191 頁．
55）内橋克人『共生経済が始まる―世界恐慌を生き抜く道―』朝日新聞社，2009 年，74 頁．
56）同上，128 頁．
57）同上，105-108 頁．

# 第4章
# 「持続可能な消費」によるフェアトレード

近藤 充代

## 1. はじめに

　今日，国際的にも「倫理的消費」，「エシカル消費」が推進され，消費者に対して自然環境の破壊や生産に携わる労働者の劣悪な労働環境への「配慮」等が求められるようになってきている．そこで前提とされているのは，消費行動の社会関係性である．

　消費行動の社会関係性にかかわっては，筆者は以前，以下のように述べた[1]．現代の経済社会において消費者は，商品やサービスを購入する消費者としての側面と同時に，商品等の生産や流通にかかわる生産者・事業者あるいは労働者としての側面も持ち，さらには地域社会の一員としても日々生活をしている．ところが，規制緩和・構造改革が推進された結果，市場では競争至上主義の下，「消費者の利益」，「消費者のニーズ」のみが強調され，生産や流通にかかわる労働はそれに強く規定され，両者は矛盾，対立させられている．このような自分の首を自分で絞めるような状況を脱するためには，消費者はまず，地域社会のなかで生活し，かつ生産者・事業者あるいは労働者でもある自己の存在をあらためて自覚する必要がある．「消費者の権利」を主張するのはよいが，それには内在的制約があるのであって，商品等の安さや便利さなど「消費者としての利益」のみを追い求めるのではなく，自らの手にする商品等がどのように生産され流通して手元まで届いたのかや，自己の消費行動が地域社会に与える影響についても理解し，配慮することが必要である（これを「自覚的な消費者」と呼ぶ）．

　ところが，上記のような自己の消費行動の社会関係性は日々の生活の中で当然に理解されるものではなく，学びを通して事実を知り，理解を深めていくも

のである．生協は組合員（消費者）が協同し学び合いながら願いを実現していく組織であることから，生協には職員・組合員が一緒になって「自覚的な消費者」として育ち合っていくことを期待したい，と．

しかし，そこでの「自覚的な消費者」は未だ理念的，抽象的であった．そこで，本章では，近年国内外で広がりつつある「倫理的消費」，「エシカル消費」の動向を踏まえつつ，「自覚的な消費者」のあり様をさらに検討し，その消費行動のあり方を深める議論をしたい．結論を先取りして述べれば，消費行動の社会関係性をふまえた「持続可能な消費」により，国際貿易のみならず，国内においてもフェアトレードを実現することはできないだろうか．つまり，生産や流通にかかわる人々（とりわけ中小零細な生産者・事業者とその労働者）との交流（対話）を通じて，それらの人々の生存・生活を保障できる取引条件での取引を，すべての取引において実現していくことはできないだろうか．それこそが，（往々にしてそれらの人々自身でもある）消費者の生存・生活を守り，消費者を取り巻く自然環境や地域社会を守ることにつながるからである．そして，日本では市民社会の機能が低いと言われるが，生協こそがリーダーシップを発揮して，「持続可能な消費によるすべての取引のフェアトレード化」を推進していくことを期待したい．

以上のような視点から，第2節では，日本政府による「倫理的消費」の推進政策について海外の動向をふまえて検討する．第3節では，倫理的消費において中心的に位置づけられるフェアトレードについて，エシカル先進国イギリスの動向を中心に，メインストリーム化の経緯，政府の関与等について概観したのち，その可能性と限界について検討する．また，メインストリーム化の対極に位置づけられる，提携型のフェアトレードを長年実施している組織の活動を概観し，とくにフェアトレードを掘り下げる活動の重要性を指摘する．

さらに第4節では，「消費」，「消費行動」の社会関係性についてあらためて検討する．そして，日本国内で非常に厳しい状況の下で生産・流通に携わっている中小零細事業者や労働者の現状にも目を向け，フェアトレードを国内の取引も含むすべての取引に広げていく際の「適正かつ公正な価格」や「公正な取引条件」の意義や内容についても検討したい．

前著でも述べたが，消費者が学び合い育ち合っていくためには協同＝連帯の

視点は必要不可欠である．そこで，第5節では消費行動の社会関係性の自覚に立って，「持続可能な消費」によりすべての取引のフェアトレード化を主導して推進していくことなど，生協への期待を述べたい．

## 2. 「倫理的消費」の推進政策

　欧米を中心とする国際的な政策動向を背景に，近年，日本でも「倫理的消費」を推進する政策が進められつつある．「倫理的消費」の「倫理的」とは，英語の「ethical（エシカル）」であり，直訳すれば，倫理的な，あるいは道徳上の，と訳されるが，後述のように今日ではより広い意味で用いられている．また，わが国では「倫理的消費」とは，より良い社会に向けて，「地域の活性化や雇用なども含む，人や社会・環境に配慮した消費行動」と定義されている[2]．

### (1) 海外の政策動向[3]
①倫理的消費の契機と流れ

　イギリスでは，1970年代からボイコットの形で倫理的消費の動きが始まった．新自由主義政策をとる政府が，非倫理的企業の規制に政府は関わるべきでないという姿勢をとったことがその背景にあったとされる．その後，非倫理的な企業を懲罰するボイコットよりも，フェアトレードのように倫理的な企業の製品を積極的に選択して買う「バイコット（buycott：ボイコットの反意語として造られた造語）」が一般化していく．

　1975年には，ベジタリアン，フェアトレード，オーガニック，エシカルを専門とするイギリス最大の独立した自然食品の卸売業者であるSUMA Wholefoodsが設立され，1987年には，Ethical Consumer（＝どのボイコットを選ぶべきかを示す雑誌）が創刊された．

　90年代に入ると，社会的排除や失業問題の深刻化と企業の社会的責任に対する関心が高まり．96年には海外援助NGOのクリスチャン・エイドがイギリスのスーパーマーケット10社で売られている第三世界からの輸入産品の生産段階の労働条件を告発し，改善を求めるキャンペーンを始めた．タイフー・ティー社，セインズベリーズ社などの大手企業が，倫理ある取引の実現という方

針に賛同して，現地調査にもとづく企業行動倫理の作成準備を進めていった．

1997年5月に発足したブレア労働党政権は，「エシカルアプローチ」の重要性を唱え，経済発展よりも社会開発と環境の持続を価値観として重視した国際開発政策を政府の主要政策分野のひとつとした．政権発足と同時に，経済発展偏重の伝統的な援助政策を全面的に見直し，「持続的発展」のための世界各地の貧困削減というグローバルな政策目標を掲げて国際開発省が発足した．

さらに1998年1月には，「倫理ある貿易戦略（ETI：Ethical Trading Initiative）」が設立された．ETIは，企業，労働組合，NGO団体のパートナーシップで構成され，企業による倫理ある行動規範の履行を通して，イギリスの大手小売チェーンに商品を供給する第三世界の工場や農園における労働条件改善を図ることを目的とした．企業倫理実践の「基本規範」も作成されている．会員企業や労働組合，NGO等からの会費や国際開発省および他国政府からの補助金で運営され，会員企業数は約90社（設立時の約10倍），NGO会員は17団体である（2017年時点）．ETIは後述のイギリス現代奴隷法の法案作成，成立にも関与しており，ETIの設立はイギリスにおいて倫理ある貿易への潮流が形づくられることになった画期だとみなされている．

倫理ある貿易原則への賛同は，多国籍企業にとっての新たなグローバル経営戦略，すなわち1990年代のグローバル経済という急速に変化するリスクの高い経営環境を安定させる1つの有力な方途であったとされている．

ノルウェーを含む北欧では[4]，1995年に起きた「ブレント・スパー事件」が政治的消費，倫理的消費の大きな契機になったという．「ブレント・スパー事件」とは，北海に建設されていたブレント・スパーという名の老朽化した石油採掘プラットフォームを，シェル石油が海上投棄しようとしたのに対して，ノルウェーをはじめ欧州各国でシェル製品に対するボイコットが起きたため，同社は投棄をやめてノルウェーの埠頭の土台にリサイクルしたという事件である．その後，市民団体によるキャンペーンやソーシャルメディアの普及によって政治的消費，倫理的消費はノルウェーの消費者の間に広がり，今日では政治を変えるようにもなっているという．

ノルウェーでは2000年，生協グループやNGO，労働組合，経済団体など多種多様なステークホルダーの参加により「倫理ある貿易戦略（Ethical Trading

Initiative Norway)」が設立された．ETIN の目的は倫理的な貿易（＝人権，労働者の権利，労働環境の保護を尊重し，これに配慮する貿易）の推進である．

　こうして企業が倫理的な製品やサービスの提供に力を入れるようになると，エシカルウォッシュ，すなわち企業が実際には倫理的な配慮が不十分であったり，全く配慮していないにもかかわらず，あたかも配慮しているかのように見せかけ，誇張した広告や表示をするという事例が多発するようになった．これを受けて 2000 年代には認証のしくみが整えられていった（フェアトレードについては後述）．

②イギリスの「現代奴隷法」

　イギリスで 2015 年 3 月 26 日に成立した「現代奴隷法 2015」（Modern Slavery Act 2015）[5] は，後述の日本の「倫理的消費」推進政策との関係でも注目すべき法律である．

　同法は第 7 部 62 条から構成されるが，最大の特徴は第 6 部 54 条で，「サプライチェーンなどにおける透明性」として，企業のサプライチェーン上の，強制労働や人身取引などの人権侵害の有無やリスクを確認させ，根絶することを目的とする．同条は，企業等が，自社の事業活動およびサプライチェーンにおいて奴隷労働や人身取引が発生しないことを確保するために前会計年度中に取った措置について，一定の情報の開示を行うことを義務づけている（2015. 10. 29 施行）．

　同法において「現代奴隷」とは，①奴隷・隷属・強制労働，②人身取引，③搾取（性的搾取，臓器提供の強制等）をいう．同法制定の背景として，いまだに全世界で 2,100 万人（ILO の推定）の社会的弱者が現代奴隷状態で働かされている．その 9 割は民間企業による搾取の犠牲者であり，特に大企業のサプライチェーン内で奴隷的行為が多発しているとの見方もある．こうした犯罪による不法な利益は年間 1,500 億米ドルに達するという．

　同法 54 条の対象は，業種にかかわらず，イギリスにおいてビジネス活動を営む営利団体・企業のうち[6]，年間の売上高が 3,600 万ポンドを超えるものである．年次の奴隷労働および人身取引ステートメントは 2016 年 3 月末に会計年度が終了した企業から適用され，年度終了後半年以内に声明を発表するよう

義務づけられている.

　イギリス国内で商品やサービスを提供する外国企業に対しても義務づけられ,イギリス内外の会社12,000社以上に適用される.これには多くの日本企業が含まれる.開示する年次ステートメントの内容は組織の裁量にゆだねられているが,自らのビジネスとサプライチェーンで現代奴隷の発生を防ぐために各社が取っている,または取り始めた対策をすべて記載することとされている[7].

　規制の手法は,企業に透明性を強要し,市民社会,NGO,大学の研究者などがWeb上の声明を精査するという市民社会の監視の目を利用するものである.開示を怠った場合など要件に準拠していない組織に対しては,国務大臣の要請にもとづき高等法院が「強制執行命令」を出すことができ,命令に従わない場合は無制限の罰金となる可能性がある.イギリスで活動する多国籍大企業が取引先企業に対し優越的地位の濫用をしていれば,即刻,イギリスの市民社会からの批判にさらされることとなる.すでに,日本の外国人研修制度に対しては海外からも問題が指摘されているという.

　同法制定に先立つ2011年には,国連人権理事会において「ビジネスと人権に関する指導原則」[8]が承認され,人権を尊重すべき企業の責任についてのグローバル基準が確立された.その後,2015年の主要7カ国首脳会議（G7）では,ビジネスと人権に関する行動計画を各国が策定する旨首脳宣言に盛り込まれ,国際的な取り組みが広がりつつある.イギリスのみならずアメリカ（カリフォルニア州）やフランス,オーストラリアでもサプライチェーン全体の奴隷制の根絶に向けた法制化が行われており,オランダでも法案の審議が進んでいる[9].

　また,2015年9月の国連総会（持続可能な開発サミット）において,「持続可能な開発のための2030アジェンダ」が満場一致で採択され,国連に加盟するすべての国が達成すべき17の分野別の目標（ゴール）と169項目の達成基準（ターゲット）からなる「持続可能な開発目標」（SDGs）がスタートした.17のゴールには,「1 貧困をなくそう」,「3 すべての人に健康と福祉を」,「8 働きがいのある人間らしい雇用」,「10 人や国の不平等をなくそう」,「12 責任ある生産と消費」,「16 平和と公正をすべての人に」などが含まれ,これらすべてを達成するには人権尊重が欠かせないものとなっている[10].

## (2) 日本における政策動向

### ①「消費者市民社会への転換」の提唱

　日本の状況に目を転ずると，消費者庁が創設された2009年当時の国民生活審議会の意見書（2008年4月）をはじめとする一連の文書[11]は「消費者市民社会への転換」を提唱していた．「消費者市民社会（Consumer Citizenship）」とは，「個人が，消費者としての役割において，社会倫理問題，多様性，世界情勢，将来世代の状況等を考慮することによって，社会の発展と改善に積極的に参加する社会」を言い，「個人自らのためだけでなく，消費者・生活者全体の福祉のために行動できる消費者・生活者が求められており，消費者・生活者が自分自身の個人的ニーズと幸福を求めるとしても，地球，世界，国，地域，そして家族それぞれの段階での責任を果たすもの」とされていた．これはまさに「倫理的な消費」が目指されていたといえよう．

　その後2012年に，消費者市民を育成するための消費者教育の推進を目的として「消費者教育推進法」が制定・施行されたが，一部の動きを除き，国を挙げて「消費者市民社会への転換」を推進するという機運の高まりは見られなかった．消費者行政を見直し消費者を主役に，という掛け声は掛け声のまま終わっていた．

### ②「倫理的消費」調査研究会取りまとめ

　こうした状況のなか，2015年3月24日に閣議決定された「消費者基本計画」は，「第2章7　消費者行動・意識の変化」において，「消費者の意識については，環境や被災地の復興，開発途上国の労働者の生活改善等の社会的課題に配慮した商品・サービスを選択して消費することへの関心が高まっており，これは『持続可能な消費』や『倫理的消費（エシカル消費）』と呼ばれることがある」とし，5年間で取り組むべき施策として，「消費者が，自らの消費行動が環境，社会，文化等の幅広い分野において他者に影響を及ぼし得ることへ理解を深めていくことが必要である．」「地域の活性化や雇用なども含む，人や社会・環境に配慮した消費行動（倫理的消費）や，開発途上国の生産者と先進国の消費者を結び付けることで，より公正な取引を促進し，開発途上国の労働者の生活改善を目指す『フェアトレード』の取組にも関心が高まっている」とした（「第4

章4（2）消費者教育の推進」）．そして「持続可能なライフスタイルへの理解を促進するため」，倫理的消費等に関する調査研究を実施する「倫理的消費」調査研究会を設置した（2015年5月）．

同研究会が2017年4月に発表した「『倫理的消費』調査研究会取りまとめ～あなたの消費が未来を変える～」は以下のように述べる．すなわち，海外における倫理的消費の歴史は古いが，我が国における倫理的消費の動きは緒に就いたばかりである．経済・社会の国際化，情報化が進展する中で，日本の消費者は，世界中の様々な商品・サービスを入手できるようになっており，消費者が自主的かつ合理的に商品・サービスを選択できる環境を整備する重要性が高まっている．

また，消費者の意識も，例えば，エシカルファッションショーの開催や「日本エシカル推進協議会」の設立に見られるように，環境や被災地復興，発展途上国の労働者の生活改善等の社会的課題に配慮した商品・サービスを消費することへの関心が高まっている．「倫理的消費とは，突き詰めれば，消費者それぞれが，各自にとっての社会的課題の解決を考慮したり，そうした課題に取り組む事業者を応援したりしながら，消費行動を行うことであ」り，倫理的消費と言える消費行動は幅広い．

さらに，倫理的消費に取り組む必要性については，①倫理的消費により解決を目指す社会的課題には持続可能性の観点から喫緊の課題が多く含まれていること，②今日の社会的課題には消費者の行動なくしては解決し得ないものが増えてきたこと，③倫理的消費について考えることは消費者が「安さ」や「便利さ」等に隠された社会的費用を意識することにつながること，が挙げられる．また，「物のライフサイクルを通じて社会や環境に与える負担や影響といった社会的費用を意識しないまま価格の安さのみを追い求める消費行動を続ければ，倫理的消費に誠実に取り組む事業者が逆に市場から淘汰されることにもつながりかねない．」とされている．そして，「求められる推進方策の方向性」（第5章　3）として，①幅広い議論の喚起，②学校での教育などを通じた消費者意識の向上，③事業者による推進体制の整備，④様々な主体，分野の協働によるムーブメントづくりを提言している．

③日本の政策の問題点

　この「調査研究会取りまとめ」以降，消費者庁を中心に「倫理的消費」普及・啓発活動が，行政，各種団体，事業者等を巻き込んで急ピッチで展開されている[12]．このような流れについては，前述の国連の動向（人権理事会の指導原則や「持続可能な開発目標」）はもとより，イギリス現代奴隷法をはじめとする各国の動向，さらに投資家の間での「ESG投資」（環境や社会問題に積極的に取り組む企業を評価する投資）の広がりに対し[13]，これまで消極的な姿勢に終始していた日本の政府および大企業が方向転換を迫られることとなった．多くの日本企業が海外で経済活動を拡大している中，このままでは日本の企業が国際的に後れを取ってしまうとの危機感[14]が高まったと推測される．

　さらに，2012年のロンドンオリンピック・パラリンピックにおいて，会場の売店等で提供される飲料やチョコレート，バナナ等がすべてフェアトレード商品とされたこと等も，2020年東京オリンピック・パラリンピックを控える日本政府にとって大きな圧力となっているであろう．オリンピック・パラリンピックを契機に，日本の政府・企業に対する国際的な注目度が一気に高まることは必至である．もちろん2011年の東日本大震災による人々の意識の変化も背景にあるが，こうしてグローバル化の中でエシカル消費政策やエシカル経営に対応せざるを得ない状況におかれた政府や大企業の事情により，日本国内においても消費者の意識を変え，「倫理的消費」への関心を高めるための政策を早急に推進することとなったと考えられる．その意味で，日本の「倫理的消費」の推進政策は，（その政策自体は正しいとしても，）内発性は低く，（従来の多くの政策同様）外圧主導であると考えられる．

　しかし，エシカル消費，エシカル経営を推進していくためには，消費者の意識を変えること以上に，人権軽視の傾向が強い日本の企業（とりわけ大企業の）風土，企業体質じたいを自省し，変えていくことが重要課題であろう．企業法務弁護士の蔵元左近氏も指摘するように[15]，欧米における現代奴隷法等の施策の背景として，欧米では市民革命によって確立した人権思想が社会の基本原則であり，奴隷貿易や奴隷制は忌むべき歴史的汚点として二度と繰り返してはならないという共通の観念が人々の間にある．そのため，発展途上国にとどまらず，移民労働者や難民等の劣悪な労働条件下での経済的搾取に対しても，こ

れを許さず社会全体で厳しく対処しなければならないとの強固な信念が，NGO，各国の市民のみならず，政府レベルにも広く共有されているという．日本政府には，グローバルに展開する日本企業を守るためだけでなく，国内での劣悪な労働条件下での経済的搾取等をなくすためにも，日本版現代奴隷法の制定も視野に入れつつ倫理的消費政策を推進するという姿勢が望まれよう．

## 3. エシカル消費とフェアトレード

本節では，エシカル消費の中心に位置づけられるフェアトレードについて，エシカル消費先進国イギリスの動向を中心にみていこう．

### (1) フェアトレードの定義[16]

「世界フェアトレード機構」(WFTO，前身は1989年に設立された国際オルタナティブ・トレード連盟)の定義によれば，フェアトレードとは，「対話・透明性・尊敬に基づいて，貿易におけるより大きな公平さを追求する交易パートナーシップである．社会的に排除された，特に南の生産者や労働者に対して，より良い交易条件を提供し，彼らの権利を保障することによって，持続的発展に貢献する」としている．

フェアトレードの区分は，「ラベル型」(「認証型」)と「提携型」(「連帯型」)の二つに分類されることが多い．前者は，認証ラベルを商品に貼付して販売促進するフェアトレードを指し，その特性は市場メカニズム利用型，ビジネス型と説明される．後者は，途上国生産者との顔の見える提携を重視するフェアトレードを指し，生産者と消費者がお互いに生活を支え合うことを目的とする．

フェアトレード商品の国際認証制度を確立した「国際フェアトレード・ラベリング機構」(FLO，1997年設立)によれば，バナナ，カカオ，コーヒーなどの食品や綿，花・植物などの非食品についての認証基準を備えており，それを満たせば世界共通の「フェアトレード」ラベルを利用できる．交易条件の認証基準としては，小農民生産の場合，「長期の安定した取引関係」と「代金の一部の前払い」に加え，「最低価格の保障」(＝生産者が生産・生計を維持できる最低価格の保障)，「フェアトレード・プレミアムの支払」(＝産地開発(教育，

医療，農業生産性・品質の改善など）のために利用される割増金の支払）が規定されている．フェアトレードの役割として，①生産者の持続的発展，②国民経済の開発，③生産者の貧困削減，④産地の環境保全が目指されている．

### (2) フェアトレードの歴史

ヨーロッパにおけるフェアトレードは[17]，元来，宗教（キリスト教会）や社会運動（NGO など）を基礎とした取り組みがあり，その基礎構造の上に発展してきた．1940 年代から 50 年代にかけては自然災害や社会的事情により貧困を余儀なくされた人びとの支援と救済のための慈善事業の性格を帯びていた．1960 年代以降，多国籍企業の進出が進み，南北問題が深刻化したことから，南北の不均衡的発展の解消，あるいは多国籍企業による新植民地主義への抵抗，さらに自由市場をモデルとするような社会編成への抵抗という形で発展した．1980 年代頃までに，フェアトレードは市場経済の外部を志向する社会的経済の思想的色彩をもつ運動へと発展した．貧困・格差を生み出す自由主義的市場経済とそのなかで力を握る巨大資本による不公正な取引こそが途上国の生産者を苦しめていると考えられ，協同組合の組織化を通じて，生産者と消費者の透明かつ直接的な結びつきによる公正な取引を実現することが試みられた．

他方でフェアトレードは，1980 年代には市場経済と親和性を強め，市場経済の中で急速に普及し，1988 年にはオランダでフェアトレード・ラベルが登場して一般市場で普及し始めた．1990 年代に入ると，社会的経済を志向する運動の展開と同時に，フェアトレードを積極的に市場に内部化していこうとする動きが顕著となった．2000 年代以降，協同組合のみではなく一般の大手企業もフェアトレードのサプライチェーンに参入したため，それらの CSR の取り組みを通じてフェアトレードは飛躍的に普及した[18]．

日本において，フェアトレードの一種と位置づけられる取引が本格的に開始されたのは 1980 年代以降で，生協を中心とした産直の枠組みの中で展開されていった（詳細は後述 3.(4)）．そのこととも関わるが，フェアトレードが一種の社会運動として認識されていたため，日本では 1990 年代に入っても認証ラベルは普及しなかった．2004 年の FLJ（フェアトレード・ラベル・ジャパン）誕生以降，徐々にフェアトレードが普及していき，民間企業（社会的企業）

によるフェアトレードの事業化の事例もみられる[19]．街ぐるみでフェアトレードを応援するフェアトレードタウンも，（世界で 30 カ国，2000 以上の自治体に比べてはるかに少ないものの）熊本市（2011 年），名古屋市（2015 年），逗子市（2016 年），浜松市（2017 年）が認定を受けている．日本国内でフェアトレード認証原料・製品の輸入や製造・販売に携わる企業は約 180 社，認証ラベルの付いた製品の推定市場規模は約 113 億 6 千万円である（2016 年)[20]．

### (3) イギリスにおけるフェアトレード[21]
#### ①ブレア政権とデイ・チョコレート社

イギリスのフェアトレードは，市橋秀夫氏によれば以下の要因が交錯して展開する状況の中でメインストリーム化したとする．すなわち，①食品安全性への懸念の高まりとオーガニック食品への関心の高まり，②フェアトレード認証の取り組みと海外開発 NGO のキャンペーン展開による消費者の購入食品の出自に対する意識の高まり，③国際貿易構造の改革による貧困削減をイギリスの国民的政策課題に位置づけた新労働党政権の誕生，④グローバリゼーションとインターネットによる情報革新による多国籍企業の行動規範監視の高まり，⑤「倫理ある取引」を消費者からの信用獲得とマーケット拡大の好機とみなした大手小売スーパーをはじめとした大企業の行動規範ブーム，である．

フェアトレード財団による認証ラベルの導入がなされた 1990 年代半ば以降，イギリスのフェアトレードは全般的な好景気を背景にして市場規模を著しく拡大した．イギリスのフェアトレード運動家は，第三世界におけるより多くの生産者の生活水準の向上の実現と，不公平な既存の国際貿易構造の変革に結びつく実効性を上げるために，フェアトレード販売市場の飛躍的拡大の道を選択した．大手スーパーマーケットなどの大衆的な消費市場への参入とそこでのシェア拡大という，いわゆる「メインストリーム化」戦略が大々的に取られることになった．その際に前述のブレア政権が，デイ・チョコレート社（イギリスのフェアトレード・チョコレート製造販売会社，以下「デイ社」という）の設立および同社のフェアトレード・チョコレート「ディヴァイン」のメインストリーム化に果たした役割は決定的であったとされる．

ブレア政権が発足した 1997 年の 9 月，クアパ・カカオ農民組合（チョコレー

トの主原料であるカカオ豆を栽培しているガーナ共和国の小規模農民によるカカオ豆販売会社）とツイン・トレーディング社（イギリスのフェアトレード貿易会社）をはじめとするイギリスの複数団体が，フェアトレード認証チョコレートの製造販売を行うデイ社を設立した．

　1999年の市場調査によれば，当時のチョコレートの製造・販売市場の状況は，製造では大手3社（キャドバリー，ネスレ，マーズ）が76％のシェア，小売販売額ではスーパーマーケットが40％を超えるシェアを誇っていた．ニッチあるいはグルメ市場といわれる特殊な市場を除けば，イギリスのチョコレート小売市場は少数の大手多国籍企業による寡占的状況にあった．

　政府はまず，(a) デイ社への民間銀行の融資に対して債務保証を行った．国際開発省は，(b)「開発理解促進基金」を創設し，これを受けて，デイ社は，「フェアトレード教育プロジェクト」を申請して，販売面でもフェアトレード理解の広まりにも絶大な費用対効果をもたらした．さらに同省は，(c) デイ社の主要株主であるツイン社や，フェアトレード財団に対しても繰り返し助成を実施するとともに，その他にも (d)「あらゆる可能な方法で」（例えば，官庁や国会に納入されている飲食物のフェアトレード認証商品への切り替え，イギリスのトップ私企業500社に対する職場におけるフェアトレード・コーヒーの導入キャンペーンへの賛同の呼び掛け等）フェアトレード推進を支援した．

②メインストリーム化とその限界

　こうした動きの中，大手小売店や多国籍企業のフェアトレード支持の姿勢は，揺るぎなく確立されていった．例えば，2002年には，コープ（国内最大の協同組合で全国に店舗を展開）がコープブランドのチョコレート製品をすべてデイ社委託に切り替え，その後，コーヒー，紅茶，チョコレート飲料もすべてフェアトレードに切り替えた．セインズベリーズは，年間7億本売り上げているバナナのすべてをフェアトレード認証品に切り替え，全国230の店舗に併設のコーヒーショップのホット飲料もすべてフェアトレードに切り替えた．スターバックス社は，エスプレッソ・コーヒーをすべてフェアトレードに切り替えた．また，テイト＆ライル社（砂糖製造の老舗の多国籍企業）は2008年，グラニュー糖（白砂糖）をすべてフェアトレードに切り替えたが，これはイギリスの

企業が行った最大規模のフェアトレードへの転換とされている．

　消費者からの支持も厚く，消費者への浸透度は 70% との調査結果もある．フェアトレード認証商品は有機あるいは低農薬で栽培されているため，オーガニック食品を求める消費者や健康志向の消費者等からも支持されている．また，中央政府のほか，キリスト教会，地方自治体，教育機関，労働組合などが強く支持し，普及に大きく貢献しているという．

　しかし他方で，フェアトレードの限界も国際開発省をはじめ各方面から指摘されている．消費市場全体の中でのフェアトレード認証商品の存在感はなお小さく，認証食品は食品売り上げ全体の 1% にすぎない．国際開発省は，フェアトレードが生産者にもたらしたインパクトについても限界を指摘し，貧困削減により効果的かつ大々的に貢献するには，フェアトレードはより周辺に追いやられている生産者や労働者と連携する必要があると指摘している．フェアトレード財団も，フェアトレード認証の便を享受しているのは，ごく小さい範囲の人々にとどまるとしている．さらに，認証を受けるための認証料が莫大な額となることや，メインストリーム化を急いだフェアトレード認証のチョコレートは品質面および倫理面からみて問題があるとの指摘もある．

　以上のようなイギリスの状況を見ると，フェアトレードの飛躍的普及のためには，NGO 等の活発な運動による消費者・大企業の関心の高まりと，それを背景とした大企業の意識転換，さらに，行政の役割も非常に重要であることがわかる．メインストリーム化は深化の前提となることは確かであるが，それだけでは十分とはいえない．認証型フェアトレードのメインストリーム化による，南の生産地の農民・労働者の生活改善・貧困解消への寄与はかなり限定的である．また，フェアトレードや倫理ある貿易戦略はさらに推進されることが望まれるものの，世界の貧困の実効ある削減を実現するには，不公正な国際貿易ルールの慣行の大きな是正が不可欠であり，「多国籍企業と政府に対するより強力で粘り強い政治的働きかけが，なおいっそう必要とされている」との指摘もある[22]．

### (4) 民衆交易

　メインストリーム化の対極に位置づけられるフェアトレードの事例として，

日本におけるフェアトレードの「創始者」の一つ「株式会社オルター・トレード・ジャパン」(ATJ：Alter Trade Japan) がある[23]．ATJ は，フィリピンのネグロス島の飢饉に対する支援団体として発足した「日本ネグロス・キャンペーン委員会」(JCNC, 現在の特定非営利活動法人 APLA) の活動が進展する中で，ネグロスのマスコバド糖に続いてバランゴンバナナの民衆交易のために 1989 年設立された．ATJ は自らの取り組みを「民衆交易／People to People Trade (人から人への交易)」と呼称し，モノの交易にとどまらず，食べる人がつくる人を訪問するという，「人と人との出会い」を創出しており，いわゆる「フェアトレード」とは異なるとする．民衆交易品は，マスコバド糖，バランゴンバナナ，エコシュリンプ，コーヒー，ゲランドの塩，オリーブオイルである．

　ATJ の民衆交易の基盤をなすのは，市民的オルタナティブを実現したいという願い，市民生協（グリーンコープ連合，生活クラブ連合，首都圏コープ事業連合（現パルシステム連合））の自主独立した自前の食品作りへの消費者運動，有機農業運動（「有機農業研究会」，「大地を守る会」）の具体的な力，産直運動の経験であるという．高価格での調達と産地育成プロジェクトの推進，さらに育成された生産者組織と市民生協との交流・協働が特徴である．南北間の富の偏在を批判し，特にフェアトレード・プレミアムの支払いによる，北の消費者から南の生産者への富の移転を重視する．

　上田誠氏によれば，「民衆交易の仕組みは，日本の消費者組織との連帯・協働に基づき，日本型の生協産直の特徴である共同購入と宅配事業によって育てられてきた」という．ATJ は，生協の組合員等が注文時に使用するカタログや同封されるチラシを通じて情報を提供しており，学習会や講習会なども企画・開催し，より詳細に産地・生産者の現実と課題を伝えている．また，その過程で返ってきた消費者の意見や提案などを汲み取り生産者に伝えることで，現場同士のコミュニケーションを実現させており，このような仕組みが，「日本の消費者とマスコバド糖やバランゴンバナナの『価値』や『意味』を共有し，生産者との相互理解を可能にしている」という[24]．

　民衆交易品の特徴は，ATJ の株主団体との共同開発を軸に，産地のパートナーとともに事業の仕組みや産品の基準などが作られてきたという点にある．

　上田氏は「安さと利便性を求め，企業が生き残るための商品としてではなく，

生産者が持続可能な暮らしを送れるような適正価格を守る．そして，食べものが持つ『いのちをつなぐ』という意味や役割を把握し，産地側と消費側の両方のニーズを実現していく．このような双方向の問いかけができるような仕組みこそが，消費者と生産者が対立する関係ではなく，『顔の見える関係』を継続させる上で必要不可欠な要素であると考える」．そこで重要な機会のひとつとなっているのが，産地訪問や公開確認会などの産消相互交流であるという[25]．

この「生産者が持続可能な暮らしを送れるような適正価格」を消費者も理解し守っていくためには，産地側と消費側の双方向の問いかけ・交流が必要不可欠であるという指摘は次節で検討する「持続可能な消費」による「すべての取引のフェアトレード化」にとって非常に示唆的である[26]．

さらに上田氏は，フェアトレードについても，商品を取り扱う側が，消費者に対してその社会的意義を継続的に伝え，消費者意識を変えることができるならば，フェアトレード商品の流通規模の増大は，質と奥深さを伴ったインパクトを社会に与えていくことになると評価している[27]．

## 4. 消費の社会関係性と「持続可能な消費」

### (1) 消費，消費行動の意味を問い直す

これまで見たような倫理的消費やフェアトレードの広がりにより，消費者の間に消費行動の社会関係性が認知されつつあるように見える．しかし他方で，それは表面的なもの，一時の流行に終わるのではないかという点が危惧される．消費はそもそも社会的行為であり，ことさら「倫理的」と付けなくても社会とのつながりを意識して行われるべきものではないだろうか．本節では消費，消費行動の意味について，あらためて考えてみたい．

私たちは日々，自己や家族の生存，生活を維持し，豊かにするために消費行動を行っている．この消費という行為は表面的には個人の行為として完結しているように見えるが，周知のように，実は私的行為であると同時に社会的行為でもある．消費行動の規定要因は，例えば，経済政策などの国の政策，自然環境（地球温暖化から局地的な自然災害まで），生産者・流通業者の事業活動，様々な媒体による宣伝・広告，流行の影響等々，多様なものが挙げられよう．

また，消費行動の結果は，直接的には購買行動は経済学的な消費者主権論の言う投票行動の意味を持ち，企業活動に一定の影響を与える．さらに，個人の生活への影響はもちろん，環境（例えばゴミ問題など）や社会（例えば，買い物による障がい者や被災地支援など）にも影響を与える．私たちの日々の消費行動は必然的にこれらの影響を受け，あるいは影響を与えている．そして，それらについての知識や配慮の有無が消費行動を左右することも必然である．

　堀田泉氏は，「モノに限っても消費行動は個人的な生活そのものの中心をなすとともに共同的な側面をつねに兼ね備えている．……消費行為自体はつねに個人的にして社会的な関連に置かれている．それゆえ，社会的な意思決定や社会運動へと必然的に関わっていかざるをえない」[28]とする．ところで，消費行動が社会的な関連を持つということは，生活協同組合の初期，ロッチデイル先駆者協同組合の当時から自明のことと理解されていた．しかも，その消費行動の社会との関連性を深く理解するためには労働者の「学び」，相互学習が必要不可欠であることも自明のこととされていた．それゆえ，ロッチデイル先駆者協同組合には新聞や雑誌を読むことができる図書室が設置され，その教育は組合員以外の地域住民にも開かれていたという[29]．

## (2) 競争至上主義社会における消費者
### ①消費の私化

　ところが，私たちの日々の消費行動は今日，往々にしてきわめて個人的，私的なものと認識されがちである．これは何故であろうか．

　堀田泉氏によれば[30]，「新自由主義に基づく規制緩和，自由競争の進展が目覚ましい空間」（＝先進資本主義社会）では，「競争は一般的にいえば，個人の分断と勝利を示す表徴を明確化する．消費はその面が極めて大きい」という．非正規雇用の労働者等にとって，「仕事＝労働＝生産の意味や誇りは限りなく減価され」，「かつてそこで確証できたアイデンティティは個人的消費へと向かうことになる」．しかも，「バウマンによれば，それは経済力に規定されて安価で長持ちしない，うつろいやすいものの獲得へ向かう」という（例えば，一点豪華主義）．そして，「このような消費はなべて最終的には個人の私的な事柄へと向かっていき，競争とともに個人を分断し，不平等を可視化し，ますます生

活の維持のための必要というところから遠ざかって，自然環境にとっても厳しい状態をつくり出していく」という．

　そして，重要だと思われるのは，「消費が徹底的に私化するということは，消費する主体にとって，それがいかなる社会的結果をもたらすかということを見えにくくなる作用をもたらす．あるいはそれが見えていても黙殺するという傾向を生むということである」との指摘である．競争社会においては，競争が激しくなればなるほど消費は生存・生活維持のための必要性から離れ，個人的趣味に籠り，社会的な視点は失われていくというのである．

②消費行動の多様化

　しかし他方で，消費者の行動様式が多様化してきている点も見落としてはならない．商品を選ぶ基準は「価格」だけではない[31]．災害多発列島，少子高齢社会，格差社会の中で被災者，弱者等に配慮した消費行動も広がりつつある．例えば，被災地の産物，被災者の生産したモノ等を買って被災地を応援する，復興した被災地を訪れて観光する．そこでは，自らの消費行動が被災地，被災者支援につながるという消費行動の社会関係性が見えやすくなっているといえよう．あるいは，持続可能な社会のため環境を壊さない，自然を守る活動も広がりつつある．

　「消費」が他人を支えるということ，ただモノを買うのではなく買うことの意味を考えるということが重要である．そのことによって，将来の子供たちの安全な生存・生活のためなら多少高くても買う，持続可能な社会のため自然に負荷をかけない商品であれば多少高くてもそれを選ぶ，生産者の支援につながるなら安さのみを求めない，といった消費行動につながる可能性があるのではないか．「この商品は誰にどのようにして作られたのか」，「なぜこの価格なのか」等について説明があり，その消費行動と結果との社会関係性を理解し納得・共感すれば，これまでの消費行動が変化する可能性があるといえよう．

　辻村英之氏はフェアトレードの普及に関する議論の中で，アマルティア・センとジェフェリー・M. ホジソンの議論を再整理し，私的な効用最大化のみを追求する生活目標と，社会制度（特に社会的価値観）に盲従する生活目標を両極端に置き，その中間に両者が混成する現実的な人間モデルとして「混成性モ

デル」を提起する[32]．混成性モデルは，「よりよいものをより安く」という効用最大化の消費目標と「社会的価値観に基づく消費」という目標が混在する．フェアトレードで「より高く」購入する消費者は「社会的価値の高さ」という「よい」部分に代金を払っているとし，このような消費者のことを「倫理的消費者」と呼ぶ．そしてフェアトレードの普及のためには，この「倫理的消費者」の増加，すなわち途上国の小規模生産者や産地を支援できることを高「品質」とみなして，高価格でも積極的に購入する消費者の増加が不可欠である，としている．

しかも山本謙治氏[33]によれば，その消費行動は必ずしも常にそうである必要はない．例えば，イギリスでは常にエシカルに気を配る人はそれほど多くないが，ときどきエシカルな層の売り上げが非常に多いという．企業としてはそれらを合わせるとエシカルを無視できないため，結果的にイギリスではどんな企業もエシカルな商品やサービスになるよう配慮するのだという．

③消費行動の社会関係性と「持続可能な消費」

ところで，前述の「海外調査報告書」は[34]，訪問先（イギリス，ノルウェー）における「倫理的消費」等の用語の意味合いを以下のように整理している．すなわち，「倫理的消費」は「消費者個人の自発的な選択」に重点が置かれた用語であり，「消費者が自らの倫理的価値観に基づいて，社会や環境にプラスの影響を与えるモノやサービスを購入する（ないし，マイナスの影響を与えるモノやサービスを購入しない）こと」を意味する．これに対し，「持続可能な消費」[35]は労働者や生産者への配慮という社会的要素と，環境への配慮の両面に配慮した消費を含意しており，より科学的で，より大きなインパクトや社会的・制度的変革をもたらす消費という意味あいをもつ．また，「政治的消費」は，（「倫理的消費」は個人が自己の倫理観・道徳観に基づいて行う消費であるのに対して）消費のあり方そのものを変革するといった政治的な意図をもった消費であるとされている．

また，マンチェスター大学持続可能な消費研究所ダニエル・ウェルチ博士は「倫理的消費は消費者個人の自発的な購買行動に依拠したものである．そうした性格を持つ倫理的消費にのみ焦点を当て『過大評価』することは，非倫理

的／非持続的な消費を生み出している政治経済社会システムの問題を個人の姿勢や価値観の問題に還元し，システムの問題から人々の関心を遠ざけてしまう」と指摘しているという[36]．

　「倫理的消費」についてのこのような理解を前提にするならば，本章で主張する消費行動の社会関係性をふまえた「自覚的な消費者」による消費行動は，「倫理的消費」というよりも，「持続可能な消費」（あるいは「政治的消費」）と呼ぶべきであろう．

### (3) 「持続可能な消費」とフェアトレード
①フェアトレードの拡大

　このような自己の消費行動の社会関係性を念頭に置くならば，消費者は日々の商品・サービスの選択においても，生産者から自己に至る取引の公正さにもっと目を向けるべきであろう．ここでは，フェアトレードがもっぱら海外（発展途上国）の製品を対象としている現状から転換することを提案したい．

　フェアトレードを国際貿易のみに留めておくことは，結果的に，消費者が国内の，目の前で日常的に起こっている矛盾（取引の不公正さ）に気づかないという「効果」をもたらしているのではないだろうか．しかし，私たち消費者は，海外での劣悪な状況にある生産者・生産労働者のみならず，日本国内で非常に厳しい状況の下で生産や流通に従事している生産者・事業者やその労働者の現状にも目を向けるべきである．海外からの安価な農産品や製品の大量輸入は，農家やメーカーの経営を圧迫している．また，独占禁止法上の優越的地位の濫用に該当する，大企業による下請企業への，スーパーの納入業者に対しての，コンビニ本部の加盟店に対しての，不当な圧力や要請が行われている事例は枚挙にいとまがない．競争至上主義的政策で競争をあおって弱肉強食の市場をつくり，弱者を「淘汰」し強者のみが儲けるという経済システムの下で，倫理的でない，不公正な取引が横行している．その結果，消費者は安価な商品を手にすることができるかもしれないが，その価格の安さは元をたどれば親事業者等の取引先業者への優越的地位の濫用的な圧力で実現しているという例も少なくない．私たちの消費行動はそうした社会的不正義の影響も受けているのである．あるいは当該商品等の低価格は，安全性や品質を犠牲にして実現している可能

性もある．厳しい競争圧力の下，検査データ等の改ざんも多発しており，最終的には消費者自身の生命・健康が脅かされる恐れも十分にあるのである．

より良いものをより安く，とはいえ，消費者はもっと想像力を高め，生産者の再生産を不可能に至らしめるような，生産者が生業を継続していけないような，自分たちが安全で良質な商品を将来にわたって継続的に手にすることを不可能にするような安値に対しては NO と言うべきであろう．これこそが本章で強調したい，消費行動の社会関係性をふまえた「持続可能な消費による国内外すべての取引のフェアトレード化」である．

この「国内外すべての取引のフェアトレード化を」という発想は新奇なものではなく，すでに山本謙治氏も「フェアトレードで他国の援助をする前に，日本国内でフェアな取引をすべきではないか」，「エシカルなまなざしを，ぜひ同じ日本国内に生きる食べものの生産者やメーカーに対して向けてほしい」と訴えている[37]．辻村氏は，使い捨て時代を考える会の「縁故米運動」および生活クラブ生協と遊佐町農協の共同開発米事業における産消提携について，その価格形成の特質（①最低価格保障，②還元金・基金という二つの支え方）からそれらを「国内フェアトレード」として紹介している[38]．また時代を遡れば，農薬や有害添加物などの問題が深刻化した 1960 年代に，各地の生協が安全な食材を求めて始めた産直も一種のフェアトレードである[39]．前述の ATJ の近藤康男氏も，「民衆交易・フェアトレードという言葉は，担い手も含めて大半の人から国際貿易と考えられているが，国内・地域における交換価値（金銭）ではない使用価値の交換，そして交換により人や地域がつながることも同様に民衆交易・フェアトレードであると考える」としている[40]．

② 激安商品の裏側

国内においても，生産者，流通業者等と消費者双方にとって互恵的かつ「適正な価格」での取引は実現できないであろうか．それを考える前提として，以下では「適正な価格」，「公正な価格」の対極にある激安食品の舞台裏を見てみよう[41]．

（a） タレ・からし付き 3 個パック納豆 78 円の裏側

少し前まで 100 円であったタレ・からし付き 3 個パック納豆が，スーパーで

78円で売られるようになった．原料である大豆は，日本では輸入大豆ならば非遺伝子組み換えでなければならず高価格であるし，国産大豆も高騰している．容器に使うポリスチレンも，包材のフィルムも昔より高くなっている．

　にもかかわらず，78円で売られているのは，ひとえにスーパーの事情による．すなわち，日配品（納豆・豆腐）は毎日食べるもので，とびぬけて高いということはないが，逆に日配品が安いと，主婦から「あのお店は安い」と認識されるため，スーパーは日配品をできるだけ安く販売したいと考える．そこでスーパーは納豆メーカー側に売価78円で作ってほしいと打診する．メーカー側が，製造コストをどう切りつめても無理な話であるため断ると[42]，「78円の納豆はPBとして売る．儲けは出ないが，それ以外の棚はすべておたくの会社のNBを並べてよいので，そちらで儲けを出して下さい」と，少しだけ甘い汁を吸わせて引き受けさせる．ところが，取引量がだんだん増えていくと，78円の納豆は安いので売れる（あるいは，スーパーが意図的にPBの取引量を拡大する）が，NBでの儲けは縮小していく．メーカーとしては，儲からないのでスーパーとの取引を止めたいが，すでに取引依存率が高くなっているため断れない（＝断ると倒産しかない！）という事態に陥る，というカラクリである[43]．こうして良心的な納豆メーカーが潰れていっているという．

(b)　1丁28円の豆腐の秘密

　日本の豆腐の価格はアメリカ，カナダなどから大豆を輸入しているにもかかわらず，他の国よりも安いのだという．大豆は非遺伝子組み換えを使用するためコストは下げられない．そこで重要な役割を果たしているのは凝固剤である．通常のにがりを用いて固められる量の倍以上を固めることができる強力な凝固剤を使って薄い豆乳を固めれば，3分の1の価格の豆腐を作ることができる．つまり，安い豆腐はそれなりの豆乳の薄さで成り立っているということになる．豆乳と凝固剤をまぜたものを密閉容器に充填して固める充填豆腐の技術がさらに安い豆腐を支えている．しかも近年，乳化ニガリによる凝固の技術が進展し，充填豆腐に乳化ニガリを使うことで，安くてそこそこ美味しい豆腐が作れてしまう．今の原料，原油，人件費の高騰を考慮すると，メーカーにとっての適正な価格は豆腐1丁200円だというのにもかかわらず，である．

　スーパー業界は，全国で，総合スーパーや食品スーパーなど様々な業態の大

中小の店舗がしのぎをけずり，戦国時代の様相を呈しているという．それに加えて，ドラッグストアが食料品の扱いを拡大しており，競争はさらに激化する一方である．スーパー側の上記の要請の背景にはこうしたスーパー業界の事情も密接に関係している．

③「適正な価格」，「公正な価格」とは

　これらのケースから言えることは，そもそも過当競争状態の市場において，消費者が安いものを求めるために市場は激しい低価格競争に追い込まれ，そのしわ寄せを受けて中小のメーカーが苦しめられている．安いものを追求すること自体がいけないとは言わないが，モノ（食品）には「適正な価格」というものがある．消費者は安い商品に飛びつくのではなく，なぜそんなに低価格で販売できるのかを考えてみる必要がある，ということである．そして，前述のフェアトレードのように，良心的な生産者，事業者が生産・販売を継続できるような，生産や流通に携わる労働者が健全な環境・賃金で労働できるような「適正かつ公正な価格」，「公正な取引条件」での取引を広げていく必要がある．山本氏も，「『たべものの価格を適正価格で提供しないことは，社会悪である』…（中略）…簡単に言えば『安すぎてはダメ』ということである．」「ここでいう『安すぎる』というのは，メーカーや流通・販売側にいる人たちが再生産活動できない価格のことをいう」．「そのひずみは必ず何らかの形で消費者や社会に対して害をなすこととなる」[44]としている．

　それでは国内外すべての取引のフェアトレード化を行っていくための「適正な価格」，「公正な価格」とはどのように考えるべきであろうか．「適正な価格」，「公正な価格」とは，消費者にとって適正・公正であると同時に，生産や流通に携わる生産者・事業者，労働者にとっても適正・公正であることが必要である．

　例えば，前述の世界フェアトレード機構（WFTO）は，「最重要原則」の一つ「持続的で公平な交易関係」について，生産者が持続的な生計を維持できる（経済・社会・環境面についての日常的な健全さのみならず，将来の改善を可能にする），すべての生産コスト（自然資源保全のコストを含む）と将来の投資の必要性に配慮する，と説明している[45]．そして，「フェアトレード10原則」

のうち第 4 は「公正な価格の支払い」とされ，生産者がきちんと生活でき，また消費者にとっても無理のない価格の合意を意味するという．同様に，前述の国際フェアトレード・ラベリング機構（FLO）の交易条件の認証基準には，生産者が生産・生計を維持できる「最低価格の保障」や，産地開発のために利用される「フェアトレード・プレミアムの支払」が含まれている．また，有機農業研究会の「生産者と消費者の提携の方法」を見ると，「提携の 10 カ条」のうち第 4 で「互恵にもとづく価格の取り決め」が掲げられ，「価格の取決めについては，生産者は生産物の全量が引き取られること，選別や荷造り，包装の労力と経費が節約される等のことを，消費者は新鮮にして安全であり美味な物が得られる等のことを十分に考慮しなければならない」とされている．生産者も消費者も，産消提携によって利益を得ることから，相手の立場を配慮したうえで両者にとっての適正価格を決める必要があるためである[46]．

さらに，辻村氏は，産消提携運動における価格保障，全量買取，前決・前払，還元金・基金の 4 つの指標に基づく評価について，これは需給均衡価格の実現こそが社会にとって公正であるとする市場主義の「公正な価格」の捉え方とはことなり，いずれも持続的な農業生産を保障するためのものであるが，アマルティア・センのいう「包括的（過程を取り込む）結果」の評価を，正義・不正義を判断する時の望ましい推論の一要件とする視点でながめると，それはなお「結果」的に「公正な価格」にとどまるとする．そして，価格保障，全量買取等の結果に至る価格形成の過程，特にそれら 4 つの合意をいかに達成したかについても評価すべきであるとし，共同開発米事業における，産消それぞれの立場・事情に基づく激しい議論を経て相手の立場・事情を知り，妥結価格が導かれる「生産原価保障方式」こそが「過程」的に「公正な価格（形成）」，あるいは「公正な価格形成プロセス」と評価できるとする[47]．

このように見てくると，国内外すべての取引のフェアトレード化においても，WFTO の定義と同様，①対話・透明性・尊敬，②公平さの追求が重視され，生産者や労働者に対して，③より良い取引条件を提供し，④彼らの権利を保障することによって，⑤持続的発展に貢献することが目指されるべきである．そしてそのためには，安定的な取引関係の維持，生産・流通にかかわる人々の事業・生計等を維持できる（かつ事業の新たな展開の可能性を支援しうる）「公

正な取引条件」と「適正かつ公正な価格」が目指されるべきである．

　これらを実現するためには，一方的な情報の提供にとどまらない生産者等と消費者との間の情報交換や，お互いの顔が見える相互交流のみならず，辻村氏のいう「公正な価格形成のプロセス」，合意形成に至る過程における相互理解が重要であると考える．これらすべてをクリアすることは難しいが，それに近づく努力を消費者と生産者等とで継続的に行っていくことが重要であろう．

　さらに，「公正な取引条件」等を実現していく上では，前述のような大企業による下請事業者等への不当な圧力や要請をはじめとする不公正取引の根絶に向けての取り組みも重要である．中小事業者の事業者団体等の運動（生業権を守る運動，公正な取引を求める運動など）との連携も必要となろう[48]．

## 5．「持続可能な消費」と生協

　消費者が「持続可能な消費」を実践するには，「倫理的消費」がトレンド化したり，市場でニーズ化したりしてもそれだけでは不十分である．消費者が自身の消費行動の影響，結果等を考えて行動をする消費者とならなければ，その意味で学習する消費者でなければならない．本節では，生協に対する，「生協らしさ」を追求する中で，協同の力で職員，組合員が「持続可能な消費」を推進する「自覚的な消費者」に育ちあう，育て合うことへの期待を述べたい．

### （1）持続可能な社会のための安全性の確保・追求

　生協の「生協らしさ」を堅持するという意味でも，安全性最重視の立場はより鮮明にし，さらにそのバージョンアップを図るべきである．例えば，食品について，今日ではスーパーやコンビニでも「添加物不使用」，「低農薬」，「産地直送」などは当たり前のようになっている．それらは本来，生協が「元祖」であり，今なお消費者には「生協らしさ」というとそのイメージが残っているが，生協がそのレベルにとどまっていてはいけないのではないか．

　真の持続可能な社会のための安全性の確保・追求は，すでに見たように，消費者の安全を守りつつ，かつ，生産者の生存権・生業権，暮らしを守りながら実現していくこと（フェアトレード）が重要である[49]．それが熱心でまじめ

な生産者を元気づけ，関心の高い消費者を呼び寄せることにもつながるはずである．例えば，中小零細規模の農業，漁業，商業あるいは製造業に従事する人々との提携，連携を徹底して強化していく．生産者等に徹底して安全で良質な生産物，製品を生産してもらうことと引き換えに，その生産物，製品を組合員（消費者）が「公正な取引条件」の下での「適正かつ公正な価格」で買い支え，生産者等の生業(なりわい)を成り立たせていく[50]．なぜ，買い支えるのか，といえば，生産者の生業権を守ることが，自分たちの生活する地域を存続させ，組合員（消費者）の安全への権利や生活を守ることにもつながるからである．その意味では，「適正かつ公正な価格」で買う（買い支える）という活動は地域社会における福祉的機能をもつといえよう．

　生協でもオーガニック商品やフェアトレード商品を扱い始めているが[51]，カタログを見る限りごく一部にとどまっており，組合員への周知も不十分である．生協には前述のように産直の先駆けであったという実績もある．生協こそが，単なるフェアトレード商品の取り扱いにとどまらず，国内外のすべての取引のフェアトレード化を率先して推進していってほしいと考える．

　安価な商品が氾濫する中で，場合によってはかなり割高な商品となるそれをあえて購入する（買い支える）とすれば，まず何よりも，組合員（消費者）に正確な事実，情報を丁寧に知らせることが重要である．生産現場の状況や取引の実態などを知り，事態を理解し共感したならば，組合員（消費者）は必ず変わるはずである[52]．しかも，生協の強みは，継続的定期的に商品とともに生産者の情報を直接組合員に届けることができるということである．

　例えば，以下は生協の共同購入時に農産物「せとか」（柑橘類）に添えられていた説明「お知らせとお願い」である．「〈お知らせとお願い〉　今回お届けします「せとか」は生育時の台風や降雨などによりスレ果や黒点の発生が多い状況です．多少，見た目のよくない商品が混入することもありますが，果肉・食味に影響のない範囲でお届けいたします．産地状況をご理解いただき，ご賞味いただけますようお願いいたします」．これを目にすれば，組合員は産地状況を理解し，農家の苦労に思いをはせることができよう．こうした情報を得て，組合員は，生産者のおかれた状況をふまえての適正な価格での取引に理解を示し，他方，生産者は買い支えをうけることによって，真に安全で良質なものを

生産することにやりがいを見出していく．交流を通して組合員（消費者）の意識が変わり，交流を通して生産者の意識が変わっていくのではないだろうか[53]．

### (2) 地域社会との連携，協同

さらに，購買事業に限らず，より広範に地域社会との連携，協同を推進していくことが重要である．そこで得られた地域とのつながりは，巡り巡って生協の様々な事業にも還元されていくはずである．

より広範な連携，協同については，生協にはすでに様々な活動の取り組みがある[54]．そのひとつが，東日本大震災をはじめとする震災復興支援の取り組みである．物資の支援はもちろん，人を派遣し支援したり，募金活動や，組合員と被災者の交流も行われている．例えば，コープあいちでは，東日本大震災の際に復興支援活動の一環として，組合員を中心に23万枚もの支援タオルを集め，被災地に届けた．しかもそれにとどまらず，タオルを届ける活動を通して被災地とのつながりができ，「被災地交流ツアー」が企画され，愛知県から岩手県気仙地域まで往復1,800キロを，のべ300人以上の組合員や職員が，合計15回以上，被災地との交流に参加したという[55]．このような活動ができるのは生協ならではであり，前述のすべての取引のフェアトレード化のための生産者と組合員（消費者）との交流の深化にもつながりうる活動といえよう．

本書第1部第3章でも詳細に述べられているが，生協において福祉事業を拡充していくことは，組合員や地域住民のくらしを守るために必要不可欠である．地域社会における困難を地域住民とともに解決していく過程の中に生協へとつながる道筋がある．例えば，2009年度より開始されたコープあいちの福祉基金制度は，コープあいち組合員の利用の中から積み立てられた剰余金（購買活動による収益）の一部をもとに創られた制度であるが，地域でのつながりづくり，障がい者支援，子育て支援，高齢者支援，外国人支援，震災復興支援，防災への取り組み等など，様々な活動に使われている[56]．2015年時点で205団体に対し2,085万円の助成が行われ，しかも，団体助成の取り組みは組合員に限定されていない．一例を挙げれば，「わいわい子ども食堂」（北医療生協，名北福祉会，ホウネット），「くろかわ子ども食堂」（コープあいちテーマグルー

プ主催）などの活動に福祉基金からの補助が行われている．

　さらに，フードバンク・セカンドハーベスト名古屋と東海事業連合との業務提携が行われており，福祉基金の補助も行われている．紙幅の関係で紹介できないが，その他にも他の生協も含め，教育基金，環境基金をはじめ様々な取り組みがなされている．今後いっそう拡大されていくことが望まれる．

### (3)　学び合い，学び続ける組織と「自覚的な消費者」

　人々がますます孤立化していく現代社会の中で，生協という存在を考えたとき，組合員同士あるいは職員と組合員（にとどまらず地域住民）のつながりのある場所，つながりたい人々が集まっている（集まってくる）場所，そして，いつでも安心してつながることのできる場所という意味で，生協は数少ない存在ではないだろうか．それはスーパーやコンビニでの一回的売買の繰り返しでは培われない，組合員が継続して共同購入をするという生協の仕組みから生まれる強みであろう．

　しかも，生協では，組合員同士，組合員と職員のつながりに止まらず，生産者と組合員（消費者）とのつながりも大切にされている．生産者と組合員をつなぐのは職員である．職員には，生産者と組合員との交流以外にも，産地，生産者，商品等についての正確で適切な情報を組合員に提供することが要求される．さらに，組合員の声を正確かつ適切に生産者に届けることも重要である．

　生協から発信する情報についていえば，毎週配布されるカタログはスーパーなどの店舗にはない情報発信の武器である．例えば，フェアトレード商品ひとつとっても，丁寧に情報を届けて購入する意味を伝えていくことが可能である．ところが，現状では「売らんかな」の広告が多すぎる．カタログと一緒に入ってくるチラシは大量で，本当に大切な情報が紛れてしまい，組合員に手に取って読んでもらえていないのではないか．もっと情報を取捨選択し，内容を精査して，組合員に信頼される正確かつ適切な内容と量の情報を発信することにお金と時間と労力をかけるべきである[57]．産地からのメッセージには威力がある．どのタイミングでどの情報を出すかの判断も重要であろう．しかし，「売らんかな」の商品礼賛は，スーパーなどのチラシと何ら変わりはなく，組合員からすれば見飽きており，新鮮味も信頼感も感じられない．ネガティブ情報もきち

んと提供して初めて情報に対する信頼が得られるといえよう．

　さらに，情報は組合員に提供されるだけの一方通行ではなく，生産者－職員－組合員の双方向の情報交換・交流が重要である．情報交換・交流は組合員の成長につながり，満足度も高まると考えられる[58]．山本謙治氏も，食べ物に関する基礎知識を持たない消費者が「たべものは安ければ安いほどいいんだ」という風潮を生んでいる．「消費者がもっとたべものに関する基本的なこと，たべものの本来的な価値を知ってくれさえすれば，事態は良い方向に向かうはずだ」[59]と述べている．

　また，生協の様々な活動への組合員の参加について，特に新しい組合員に広がらないという声を聞くが，一つには生協への加入の勧誘時に生協の良さ，生協らしさが十分伝えきれていないという問題があるように感じる．たしかに経営的に新規加入を増やすことが重要であることは十分理解するが，最初が肝心で，それがのちの組合員の活動参加を左右する．価格が安い，何でも揃う，配達してくれて便利などの「買うこと」だけではない生協の魅力を，勧誘時にしっかり伝えるべく，勧誘の仕方を再検討すべきではないだろうか．

　さらに，組合員の活動の低迷は，組合員の大半を占める女性の就業率の上昇に伴い，従来の，「平日昼間中心の，専業主婦だけが参加することを前提とした組合員活動」が徐々に難しくなってきているという原因も挙げられよう．仕事を持ちながらでも活動に参加し，将来的にはリーダーになっていく組合員を確保するためには，今のうちに組合員活動のあり方を見直すことが必要である．二村睦子氏によれば[60]，「組合員が生協の活動に長時間，また，何十年も続けて関わることは不可能である」という前提に基づいて仕組みを構築することが重要であり，その際，参加しやすく関わりやすい場を上手に持つこと，一人ひとりの参加を全体のものにつなげるようデザインし，コーディネートする機能がポイントとなる，としている．

　自分と家族のためにより良いものをより安く，というだけでなく，同時に他人のために何かしたいという思い，欲求も，（アマルティア・センを引き合いに出すまでもなく），組合員は潜在的に持っている．現在のベテラン組合員を核として，そこからの情報発信を強化し，新しい組合員にうまく伝えられるような仕組みを構築する必要があろう．

## 6. おわりに

　新聞の報道によれば，2(1)②でふれたイギリスの現代奴隷法をはじめとする国際社会の圧力を背景に，日本の大手企業が自社製品の製造工程にかかわるサプライチェーンの調査，外国人技能実習生の人権を脅かすような取引先を締め出す取り組みを始めたという[61]．「ESG 投資」への関心も高まりつつある．実際に，大手金融機関が石炭火力発電への投融資の見直しをしたり，グリーン債（資金の使い道を環境に優しいプロジェクトに絞った債権）に注目が集まるなど，企業活動に影響を与え始めている[62]．今後，こうした動きはますます広がるであろう．

　消費者としては個人の志向・嗜好に依存する「倫理的消費」にとどまらず，消費行動の社会関係性への理解にもとづく「持続可能な消費」を推進することにより，国内外のすべての取引において「適正かつ公正な価格」，「公正な取引条件」での取引（フェアトレード）を推進していくことが期待される．そのためにも消費者は，「自覚的な消費者」として持続可能な消費行動をとることと同時に，「自覚的な生産者」，「自覚的な事業者」，「自覚的な労働者」となって，自らの関わる生産・流通の現場でも，関わりのあるすべての人々の人権に配慮し，行動していくことが求められよう．そして，生協には，協同組合らしさを発揮して，そうした動きを率先して牽引していく役割を期待したい．

注
1) 拙稿「現代社会における消費者の権利と生協運動への期待」，小木曽洋司・向井清史・兼子厚之編『未来を拓く協同の社会システム』日本経済評論社，2013 年，133 頁以下．
2) 『倫理的消費』調査研究会「「倫理的消費」調査研究会取りまとめ〜あなたの消費が世界の未来を変える〜』，2017 年 4 月（以下「調査研究会取りまとめ」という）．
3) 以下の叙述について，『倫理的消費』調査研究会「海外における倫理的消費の動向等に関する調査報告書」，2016 年 3 月，16 頁以下（以下「海外調査報告書」という）および市橋秀夫「英国におけるフェアトレード『メインストリーム化』の逆説」，APLA 編『民衆交易とフェアトレードのこれからを考える』，2012 年 5 月，66 頁以下参照．
4) 前掲，「海外調査報告書」39 頁以下．
5) 現代奴隷法について，例えば，蔵元左近『『責任あるサプライチェーン』に関する

各国の法令の最近の動向（上）」,『NBL』1073 号, 76 頁以下, 同「『人権監視法』の国際的進展と日本企業の対応の必要性」,『NBL』1108 号, 50 頁以下, 村主知久・吉田武史「人権侵害防止に関する声明公表を義務づけ　英国現代奴隷法の概要と実務上の留意点」,『経理情報』1477 号, 51 頁以下, 他を参照.

6) イギリスで何らかのビジネス活動を行う, 有限責任事業組合を含む, 法人やパートナーシップすべてに適用される. 企業の所在地を問わない.
7) 2017 年 6 月時点で, 31 カ国に本社がある 27 セクターの企業から 2,000 以上のステートメントが更新登録されているという.
8) 「ビジネスと人権に関する指導原則：国際連合『保護, 尊重及び救済』枠組実施のために」（国際連合人権理事会 2011 年 3 月 21 日）.
9) 蔵元左近「『責任あるサプライチェーン』に関する各国の法令の最近の動向（下）」,『NBL』1075 号, 70 頁以下.
10) 「（2030 SDGs で変える）人権守ってこそ, ビジネス」（朝日新聞デジタル 2019 年 1 月 20 日付記事）.
11) 国生審「消費者・生活者を主役とした行政への転換に向けて（意見）」（2008 年 4 月）,「消費者行政推進基本計画～消費者・生活者の視点に立つ行政への転換～」の閣議決定（2008 年 6 月）,「国民生活白書」（2008 年 12 月）.
12) 消費者庁 HP「エシカル消費普及・啓発活動」を参照. https://www.caa.go.jp/policies/policy/consumer_education/public_awareness/ethical/
13) 2015 年 9 月, 年金積立金管理運用独立行政法人（GPIF）が国連責任投資原則（PRI＝資金運用において非財務情報である ESG（環境, 社会, 企業統治）の視点を反映させる原則）の署名機関となった.
14) 実際に,「日本はサプライチェーンでの現代奴隷関与度が世界第 2 位」であるとするレポートも発表されている（Walk Free Foundation（オーストラリア人権 NGO）の GSI2018 レポート）.
15) 前掲, 蔵元『NBL』1073 号, 77, 78 頁.
16) 以下の記述については, 辻村英之『農業を買い支える仕組み—フェア・トレードと産消提携』太田出版, 2013 年, 24 頁以下を参照.
17) 以下の記述については, 同上, 78 頁以下, 畑山要介『倫理的市場の経済社会学　自生的秩序とフェアトレード』学文社, 2016 年, 101 頁以下を参照.
18) 2007 年のフェアトレード商品の世界販売総額は 44 億ユーロ. うち, 90% は FLO 認証ラベル商品.
19) 前掲, 畑山, 225 頁以下を参照.
20) 中島佳織「広がるフェアトレード—持続可能な消費の実践として—」,『消費者教育研究』184 号, 9 頁. fair trade japan 公式サイト：fairtrade-jp.org も参照.
21) 以下の記述については, 前掲, 市橋, 66 頁以下を参照.
22) 前掲, 市橋 186 頁.
23) 以下の記述については, 上田誠「民衆と市民によるオルタナティブな事業の 20 年の軌跡と現状」, 前掲, ALPA 編著, 32 頁以下, および堀田正彦「オルター・トレード・ジャパン（ATJ）とは何者か」前掲, ALPA 編著, 6 頁以下を参照.

24) 同上，上田，33 頁．
25) 同上，41 頁．
26) ただし，ATJ の活動の課題について，前掲，畑山，212 頁以下を参照．
27) 前掲，上田，43 頁．
28) 堀田泉『消費組合論「消費」の再定義に向けて』風媒社，2016 年，92 頁．
29) 友貞安太郎『ロッチデイル物語』コープ出版，1994 年．なお，協同組合における教育・学習活動について，中川雄一郎・JC 総研編『協同組合は「未来の創造者」になれるか』家の光協会，2014 年，197 頁以下を参照．
30) 前掲，堀田，10 頁以下．
31) 「社会的消費」について，間々田孝夫『21 世紀の消費』ミネルヴァ書房，2016 年，405 頁以下．
32) 前掲，辻村，14 頁．
33) 山本謙治著『激安食品の落とし穴』KADOKAWA，2015 年．
34) 前掲，「海外調査報告書」，15 頁以下．
35) ヒアリング調査では，「国際消費者機構（CI）」のメンバーやイギリスでは「持続可能な消費」が一般的に使用されているという．前掲，「海外調査報告書」，24 頁．
36) この点に関連して，専門家からは，中長期的には，倫理的消費は個人の自発的な選択に任せるのではなく，公的規制によって実現すべき（倫理的な生産と流通を義務づけるべき）ものであるとの見解も出されているという．とはいえ，新自由主義政策が世界の主流となっている中で，一国レベルで倫理的な規制を行うのは困難であるため，民間（消費者や企業）の自発的な倫理的イニシアティブが社会に広がって「デファクト・スタンダード化」することが，公的規制に結びつく，との指摘もある（前掲，「海外調査報告書」17 頁以下）．
37) 前掲，山本，216 頁．なお，念のため申し添えれば，山本氏はあくまで国内の生産者への注意喚起を意図しており，決して海外のフェアトレードを否定するものではないと推測される．
38) 前掲，辻村，19 頁．
39) 廣田裕之『社会的連帯経済入門　みんなが幸せに生活できる経済システムとは』集広舎，2016 年，105 頁．
40) 近藤康男「市民・民衆の経済としての民衆交易とフェアトレードを考える」，前掲，ALPA 編著，46 頁以下．
41) 以下の叙述は主として山本，前掲書による．
42) メーカーにとっての適正な価格は 150 円前後だという（同上，81 頁以下）．
43) メーカーは基本的に店頭価格の 65% 以下でスーパーに納入している．さらに「センターフィー」，「ピッキング料」，場合によっては「販売奨励金」なるリベートも支払わされているという（同上，79 頁以下）．
44) 同上，38 頁．
45) 前掲，辻村，24 頁．
46) 前掲，廣田，106 頁．
47) 前掲，辻村，253 頁．

48) 例えば，全国商工団体連合会「中小企業，中小業者の経営振興へ　公正な取引ルールの確立を」(2000 年 1 月 17 日)では，「公正取引確保法」(仮称)の制定を提案している．http://www.zenshoren.or.jp/shoukai/houshin/houshin/houshin04.html
49) 堀田氏も，「消費者が財貨の生産者であるとは限らないが，生産者はすべて消費者である．この意味において消費を主たるテーマにしたアソシエーションは直接に普遍性を帯びている」(前掲，堀田，15 頁)とする．
50) コープ沖縄の離島の農業生産について，従来の産直，地産地消をさらに発展させ，消費者発で生産者を励ます「地消地産」という取り組みも始まっている．
51) 「特集『誰かの笑顔につながるお買い物』コープ商品の利用を通したエシカル消費」co・op navi, NO. 798 (2018. 9) 4 頁以下，パンフレット『コープのエシカル』(2018. 3)
52) 辻村氏も前述の混成性モデルについて，特に生協組合員は，効用最大化の消費目標に対し「社会的価値観に基づく消費」目標の度合が高い，と評価する(前掲，辻村，14 頁)．
53) 生活クラブ生協と遊佐町農協の産消提携の事例について，前掲，辻村，182 頁以下を参照．
54) 地域型福祉生協の重要性およびコープあいちの取り組みについて，朝倉美江「地域型福祉生協への展望―コープあいちの実践から―」，前掲，小木曽・向井・兼子編，208 頁を参照．
55) 野口武著『タオルの絆 "あいち" からこの想いとどけたい』コープ出版，2015 年．
56) 「コープあいち　新しい福祉政策 "協同助け合い" の輪をつなげ広げる　私たちの地域ふくし」，2015 年 11 月．
57) 実際に，大量の宣伝チラシに紛れて組合員情報誌「ウィズコープ」を見逃しそうになることしばしばである．例えば，情報の種類によりチラシの色・サイズを分けるなど，情報発信の方法，形態などにも工夫の余地があるのではないか．
58) 農産物に同封されているアンケート用紙ももっと活用されてよいと思う．思いついただけでも，①届いた野菜や果実が美味しいと嬉しくて生産者に伝えたくなるが，小さな紙きれに手書きする必要があり案外面倒である，②記入した紙を配送日に担当者に渡すのを忘れる，③忘れずに渡してもフィードバックがない(本当に産地に届いているのか)などの点がある．「アンケートをやっています」という姿勢を示すだけの言い訳的な存在になっていないか？　例えば，QRL コードを付けてスマホからメッセージを入力，送信できる，といった工夫があってもよいのではないか．
59) 前掲，山本，9 頁．
60) 二村睦子「人口減少と共働きが進む今こそ参加のあり方を見直すべき」，『生協運営資料』，2018 年 1 月，45 頁以下．
61) 朝日新聞 2018 年 10 月 15 日付記事．
62) 「石炭火力投融資，大手銀が見直し　環境への配慮無視できず」(朝日新聞デジタル 2018 年 7 月 24 日付記事)，「(2030 SDGs で変える) ESG 投資が企業価値を上げる」(朝日新聞デジタル 2018 年 11 月 28 日付記事)．

# 第5章
# 格差社会における生協事業
―生協は変わる社会と消費にどう向き合うか―

加賀美太記

## 1. はじめに

### (1) 拡大する「格差」

「格差社会」という言葉が社会に定着して久しい．2006年には，「格差社会」が新語・流行語大賞にランクインするなど，拡大しつつある格差の存在が社会的な注目を集めた．10年後の2016年には，トマ・ピケティの『21世紀の資本』がベストセラーとなった．邦訳で600頁以上の重厚な学術書が異例の売れ行きを見せたことは，人々が格差に対して強い関心を寄せた証左であろう．

しかし，「格差」そのものは最近になって生じた問題ではない．ピケティが検証しているように，「格差」は揺れ動きながらも，常に存在してきた．日本では，戦後復興期から高度成長期にかけて経済的な格差が縮小し，1970年代には格差をめぐる指標の多くは底を打った．当時の日本社会は，統計上，国民の大多数がそれなりに豊かな生活を送る格差の小さな社会であり，「一億総中流」という言葉が示すように，人々にとって格差は後景に退いていた．ところが，日本が"Japan as No. 1"と呼ばれるほどの経済大国となった筈の1980年代になると，格差に関わる指標の多くが上昇へと転じた．たとえば，1980年代以降，所得格差の傾向を示す代表的な指標であるジニ係数が急激に上昇してきた（図1）．ジニ係数は，格差が全く存在しないときに0の値を，格差が極大となったときに1の値を取る．つまり，ジニ係数の値が1に近づくほど，その社会の格差は大きい．ジニ係数には，当初所得と，課税や社会保障給付などによる再分配後の所得（再分配後所得）を対象とした2種類があるが，1981年には0.35だった当初所得のジニ係数が2014年には0.57に達した．再分配後

所得のジニ係数も，1981年の0.31から2014年は0.37へと微増している．

「格差はなぜ拡大したのか」，あるいは「格差の何が問題か」といった論点について論者の意見は分かれているが，現在では「格差」の拡大という事実そのものは広く共有されるようになっている．

さらに，2008年のリーマンショック後の「派遣切り」をきっかけにして，所得格差以外の様々な「格差」にも，世の耳目が集まるようになった．正規労働者と非正規労働者の「格差」，男性と女性の「格差」，教育に関わる「格差」，健康にまつわる「格差」など，社会に存在していた様々な「格差」が具体的なイメージをもって語られるようになっている．

「格差」の存在が広く社会で認知されるにつれて，将来に対する漠然とした不安が広がりつつある．内閣府の『平成26年度　人口，経済社会等の日本の将来像に関する世論調査』によれば，日本の未来は「暗いと思う」と回答した者の割合は60.0％にのぼった．同じく内閣府の『平成29年度　国民生活に関する世論調査』では，生活の将来の見通しについて「悪くなっていく」という回答が23.6％，「同じようなもの」が65.2％を占め，「よくなっていく」という回答は9.4％に留まった．

将来への不安が募るのは，内需主導の経済成長から輸出中心の経済成長への日本経済の構造変化も影響している．日本は戦後復興の下で形成された分厚い中間層と，継続的な人口増加がもたらした旺盛な国内需要に支えられて，飛躍的な経済成長を遂げた．1990年代までの景気拡大期では，内需，とくに民間最終消費支出が寄与率において大きな割合を占めてきた．そのため，90年代までの経済成長は国内市場の成長や消費生活の充実と関連しており，経済成長が個人のくらしの豊かさとして実感できる経済構造であった[1]．しかし，バブル崩壊と90年代後半から本格化した長期の景気低迷は，国内市場の成長にブレーキをかけた．同時に，アメリカとの貿易摩擦，WTOへの中国加盟等をきっかけに，経済のグローバル化が進み，日本の経済構造が内需主導型から外需主導型へと変容した[2]．2008年のリーマンショックと2011年の東日本大震災の影響から，経済成長率に占める輸出の寄与率は2000年代半ばよりも低下したが，依然として日本経済の成長において輸出が重要な要素であることに変わりはない[3]．それまでの内需中心で成長してきた時代とは異なり，輸出中心の

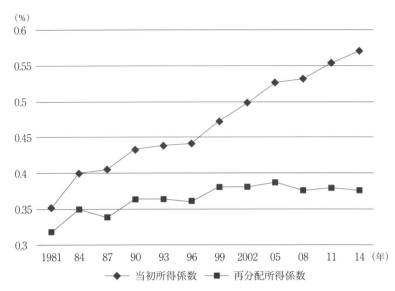

出所:厚生労働省「所得再分配調査」により筆者作成.

**図1　ジニ係数(当初所得および再分配所得)の推移**

　経済成長は,個人の生活の豊かさとは直接にリンクしない.そのため,数値上では経済成長が続いているにもかかわらず,くらしの中で人々が経済成長を実感しにくくなる.こうした国家や企業の成長と個人の生活実感との乖離が,人々の将来に対する漠然とした不安を煽っている.

### (2)「格差社会」と協同組合

　理想的な完全平等社会を除いて,どのような社会にも「格差」は存在する.しかし,あまりにも巨大な格差や,世代間で格差が固定化する構造が成立すると,その社会の活力は失われていく.くわえて,現代の日本は格差の拡大だけでなく,人口の急減,少子化と高齢化の進行,年金や医療などの制度疲労といった諸課題にも直面している.「格差社会」という言葉は,経済的格差の拡大に留まらず,一連の諸課題も含んだ現代日本の社会構造を表現する象徴的な言葉になりつつある.

では，そうした現代の「格差社会」において，協同組合の価値はどこにあるのだろうか．本章の核となる問題意識はここにある．利潤追求を命題とする営利企業，社会全体への奉仕を使命とする行政組織と違い，人々が自発的に立ち上がり，お互いに助け合い，直面する困難を克服しようとするのが協同組合だとすれば，古くて新しい「格差」という問題に対して，現代の協同組合はどのように向き合うべきなのだろうか．あるいは，どのようにそれを克服しようとしているのだろうか．

　本章では，以上の問題意識に基に，くらしに直結する協同組合として，消費生活協同組合（以下，生協）を対象に取り上げる．そのうえで，生協の核となる購買事業に焦点を当てながら，「格差社会」と呼ばれる現代日本の社会における生協の意義や可能性を検討する．

## 2．「格差社会」における消費と流通

### (1) 経済的要素の変化

　格差を捉える際，もっとも重視される指標は所得である．すでに述べたように，所得格差を示すジニ係数は1980年代から上昇を続けており，日本の所得格差は過去30年にわたって拡大してきた．では，所得は具体的にはどのように変化したのだろうか．

　図2は1世帯当たりの平均所得金額の推移を図示したものである．平均所得金額は1994年に664万円でピークを迎えた後，1998年頃から減少を始めた．2017年の1世帯当たりの平均所得金額は540万円，中央値は432万円であり，この20年間で所得は100万円近く落ち込んでいる．

　なお，厚生労働省の『国民生活基礎調査』は，おもな所得が給与所得以外の世帯（年金世帯など）も含んだ全世帯を調査の母集団としている．そのため，被雇用者の所得を対象とする国税庁の『民間給与実態統計調査』から，被雇用者の平均年給与所得も図2にまとめた．民間給与所得者の年収は1997年に平均467万円でピークに達した後，低下傾向に移った．2016年の平均値は421万円である[4]．こちらも20年間で50万円弱低下している．

　所得が低下したとしても，消費と貯蓄に振り向けられる可処分所得が上昇し

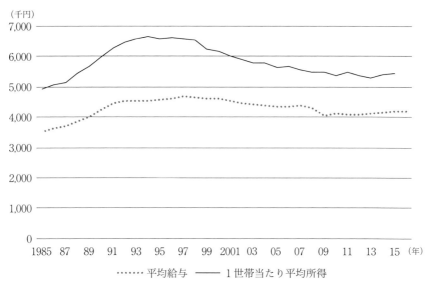

出所：厚生労働省『国民生活基礎調査』『全国消費実態調査』および国税庁『民間給与実態調査』
をもとに筆者作成．

**図2　1世帯あたり平均所得および民間平均給与**

ていれば，くらしは豊かになったと言えるかもしれない．しかし，可処分所得も減少傾向にある．総務省の『家計調査報告』によれば，2002年の勤労者世帯における1カ月の可処分所は約41万円だったが，リーマンショック後の2009年に約38万円へと急落し，2016年には37万円台にまで落ち込んだ．

　可処分所得が低下した要因は，次の2つだと考えられる．第1は，実収入における伸びが弱いこと，第2が，税・社会保障といった非消費支出の拡大である．2016年以降，人口減にともなう慢性的な労働力不足が顕在化しつつあり，求人倍率の改善や最低賃金の上昇などが起こっている．また，安倍政権も政策的に賃上げ圧力を強めてきた．しかし，こうした労働力需要の拡大や政策的な後押しも，可処分所得を大きく押し上げるには至っていない．むしろ，増加を続ける非消費支出の拡大が実収入の上昇分を相殺している[5]．

　ここまでのデータが示すように，現代の「格差社会」の特徴は，全体的な低所得化の進展，言いかえれば低所得層の拡大にある．これは世帯の所得分布に

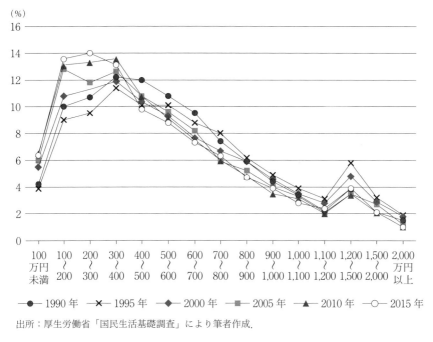

出所：厚生労働省「国民生活基礎調査」により筆者作成．

**図3　世帯の所得分布の推移**

はっきりと表れている．図3は1990年以降の世帯の所得分布を図式化したものである．1995年と2015年を比べると，500万円未満の世帯の構成比が大きく増加していることがわかる．

　では，なぜ低所得化は進んだのか．論者によって議論は分かれるが，おもには働き方や人口動態の変化を受けて進行していると考えられる．具体的には，高齢化，女性の就業率上昇，非正規雇用の拡大の3点である．

　第1に，高齢化の影響である．2017年の60〜69歳が世帯主の1世帯当たりの平均所得は約558万円であり，50〜59歳の約777万円から大幅に下落する[6]．定年を迎えると，年金生活への移行や雇用形態の転換（正規から非正規へ）が進み，また正規労働においても給与が抑制されるためである．戦後，日本では総人口に占める高齢者の割合が上昇を続けてきた．そのため，歴史が進むにつれて高齢者のボリュームが厚くなり，結果として低所得層の割合も上昇するこ

ととなったと考えられている．

　同様のロジックで低所得化に関わっていると考えられるのが，女性の社会進出の拡大である．女性の労働力率は，結婚・出産期にあたる20代後半から30代にかけて低下し，育児が落ち着いた時期に再び上昇するM字型カーブを描くとされてきた．しかし，男女雇用機会均等法をはじめとした法・制度の改善，配偶者の所得低下等を理由にして，25～39歳の女性の労働力率は上昇しており，M字型カーブの谷は徐々に浅くなってきている[7]．

　一方で，待遇改善が進んだとはいえ，女性は男性よりも賃金をはじめとして不利な立場におかれる状況に大きな変化は見られない[8]．また，就労女性の約55％が派遣社員やパートタイマー，アルバイトなどの非正規雇用である[9]．これらの要因から，被雇用者における女性比率が上昇することで，被雇用者全体の平均所得などが低下するといった影響が及ぶと考えられる．

　第3の，そして今日の所得にもっとも大きな影響を及ぼしているのが，雇用形態における非正規雇用の拡大である．とくに高齢労働者や女性労働者の雇用形態は，派遣労働者や契約社員（有期雇用契約），パートタイム労働者といった非正規雇用であることが少なくない．さらに近年，男女を問わず労働市場に参加し始める15～24歳から常に非正規雇用で過ごさざるを得ない人間が増加している[10]．総務省の『労働力調査』によれば，2017年の非正規雇用労働者の割合は37.3％，人数にして2,036万人である．非正規雇用の労働者は労働市場において流動性が高いため，多くの場合は正規労働者に比べて低賃金となる．厚生労働省の『平成29年　賃金構造基本統計調査』の雇用形態間賃金格差によれば，正規雇用の賃金を100としたとき，非正規雇用の賃金は65.5に留まる．こうした低賃金の非正規雇用が老若男女を問わず拡大していることが，低所得化の主な要因である．

### (2)　消費のあり方の変化

　「格差社会」への対応といったときには，様々な「格差」の是正が根幹となる．行政による課税と社会保障などの再分配政策がその中心だが，「格差社会」への対応は個々の事業者にとっても見過ごせない課題である．生協を含む流通業にとっては，購買や消費において，増え続ける低所得層に対応することが求め

られることになる．この課題に取り組むには，「格差社会」における消費の実情を把握することが欠かせない．なぜなら，流通の役割は，生産と消費の間に存在する複数の隔たりを架橋することであり，そのためには消費への正確な理解が必要不可欠だからである．

現代の「格差社会」の消費にかかわる最も重要な要因は，消費を最終的に左右する所得の低下傾向であり，これは実質的にも心理的にも消費を抑制する傾向に作用している．しかし，実際の消費は所得以外の要因からも影響を受ける．以下では消費にかかわる所得以外の要因として，消費資源としての時間，家族構成，消費者の価値観，情報化の進展，流通政策の5つを取り上げて，「格差社会」におけるこれらの要因の現状を把握しよう．

### ①消費資源としての時間

金銭と同様に，時間は消費を左右する重要な資源とされる[11]．時間に余裕があれば，消費者は情報を吟味し，店舗や商品選択に時間をかけるなど，より能動的な消費行動をとることができる．逆に時間が限られていれば，消費者は「お金で時間を買う」消費行動を志向するかもしれない．

消費者の大部分を占める勤労者については，消費資源である時間の多寡は，自身の労働時間によって左右される．日本では，労働生産性の向上や過労死への対策として，長時間労働の是正が提起されてきた．その結果として，1970〜80年代には2,000時間を超えていた年間実労働時間が90年代から低下しはじめ，2010年代には1,700時間台で推移するようになった．しかし，この低下はパートタイマーなどの非正規労働比率の上昇によるところが大きく，フルタイム労働者に限定すれば，実労働時間は2,000時間を超えたままである[12]．

また，女性の就労率が1990年代から上昇し，夫婦共働き世帯が増加したことで，世帯全体の消費時間は減少していると考えられる．80年代には共働き世帯が約600万，専業主婦世帯は約1,100万世帯だったが，90年代になると両者が約900万世帯で拮抗するようになった．2000年代に入ると，共働き世帯が増加する一方で，専業主婦世帯は減少を続け，2017年の共働き世帯は1,188万世帯，専業主世帯は641万世帯と，80年代とほぼ正反対の状況になっている[13]．

消費資源としての時間が増加しないなか,「お金で時間を買う」消費行動が増加しつつある.具体的には,生協やネットスーパーなどの食料品宅配サービスやアマゾンなどのネット通販の利用が拡大している[14].あるいは,調理時間を短縮できる総菜などの中食市場やミールキット,また,大型冷蔵庫や高性能オーブンレンジといった「時短」につながる白物家電製品の需要が増加傾向にある[15].

② 家族構成

消費に関わる要因の第2は,家族構成である.家族構成に関しては,高齢者の増加と単独世帯の増加という2つの傾向が指摘できる.

日本の高齢化率は2017年時点で27.3%となった.現代の日本は「超高齢社会」に突入している[16].高齢者の増加は世帯構成にも現れており,65歳以上の高齢者がいる世帯が全世帯に占める割合は,1990年は26.9%だったが,2017年には47.1%となっている[17].

家族構成のもう1つの大きな変化は,単独世帯の増加である.1990年代から単独世帯が増加を続け,総世帯に占める単独世帯の割合は2017年時点で約27%となった[18].なお,総世帯の約60%を核家族世帯が占めているが,核家族世帯を「夫婦のみ」「夫婦と子供」「男・女親と子供」に細分化すると,世帯数では単独世帯がもっとも多くなる.

さらに,現代の単独世帯は,若年から高齢者までの幅広い年齢層に広がっている.1990年代までの単独世帯は,進学・就職を機に親元を離れた若年未婚者が中心だったが,2000年代に入るとそれらの層が徐々に縮小し,代わって配偶者との死別等による高齢者の単独世帯が増加した.さらに生涯未婚率の上昇にともなって,中年期以降の未婚者の単独世帯も増加傾向にある.現在の単独世帯は,90年代までのような一人暮らしの若者だけではなく,中年以降の未婚者や高齢者の一人暮らしまで多岐にわたる[19].

単独世帯における年齢の多様性は,経済面での多様性にもつながる.まず,同じ単独世帯であっても年齢による所得差は大きい.また,同じ若年・中年単独世帯であっても,雇用形態や性別によって世帯所得に差が生じる.さらに,高齢者は一人ひとりの貯蓄額や年金額に大きな差がある.そのため,「30代男

性の単独世帯は消費力がある」，あるいは「シニアの単独世帯は金融資産に支えられて裕福である」といったように，世帯類型に基づいて消費条件や消費行動を一律に想定することが難しい．同じ単独世帯であっても，その消費実態は多様なのが現状である．

③消費者の価値観

　第3の要因は，消費者の価値観である．消費者の価値観は，2000年代以降，二極化と評価基準の多様化といった変化を見せている．

　二極化とは，様々な分野において高額製品・サービスと低額製品・サービスの双方が売れる現象を指す．三浦によれば，消費の二極化を生み出している要因は2つあり，1つは階層要因（格差要因）であり，もう1つが関与要因である．前者は富裕層と低所得層それぞれの拡大によって，高額商品・サービス市場と低額商品・サービス市場がともに拡大することを意味する．後者の関与とは，消費者のこだわりや思い入れを意味する．関与要因による二極化とは，消費者にとって高関与な分野については品質を重視してプレミアムを支払うが，それ以外の低関与な分野は可能な限り安価で済ませようという消費行動を意味する．三浦は，現在の消費の二極化は関与要因の影響が大きく，その実態を「中流層（ミドルクラス）の消費分化」であると指摘した．ボリュームゾーンである中流層の所得低下が進み，消費に回せる予算が限られる過程で，消費の満足度を高めるために高関与と低関与に消費支出を分化させたことで，消費の二極化が顕在化したという[20]．

　低所得化が進むことで，この傾向が強まっている．こだわりのある製品・サービスと，そうではない製品・サービスという，異なるカテゴリー間での消費支出の分化（二極化）に留まらず，日用品や食品といったコモディティ化の進んだ同一カテゴリー内でも，特徴的な消費行動として注目されるようになっている．たとえば，食品流通業において成城石井などの高級スーパーやカルディファームのような輸入食品店が堅調な業績を示している．高級スーパーや輸入食品店のマーチャンダイジングの主力は，比較的高価格，かつ非日常的な要素を核としたデリカテッセンや常温加工食品といったカテゴリーである[21]．低所得化が進行する一方で，こうした高価格帯商品を核とする業態が伸びてい

るということからは，日常的な消費においても，メリハリのある消費行動を消費者が志向していることが窺える．

　もう1つの価値観の変化は，評価基準の多様化である．2010年代に入り，エシカル消費や倫理的消費といった消費行動が注目されている[22]．これはフェアトレードやカーボンフットプリントなど，途上国の支援や環境問題への対応といった社会貢献を，消費を通じて実現しようとするものである．あるいは，体験や経験を重視した消費行動であるコト消費も増加している[23]．これらの消費行動の拡大は，品質や価格以外の評価基準が消費者にとって重要になっていることを意味する．

　評価基準の多様化は，高度成長期以降の経済成長を通じた消費の成熟化によるところが大きい．内閣府の『国民意識調査』によれば，消費において「心の豊かさ」を重視するとの回答が，2017年には62.6％になった．消費において精神的な充足を求める価値観の広がりが，倫理的消費やコト消費の拡大を支えている．

　また，評価基準の多様化はメーカーや生産側の事情もある．製品・サービスの品質の向上や多機能化により，消費者の知覚品質を絶対品質が恒常的に上回るようになってしまったため，現在では品質や性能で消費者に訴求することが困難になっている[24]．そのため，社会貢献や個人的な体験といった，消費者の価値観やパーソナルな部分に訴求する売り方やものづくりが広がっている．

④情報化の進展

　4つ目の消費に関わる要因は情報化の進展である．総務省の『情報通信白書』によれば，2017年時点でインターネット普及率は80％を超え，スマートフォンの普及率も50％を突破した．インターネットは社会インフラとなり，消費における情報化も急激に進んでいる．2017年の消費者向けEC（電子商取引）市場は16兆5,054億円と，2010年の約2倍の規模に拡大した．近年は，メルカリやヤフオクといったC2C市場が急成長してきている[25]．

　情報化の進展は個人の消費行動にも大きな影響を与えている．低所得層の拡大を特徴とする「格差社会」でも増加を続ける数少ない支出費目が通信費である．総務省の『家計調査』によれば，2000年に年間10万4,904円だった電話

通信料が，2017年には12万2,207円となった．近年，携帯電話の利用料金の値下げが政策的に言及されているが，これは，通信の利用環境を整えることがくらしにおいて重要になっており，通信費が有権者の強い関心を引くことを背景としている．

⑤流通政策

消費に関わる要因の第5が流通政策である．昨今の流通政策の変化を象徴するのが，2000年の大店立地法の廃止である．大型商業施設の設置と運営を規制する同法は，地域商業の健全な発展を目的として制定されたが，1990年代の規制緩和の流れのなかで撤廃された．

同法の撤廃後，ショッピングモールなどの大型商業施設の建設が全国各地で相次ぎ，それに代わって地域商業の衰退が顕著となった．地域商業は店主の高齢化や後継者不足といった課題も重なり，その数を減らしている[26]．

その結果として，生活圏に商店がなくなり，日常の買い物に困難をきたす「買物弱者」や「買物難民」といった問題が提起されている．とくに自動車や公共交通機関の利用を前提とした大型商業施設は，高齢化や過疎化によって交通手段が限定されるようになった地方在住の高齢者の消費に大きな影響を与えている[27]．

ここまで消費資源としての時間，家族構成，消費者の価値観，情報化の進展，流通政策という5つの要因を整理した．前項の低所得層の拡大を前提として，近年の消費者の実態として改めてまとめれば，重要な点は次の2つである．

第1に，消費者像はかつてよりも多様化した．拡大する低所得層は，年齢・性別・価値観・世帯類型など，何かしらの共通項があるわけではない．個人の中でも高関与消費と低関与消費への二極化傾向がみられる．そのため，「格差社会」と呼ばれる今日は，平均的な消費者像を描きにくい社会に変化したといえよう．

第2に，そうした多様な消費行動の背景として，消費に関わるいくつかの制限が存在する．たとえば，消費に回せる所得や時間の低下といった制限，平均的な消費者像との乖離から生じる購買時の選択肢の少なさという制限，あるい

は地域商業の衰退にともなう購買先選択の制限などである．こうした制限に消費者自身が対応して，個人の消費の満足度を高めようとしたのが二極化現象であった．また，消費が個人の行動である以上，二極化の対象は個人で異なり，結果としてさらなる消費の多様化がもたらされている．

### (3) 「格差社会」における流通企業の戦略

　前述のような「格差社会」における消費の実態に対して，大手流通企業はどのように対応しようとしているのだろうか．また，そうした流通企業の対応は社会的にどのような役回りを演じているのだろうか．

　まず，低所得層の拡大による消費制限という「格差社会」の特徴に対応するため，現在の流通企業は，徹底的な低価格の追求を戦略の根幹にすえている．この低価格を実現する具体策として，2000年代以降に流通企業の間で本格化したのが，プライベート・ブランド（PB）商品の活用である．PB商品は，広告宣伝費の削減，全量買い取りによるスケール・メリット，メーカーの空きラインを活用することによる生産コスト削減などに基づいて，ナショナル・ブランド（NB）製品よりも低価格を実現することができる．そのため，低価格化への対応策として，流通企業各社はPB商品の積極展開を進めている[28]．

　時間面での消費制限に対しては，ICTの活用を進めている．2017年，アマゾンが生鮮食品の取り扱いを強化したのを機に，流通業におけるICT活用の動きはいっそう活発している．2018年には，大手流通企業がICT系企業と連携する方針を相次いで発表した．これらの連携の基本的な目的は，既存の生鮮食品流通とネット通販のシステムを組み合わせ，時間に縛られない利便性の高い消費環境を整えることで，小売企業としての差別化を実現しようとするところにある．一人ひとりの消費者が，各自の低関与消費に関わる時間はできる限り抑制しようとする「時短」のニーズが拡大する中で，流通業各社はICTの活用による対応と，それを武器とした差別化を図っている．

　さらに，多様化する価値観と低所得層の拡大という現実に対応するため，老若男女の消費者に共通する要素を見つけ，「価値があるのに低価格（バリュー・フォー・マネー）」というブランド・イメージの構築を追求するマーケティング戦略もある．コモディティ商品のなかでも，相対的に高価格を維持する無印

良品やユニクロといったブランドが典型的な成功例である．また，アイテム単品の品質を高めつつ，全国チェーンの販売力でスケール・メリットを発揮し，高品質かつ低価格を実現しているセブンプレミアムなども成功例に数えられよう．共通するのは，個別顧客の一人ひとりのニーズに適応するのではなく，複数のターゲット・セグメントを設定しつつ，それらに同時にアプローチできるアイテムやブランド・イメージを追求することで，価格に比して高品質という条件をクリアしている点である．

　こうした流通企業の一連の努力によって，消費者は低所得でありながらも，比較的よい商品を，手頃な価格で，高い利便性の下で消費する生活を送ることが出来ている．こうした環境を流通企業が整えざるを得ないのは，「格差社会」においても，日本の消費者の「タフさ」は減じていないからである．

　もともと日本の消費者は，世界的にも「タフな」消費者であると指摘されてきた．三浦は，そうした「タフさ」を，消費者が多様な選択肢を求めつつ，選択基準は厳しく，基準が時間的・集団的に変動するという3点にまとめている[29]．1990年代までの日本の小売企業は，こうした「タフ」な消費者に対応するため，鮮度や品質に優れた商品を比較的安価で流通させる日本的流通システムを構築してきた．しかし，低所得層の拡大が本格化した2000年代以降，流通業は価格競争に対応しつつ，消費者の眼鏡にかなう価値ある商品を価値ある売り方で供給することが求められるようになった[30]．そのための具体的な手法が，先述の3つの事例に代表される戦略である．

　低価格かつ便利な流通は，現在の消費者にとって欠かすことのできない要素である．他方で，そうした流通の存在が消費者自身を縛っている面もある．仲上は，近年の流通業の役割を「デフレ支援」と位置づけ，低価格で便利な流通を構築する個別流通業の戦略が，低所得での労働力の再生産を可能にする消費環境を構築しており，そのために労働力の再生産価格の上昇が抑制され，結果的に消費市場がさらに縮減するスパイラルに陥っていると指摘した[31]．流通の社会的使命は，生産と消費との橋渡しにある．「格差社会」という条件の下で，それなりに豊かな消費を実現させようとする流通活動が，結果として「格差社会」の固定化につながっているという指摘は，「格差社会」における流通を検討する際に無視しえない指摘ではないだろうか．

## 3. 「格差社会」における生協組合員

前節は「格差社会」における消費者と消費の実態，そして流通業の戦略を取り上げて整理した．次いで，同じ「格差社会」という環境にある組合員の実態や生協の対応を見てみよう．

### (1) 生協組合員の現状

低所得層の拡大や単独世帯の増加，情報化の進展といった消費者全体に生じた変化は，組合員にも現れているのだろうか．以下では，おもに日本生協連による『全国生協組合員調査』に基づいて，「格差社会」における組合員の特徴を確認しよう[32]．

まず，組合員の所得についてである（図4）．夫婦合わせた年収は，200万円未満が9.8%，200〜400万円未満が30.5%，400〜600万円未満が20.6%，600〜800万円未満が13.0%となっている．ボリュームゾーンは過半数を占める200〜600万円未満の層だが，徐々に低所得層の割合が増加している．総務省の『家計調査』によれば，世帯所得200〜600万円未満の割合は約53%なので，生協組合員の構成と一般消費者との間に大きな差はみられない[33]．ただし，『家計調査』では200万円未満の構成比が約20%と，生協組合員の倍以上の値を示している．そのため，社会全体と比較したときに，生協組合員には低所得層の比率がより低い傾向が見て取れる．

組合員の平均年齢は55.9歳となり，過去最高を更新した．60歳以上の組合員比率は47.8%に達しており，総人口の高齢化率27%を大きく上回っている．生協組合員の高齢化は，社会よりもはるかに進行している．

世帯構成を見ると，「夫婦のみ家族（24.9%）」，「夫婦と子供からなる家族（45.1%）」，「母子・父子家族（5.0%）」の核家族世帯が全体の75%を占めている．逆に単独世帯は9.6%に留まった．厚生労働省の『国民生活基礎調査』によれば，単独世帯は総世帯の約27%なので，生協組合員の単独世帯の占める割合は社会全体を大きく下回る．なお，組合員の年齢で世帯類型を区分すると，70代以上から単独世帯が急増する．生協組合員の単独世帯の多くは，配偶者

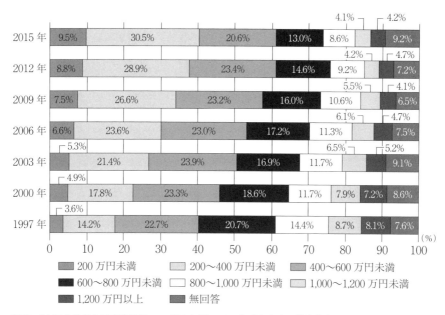

出所：『全国生協組合員意識調査』の2012年度，2015年度を参考に筆者作成．

**図4　組合員の世帯所得の構成比**

と死別した高齢単独世帯だと考えられる．

　情報化の程度はどうだろうか．組合員におけるスマートフォンの利用状況は40.5％であり，一般と同程度にスマートフォンの普及が進んでいる．一方で，インターネットの検索サービスを「利用している」は56％，インターネットでの生協商品の購入を「利用している」は13.5％，生協以外の商品やサービスのインターネットでの購入を「利用している」は39.6％となっている．総務省の『情報通信白書』によれば，二人以上世帯において，ネットショッピングを利用する割合は27.8％，月間支出総額は3万678円である（2016年）．ネットを通じた生協からの購入は，平均的なネットショッピングの利用率とでギャップがあるが，一般的なネット利用の状況そのものでは，組合員世帯と社会平均の間に大きな差は見られない．

　年齢別では，20〜40代が積極的にインターネットを利用している．同年代

では，検索利用が約9割，生協商品の購入利用が約3割，一般の商品やサービスの購入が約6〜7割となっている．インターネットの利用率は50代から低下し，60代以上では約3割の利用に留まる．しかし，『情報通信白書』によれば，60代以上のネット利用率は約70%（60〜79歳の平均）と組合員平均よりも高く，同年代のネット利用者のネットショッピング利用率も7割を超える（2016年）．このデータの比較からは，生協組合員においてもスマートフォンなどの普及もあり，ネット利用そのものは普及しつつあるが，高齢組合員のネット利用率が社会全体と比べて相対的に低い傾向が見いだせる．

組合員の購買行動については，近年，特にこだわりなく生協を利用するケースが増えている．価格や利便性などの条件をスーパー等と比較して，選択的に生協を利用する組合員が増加している．品目等を詳しく見ると，以前から最もよく利用する購入先として生協が選択されていた品目であった「牛乳」が2012年に，「米」は2015年に，購入先選択でスーパーと同率，あるいはスーパーを下回った．かわって2015年時点の生協で最もよく購入する品目は「冷凍の素材」「冷凍の調理品」があがっており，冷凍食品カテゴリーの重要度が相対的に向上している．

また，生協に期待する要素については，「安全・安心」を重視する回答が多いが，「安さ」を求める声が徐々に増えてきている．先の購買行動とあわせると，商品やサービスについて「生協でなければ」というこだわりは薄れつつある．そのうえで，生協には「安全・安心」で，できる限り「安く」，さらに宅配の「利便性」をさらに高めて欲しいという組合員からの期待が見て取れる．

### （2） 生協組合員の特徴と事業の課題

一般的な消費者属性と生協組合員との差異で目立った部分は限られていた．これらの差異がなぜ生じたのかを考えると，生協事業の特徴が組合員を選別する側面と，類似した属性の組合員の存在が生協事業のあり方を規定する側面の2つがある．

両者は複雑に絡み合っているが，ここでは前者の視角から生協組合員の特徴と，今後の組合員の推移から予想される課題を考えてみよう．

まず，所得面で生協の組合員に占める富裕層の割合は，社会平均と乖離して

著しく高いわけではない．社会平均である 200〜600 万円世帯が，生協組合員においてもボリュームゾーンである．しかし，200 万円未満の低所得層の比率が低いことは，厳しいくらしを送らざるを得ない人々ほど，生協を利用できていない可能性を示唆している．

世帯類型では，単独世帯が社会平均を大きく下回る．現状，多くの生協にとって，組合員の標準世帯モデルは核家族世帯である．このため，生協の利用方法や取扱商品が，単独世帯にとって利用しにくい状況にあり，それが単独世帯の構成比が小さい背景である可能性が示唆される．

情報化については，スマートフォンの普及状況などには社会平均と差はない．しかし，高齢者のインターネット利用率には顕著な差が出ている．無店舗事業においてカタログと OCR という仕組みが構築されていることで，無理にインターネットを利用しなくとも購買ができるため，こうした差が生じていると考えられよう．

2018 年現在，全国の生協の世帯加入率は 40% 近くまで上昇している[34]．現在の生協は「一部の特殊な人たち」の組織ではなく，多くの消費者にとって購買先の選択肢のひとつとなっている．しかし，生協の事業上の特徴から，万人が普遍的に利用できる状況にはなっていないということも，組合員の特徴からは見て取れる．

では，組合員の属性から考えられる今後の生協事業の課題は何だろうか．1 つは，増加が見込まれる高齢単独世帯への対応である．現在は「夫婦のみ」「夫婦と子ども」の核家族世帯が生協組合員の中核である．しかし，生協組合員の高齢化は顕著であり，徐々に組合員の単独世帯が増加している．その多くは配偶者との死別や，子どもの独立によって単独世帯となった高齢者世帯である．こうした層がボリュームゾーンとなることを見据えた事業構造の構築が必要である．

もう 1 つは，低所得層の拡大への対応である．低所得層が拡大するなかで，生協組合員にも同様の傾向が現れてくるだろう．事業の継続性を考えると，加入を促進すべき若年層において，とくに低所得であることが想定される．現在の組合員に占める低所得層の割合が低いことから，低所得層が生協を利用できていない可能性が示唆されている．なぜ，彼らは生協を利用しないのか．ある

いは利用できないのか．実際に価格が彼らにとって高いのか．あるいはそう「思われてしまっている」のか．こうした点を精緻に分析する必要がある．さらに問題は，低所得の消費に関わる資源は，所得だけでなく，時間や情報といった他の部分でも限られていることにある．アメリカの経営学者のプラハラードは，途上国における貧困層の人々は，所得だけでなく，情報や時間といった消費資源が制限されていることで，先進国の人々が想像する以上に「高い」商品を買わされていると指摘し，そうした「貧しいが故の不利益」の是正を訴えた[35]．これは程度の差こそあれ，日本の低所得層にも当てはまる．非正規で長時間労働を強いられているため，時短を求めて相対的に「高い」価格にもかかわらず，最寄りのコンビニで商品を買ってしまう行動などは典型であろう．所得低下に対応するための低価格化を追求するだけではなく，「貧しいが故の不利益」を克服するための事業をどのように構築するのか．消費者の協同組合である生協には，更なる挑戦が求められている．

## 4. 「格差社会」に向き合う生協事業

ここまで格差社会における消費者と組合員の現状を整理した．近年は低所得層が顕著に拡大しているだけでなく，消費に関わる様々な要素も大きく変化した．変化した消費に対応するため，流通企業は様々な工夫を進めている．それでは，格差社会において変わりゆく消費に対し，生協はどのように向き合っているのだろうか．

### (1) CO・OP 商品の意義と課題

生協の購買事業の躍進を支えた仕組みの1つが，生協のPB商品であるCO・OP（コープ）商品である[36]．1960年に生まれた「CO-OP生協バター」を出発点にして，CO・OP商品は組合員に親しまれる存在となっている．日本の大手小売業がはじめてPB商品を販売したのも1960年代だと言われる[37]．半世紀にわたる日本PB史において，ブランドして生き残ったPBは限られる．その代表例が，CO・OP商品と西友発のPBである「無印良品」である．流通革命の旗手であったダイエーの「セービング」，「業務改革」を掛け声に経営不振

を乗り越えたイトーヨーカドーの「カットプライス」など，これまで多くのPB が生まれたが，その多くは競争のなかで姿を消した．この事実は，CO・OP商品が日本の PB 史において稀有な存在であることを示している．

しかし，2000 年代に入って低価格競争が本格化すると，小売業にとって PB商品は重要な差別化要素かつ利潤源泉となった．そのため，大手小売業はかつて以上に PB 商品を重視するようになっている．現在の小売 2 強の一角であるイオンの「トップバリュ」は約 6,000 品目，売上で約 7,700 億円の規模に達している[38]．もう一角のセブン＆アイの「セブンプレミアム」も，品目数こそトップバリュより少ないものの，競争力のある商品開発によって年商 10 億円を超えるアイテムを複数抱え，ブランド全体の売上は 1 兆円を超える[39]．

低所得層の拡大，さらに強力かつ多様な競合 PB の登場という状況は，90年代までとは明らかに異なる競争環境である．こうした新しい競争環境への対応を視野に入れながら，日本生協連では 2015 年から CO・OP 商品のブランド刷新を進めている．このブランド刷新の意図は，体系的なブランディングによる CO・OP ブランドの再構築にあり，商品に関わる「組合員とのコミュニケーション」を重視した様々な取り組みが進められている[40]．

一連のブランド刷新の意義が明らかになるのはこれからだろうが，「格差社会」という情勢の下で，CO・OP 商品が向き合うべき課題として次の 3 点をあげることができよう．

第 1 は，価格競争にどのように対応するのか，という点である．本章でこれまで繰り返し論じてきたように，格差社会の消費を変化させた大きな要因は，低所得層の拡大である．低所得化は直接的に消費を制限するだけでなく，心理的な作用によって消費の抑制傾向に拍車をかけている．こうした状況から，低価格を実現することは競争の前提となった．もはや「モノが良い」ことは当然として，いかに低価格で「モノが良い」商品を供給できるか，という点が競争の焦点である．

『全国生協組合員意識調査』において，「安さ」という組合員ニーズが上昇してきた事実が示す通り，組合員の利用を促進するためには低価格の実現が欠かせない．低価格化は店舗や宅配の運営方法やシステム，サービスにも左右されるが，事業全体の低価格化の決定打となる要素は商品である．1960 年代の出

発点から，CO・OP 商品にとって価格は重要な案件であった．たとえば，1960 年代の CO・OP 商品にはメーカーの管理価格への対抗という要素が多分に含まれていた．当時は，小売価格までをメーカーが決定する管理価格が一般的であったが，それを良しとしない生協は自らで値付けをしたため，しばしば荷止めや出荷制限などを受けていた．メーカーの管理価格に縛られることなく，かつ安定的に商品を供給する．そのための方法が PB 商品だったのである．また，小売業の低価格競争が激化した 1990 年代には，日本生協店舗近代化機構（COMO-Japan）が設立され，「良品・低価格コープ商品」などが相次いで発売された．COMO-Japan は 2000 年に解消されたが，この動きは 2006 年の「新・低価格商品」や 2010 年の「コープベーシックシリーズ」など，2000 年以降における低価格挑戦の下地となった[41]．こうした歴史を踏まえ，小売業にとって当然の課題ともいえる低価格化を追求することが第 1 の課題である．

　第 2 に，そうした競争条件の下で，事業主体としての自らのコンセプトをより明確にすることも課題となる．大手小売企業や大手ボランタリーチェーンのほとんどが PB を展開するようになり，かつてに比べて PB そのものが市場において多様化している．同時に，価格レンジや消費者への訴求点における多角化が PB でも進んだ．もはや PB は単なる低価格品の代名詞ではなく，各企業の個性が現れるブランドである．この点で代表例は，イオンの「トップバリュ」であろう．トップバリュは，同一 PB 内において，品質でも価格でも NB を上回る高価格帯 PB，NB よりも相対的に低価格で一定品質の中価格帯 PB，圧倒的な低価格を実現する低価格帯 PB の 3 層構造を形成している．さらに消費者に対する訴求点も，環境に配慮したグリーンアイなど，非価格競争を意図したブランドの多様化を推し進めている．イオンの PB 体系は，消費者の多様なニーズのすべてを自社 PB 内で取り込むことを企図したものであり，程度の差はあれ多くの小売企業がイオンと同様に PB の多様化を進めている．

　現代の CO・OP 商品は，NB だけでなく，こうした多種多様な PB とも競合しつつ，自らのポジショニングを決定しなければならない．以前であれば，CO・OP 商品の競合は基本的に NB であり，「メーカーとは違う」という基点から，ブランドメッセージや価格における差別化を具体化できた．しかし，小売ブランドである PB の普及と多様化は，CO・OP 商品と直接的に競合するブラ

ンドの登場を意味する．「CO・OP」は激化する低価格競争とブランド間競争において，トップバリュのように低価格帯から高価格帯までの幅広い価格レンジを網羅する体系を目指すのか．あるいは，格差社会の中で広がる低所得者に向けて，低価格帯を重視するのか．それとも，生協への期待度が高い安全・安心を追求するために，コストをかけられる高価格帯に絞り込むのか．はたまた，安全・安心と品質のためにコストをかけながら，独自の具体策で低価格を実現するのか．選択肢は複数あるが，何よりもまずは生協自身が社会の中でどうありたいのかという，根本的なコンセプトが不可欠である．

第3に，いずれのポジションをとるにしても，生協が望む価格や望む品質を実現するための方法を再開発しなければならない．これまでの CO・OP 商品は，メーカーの管理価格の拘束を逃れることや，事業連合または全国規模での開発・供給というスケール・メリットの追求，PB 化による流通コスト削減分をメーカーと分かち合う協力関係の構築などによって，低価格や高品質を実現してきた．しかし，他の小売企業が圧倒的なボリュームとバイイングパワーの下で PB を展開し，商品開発のノウハウを蓄積し，トップメーカーが戦略的に PB に参入するなかで，競合から学びつつ，生協らしい PB を開発する新しい手法が求められている．

そのときに必要になるのは，取引先との強固な協力関係である．しかし 2012 年に日本生協連が下請法違反で 39 億円の是正勧告を受け[42]，食品産業センターが実施した全国の食品製造業 1,700 社を対象とした調査によれば，他業態よりも数値は低いながら，生協からも「不当と感じられる値引き要求があった」と回答されている[43]．「協同」を理念に掲げる生協が，取引先との敵対的関係や支配従属関係を構築することは，良いことではないだろう．一連の問題を真摯に振り返りながら，厳しい価格競争への対応において，「協同」という理念に基づいて，どのように新しい工夫を生み出すか．生協自身が強く問われている．

(2) 店舗事業の課題と意義

消費において，購買の場となる店舗の重要性は言を待たない．現在，生協の店舗事業は無店舗事業に比べて厳しい状況にある[44]．そもそも店舗事業は他

の小売企業との競合が激しい．総合・食品スーパーや国内 5 万店舗を突破したコンビニエンスストア，伸長著しいドラッグストアなどを含め，飲食料品を取り扱う業態は国内に数多く存在しており，事業所は 20 万を超える[45]．これに日本の消費者に特有の「タフさ」が重なり，日本の食品市場は世界的にも稀な，多数のプレーヤーが激しくしのぎを削りあう競争環境となる．

　さらに，生協は無店舗事業との両輪で店舗事業を営んでいるため，取扱商品に関して固有の難しさを抱える．それは無店舗と店舗では，それぞれに求められる商品の性質が異なることから生じる．たとえば，カタログにおいて見栄えするパッケージと店頭で魅力的に映るパッケージは，必ずしも同じデザインとは限らない．あるいは，店頭で好まれる商品分量よりも，無店舗で嗜好される商品分量は多めになる．しかし，それぞれに専用商品を開発し，それだけで事業を営むには多額のコストが必要となる．そのため，生協は常に両者のバランスを意識した商品開発・調達を進めなければならない．

　多くの生協は，こうした厳しい競争環境でも店舗事業の生き残りをかけて，様々な実践に取り組んでいる．そうした実践のひとつで，ユニークな事例が，コープあいづが展開する BESTA 業態と呼ばれる店舗事業である．

　コープあいづは，もともと店舗事業を中心とする，福島県会津若松市を事業エリアとする地域生協である．しかし，大手スーパーとの競合から店舗事業の大幅な見直しを迫られ，2009 年度から既存店舗を BESTA 店と呼ばれる新しい業態へと転換した．BESTA 店のコンセプトは「生活防衛型の低価格店」であり，競合の大手スーパーと比べても価格競争力を発揮しており，組合員から高い支持を集めている[46]．

　では，「低価格店」である BESTA 店はどのような仕組みで運営されているのだろうか．

　BESTA 店の低価格を支える基本的な仕組みは，大量購入と経費率の引下げである．大量購入については，現金問屋なども活用して低価格で仕入れるとともに，倒産品や在庫品などの情報をバイヤーに集中して機動的に仕入れができる体制を整えている．こうして仕入れた商品は「非定番商品」と呼ばれ，BESTA 店の 1 つの目玉となる．同時に，バイヤーの育成と地元企業との信頼関係の醸成にも力を入れており，市場や地元卸売業との関係性に基づいて低価

格での仕入れを実現している．経費削減については，営業時間を短縮して経費を削減する一方で，鮮度維持のために商品の売り切りを追求し，時間帯ごとの細やかな価格コントロールをおこなっている．あるいは，農産物は戸板販売のように基本的に非冷で販売するなどの仕組みも取り入れている．一連の経費削減の仕組みそのものは，もともとはローカルスーパーから学んだものであり，値段を下げるには想像以上に様々な工夫があることに気づかされたという[47]．

　BESTA店は企業から学んで低価格を実現しており，その意味で手法そのものにユニークさはない．むしろBESTA店，あるいはコープあいづの特徴は，自らの「生協らしさ」を低価格の追求として打ち出した点にある．

　会津若松地方の経済事情から，組合員の「低価格」への期待は大きい．実際，コープあいづの組合員アンケートによれば，コープあいづを利用する主な理由は「価格が安い」からとなっている．もちろん「安全・安心」を期待する組合員も少なくはない．既存店舗のBESTA店への転換に際しても，組合員からの不安の声も聞かれたという．しかし，組合員に丁寧に説明を行い，また「安全・安心」を妥協することなく，合理的な仕組みでもって「価格も安い」を追求することにしている．こうして「組合員の声」に丁寧に応えることが評価されたからこそ，競合の激しい地域でも，店舗を運営できているのだという[48]．

　コープあいづの事例からは，競合の激しい店舗事業においても，CO・OP商品同様，自らのポジショニングを明確にすることの重要性についての示唆が得られる．鍵は「組合員とのコミュニケーション」である．BESTA店はコープあいづ自身が述べるように，単なるディスカウント業態ではなく，「低価格」を求める組合員の声に生協がどうやったら実現できるかを考え抜いて，工夫と修正を続けながら取り組んできた成果である．「低価格」という明確なコンセプト，それを組合員に納得してもらうための丁寧なコミュニケーションが，BESTA店の支えである．今後，全国的に低所得化が進み，より価格にこだわりを持つ層が増えてくる．同時に，これまで培ってきた「安全・安心」について生協は，他の小売企業以上に高い期待を受ける．この両立をどのように追求するのか．店舗を運営するうえで事業的な工夫が強く問われている．

　また第2の課題として，生協の店舗事業については，そうした消費を支える側面とともに，店舗を地域社会の中で活かすこともあげられる．

かつて，商店街や個人商店などの地域商業は，人々の集いの場となり，地域における互いの関係性を取り結ぶ結節点として機能してきた．しかし，大店法の廃止や酒販取扱規制などの規制緩和，あるいは事業主の高齢化によって衰退の一途にある．地域から商業機能が失われ，大型商業施設などに商業機能が集約されることは，消費生活的には肯定的な側面もある一方で，地域社会の持続性に大きな影を落としている．これまで生協は地域商業者から生活の糧を奪う対象として目の敵とされることも少なくなかったが，現在では地域に根差した組合員組織という特性から，持続的な地域商業の担い手としての生協の店舗が重要視されるようになっている[49]．また，組合員の属性の変化から，彼らの買物行動や条件も変わっている．共働き層の拡大によって，子育て層はかつてよりも消費に回せる時間の制限が増え，高齢化は移動を困難にして日常の買物圏を縮小させている．

　こうした状況に対して，店舗と無店舗という2つの事業の軸を持つ生協だからこそできることもあるだろう．現在の組合員の属性，さらに彼らが暮らす地域社会とも向き合いつつ，無店舗事業との連動も図りながら，地域で必要とされる店舗を運営する．一筋縄ではいかないが，生協の店舗事業にはそうした社会的使命も期待されていることは意識すべきであろう．

### (3) 無店舗事業の意義と課題

　生協にとって無店舗は事業の中心である．厳しい店舗事業を無店舗事業でフォローする構造が，多くの地域生協で長く続いてきた．無店舗事業が本格的に拡大を始めたのは，1970年代からである．当時，競合がほとんど存在しない食品宅配というブルーオーシャンに乗り出した生協は，班別共同購入という事業イノベーションを起こして，圧倒的なシェアを獲得することに成功した[50]．現在でも，生協は4～5割近いシェアを占める通販市場のガリバー的存在である[51]．

　しかし昨今，大手流通企業が相次いで食品宅配・通販へと進出を進めており，また組合員の変化にともない無店舗事業を支える強みや環境も変化してきた．こうした状況において，無店舗事業にはどのような課題があるのか．あるいは，生協の立ち位置から無店舗事業には何が期待されているのだろうか．

無店舗事業を取り巻く環境の変化において重要なのは，大手流通企業の食品通販・宅配市場への参入と再編である．その際，インターネットの活用を企図した企業間提携が目立っている．前述のとおり，これらの連携はインターネットを通じた注文と即日宅配などの高い利便性を打ち出すことで，時短ニーズを強める消費者への浸透を図るものである．小売企業最大手のイオンはネットスーパーだけでなく，生協モデルの導入にも挑戦している．日本型生協の競争優位となった共同購入は，週ごとの予約購買を特徴とする．機会ロスと廃棄ロスを最小化するこのシステムとほぼ同一の宅配サービス「クバリエ」を，イオンは2018年4月から開始している．2018年8月時点では，まだ実験的な扱いに留まるが，長期的には全国展開が企図されている．さらに，有機食品通販大手のオイシックス，大地を守る会，らでぃっしゅぼーやが，2017年から2018年にかけて合併して「オイシックス・ラ・大地株式会社」となった．同社は有機食品市場における最大手の地位を固めるとともに，さらなる市場拡大に乗り出そうとしている．一連の食品流通企業間関係の再編や参入は，生協の無店舗事業を否応なしに厳しい競争へと駆り立てている．

　こうした競争激化の背景には，消費者の変化の影響もある．そこでは，情報化の進展による通販への抵抗感の低下の影響が大きい．総務省の『情報通信白書』によれば，ネット通販を利用する世帯割合は全世帯の30％近くまで伸びている．通販慣れした層が拡大するにつれて，商品を購買前に確かめることのできない食品というセンシティブな分野でも，ごく普通に通販が利用されるようになっている．また，大手小売企業が継続的に取り組んできたブランド戦略の効果もあって，小売ブランドへの消費者の信頼は徐々に高まっている[52]．組合員との信頼感に基づいて，本来センシティブな食品という分野の宅配を実現してきた生協は，「信頼」という面でも競争に突入することになった．さらに，低所得化するなかで消費の満足度を高めるために，所得にあわせて「賢く」消費する傾向が強まっている．結果として，組合員の利用動向は，利便性が重視されるときはネットスーパー，定期的に必要となるものやこだわりのあるものについては生協や有機系通販などを利用するようになっている．かつての生協組合員のように一店舗・一事業者で生活のすべてをまかなうのではなく，必要に応じて「賢く使い分ける」消費者行動が多数派となっている．

共同購入から個配への転換の影響も大きい．2018年時点で，無店舗事業における供給高の約7割は個配である．個配は90年代以降における組合員の生活スタイルの変化に見事に合致し，高く評価されたわけだが，一方で共同購入の際に発揮されていた強みを希薄化させている．組合員による仕分けや口コミといった流通・マーケティングコストの負担，参加による生協への愛着の向上は，生協にとって重要な資産であった．しかし，個配によってそうした要素が薄まり，結果として，「宅配」という事業的な特徴や経済的メリットのみで生協を利用される傾向がますます強まるようになっている．

　こうした無店舗事業を取り巻く環境変化の中で，変化に対応するための実践が広がっている．たとえば，組合員の生活スタイル，特に共働き世帯の拡大に合わせて自宅で受け取る宅配が利用しにくい層が増えていることもあり，個配商品の受け取り拠点であるステーションが展開されている．ステーションは，既存の生協店舗や配送センターを利用することが多いが，小型のステーションを各地に設置するケースや，喫茶店やクリーニング店などの一般店舗・事業者と連携するケースもある[53]．あるいは，宅配時間を前倒しして，組合員と会いやすい早朝に宅配する手法も検討されている[54]．

　より利便性の高い競合モデルや同一モデルの事業参入が広がるなかで，こうした実践に代表されるように，現代の組合員の生活に寄り添って宅配というシステムを再構築することが生協の無店舗事業には求められている．また，その他にも，単身化や高齢化，あるいは低所得化といった変化への対応も，もちろん必要である．

　ここでも重要なのは，自らの特殊性をどう打ち出すかである．利便性のみに特化した場合，サービス競争と価格競争に陥り，結局は競合との体力勝負になりかねない．一方，安全・安心などで差別化を図った場合でも，同一のブランド・イメージを大手小売企業も打ち出しており，さらに一歩進んだサービスや品質を実現する競合も登場している．人口が減少し，食品需要も限られていくこれから，生協が選択される理由を改めて生み出さなければならない．

　その際に欠かすことのできないのが，第2の課題となる組合員資産の活用である．これには2つの視点がある．すなわち，組合員の再生産による優位性の再構築であり，また組合員という資産を事業に結びつけるための仕組みづくり

である．生協の無店舗事業は事業システムとして優れ，先行者優位を長く発揮してきただけでなく，組合員組織としての特徴が優位性に結びつき成長を遂げた．この部分を現在の組合員の状況に合わせてどのように再生産するのか．小売企業は，ポイントカードや電子マネーによって，消費者行動に関する膨大なデータを手に入れて，それらの活用を図っている．生協も蓄積してきた組合員の消費行動に関わるデータを活用し，組合員のニーズ，あるいは組合員がまだ気が付いていないニーズを発見し，供給するような事業上の挑戦が求められている．

　第3の課題として，食品宅配におけるガリバーであるがゆえに期待される，生協に独自の役割をどう実現していくかがある．食品宅配において，生協は圧倒的な立ち位置にあるがゆえに，ある種の社会的使命を果たすことが期待されている．たとえば，組合員との結びつきや自宅まで訪れるという無店舗の事業構造を活かした，高齢者の見回り機能，あるいは買物難民・弱者に対する対応があげられる．前者については，多くの生協が地方自治体と協定を結ぶなど，先駆的な実践が進んでいる．また後者については，単純な宅配だけでなく，消費の楽しみを感じてもらうためにも，移動販売車の導入が進んでいる．しかし，移動販売車が訪問する地域は，過疎化と高齢化が進み，事業的に成り立たせることは困難である．全国の地域生協全体で約100台程度の移動販売車が稼働しているが，行政からの補助なしに採算ラインに乗せるのは相当難しいといわれる[55]．現在では，オイシックスが買収して，急激に拡大を進めている「とくし丸」のような競合も登場している．社会的に必要となる機能や役割を，生協としてどう位置づけるのか，どう事業化するのか．あるいは他の主体との「協同」も視野に入れて検討することが課題である．

　ここまで3つの視点から生協の事業における課題を検討したが，結局のところ，現在の低所得化に対応する価格政策を重視しつつ，生協としての独自性をどこに置くかを考えなければならないという点は共通している．メーカーや大手流通企業と，理念や組織のあり方，事業の仕組みでもって差別化できた時代と異なり，企業が生協に学び，両者の特徴が似通ってきた今日においては，改めて生協の寄って立つ場所を考える必要がある．

## 5. おわりに

### (1) 貧困にどう向き合うか

　生協は，この間の環境変化に真摯に向き合い，果敢に挑戦してきた．その成果は生協事業が成長したことに表れている．しかし一方で，いまだ生協が着手できていない，あるいは事業としてはまだ緒についたばかりの課題もある．

　経済的な課題については，何よりも「貧困」にどう向き合うのかといった点が課題であろう．経済的格差が拡大する傾向において，国内では購買力の一貫した低下が生じてきた．しかし，「格差」は所得などの経済面から始まって，多様な側面へと波及し，世代間で固定化し，「貧困」という問題につながる可能性がある．とりわけ，近年の格差論では，日本の問題は「格差」だけでなく，経済成長とともに克服した筈の「貧困」にあると指摘する旨もある[56]．日本の相対的貧困率は22.1％，子どもの貧困率は2017年に13.9％となり，OECD加盟国平均を上回る水準にあるように，「貧困」は遠い過去の話ではない[57]．再び浮上した「貧困」に生協はどのように立ち向かうべきであろうか．

　少なくとも，これまで生協が貧困について全くの無関心であったわけではない．地域で取り組まれている「こども食堂」や「フードバンク」，多重債務者への生活再建・支援事業などは，「貧困」に向き合う生協による実践の1つである．あるいは，大学生協が奨学金問題を取り上げるなど，学生のセーフティネットの構築を模索している．

　これらは，あくまで生協の実践の一部分に過ぎない．しかし，「貧困」を視野に入れて実践を広げていくことは，生協を通した「つながり」に強い安心感を生むと考えられる．社会全体が不安定化し，食品流通事業における生協の実践が営利企業にも受け入れられて普遍化しつつある今日だからこそ，「生活」の協同組合としてのあり方や取り組むべき課題を明確化することが必要とされている．

### (2) システムとしての「協同」の活用

　先の「貧困」をはじめとして，現代の格差社会が抱える問題は数多い．現実

には多様な生活者がいて，彼らはそれぞれ異なる問題を抱えている．そうした中で，全ての問題を協同組合だけで解決することは不可能だろう．むしろ，問題の勘所を捉えて，その問題を解決するために多様な「協同」を組織する主体となることも，生協に期待される役割である．

たとえば，近年では生協，あるいは農協がコンビニエンスストアと提携して，共同店舗を出店するケースが現れている．生協・農協がコンビニチェーンのフランチャイジーとなるのではなく，両者のブランドをファサードに掲げ，ブランドの共存を明確に打ち出している[58]．第4節で言及したとおり，地域社会における店舗の重要性が指摘されている．交流の場として，そもそもの生活基盤として不可欠な店舗を，一事業者だけで維持することが難しい局面や立地があるのなら，これらの事例のように営利・非営利の枠組みを超えて協同することも1つの解決策であろう．

あるいは流通だけでなく，メーカーとの連携においても更なる深化の可能性がある．「産直」などのように，メーカーや生産者にとっては1つの「販売先＝販路」であった生協が，メーカーや生産者と協力して事業を展開するケースが現れている．

たとえば，みやぎ生協が中核となって立ち上げた合同PB「古今東北」，あるいは福島県の地域連携の取り組みや山形の置賜自給圏構想など，複数の地域連携組織が立ち上がっている．地域における生協は，一定の事業規模を持ち，地域に根差した重要な流通事業者である．地域の疲弊が叫ばれる中で，地域経済の循環を促す事業を組織することは，生協の重要な社会貢献の一部であろう．

そうした協同には，当然ながら協同組合間の協同も含まれる．その基盤として，2018年4月には日本協同組合連携機構（JCA）が設立された．協同組合が向き合うべき課題は数多い．JCAには，そうした課題を克服する協同の結節点となることを期待したい．

## (3) 新しい「生協らしさ」へ

ここまで論じてきたように，生協は格差社会の下で変わりゆく消費に対応して，豊かな暮らしと社会を実現するために，低所得化に留まらず，多様な課題に向き合っている．そうした実践やそこから見えてきた課題は，結局のところ，

生協はどうありたいのか，どうしたいのかといった，アイデンティティに関わる問いを徹底的に考えぬくことにある．協同組合として，自分たちは何を実現しようとするのか．この間，営利企業が直面してきたブランド・アイデンティティや事業ドメインに関わる問いを，改めて生協も考える必要がある．

その際には，「生協らしさ」に過度に捉われないことが必要であろう．「生協らしさ」は重要だが，「らしさ」は事後的に成立するものでもある．これからの新しい工夫や仕組みが「生協らしくなっていく」，あるいは組合員に「『生協らしい』と受け止められる」ためのプロセスをつくれるかどうかが重要である．そう考えると，発信者が「生協らしさ」を考え抜くこと，また先んじて実践することの意味は大きい．事業的に採算を合わせる努力を忘れず，そのうえで「格差社会」に向けて立ち向かう挑戦こそが，何よりもこれからの生協を魅力的なものにしていくのではないだろうか．

注
1) 吉川洋『人口と日本経済―長寿，イノベーション，経済成長―』中央公論新社，2016年，79-85頁．
2) 経済産業研究所〈https://www.rieti.go.jp/jp/events/09070301/yoshikawa.html〉(2018年8月1日アクセス)．
3) 内閣府『平成30年度　年次経済財政報告』236-238頁．
4) なお，給与所得者の中央値は未公表である．ただし，給与階級別の給与所得者の構成比をみると，400万円以下の給与所得者で全体の過半数を超えている．そのため，推計される中央値は，平均値よりも低い350〜400万円と見込まれる．
5) 2002年に7万8,495円だった1カ月当たりの非消費支出は，2017年には8万7,288円に増加しており，可処分所得の上昇を抑制する結果になっている．
6) 厚生労働省『平成29年　国民生活基礎調査の概況』9-10頁．
7) 内閣府『平成30年版　男女共同参画白書』108頁．
8) 労働政策研究・研修機構〈https://www.jil.go.jp/kokunai/statistics/timeseries/html/g0406.html〉(2018年9月1日アクセス)．
9) 内閣府『平成30年版　男女共同参画白書』110頁．
10) 内閣府『平成30年版　子供・若者白書』5-6頁．
11) 磯田友里子「時間の特性が消費者行動に与える影響―金銭との対比による考察―」『商学研究科紀要』第86号，2018年，33-53頁．
12) 金子正「長時間労働の是正について」『日健診誌』第45巻第2号，2018年，322-327頁．
13) 内閣府『平成30年版　男女共同参画白書』117頁．

14) 矢野経済研究所『2018年版　食品の通信販売市場―拡大する食品通販―』2018年．
15) 『日本経済新聞』2012年8月18日付朝刊「中食離れの兆し？―手間加える内食『増やしたい―』，同2018年4月20日付朝刊「白物家電が好調―『時短』ニーズ増す―」．
16) 超高齢社会とは，65歳以上の人口が総人口において21％以上を占めるようになった社会を指す．それよりも低い段階は，高齢社会（14～21％），高齢化社会（7～14％）と分類する．
17) 厚生労働省『平成29年　国民生活基礎調査の概況』4頁．
18) 同上．
19) 藤森克彦「『単身急増社会』を考える」『生活協同組合研究』494号，2007年，5-13頁．
20) 三浦俊彦『日本の消費者はなぜタフなのか―日本的・現代的特性とマーケティング対応―』有斐閣，2013年，192-202頁．
21) 後藤亜希子「消費空間の『二極化』と新業態の台頭―高質志向スーパーとスーパー・センター―」荒井良雄・箸本健二編『日本の流通と都市空間』古今書院，2004年，235-254頁．
22) 『日本経済新聞』2011年1月13日付「買い物しながら社会貢献―『エシカル』消費広がる―」．
23) 『日本経済新聞』2018年8月25日付「飽和した「モノ」，「コト」こそが価値」．
24) 延岡健太郎『価値づくり経営の論理―日本製造業の生きる道―』日本経済新聞社，2011年．
25) 経済産業省『平成29年度　我が国におけるデータ駆動型社会に係る基盤整備（電子商取引に関する市場調査）報告書』8頁．
26) 仲上哲『超世紀不況と日本の流通』文理閣，2012年．
27) 杉田聡『買物難民―もうひとつの高齢者問題―』大月書店，2008年．
28) 現在では，小売企業だけでなく卸売企業も含めた流通業界全体でPB展開が活発化している．近年の大手小売企業のPB展開の概要や特徴については，矢作敏行編著『デュアル・ブランド戦略―NB and/or PB―』有斐閣，2014年などを参照されたい．
29) 三浦俊彦『日本の消費者はなぜタフなのか―日本的・現代的特性とマーケティング対応―』有斐閣，2013年，19-20頁．
30) 日本的流通システムとその変化については，仲上哲編著『「失われた10年」と日本の流通』文理閣，2009年を参照されたい．
31) 仲上哲『超世紀不況と日本の流通―小売商業の新たな戦略と役割―』文理閣，2012年．
32) なお，本稿の執筆時点で公表されている最新版の調査は2015年度である．以下の数値は，基本的に2015年度版と2012年度版を基にしている．
33) ただし，日本生協連が「生協の家計簿」を通じて約1,000世帯をモニターにして行う家計調査によれば，組合員の平均所得が社会平均を100万円以上上回っている．
34) 日本生活協同組合連合会〈https://jccu.coop/about/statistics/〉（2018年10月1

日アクセス).
35) C.K. プラハラード著, スカイライトコンサルティング訳『ネクスト・マーケット[増補改訂版]―「貧困層」を「顧客」に変える次世代ビジネス戦略―』英治出版, 2010年.
36) 生協のPB商品といった場合, 日本生協連・各事業連合・各単協などが, それぞれ独自に開発・供給した商品も包括される. 各PBにそれぞれの歴史と特徴があるが, さしあたり本稿では, 日本生協連が開発・供給するPB商品に対象を限定する.
37) 矢作敏行編『デュアル・ブランド戦略― NB and/or PB ―』有斐閣, 2014年.
38) イオン〈https://ssl4.eir-parts.net/doc/8267/ir_material_for_fiscal_ym4/47525/00.pdf〉(2018年10月1日アクセス).
39) 『日本経済新聞』2017年3月10日付「セブン&アイ, 最強PB刷新に託す 『プレミアム』10年」.
40) 藤井義継「CO・OP商品のブランド刷新の到達点と今後の課題」『生活協同組合研究』496号, 2017年, 14-25頁.
41) 日本生活協同組合連合会商品政策室『コープ商品物語2014』日本生活協同組合連合会, 2014年.
42) 『日本経済新聞』2012年9月25日付「生協連, 支払い不当減額39億円 下請法違反で最大額」.
43) 食品産業センター『平成29年度 食品産業における取引慣行の実態調査』, 2018年.
44) 『日本経済新聞』2018年6月18日付「生協, 17年度も増収減益 宅配サービスがけん引」.
45) 経済産業省『商業統計』各年版.
46) 加賀美太記「コープあいづの低価格業態『COOP BESTA』の実態と可能性」『協う』vol. 121, 2010年, 2-6頁. および, 吉川毅一・杉本貴志「低価格で食とくらしを支える―BESTA店の挑戦―」『くらしと協同』第16号, 2016年, 3-11頁.
47) 同上.
48) 同上.
49) 新雅史『商店街はなぜ滅びるのか―社会・政治・経済史から探る再生の道―』光文社, 2012年. および, 若林靖永・樋口恵子『2050年超高齢社会のコミュニティ構想』岩波書店, 2015年.
50) 班別共同購入の詳細や事業上の優位性については, 木立真直「協同組合と流通」加藤義忠・齋藤雅通・佐々木保幸編『現代流通入門』有斐閣, 2007年, 145-164頁. および, 加賀美太記「『食』を支える協同組合の現状と課題」杉本貴志編・全労済協会監修『格差社会への対抗―新・協同組合論―』日本経済評論社, 2017年, 133-157頁などを参照されたい.
51) 矢野経済研究所〈https://www.yano.co.jp/press-release/show/press_id/1733〉, 同〈https://www.yano.co.jp/press-release/show/press_id/1931〈(ともに2018年10月1日アクセス).
52) たとえば, 2001年からセブン-イレブンは, 弁当などのオリジナルのチルド商品

から順次，保存料と合成着色料を不使用としており，テレビコマーシャルなどで，この点を強く押し出すプロモーションを展開している．
53) コープしがは「地域ステーション」という名称で，地域の事業主の協力の下，個配の受取拠点を整備している．
54) コープあいちは，「モーニングコープ」という早朝宅配を以前から実施している．2017年からは，コープみらいが午前5〜7時という「早朝配達」を試験的に実施している．なお，コープあいちのモーニングコープの詳細と現状については，岩橋涼「25周年を迎えたコープあいちモーニングコープの今とこれから」『くらしと協同』第25号，2018年，29-33頁を参照されたい．
55) 赤坂嘉宣・加藤司「『買物弱者』対策と事業採算性」大阪市立大学経営学会編『經營研究』第63巻第3号，2012年，19-38頁．
56) 橋本健二『新・日本の階級社会』講談社，2018年．
57) 『日本経済新聞』2016年5月19日付「日米欧の先進国で『貧困』拡大―非正規雇用など原因か―」，同2017年6月27日付「子供の貧困なお高水準―15年13.9％，12年ぶり改善―」．
58) 生協では，みやぎ生協や福井県民生協が，ファミリーマートとの一体型店舗を出店している．また，農協の店舗事業であるAコープも同種の取り組みを進めている．後者の詳細については，加賀美太記「地域の生活インフラとしての農協の役割―Aコープとファミリーマートの一体型店舗を事例として―」『くらしと協同』第20号，2017年，40-45頁を参照されたい．

# 第6章
# 時代の要請に応える生協運動への期待と提言

兼子厚之

## 1. はじめに：社会と組合員のくらし

　序章のIIで述べたように，日本社会は人口減少と少子高齢化を迎え縮小社会が言われている．そして，多世帯化と単身世帯化の傾向を強め，かつ地方の地域社会の存立危機と都市部への人口偏在が危惧される．それらは，コミュニティの新しいあり方と価値形成への期待を広げる．「縮小社会」は，全体市場規模の縮小と生産性後退という課題が浮上し，かつ生産年齢人口の著しい減少と労働確保への雇用変化を生み出す．

　そのような社会とくらしの変化は，人々の価値観の転換と，量から質へという「所有欲求から価値欲求」への大局的な変化を生み出すと思われる．それは，マスの価値観への変化と，限りなく「個」に接近するマーケティングも進むと推測する．それらは，集中統合という一元性から「集中と分散（個・自立）」という経済のあり方への変化となる．

　さらに，世界と日本社会でも起きている分断と対立が引きおこす右翼的な潮流は，平和への危機感をもたらしている．生協運動においては，平和を守ることをとても大切にしている．1945年に日本協同組合同盟が創立され，1948年に消費生活協同組合法が制定された．そして，1951年に「日本生活協同組合連合会」が設立され，その設立総会の創立宣言として「平和とよりよき生活のために」を確認し合い，それ以降の日本の生協運動の共通スローガンとしてきた．これまでの二つの世界大戦下での協同組合は戦争遂行のために弾圧されたり，逆に戦争遂行上の物資の調達・供給機能として利用されたりという理不尽な歴史を体験してきた．その歴史を経て，市民が願う「よりよい，人間らしい

くらし」は，平和が守られてこそ実現できるものだと強く認識したのである．このようなことから，現在と未来の生協運動の使命として「平和と自然，環境を守り，人間らしいくらしと社会・経済，そして文化を創造する」ことが期待されていると考える．

現代社会の人々のくらしにおいては「さらなる貧困と格差社会」が進行している．「安全と安心」，「健康と福祉」，「自然と環境，資源を守る」，「消費市場と制度のあり方」へと現状を革新することが引き続き生協運動に期待されよう．

その背景として，商品とくらしにおいて本質的な使用価値が問われるような消費者の願いへの進化過程が広がると認識する．別の視点からでは，これまでの新自由主義経済システムによる規制緩和によってもたらされた消費者への負荷と歪みを本質的に変革して欲しいという願いが高まると言えよう．いわば，期待されるのは「ポスト新自由主義経済システム」への変革とも言える．また，ICT（Information and Communication Technology：情報通信技術）を活用したIoT（Internet of Things：情報交換して相互制御する仕組み）やオムニチャネル，AI化などの結果がもたらす新しい消費者被害の対策の必要性も高まると言える．

貧困と格差が生み出された大きな背景には，「富の社会的再分配システム」の後退があった．多くの人たちの失業や低所得化の一方で，富裕層と大企業への減税が進められた．そして，逆累進性の高い消費税の導入およびその後の増税，さらに，社会保障や社会福祉制度における応能負担から応益負担へと市民への負担を重くしてきた．ゆえに，現在の日本社会においては「富の社会的再分配システム」の再構築化への取り組みが期待され，かつ問われている．

さらに，それらは誰もが願う「人間らしいくらし」と「ともに生きているという社会」「自己実現」への思いの高まりが明瞭となって台頭すると思われる．それは「シンプルだけれども，人間らしく，私らしく，豊かで，みんな幸福な……」という新しいライフスタイルを協働で創造することへと結実しよう．

## 2. 協同組合，生協運動への期待

文明史的な大転換期を迎える時代の要請として，生協運動，協同組合は，社

会革新の一翼足りうるのかが問われていると序章のⅡで述べた．以下は，ポスト新自由主義経済システムにおける生協らしい存在価値への期待である．

### (1) 生協運動に期待されるポスト新自由主義の担い手

1960年代中期から，各地で創設された「市民参加型生協」の誕生の背景には，「高度経済成長政策」によって生み出された社会的・経済的な「歪み」と「矛盾」，脅かされる「食の安全」「環境汚染」「価格カルテル」があった．それらに対して，安全な商品と健康を守るという組合員の願いを協同でかなえること，地域社会の期待に応えることが生協運動のエネルギーの基となった．この高度経済成長期に明らかとなった「安全」「健康」「自然と環境」の問題は，依然として私たちのくらしに深刻な影響を与えている．

1980年代以降には「新自由主義経済システム」が進み，規制緩和や市場原理主義による競争至上主義の企業活動により，その負の外部化が広がった．つまり社会負担を市民・消費者に転嫁して今日に至ってきた．これらの規制緩和によって生まれた「歪み」と「矛盾」を「社会的な倫理と公正」に基づき変革することが問われていると考える[1]．

さらに，所得格差により，低所得層は「安い価格」の商品を購入せざるをえなくなり，「ジャンク思考（安くて量が多い商品購買）」が広がっている．その一方で，生協の外側に広がる「エシカル・コンシューマー（倫理的な消費者）」の取り組みや志向が残念ながら明瞭となっている現状がある．本来は，生協こそが「エシカル・コンシューマー」の先端かつ中核の担い手としての使命を果たすことが期待されているが，日本生協連は2016年頃からやっとそれをコンセプトとした．

現代的な生協運動に問われているのは，社会の変化と時代の要請に真摯に向き合い，その期待に応えるために一歩先を歩むことができるか，である．それをなすために，組合員や地域社会とともに多面的な協働創造を生み出すことが求められている．

### (2) 生協らしい固有の価値創造への期待

20世紀型の「企業社会」から真の「市民社会」への革新が，時代の要請と

して存在するという認識ができているかが生協人に問われている．それは，「企業社会」化による自由な競争至上主義によってもたらされた社会的負荷を生協が市民による協同で解決する担い手足りうることを期待されているからである．

期待されている存在価値とは，言い換えると協同組合，生協の存立理由とも言えよう．さらに言えば，それは生協のアイデンティティが問われ，「生協らしさ」というオルタナティブ（もう一つの）な価値をカタチとしているのかが問われている．例えば，生協の共同購入事業の商品案内において，日本生協連の「キャロット」で広島の原爆の悲惨さを学べる『はだしのゲン』が協同購買できるように掲載されていた．「平和とよりよいくらし」を願う多くの組合員が「さすが生協だね」，「生協はこうでなければ」，「私の子どもたちにも読ませたい」，「私も一緒にもう一度読みたい」という実感が生まれたと思う．生協は，単なる「買い物クラブ」ではない．「平和とよりよいくらし」を願い，市民の協働と地域社会のコミュニティの新しい価値形成へ向かう消費者の協同組合である．

とりわけ，現代社会において協同組合らしい固有の価値を創出して，生協のアイデンティティを確立することは焦眉の課題と言えよう．生協運動は現代社会において社会革新の一翼足りうるのかが問われてもいる．

その「生協らしさ」をカタチとすることで，経済と社会において「先進モデル」としての役割を果たす使命が生協にある．そのような「生協らしい固有の価値創出」に向かう革新創造性を生協運動内に醸成し続けることが肝要である．

## 3. 生協運動の現状と危機感

現在と未来の生協運動への期待は大きい．しかし，現在の生協の姿から強い危機感もある．前共著『未来を切り拓く協同の社会システム』（2013年，日本経済評論社）の第1章において生協の現状として「同質化競争次元」に身をおく弱さが生まれていることを問題提起した．

さらに，目先の効率優先という生協経営における視野の狭さ，理想や思想と哲学，理念の後退とも言える現状が懸念される．とりわけ，生協の事業組織内部において「知り合う，考え合う，学び合う」が不足する組織体質はつくられ

ていないか，である．願わくば，論語で言う「知・好・楽」の事業組織文化を創造し「協同組合経営」としての豊かな哲学と思想，理念を深耕することによる確かな「協同組合経営価値」を育んでほしい．

### (1) 生協を自ら壊していないかという危惧

さらに，危惧されるのは生協の現状において，生協自身が「自らの組織を壊していないか」である．言い換えると「組織内からマイナス要因を自己醸成していないか」である．例えば，提供型で組合員を顧客化させてしまう現実，生協の事業組織において最も大切な存在である先端の現場職員を「単なる一つのコマとして扱い，上から目線で思考するような劣化したマネジメントは存在していないか」といったことである．職員集団のモチベーションを低下させ，壊してはいないかが心配される．その背景と要因としては「組織文化の弱さと荒さ」が挙げられる．それらによる，生協運動の劣化現象への危機感が実感される．

### (2) 他者の「ものまね化」と「キャッチアップ志向」の弱さ

同質化競争次元に身をおく弱さとして，競合他社へのキャッチアップ思考による「思想無きものまね」という傾向も懸念される．

市民参加型の生協が各地に創設された成長期初期の1970年代においては，各生協ともに相互に刺激し合い，学び合い，試行錯誤を重ねて共同購入事業や店舗事業などの協同購買事業を成立させてきた．それは，先端の営みに刺激され，旺盛に学び合う実践でもあった．そして，1980年代には各地の生協間の関係性には，他者から「まね」て「学ぶ」という過程のなかで，確かな自己モデル確立の営みが存在していた．

その後，事業遂行プロセスのシステム化，制度化も進化した．この到達点は常に更新されなければならないが，逆に作られた制度化・システム化はなかなか変更しにくい側面を持つことから，硬直性をもたらす．

1990年代のバブル経済が崩壊し，平成不況へと深刻化すると，厳しい事業遂行の環境変化から，単純な「学び」なしの「ものまね」が志向される傾向を強めて組織文化の後退がみられてきた．最初に，先端の生協の進化モデルから

「あの手この手」のみコピーする傾向が明確に現れた．いわば，思想なき学び，哲学なき学びで，主体的な独自の価値とせず，単なる「ものまね化」が始まり，定着する時代となった．また，それは先端の他生協からの「ものまね化」だけではなく，流通各社・チェーンストアーからも同様に「ものまね化」する営みも現れてきた．さらに，2000年代を経過して，まさに「自己モデル」なき，単なる「ものまね化」が定着化し，組織文化となってしまう経緯があった．

## 4．なぜ，モデルなき「単なるものまね化」が定着したのか

2008年頃に生協のある場で「イオンの事業規模を追い越してナンバーワンになろう」と呼びかけた方がいた．それを聞いていたある方は「イオンに勝つということは組合員にとって何の意味があるのか」，むしろ「組合員にとってはナンバーワンではなく，私にとってのオンリーワンという存在価値をめざすことが肝要ではないか」と私に言われた．まさに，前者は同質化競争次元に身をおいた思考であり，後者は生協としての存在価値を果たそうとする哲学の違いとも言える．

この同質化競争次元に身をおく弱さとともに，制度化・システム化による硬直性という近代化の営みがもたらす弱さも露呈していると前述した．それらによって，いつの間にか自己革新という創造性を奪う組織文化とマネジメントが無意識に形成されてきたと言えよう．また，学びなき「単なるものまね」は，現時点の一つの成功モデルの移入は簡単である一方，ゼロからの創出には手間もかかり，失敗も発生することもある．失敗のリスクがないことから「単なるものまね」が選択される．しかし，その個性なき移入モデルは耐用年数も短く，相対的な価値も低いと言える．むしろ問われるのは独創的な自己モデル形成である．

このような移入モデル依存が，いつの間にか，「深く考える」ことを後退させ，学ばない，考えない組織文化の定着，自己モデル創造の主体性を失わせた要因である．

このような経緯で，真の組合員の声と願い，期待に応えるということから後退するとともに，結果として生協の都合で「サプライヤー・モデル」を形成し

てしまったと言えよう．ゆえに，今，問われているのは組合員の願いに基づく「ディマインド・モデル」の再構成であり，生協としての本格的な「コンシューマー・ムーブメント・モデル」の構築と創造だと思われる．そのために，人として「感じて，気づいて，深く考える」という組織文化づくりが問われている．

　この現状を自己変革したいと願う少なくない生協や生協人が試行錯誤し，努力を積み重ねてもいる．それは，組合員の思いと願いに基づく生協づくりであり，社会的な願いに応える地域社会における存在価値づくりへの多様な実践も生まれている．

　現代的にも問われているのは，組合員の「出資，利用，運営」への参加に基づく「三位一体」の協同組合原理の固有性をどのように発揮するのかである．この組合員主体の「三位一体」は，生協の都合発ではなく，組合員が主体という次元を創造するために，組合員の思いと願いに基づいて協同組合運営を行う民主主義の要諦でもある．同様に，優れた小売業も顧客起点に基づいている．生協は，消費者発に容易に発てる消費者の協同組織であり，かつ社会的要請の運動価値の創出が可能である．

## 5. 生協の商品開発の経緯と現状の課題

　次に，生協の商品開発の経緯と現代的課題に言及しておきたい．1960年代は，高い商品価格への消費者の不満が多かった．それは，高度経済成長のなかで相次ぐ価格値上げが起き，市販価格の「価格カルテル・管理価格」も横行していたことが背景にあった．その価格カルテル・管理価格打破の実現のために，生協はプライベートブランド商品（生協ブランドの商品）の開発にチャレンジし，成果を生み出した．その典型例は「生協醤油」の開発である．

　そして，次の段階として，1970〜80年代には，家族の健康を願い「食とくらしの安全」を求める声が高まった．有害な食品添加物，有害・環境汚染物質の化学合成品，有害な化学肥料や農薬などを排除したコープ商品の開発が進められた．

　例えば，酪農家と連帯して成分無調整の生協牛乳も開発された．それまでは，原乳の脂肪分を調整して他の乳製品製造に活用し，乳脂肪3％のものを「牛乳」

としてきた．生協の組合員や消費者は当然にも搾りたての本物の牛乳を飲みたいと願い，成分無調整の生協牛乳が開発されたのである．その取り組みは，成分調整した牛乳は「牛乳」とは言えないという制度改革となり，市場と制度を変革したのである．このように，生協の食品添加物や低・無農薬の農産物，泡公害を起こした合成洗剤の排除といった取り組みなどは多様に市場と制度を革新してきた．

そのような生協商品の開発は，1980年代末には，コモディティ商品の領域では達成され，市場にも大きな影響を与え，量販店や百貨店でも無添加や低・無農薬という商品を品揃えするというように，その先進性を流通市場において相対化する影響を果たしてきた．

しかし，1990年代中頃から今日においては，前述した同質化競争次元に身をおく生協の弱さと混迷の渦中という二つの特徴にさらされてきた．生協らしい固有の価値ある生協商品の開発においては，依然として消費者が願う「市場に存在しない非市場の商品化」も期待されている．それは，80年代初頭の「コープミックスキャロット」の開発のように，初期的には模索されたが依然として未着手の商品が多様に存在している．そのような商品開発は手間と時間，そして情熱と哲学・思想を要するために，同質化競争次元からは生まれない．つまり，現状はNB（ナショナルブランド）商品の規格を模した低価格路線志向やメーカーからの売り込み仕様規格を生協商品化するなどの状況にあろう．

筆者の日本生協連において最初の商品開発（1974年）は「コープ無着色の化粧パフ（不織布）」であった．当時は，それらの商品や生理用ナプキン，ティッシュペーパーなども着色されていた．しかし，「コープ無着色の化粧パフ」の出現によって，その領域の商品市場の変革が起きた．翌年から市販品のなかに無着色化された化粧パフが登場し，数年後には全ての化粧パフの商品は無着色化された．当時の化粧パフは今日の「カット綿」である．今日も着色されたカット綿は存在しない．同様に，生理用ナプキン，ティッシュなども無着色化されて今日に至る．しかし，次のイノベーションは何か，が問われている．どうして，それが生まれないのか，である．同様に約40数年前に成立した成分無調整の「生協牛乳」の次の進化形は何かも問われている．それにチャレンジしつつある生協のよい事例は後述する．

組合員は，「イオンと生協は何が違うのか」，「今度のコープ商品は，NB メーカーの商品のパッケージをコープブランドに変えただけ」と厳しく，鋭く，そして率直に評価する．つまり，もっと私たちが感動するような価値ある生協商品を開発して欲しいとの期待が込められた思いである．そのような生協の固有の価値がみえない生協商品開発には弱さがある．その意味から，生協らしい固有の価値を発揮するために，商品開発においての原点回帰が期待されている．

## 6. 時代の要請に生協運動はどう向き合うか

　1965 年以降に各地で創設されてきた市民生協は，「市民参加型の生協」として斬新な価値を創出してきた．それから約 50 年が経過して，日本の生協運動に期待されているのは，現在と未来社会に向けて次の斬新さをどのように創造するかであろう．

　その次の斬新さを成すための前提として，一つは同質化競争次元を脱け出し，生協らしい固有の価値創出へと向かうことである．少なくない生協はそこから抜け出し，新しい段階を創ろうと努力している．

　二つは，そのために協同組合としてのアイデンティティを丹念に確立し，「生協らしさ」を生み出しつづけ，生協の存在価値を見出すことと言えよう．それが，社会的・経済的な「進化モデル」として価値創出して「市場と制度」への変革に結ばれる影響を果たせるのかが問われていると考える．

　三つには，協同組合として，「参加」と「民主主義」を基軸とした本質的な善い協同組合のあり方を深化させることと考える．

　それらをめざして，現代社会と未来に向けて日本の生協運動の次の斬新さを生み出して欲しいと願う．

## 7. 生協運動への期待と 8 つの提言

　まず前提として，生協運動への期待を込めて，社会革新の一翼としての存在となって欲しいという筆者の願いがある．参加型の協同社会システムとして，価値創造への「知と心」に根ざした協働を生み出し合い，社会進歩モデルを創

出し合い，社会革新の一翼を担う生協運動の存在価値をつくることと言えよう．

市民と組合員の皆の願いを協同で解決する協働創造のために，参加し合い，担い合い，認め合い，参加する人々のなかで自己の存在感と自己実現が実感できる場づくりが期待されよう．それは，「参加型社会システム」を成して，一人ひとりの個々人を認め合う社会づくりへと結びつこう．

そして，その際に必要なことは，生協運動の「伝統を守り，生かし，そして間尺に合わなくなった伝統は壊す」ことであろう．守るべき伝統と既に現代的に不適合となった伝統は自己革新しなければならない．それには，「変える勇気と変えない勇気」という信念と哲学を持つことである．それを貫くのは生協運動への理想とロマンの保持と言えよう．

このように，未来の生協運動の発展を願い，現状の状態から自己革新を遂げて，次の斬新さを創出することへの期待を込めて，以下にその具体的な8つの提言を述べたい．

### (1) 提供型から参加型への協同システムを再構成すること

最初に提言したいのは，価値提供型から「参加型」への自己革新である．それは，参加型であらゆる協同事業創造の場のあり方を問いなおすことである．今，多くの事例としてみられる「生協からの提供型，生協の都合発」の現状から「組合員の参加と願い発」へと転換することでもある．

例えば，生協において価値ある取り組みや協同事業を多様に遂行しているが，その善さや取り組みを知らない多数の組合員の存在もある．そして，それが提供型であれば，イオンなどのチェーンストアーが社会的に意味ある取り組みを法人発の価値提供型で遂行していることと，同じようにみえる．イオンなども福祉や教育，環境問題などに法人提供型で取り組んでいることから，生協も同じように生協法人の提供型で進めていると「イオンと何が違うのか」という疑問が浮上する．イオンなどの民間企業は，メンバーシップの生協のように参加型で取り組むことは難しいが，組合員が主体の生協においては容易に参加型で多様な取り組みを遂行できる．

例えば，幾つかの生協において事業施設に太陽光発電を設置している．しかし，その一方で自然再生エネルギーの取り組みには組合員の参加はないという

実態がある．多くの組合員の参加で自然再生エネルギーに取り組むことは生協だからこそ可能なことである．そのような生協法人の提供型の取り組みで終始することは，組合員からすれば善い取り組みであるけれども民間企業の提供型の取り組みと同様にみえる．

さらに，多くの組合員は生協が進めている環境や福祉，そして教育や文化などの社会的に価値があって意味あることを，地域社会とともに取り組んでいることを知らないでいる．そのことを知らせるためにも，組合員の参加型で取り組むことが求められている．そして，参加型によって，さらにその取り組みの知恵と輪は広がる．

「参加型」の前提は，協同組合，生協の「主体」は組合員であり，客体ではないことである．つまり，生協は，参加型によって「くらしのニーズに基づく」協同による協働創造へと向かう可能性を豊かに保持している．さらに，「場」と「コト」，そして「モノ」のあらゆることを「提供型から参加型」へと自己革新していくことである．

参加とは，ある目的を持つ会や団体の集まりの一員となること，などを言う．そして，参加は多元的で，かつ身近な諸関係性を生み出す．その多元性ある参加は，やがて主体的に「参加する（take part in）」という高次の段階を生み出し，まさに主体的なボランティア性を持つ営みとして進化する．それは，メンバーシップ参加の生協などで可能なあり方である．その参加の場は，参加して「担い合い」，「認め合い」，他者との「つながり」を実感する社会関係性と豊かな人間関係性づくりへと結びつく．また，これらの参加型の協同システムの構築は，生協で働く職員も協同の主体の代理機能として，その参加型の一翼として位置づけることが必要である．さらに，その参加の輪は非組合員にも可能なあり方へと広がる可能性を豊かに持つこととなる．

「参加の場」をつくることで大切なのは，その場の価値と目的を知るための情報である．それは，意味情報による「イシュー（課題）や目的」を軸とする共通認識をつくることによって促進される．つまり，参加を多元的に生み出すには，情報を豊かに通わせることが肝要であると言えよう．

一つの事例を紹介したい．「ならコープ」の「七条店」のスタッフの方々が生協で取り扱う「フェアトレード・コーヒー」をもっと多くの組合員の皆さ

に飲んで欲しいという思いから，店内でそのコーヒーの試飲をしていただきながらフェアートレードとは何かを伝え，そのコーヒーの価値を知って欲しいという取り組みを実施した．その結果，それまでの年間供給数に匹敵するフェアトレード・コーヒーがその１日で，組合員に買われたのである．一般的コーヒーに比べて100円ほど高いけれども，そのコーヒーを自分が買うことで，公正で倫理的な交易というコトを生み出し，原産地の貧しい生産者を支援し，励ますことができる，という意味と価値，目的を伝えることによって，組合員は「エシカル（倫理）・コンシューマー」に参加する意味を知り，購買行動が変化したのである．そして，それを購買することで「自分を誇りに思う」という「エシカル・ヒーロー」への思いを来店組合員のなかに広げたのである．

　この事例からの学びは，モノやコトの「意味情報」を知り合い，伝え合うことが参加を明確に育むことである．このように，意味情報の価値は生協を利用する，買う，組合員活動などへの参加を多元的に広げて，やがて責任を担う「参加する（take part in）」という段階を生み出すことへと結びつく．その意味から参加を多元的に生み出し，広げることに最も大切なのは情報であり，かつ，機能論的な情報に留まらず，心に響く「コト情報」など共感や感動を生み出す「意味情報」までの豊かなものに深めることである．

### (2)　組合員の願いに基づいて「生協らしい固有の価値」の創出

　前述したように，参加型への自己革新をなして「生協らしい固有の価値」を生み出すことが問われている．それは，協同組合のアイデンティティ（自己同一性，"らしさ"）をカタチとして生み出すことであり，生協の「らしさ」によって生協の存在価値をつくることでもある．その基本は，「生協事業の自己都合発」から「組合員と地域社会の願い発」へ転換する自己革新である．

　組合員の願いは，くらしの願いに基づく多様な協同事業価値の創出に結びつき，地域社会の期待に応えることは，ともに生きるコミュニティの持続的な創造へと結びつく．さらに，それは時代の要請に基づくということとなり，経済と社会の変容から生み出される矛盾や歪みを地域社会とともに，社会的に協同解決することへと結びつく．

　それを成すには，生協人において豊かな「夢とロマン」を持って，「生協ら

しい固有の価値（どこにもないほどのよい価値）」づくりに思いを馳せて励むことが必要である．そして，その価値創造の実現は，社会の「進化モデル」として大きな影響を果たすこととなる．

　その過程を生み出すために，あらためて生協運動に問われる三つの革新軸，生協固有の価値創出の三つの起点とも言えることを下記に述べたい．

　一つは，資本（企業）と政府・行政（公共）が「できないこと」を生協は「やること」である．

　二つは，同様に資本（企業）と政府・行政（公共）が「やらないこと」を生協は「やる」である．

　そして，三つは，同様に資本（企業）と政府・行政（公共）が「やっている」が，「もっとこうすればよいのにということを生協はやる」である．

　これらのことを基軸として浮上する課題は無限にある．そして，これらは，まさにオルタナティブ（もう一つのあり方）な価値をカタチとして社会に示すことである．言い換えると「市場の失敗と政府の失敗」を，消費者が生産者とともに連帯と協同による革新創造を果たすことである．それが可能なのは，サードセクターの存在のみであり，生協運動の基本的な使命と言えよう．また，それは先進モデルとして生協の固有価値の創出となり，社会的調整を生み出し，かつ革新次元を創造することに結びつく．それを生み出す生協人の創造知と志しを豊かに育み合って欲しいと願う．

　これらの「生協らしい価値」を生み出すことは，組合員の共感と感動を深め合う．過去に小売業やサービス業において「お客は神様」という言葉が広がり，やがて2000年代に入り「顧客満足」という概念として広がった．2010年代以降において，少なくない生協はその顧客満足を「組合員満足」と言い換えてきた．しかし，生協においては組合員の満足でよいのかという疑問がある．真の生協らしい固有の価値は，満足の次元を超えて，組合員の「共感と感動」を生み出すことであろう．

### (3)　生協らしい固有の価値をカタチとする商品開発への使命

　生協らしいアイデンティティをカタチとすることで問われるのは，固有の価値を持つ生協の商品開発による価値創出と言えよう．

①生協商品に期待される創出価値

　最初に，その前提として求められる要素について言及したい．一つは，前述したように生協らしい「固有価値」を商品としてカタチにすることである．二つは，そのカタチは斬新的な先進性としての「社会進化モデル」の意味と価値を持つことである．三つはその商品開発によって，くらしのよいコトが生まれる「使用価値」であり，そのような意味と価値ある「くらしのコト」づくりに結びつくことである．

　そのような社会文化的価値を創るためにも，大切なのは「コンセプト（新しい考え方）」である．それがいかなる新しい社会文化的価値に結びつく可能性を持つのか，その意味と目的，そして価値あるコトが創出されるのかが問われる．

　さらに，それには時代と社会的・経済的適合性が問われ，ニーズ適合性を満たして，感性的適合，品質的適合，機能的適合などを充足させることが必要である．生協においては，さらに安全適合性，健康適合性，環境適合性が満たされなければならない．それらは，言い換えれば「社会的要請への適合性」とも言えよう．

②生協の商品開発の三つの柱（課題）

　生協の商品開発の基軸として貫いて欲しい三つの柱とも言える「こだわり」について，以下に述べたい．下記に述べる三つの「こだわり思考」に発つのは，ある意味で生協運動としての生協の商品開発の原点回帰を果たすこととも言えよう．

❶公正な等価交換価値を満たす「適正価格の実現」へのこだわり

　消費者の主権を確立する意味でも，商品開発の仕様規格に基づいて厳密な原価計算を生協側と生産メーカー側でともに行い，適正な価格としての等価交換価値を実現することが基本である．そのために，生産委託先との正直で適正な情報交換をつくりあげることが必要となる．

❷徹底して，安全，健康，環境，自然を守ることへのこだわり

　生協の商品開発の基本は，徹底して，安全，健康，環境，自然を守ることである．さらに福祉（ユニバーサルデザインやバリアフリー）の願いにも応えた

い.

　それは，グローバル経済の歪みを正し，ナチュラルやグリーン，フェアトレード，フードマイレージ，そして地消・地産を実現し，人権と社会的な公正と倫理（エシカル）を満たす商品生産と商品開発が求められる．
❸消費者発（消費起点）の商品開発へのこだわり
　今，市場には存在しないけれども組合員の願いに基づく「こんなモノがあったらいいな」という潜在化したニーズをカタチとすることは無限に存在している．それは生産メーカーにも可能であり多様なチャレンジも営まれているが，彼らには消費者に根ざした取り組みはできない．しかし，生協は組合員の願いに基づいて，「エマージェンシー・マーケット」への試みと開発が可能である[2]．

③ゼロリスクを理想として「くらしの安全・安心」をさらに目指し続ける
　生協の商品開発において，前述の三つのこだわりを軸に最も重視して欲しいことは，くらしと食，健康への組合員や消費者の願いを実現するために，ゼロリスクを求めて「くらしの安全・安心」をつくり続けることである．そのために，下記に必要な課題を述べたい．
❶自然と環境，社会的倫理と公正のために
　市民，消費者の側から「倫理的で公正なあり方」を求め，それを協同でかなえることは，新しい市民公共性を創造し，地域社会とコミュニティづくりへとつながる．エシカル（倫理的）で公正な市場と制度確立を目指して取り組み続けることも求められている．とりわけ，グローバル経済の広がりから真のフェアトレードへの革新が大切である．
　さらに，オーガニックやフードマイレージへの取り組み，マイクロ・ナノプラスチックによる海洋汚染などの環境汚染問題から徹底して脱プラ社会を目指すことである．
　そして，今，日本の農業，漁業，森林の危機が言われている．そのことと生協や消費の側はどう向き合うのか，豊かな自然の恵みを食に生かすためにも国内生産を買いささえる消費のあり方を創造することが重要である．
❷徹底した安全と健康をめざして
　食品添加物の単品のリスクは化学的に解明されつつあるが，それらの複合摂

取条件下における安全性は未解明である．私たちは，一日にリスクアナリシス（リスク分析）によって確認された食品添加物を複数摂取している．つまり，我々は膨大な人体実験にさらされていると言える．このような状態から，リスク分析の科学性と精度を上げつつ，脱化学合成物質も含めて生命と健康，環境を守る意味でも，ゼロリスクを理想として「安全・安心」をさらに目指す生協の商品開発のあり方が求められている．

❸アレルゲンや「香害」などから健康を守る

今，アレルギーに悩む人々が引き続き増大している．摂取してはならないアレルゲン物質から身を守ることが必要であり，そのような課題に向き合うことは生協の商品開発の重要な課題である．アレルゲン表示を厳密に広く行うのは勿論のこと，例えば小麦粉を摂取できない子どもたちには米を原料としたパンなどの多様な商品開発をするなど，多面的に取り組むことが期待される．

そして，最近は「香害」が深刻な問題となっている．私たちのくらしにおいてよい香りで心地良く使用して欲しいと，あらゆるモノに香料が使われている．2000年代中頃から香りの強い柔軟剤などが普及したことにより，香水や香料を使った洗剤などから頭痛や咳，喘息，吐き気といった症状が誘発される健康被害が増えている．香り成分は空気中に漂うため受動的に吸引することとなり，いわば香り成分による公害であることから「香害」と呼ばれるようになった．現代社会は多様な化学物質と接していることから，化学物質に過敏に反応する深刻な症状をさけるために自宅から外出できないという状態の人も存在する．

このような健康被害を生み出さないために，アレルゲン物質の正確な表示とともに，アレルゲンをさけて食べられる生協の商品開発を進め，化学物質の使用をできるだけ控える商品開発が求められている．

❹高齢社会と福祉に向き合う健康なくらしづくり

健康にやさしく，高齢社会に向き合う商品開発も求められている．それらは，福祉社会をつくるためにも欠かせない．医食同源という概念に基づき，健康な食生活をささえるためにも，高齢者や福祉の視点から豊かな自然の恵みを食に生かす多面的な生協の商品が期待されている．

❺自然・ナチュラル，グリーン・環境，脱原発をめざして

前述したように，食品添加物の摂取を減らすことが求められている．そして，

食の安全と関連して，遺伝子組み換え，ウィルス汚染，農薬や化学肥料などがもたらす問題も，深刻な課題である．それらの自然・ナチュラル，グリーン・環境保全への取り組みが求められている．二酸化炭素の排出量を減らすとともに，自然再生エネルギーの開発と脱原発のあり方を求める取り組みも大きな課題と言えよう．

それらの達成のためにも「地消・地産」の取り組みが必要である．「コープおきなわ」の理事長の山本靖郎氏は，2016年頃から「地産・地消」を「地消・地産」として，消費者発で創造しようと組合員や生協職員に呼びかけてきた．まさに現代社会は，くらしと環境に向き合うくらしとモノとコトのあり方が問われている．それに向き合う生協の商品開発のあり方が問われている．

❻人間らしいくらしをつくること

前述してきた「エシカル」な消費者の意識と価値観を育み合うために，そのような生協商品を利用して，生協という場をくらしに生かしている自分を誇りに思う，という心を育み合うことが期待される．その誇りは他者を想う「エシカルヒーロー」そのものである．その過程は，まさに他者愛に満ちた人間らしい営みである．

さらに，倫理的で公正なあり方をカタチとするような，市場に存在しない「あったらいいな」のエマージェンシーマーケットへの生協の商品開発への取り組みも重要である．

④筆者を感動させた生協の商品開発へのチャレンジ事例

生協の商品開発をめぐって筆者を深く感動させた生協の商品開発へのチャレンジの事例を二つ紹介したい．

❶コープ九州事業連合における未来の「生協牛乳」のイノベーションに向けた取り組み

2017年初頭から「コープ九州事業連合」の商品本部・日配商品部の新井知海氏は，九州地域における「集約放牧酪農」を酪農家の方々や酪農協，乳業団体，JAグループ，関係専門家，生協関係者などに呼びかけて，本来的な酪農のあり方を構築することにチャレンジしている．

それは，ニュージーランド酪農技術を取り入れた「集約放牧酪農」を九州地

域で実践することである．全国的に生乳生産量が低下するなか，九州の酪農も同様であり，生乳生産量は毎年約2%低下し，さらに酪農家の離農や畜産への転換に歯止めが効かない現状にある．未来の九州酪農の発展にとって魅力ある技術として，「集約放牧酪農」を若い酪農家の皆さんと確立しようとの試みである．

これまでの酪農のあり方は，配合飼料で乳量を増大させて，かつ成牛を牛舎に閉じ込めてストレス下で搾乳するという構図であった．「集約放牧酪農」とは，一年中牧草地に放牧して，まさに，自然のなかでストレスなく飼育された健康な牛から搾乳するやり方である．それによって，ミネラル豊富な生乳が搾乳され，その豊かな自然の恵みを牛乳として活かせるあり方と言える．そして，大規模ではないけれども数百頭の飼育でも生産性の高い酪農経営が実現できる道でもある．今後，そのように健康な成牛から生み出された生乳によって，生協牛乳やこだわりのある乳製品が開発されることが期待される．

筆者は，1970年代末期にヨーロッパを訪問して日本の酪農と牛乳に疑問を抱いた．日本の牛乳とヨーロッパの牛乳を比較して，日本の牛乳の無脂乳固形分（ミネラル分）が少ないことに気づいた．当時から，日本の酪農は多頭飼育で大規模化をめざし，乳牛一頭当たりの乳量拡大生産の路線を歩んでいた．日本の酪農の多くは放牧酪農ではなく，牛舎に牛をとじ込めて配合飼料を与えて飼うという姿であった．そこで，帰国して各酪農団体に日本の酪農のあり方を変革しようと呼びかけたが，「大規模多頭飼育型酪農」をめざしていたことから聞き入れられなかった．

しかし現在は，ITを活用した全自動化のような大規模投資に基づく「大規模多頭飼育」では，生乳価格の低下などから投資回収ができないという，酪農経営の困難と矛盾が生まれている．まさに，今，日本の酪農が曲がり角に来ていると言えよう．そのような環境変化のなかで，コープ九州事業連合の「集約放牧酪農」は，現在と未来に向けての適正なチャレンジであり，かつ優れた営みであろう．

そして，この事例が持つ特徴は，生協の商品開発において，生産過程や工場過程での生協組合員の願いの実現を超えて，牛乳の生産工程の根本，つまり酪農のあり方から革新しようとするチャレンジだということである．商品の持つ

本質的な起点からの革新を遂げようとする，極めて優れたチャレンジである．

❷「コープ有機大豆の小粒納豆」の取り組み

　次に，日本生協連の取り組みとして，国産の有機大豆を原料とした「CO・OP北海道産有機大豆の小粒納豆」という「こだわりの商品開発」の事例を紹介したい．

　北海道の上川盆地の当麻町の広大な畑で持続可能な農業をめざして有機大豆を栽培している農家の今城さんと連携して，その有機大豆を原料として茨城県で小粒納豆を生産する取り組みである．原料とする有機大豆は，小粒の「スズマル」という品種で，納豆業界のなかでも評価が高い．主な産地は北海道で，糖質が多く，甘味が強い特徴がある．糖質の多い大豆の納豆は納豆菌が増殖してうま味が増すので，納豆に最適の原料と言われている．

　今城さんは「持続可能な農業を考えたとき，有機栽培が絶対条件だ」との思いで，自然由来の堆肥のみを大量に混ぜ込んで土づくりをしている．そして，次世代に引き継げる農業のあり方を創りたいとの思いを実践している．

　土壌は，太陽系惑星のなかで私たちの住む地球にしかないと言われている貴重な自然資源である．その土壌に化学的なものを使う農業ではなく，自然のバランスを成立させる本来の農業を願い，その有機大豆を原料とする納豆を商品開発して生協組合員が買いささえるという関係性をつくろうというチャレンジである．

　それは，生協組合員の「ふだんの食卓に国産でオーガニックを」というコンセプトとも重なる．ナチュラル，オーガニックにこだわった生協の商品開発の事例として優れていると言えよう．現在は，有機大豆の生産量には限界があることから，関東近辺での協同購買の場での展開となるが，今後は全国の各地に同じ志を持つ有機大豆生産農家の方々と連携の輪を広げて，各地で取り組まれることを期待する．

　そして，この事例も前述した牛乳の，生産起点からの革新を創り出す営みと同様である．原料大豆の生産起点をナチュラル，オーガニックにこだわり，その有機大豆の生産を買いささえるという生産と消費の協同の輪で連携をするという優れた事例と言えよう．

⑤生協の商品開発の新しい次元創造への提言

　これらの事例のように「生協らしい固有の価値」を持つ生協の商品開発に多様に取り組まれることが期待される．組合員のニーズには，顕在化したものと潜在化したものがある．顕在化したニーズに応えることは当然に問われているし，それを認識するためにも組合員の声に応えることは肝要である．さらに，声なき声，声にならない潜在化したニーズに応えることが求められる．消費者として必然的な，かつ本質的な願いが，その潜在化した思いに存在している．そこに向き合って生協の商品開発を進めることが求められる．この顕在化したニーズ，そして潜在化したニーズを実現する生協の商品開発を着実に行うことが求められる．

　その結果，現状の「市場と制度」を革新するような生協の商品開発次元を構築できると考える．この間の生協における商品開発の営みの原点回帰を現代的に果たすこととも言えよう．それは，ゼロリスクを求めて「安全・安心」，健康に生きて人間らしいくらしを営みたいという願いに応えることや平和と自然・環境を守り，持続可能な社会をつくることなどへの「こだわり」を持ち続け，それを一つひとつカタチとすることである．

　重ねて言えば，組合員の願いに発って，社会の期待と時代との要請に応える生協の商品開発の価値をつくりつづけることが期待されている．それには，様々な壁や苦労と向き合うことが問われる．しかし，それにこだわる生協人としての素晴らしい理想と理念，信念が継続を可能とする．

## (4)　三つの人間の経済のあり方を協同経済システムとして

　序章のⅡで富の社会的再分配の後退の現状を述べた．富裕層と大企業への減税と庶民への増税という税制度を変革することも求められる．富の社会的再分配の後退の結果，教育，医療，福祉，そして多様な社会保障への税の投入は相対的に削減されてきた．失われた富の社会的再分配機能は，政治的にも社会運動としてもその制度改革を求めて再構築することが必要である．

　それに加えて，その失われた機能の社会的補整・調整機能として，協同組合経済システムとしての可能性を探りたい．

①税制以外の社会再分配機能の可能性

　新自由主義経済システムにより，後退してきた富の社会的再分配の再構築のために富裕層，大企業の資産や利益への課税が求められる．しかし，それ以外に経済的・社会的機能として，協同経済は社会再分配機能を補正できないのであろうか．税制改革には，協同組合経済は直接的には関与できない．しかし，それを社会的に調整したり，補整したり，相互に配分し合うことは可能と考える．

②人間の本来的な経済行為

　そのために，カール・ポランニーの「人間の経済」が指摘する「交換の経済」と「互酬の経済」のあり方を生かすことは，協同組合において可能であろう．そして，相互扶助の組織の協同組合として，人間社会が歩んできた「贈与の経済」も担える[3]．

　これらの三つの経済行為について，協同経済として社会再分配の補整の可能性にチャレンジすることが期待される．以下はその考え方である．

❶交換の経済

　最初に協同組合経済システムとして，生協における正当で公正な等価交換と社会再分配機能の構築へのチャレンジについて述べたい．生協は購買生協として，協同購買のために各取引先や生産メーカーと交換の経済を営む．その交換の経済においての前提は，生産と消費の間において公正で適正な等価交換経済の価値創造である．そして，生協運動への共感と豊かな連携ができる生産側とは，消費と生産の協同生産の実現が期待される．

　このような営みを介して，生協と深く信頼関係にある取引先の企業経営において，必要労働のみの労賃でなく，余剰労働をも取引先の企業内の勤労者に分配することを，取引先とともに交換経済として実現できる可能性を探る余地はあると考える．

　それは，例えば二つの道として考えられる．一つは，厳正な原価計算に基づく取引価格をもとに，取引先に生協の側が利潤余地を認めて，それを相手企業の勤労者に賃金として還元する道である．二つは，取引先の企業内の剰余から生協を介して社会的な営みへ募金してもらう道である．

前者は，取引先の勤労者への還元であり，後者は取引先の企業剰余を社会的に還元して社会貢献するあり方である．いずれも，生協との交換の経済を介して社会的な意味と価値をもつことであり，取引先企業は社会的に賞賛される関係性が創造される．それは，生協と取引先との豊かな社会関係性をつくる道とも言える．

❷互酬の経済

　協同組合として，かつ相互扶助組織として「互酬の経済」は多面的なあり方の構築が可能である．互酬の経済とは，見返りを求めての行為ではなく，まさに「お互いさま」の社会的・経済的行為である．よく事例として取り上げられるのは，お歳暮である．お歳暮は相手からの返礼を期待して贈るのではなく，感謝の思いをカタチとする営みであるが，相手からもお歳暮がとどく．この「お互いさま」という互酬のあり方は，まさに他者を想う人間らしい行為でもある．

　生協による互酬の経済の一つは，相互扶助の営みとしての「共済のあり方」を守り，その互酬性を社会的に広げることである．保険は「安心を売買する」が，生協の共済は「ともに助け合い，支え合い，安心を分け合う」営みである．ゆえに，その安心を豊かにするために共済利用組合員の参加を広げて，ともにつくり合い，助け合い，分け合う共済による安心の領域をさら広げ続けることが期待される．さらに言えば，共済を保険と思っている組合員も少なくない．そのことが教えているのは，共済の保険化を避けて相互扶助としての価値を創出しつづけることであろう．

　二つは，互酬の経済としての生協の福祉への取り組みであろう．生協の社会福祉協同事業は，まさにお互いに助け合う協働行為であり，互酬の経済の人間らしい営みである．この生協が遂行する社会福祉協同事業には，組合員もボランティアで参加していることにみられるように互酬の経済行為を果たしている．さらに，その助け合いの輪を広げて，社会福祉協同事業を黒字化して継続可能な経営体質にすることが求められている．そのためにも，参加を広げるために生協の社会福祉協同事業の価値と意味を豊かな情報としてつくることが求められている．

　少なくない生協で広がっている「お互いさま」の活動は，助けて欲しい人に

対する世話焼きの行為であり，いつかは私も助けられるという思いで人間らしい営みである．

そして，三つはその他の多様な次元での互酬の経済のあり方を模索することである．例えば，里山や自然を守り，かつ平和と環境を守り，保育や教育，文化などに生協が取り組むことは無限にある．

それらの取り組みは，世のため，人のために，という他者愛に満ちた人間らしい行為であり，それに参加する組合員は自己実現とともに自己を誇りに思う内在性が醸成され，やりがいを実感する．まさに，それが生協らしい社会関係性の場と言えよう．

❸贈与の経済

贈与の経済は無償の愛に基づく母親が乳児に母乳を与えるような人間の行為である．

この贈与の経済という領域は，協同組合としての生協の場において他者愛を相互に通わせ合う，協同システムづくりとも言えよう．募金，カンパを集め，そして基金を創設して社会的・文化的な営みに還元する行為であり，既に多くの生協において多様に取り組まれている．さらに，少なくない生協で堅実な経営による内部留保金の社会的，文化的還元や基金づくりも取り組まれている．その協同の輪をさらに広げることが期待される．

少額のカンパや募金しかできないけれども他者愛を込めて，それに参加したいと願う生協の組合員は多い．一方には，生協が行っている募金やカンパを知らない組合員も多い．知っていれば募金したのに，という組合員が存在する．そのような思いを生かすために，よい営みを常に全ての組合員に伝え，かつ自己の募金が誰にどのように役立っているかという意味情報を豊かに通わせ合うことが求められている．

そして，これらの募金などの活動は，生協の組合員以外の地域社会の方々にも参加いただけることであり，地域において社会的に取り組む課題でもある．地域社会において社会的に意味あることに貢献したいと願う富裕層や取引のない大企業からの募金や基金への参加など，多様に生み出すことも可能である．

このような活動を介して富の社会的再分配を補完・補正することを，生協の協同経済機能として取り組む余地は大きいと言えよう．

## (5) 協同・連帯における「集中と自立」の革新に向けて

次に，今と未来社会を見据えた協同と連帯のあり方に，新しい視点から提言を述べたい．生協運動をめぐる日本社会において，縮小社会と人々の価値観の変化がもたらす流通資本の変化と生協運動の関係性が指摘できよう．

### ①その変化として思考すべき課題
未来の協同と連帯の新しいあり方を思考するうえで求められる視点として，以下の四つを指摘しておきたい．

❶基本認識として

社会変化として意識しなければならないのは，市場経済としても一元性から多元性へという変化である．市場におけるマーケティングにおいても，一元的なマスから，ユニットへと変化してきた．さらに，それはITの技術革新によるビッグデータを活用して限りなく「個」を対象とするものへと変化する．

言い換えれば，一元的集中から個に接近する変化である．それは，集中性と個別性の二者択一ではなく，双方を統合した新しい知恵へと結びつく変化と認識する．それは，新次元の創造に向かう可能性を持つと言えよう．

❷価値認識

そして，それは価値認識として「量から質へ」という本質な価値づくりが必要となる変化が求められる．その本質は何かという新しい認識づくりが必要となる．その質は，カテゴリーなのか，ステージなのか，時間や場，空間なのか，という内容を伴う．おそらく，それらの全てにおいて個と全体の「質」という価値形成が必要であろう．

❸技術と科学の進化と暴走

それらの個と全体，そして多元的な場へのマーケティングの営みは，数理科学，計算科学の進化，IT化，人工知能の進化によって精緻され，成立する科学技術の進化を生かすことで組み立てられると推測する．さらに，二次元，三次元のマトリックス分析を可能とする統合的分析の進化によって，全体のなかにおいての個がリアルに見えてくる．これらの科学技術の機械化とシステム化の活用の進行は，ますます，人の営みの解明においてその利用価値が増すと思われる．

しかし，それはマーケッターから個々の人々，消費者が狙われるという新しい消費者被害や，消費者の権利を侵すようなことが生じる懸念も存在する．
　その意味から，技術と科学の進化と暴走に対して，消費者運動，生協運動としてどのように向き合うかも問われる．そして，生協は消費者の権利を守りつつ，増大させる営みの価値が問われる．生協らしく組合員のために，社会のために，公正と倫理に基づいて技術と科学の進化をどのようにくらしに生かすかが問われる．

❹縮小社会において問われる新しい思考は何か

　縮小社会における市場経済において，資本投資効率の集中局面の変化が生まれることも予測できる．つまり，その資本の動きとして投資効率のために全面的に一極集中するのではなく，ある局面へ集中するという変化である．
　そして，資本の概念にも社会関係資本や文化資本，里山資本などの多元化が生じる．それは，「資本＝元手」は資本金だけではなく，多面的で多様な資源を「元手」として生かすという概念変化と具体的な営みの変化である．
　未来社会は，その多面性をどう生かすのか，という変化が生まれると予測する．とりわけ，生協運動において，非営利・協同セクターとしての生協の多極化・マルチな関係性をどのように生かすが問われる．
　これらの進化する科学技術とIT化情報，新しい概念や思考を生かして，未来の時代に向き合う生協運動を構築することが必要だが，そのためにも大切なのは，大義を成そうとする揺るぎない生協人の豊かな哲学・思想と理念が求められる．

②未来の新しい「協同と連帯」について

　これらの視点の変化や多様な社会変化から，協同と連帯のあり方も変化を生み出す必要性がある．例えば，協同においてこれまでは皆で思いを重ね合わせて一元的な「まとまり」を形成してきた．つまり，協同は「つながり」から「まとまる」という協同作用を持ち，その全体のまとまりから皆の願いをかなえてきたのである．
　しかし，現代社会の変容から期待されるのは，一元的な「まとまり」のみならず，個々のつながりと思いを生かして，多元的な協同をつくって皆の願いを

かなえることであろうと考える．

❶一元的な協同から多元的な協同へ

　現在と未来の協同を考えるうえで，この「個と全体」という関係性を新しい視点で思考することが必要である．つまり，個の尊厳を認め合うことであり，大切なのは全体ではなく，「個」である．言い換えれば，全体のために存在している個ではなく，個のために存在している全体という考え方を大切にすることである．このように考えると全体としての「まとまり」という協同から，個々の思いが生かされ，多元的に「つながる」協同のあり方が必要であり，現状の生協の協同もそのようなあり方を既に進めつつある．

　協同のあり方の進化過程として，初期的には一元的なまとまりの協同を成すが，その過程を経て，多様な個のつながりを生む協同に進化させてきた．つまり，一元的な協同から多元的な協同へと協同組合，生協は進化してきた．しかし，その多元性ある協同とは何か，多元的な協同をどのように育み合うかは，依然として，今と未来の生協運動を思考するうえで課題として存在している．

❷より身近な協同づくりへ

　多元的につながる協同のあり方を思考するうえで，大きな刺激となる論考がある．それは，田中秀樹編著の『協同の再発見―「小さな協同」の発展と協同組合の未来―』である．田中は同著において，経済のグローバル市場化により農村や地域が疲弊していく一方で，「小さな協同」と呼ばれる住民主体の活動が多面的に生まれ，注目されていると指摘する．各地の事例と成果を検証することで見えてくる，新たな協同組合運動の可能性とは何かを説く．その「小さな協同」により，コミュニティづくり，雇用創出，高齢者支援，地域活性化など，社会的な問題解決のカギとなる協同組合の潜在的可能性を探っている．

　農協や生協は，大型化して市場競争に勝つという視点から組合員を「顧客化・抽象化」して，会社化傾向を強め，「顔とくらしのみえる」関係づくりは市場関係性へと後退して，その存在価値が視えなくなっていると指摘する．その現状から脱却して協同組合の価値を生み出すことを期待して，「小さな協同」をその時代のエネルギーとして自らの組織内部に取り込み，協同組合運動の発展に結びつけることを期待して論じている．そして，農協や生協の「おおきな協同組合」は，多様な「小さな協同」をつくり，「地域の協同のセンター」と

しての位置づけを与えると説く4).

　協同と連帯の基軸と核は，地域のくらしと人々であり，筆者も，その点で多様に「小さな協同」を育み合うことには深く共感する．

　しかし，筆者は「小さな」というよりも，ヒトとコトの息吹を身近に感じる「より身近な協同づくり」が求められていると認識している．そして，農協や生協の大きな協同組合を「小さな協同」とつなぎ，連携する「地域の協同のセンター」としていることには，むしろ「センター」という中心的な位置づけではなく，「自由に交じり合い，つながるプラットホーム」であり，「身近な協同づくり」をささえる場という思考と倫理，理論を持つことが期待されていると考える．

　このように，今と未来の協同と連帯を考えるうえでのキーワードは，「より身近で，大きな拡がりをつくる協同と連帯へ！」であろうと，個々人の自立的存在を生かして，身近につながる協同のあり方を多様に生み出すことを提言したい．

❸そして，一元的集中の統合化ではなく，多元的な連帯のあり方へ

　1990年代に日本の生協は，リージョナルな事業連合組織を創設して地方ごとに単位生協の事業を統合し，事業経営の集中と統合を形成してきた．それは，単位生協ごとの協同事業の遂行のみではなく，その経営資源を統合して協同事業を進化させてきた．この連帯のあり方も，前述のキーワード「より身近で，大きな拡がりをつくる協同と連帯へ！」のように，思考の革新が求められる．

　また，時代は「集中と分散」という二元的な思考への変化を生み出している．マスを意図した集中と統合のみならず，その統合した機能を多面的な個とコトに生かす「分散」思考である．同様に，生協の事業連帯を思考するうえでも，各生協事業連合に「集中・統合」してきた協同事業経営資源を単位生協ごとに，あるいは各地の個々のニーズにどのように向き合い，生かすかが問われている．つまり，「集中と統合」という連帯だけではなく，「自立と集中・統合（連帯）」概念と実践理論の確立が求められている．

　このように，協同と連帯については，全体とともに，個々を大切にする視点を持ち合い，新しい思考へ転換して，個々の人たちの願いと思いに基づく協同のあり方，生協ごとに求めるコトへ生かす連帯のあり方が期待されている．そ

のあり方とは，全体の都合ではなく，個々の願いに基づくことであろう．

## (6) 人間らしさを大切にした社会的活用と制約づくり

現代社会は，著しいICTの進化が視られる．さらに，AIやIoTの技術革新が進行している．まさに，人間社会において新しい次元が到来すると言えよう．

便利で，かつ新しいくらしと社会の到来も予測されるが，その科学・技術の暴走により，これまでにない社会的負荷も懸念される．とりわけ，人間らしい社会とくらしを願う生協運動には，倫理と公正を侵さないあり方が望まれる．同時に，生協の場でもこれらの技術革新を生かすことが求められる．つまり，技術革新を生かしつつ，そこに生協らしい文化的価値を込められるのかが問われている．

例えば，ICTにおいては，生協らしくコミュニケーション・ツールを生かした生協らしい価値づくりである．そして，自動化を含めて，その科学技術を生かしたうえで，生協のあり方として「人間らしさの倫理的制約モデル」を社会に示すことであろう．

特に，ICTについて言えば，ネット社会が多様な社会的問題と課題も生み出している．現代社会の人間疎外を反映して，他者に認められたいという欲望から「ネット社会の居場所化」も広がっているし，落書きのような他者への根拠なき誹謗中傷，そしてデマや嘘，フェイクニュースなどの深刻な問題も存在している．簡単で便利な情報ツールであるが，そこに倫理的な公共性がなく，私的空間の虚構とも言える場となっている実態がある．

今，問われているのは，まさに市民公共性のある場として倫理と公正に基づく情報次元をつくることであろう．生協の場を介したICTにおいては，人という主体性を蔑ろにしない社会と経済のあり方としても，その規範を広く社会に示すことが期待される．生協の場でのICTやIoT，そしてAIを活用した全自動化においても，消費者主権を確立し，人間らしい文化と社会のあり方を願って，それらの科学・技術を生かすあり方を創造して，その進化モデルを構築することが必要である．

## （7） マネジメント革新と自己革新に向けて

　前述の3節の(1)で，生協の「組織文化の弱さと荒さ」，そして「自らの組織を自ら壊す内在性」について述べた．生協の組織文化を考えるうえでのジレンマとして，資本の運動論理と「人」主体の「目的」論理の乖離，民主的統治と制御の難しさを感じる．

　そして，人と組織の劣化現象と創造性の後退は，なぜ起きるのかである．生協の創設期においては理想に燃えて多様な創造性の活発な発露が見られた．しかし，成長期にかけては斬新な創造性が後退する．結果として，生協らしい固有価値を連続して生み出せないというジレンマを感じている．その要因は，何か．理想と志，哲学の存在なのか．または，人と自然にも陰と陽，清と濁があり，そのようなシンプルだけれども複雑な欲望の人間社会ということなのか，ということでもあるかも知れない．ある意味で，このようなことは人と組織の永遠の問いかけかもしれないと．

　しかし，生協人として成したいことへの大義と正義に根ざした理想は現実を切り拓く，という信念を持ってほしいと願う．

### ①健全なマネジメントへの自己革新

　その理想と信念に基づいて協同組合，生協としての固有性に富む組織文化とマネジメントを，参加型と民主主義のマネジメント革新として果たしてほしい．
　とりわけ，「やらせるマネジメント」から脱して，個々の生協職員の主体的な思いを生かした，生協としての本来のマネジメントを取り戻したい．それは，生協が「組合員の立場に発って，主体的に応える」というマネジメントへ変革するためにも必要なことである．そして，生協において「自らの組織を自ら壊す内在性」を避けて，個々の職員のモチベーションを壊さないためにも，「個々人の尊厳を認め合い，その主体の力を引き出し合い，生かす本来のマネジメント」に革新することである．マネジメント層においては，リーダーシップへの勘違いも存在する．リーダーシップは本来的には社会的影響力であるが，人と組織への影響力を職階による「権力と権限」に依存するという勘違いである．職階の違いは責任の大きさの違いであり，それを担う権限を伴う．つまり，本来は，権限は伴うが権力は存在しない．それが，リーダーシップを発揮する際

に，権力を伴うと勘違いし，上位の職階を目指してむき出しの権力欲も生じさせることがある．本来の権限と責任を果たすマネジメントが求められる．

　問われているのは，協同組合としての経営の「哲学」であり，生協人としての志と理想とロマンを持ち合うことである．その思いに根ざした，連続するイノベーションと科学する創造知の営みを成して，生協らしい固有の価値創出に向かう「創造集団」づくりが問われている．

②生協らしい豊かな組織文化を育み合う

　その創造集団を生み出す基底となる「協同組合らしい組織文化」づくりが必要である．特に，健全な生協らしい組織文化をつくるために問われているのは，生協の職場で交わされている言葉であろう．言葉は，組織の共通認識と概念を育み合う．

　各生協の現場で交わされている気になる言葉づかいは多岐にわたる．それは，「組織文化の弱さと荒さ」を実感することでもある．

　例えば，組合員を「お客さん」と呼び，組合員のニーズに応える組織なのにそのニーズや組合員を「ターゲット」と呼ぶ．さらに，お誘いのスタッフ間で，新加入手続きを終えると，新加入の組合員の生協との関わりの出発点なのにセールス用語の借り物の「クロージング」と言う．また，会社の一つのラインのような「営業」という用語にも違和感を持つ．さらに，「会社」と言う先輩やマネージャーもいる．売ってこい，アタックや組合員を説得してこい，数値・結果を上げろ，取ってこい，ゲットしてこい，そして販売，販売促進，売れたという．人への尊厳を持ち合うべき生協なのに，年下の同僚や部下を姓名の「○○さん」と呼ばないで「○○ちゃん」，「○○」と名前を呼び捨てにする．このように，乱暴な生協らしくない言葉が乱用されている．あらためて，言動という意味を大切にしたい．言葉は，概念を通わせ，概念は行動の基底となり，その行動は習慣となり，組織文化となる．

　「コープあおもり」の理事長の小池伸二氏は，専務理事だった2013年頃から生協らしい言葉の大切さを職員に呼びかけている．名言や格言で有名な，カトリック教会の修道女のマザー・テレサ（Mother Teresa）の名言とされる（マザー・テレサの言葉ではないとする説もあり）格言を紹介している．

「思考に気をつけなさい．それはいつか言葉になるから．言葉に気をつけなさい．それはいつか行動になるから．行動に気をつけなさい．それはいつか習慣になるから．習慣に気をつけなさい．それはいつか性格になるから．性格に気をつけなさい．それはいつかあなたの運命になるから．」

この格言を発信している意図は，言葉と組織文化づくりへの深い思考である．言語と豊かなコミュニケーションにより，組織の共通認識と常識を生み出すこととなる．その意味から，私たちは，この小池氏の意図と思いから多くの示唆を受けとめ，学ぶことが求められている．まさに，善い言葉を介して，善い言動を生み出し，善い組織文化を育み合うことが求められている．

③善き意図をカタチに

生協運動の大義を成すためにも，善き意図を持ち，善きプロセスをつくり，そして善き結果（成果と課題）を得るという循環をつくってほしい．意図は善くても善いプロセスがないと善い成果は生まれない．また，善い意図がないと善いプロセスが生み出せず善い成果も生まれない．つまり，善い意図と善いプロセスづくりが善い成果を生み出す前提となる．

まずは，善き意図をつくることが起点となる．それには，目的は何か，誰のため，何のためなのか，についての共通認識をつくることが大切である．そして，何を成したいのかというコンセプト（新しい考え方）も明瞭にすることが求められる．

それを起点として，その善き意図をかなえる善き実行（過程）のプロセスをつくることである．手段，方法論などは多様に存在している．その中から最適と思えることを選び，なかったらつくることである．そのために，事業組織のメンバー，仲間のコラボレーションをつくり，得意なことを担い合う連携，連帯，協働することである．そして，失敗を恐れないことである．やってみないと判らないし，その失敗は未来への貴重な学びでもある．ただし，失敗が起きることも想定して，そのリスクを担保することや次の実行過程を複合して構えることも問われる．

その過程において，善き意図をカタチ（具現化）とすることを介して，意図したこと，善きプロセスの考え方を持って営んだこと，働きかけたことはどの

ような成果と課題があったのか見つめることが必要である．つまり，言い換えると営みを振り返り，そこから学びを得る検証過程も問われる．

④善い組織文化の形成のために
　生協の善い組織文化を創造しつづけるために学び合う組織づくりが求められる．非営利・協同セクターの「人と組織」を活性化させるために，「ともに活発に学び合い変化する組織をつくる（Co-active learning organization）」ことが問われている．
　その際に実感しているのは，民間企業組織と向き合うビジネスコンサルタントからの学びに依存している，生協の現況への危惧である．そのような研修の場のみではなく，社会と経済を知り合い，協同組合の理論と思想，哲学を学び合い，生協固有の存在価値とその意味を学び合い，深め合う場が重要である．
　さらに，職員集団のモチベーションについて，企業社会で言われている「顧客満足」や「従業員満足」を，生協は「組合員満足」や「職員満足」と言っていることが危惧される．前述で組合員の「満足」ではなく，「感動」を生み出すことではないかと指摘した．同様に，「職員満足」ではなく，生協職員の「やりがい」が問われている．企業コンサルや経営学では，モチベーションを「動機付け」と定義するが，そうではなく主体的な「やる気」と理解したい．その「やる気」は，承認欲求が満たされたときに「やりがい」として明瞭になる．例えば，組合員から仕事ぶりが認められて感謝されたときに「やりがい」を実感する．とはいえ，常に「やりがい」に満ちているではない．時には「やりがい」が満たされず，モチベーションも低下することがある．それをささえるのは生協人としての豊かな使命感であろう．
　その使命感を深め合うためにも，かつ健全な生協の組織文化を育み合うためにも「ともに活発に学び合い変化する組織をつくる」ことが問われている．ともに学び合って変化する組織をつくってほしい．

(8)　人間らしいくらしと市民社会文化づくり
　ICA（International Co-operative Alliance：国際協同組合同盟）は，1995年のマンチェスター大会において，協同組合の定義・価値・原則，協同組合のアイ

デンティティに関する ICA 声明を確認した．

それに際して，協同組合の歴史上初めて自らの存在を定義した．その定義は，「協同組合は，共同で所有し民主的に管理する事業体を通じ，共通の経済的・社会的・文化的ニーズと願いを満たすために自発的に手を結んだ人々の自治的な組織である．」とした．

この定義を，「共通の経済的・社会的・文化的ニーズ」とした経緯において，当初案は「共通の経済的・社会的ニーズ」であった．しかし，日本の生協からそれに加えて「文化的ニーズ」を提案して，国際的に確認された．

文化的ニーズとは，知と文化という本質的なことも視野におきつつ，人間らしい文化のあり方への願いを意味すると考える．日本の生協は，文化的な組合員活動も活発に担ってきた．それは，芸術や絵画，文学と接する場のみならず，社会的・文化的な映画や演劇を見るコトなどの参加を協働して成してきた．

それらは単なる取り組みだけではなく，真の市民社会づくりであり，一人ひとりの市民が社会の主体であるという価値観づくりという社会文化を意味する．それは，市民公共性をつくる「倫理と公正」に根ざして，人間らしく生きるという自己実現を協働によって相互に得る人間関係性づくりであり，そのような市民社会文化をつくりたいという願いでもある．

多くの組合員は，生協の場での協働の営みを介して，人間らしい市民社会文化を創造したいと願っているはずである．それは，他者愛と自己愛をつなぎ合い，人々の幸福と「ともに生きている」という社会文化を形成することであろう．そのような組合員の多様な協働の営みには，優れた社会文化が存在している．それを社会に広く輪と和を広げてほしいと期待する．

## 8. むすび：協同組合法制の一本化への願い

日本の協同組合は，農協，生協，漁協，森林組合，中小企業協同組合，信用金庫，信用組合，労働金庫，共済協同組合が存在している．その各種類の協同組合についての法体系には，種別協同組合法制体がある．その法体系のもとに，国務大臣，都道府県知事の認可制として，主務官庁の管理統制と指導下にある各種協同組合という制度を生み出している．

その現状からの課題として，一つは，社会変容から現状の種別協同組合法制では設立できない協同組合の必要領域が多様に拡大していることがある．つまり，種別協同組合法体系のため，新しいニーズや多様な協同組合の誕生が規制されている側面がある．その事例として「労働者協同組合」の認可を認める法体系がないことが指摘できよう．

　二つは，農協組織の中央会の社団法人化に見られる協同組合解体への動きのように，協同組合を社会的・経済的・文化的に大切にするということが後退している危うさを実感する．例えば，アメリカ政府を介して同国の保険企業からの具体的な要請として，共済協同組合組織を保険企業と同様に取り扱う法改正への動きもある．

　一方の展望として，国連は「社会的連帯経済」研究会を発足させ，「社会的連帯経済」の法制度を確立する国々も存在し，非営利・協同セクターへの期待も高まっている．

　このような現状から，種別協同組合法制ではなく，幅広い相互扶助組織が協同の社会システムとして機能するように，かつ多様な協同組合が設立できるような協同組合法制化への展望と可能性への取り組みが求められている．過去にも，協同組合基本法への政治的な動きも起きた．

　新しい協同ニーズに応えることができない現在の各種別協同組合法制度という法体系ではなく，新たな協同組合法制への改革が必要である．多くの国々では，日本のような種別協同組合法制ではなく，協同組合法としている事例が多い．

　望ましいのは，社会の変化に向き合う人々の連帯と協同を生み出し，社会的・経済的・文化的な成果を挙げるように，多様な協同組合も設立できるような一本化した「協同組合法」である．それによって，農協と生協が一体になったような地域協同組合も設立可能となる．法制度改革を，各協同組合と連携してかなえる取り組みを実践してほしい．

注
1) 「新自由主義経済システム」による規制緩和が消費者への負荷となる事例は多々存在している．その一つとして，2015年4月から「機能性表示食品」が新しく制度化されたことが指摘できよう．健康へのニーズに応えるものとして各企業が新制度を

利用している．これまで，1991 年から実施されてきた「特定保健用食品」（トクホ）は国の審査・許可が必要であったが，新制度は，国の審査がなく企業の責任で表示が可能なった．トクホに比べて「安く，短期間で」同じように表示可能となった．それによって，①科学的根拠への疑問，②査読付きの論文をパスしないものも見られること，③誇大とも言える効果表示，④公開された情報の課題として，専門用語も多く，一般市民，消費者がそれを理解しうるとは言えない，等，信頼性が危惧される．

2) 「エマージェンシー・マーケット」とは，新規に登場する市場を指す．無市場の消費化や新しいモノを世の中に登場させることであり，その一方に，無くなった市場の消費化もある．そして，モノとコトの関わりでその市場が育つ可能性を持つ．生協で言えば，その事例として 5 節で触れたように筆者が商品開発した「コープミックスキャロット」があろう．人参嫌いの子どもたちに「人参を摂取させたい！」という母親の願いをカタチにすることを目的に商品開発した．人参汁と多種類の果汁をミックスしてノンフレーバーでも飲用できるものである．当時の業界の常識として，地域の農業は果実も野菜も生産しているのに，野菜汁と果汁のそれぞれの加工生産が分業されている実態があった．「コープミックスキャロット」の開発を契機として，野菜汁と果汁の混合の商品開発が市場で広がり，エマージェンシー・マーケットが成立した．

3) カール・ポランニー著『人間の経済Ⅰ・Ⅱ』岩波書店，2005 年．

4) 田中秀樹編『協同の再発見―「小さな協同」の発展と協同組合の未来―』家の光協会，2017 年．

# 第 2 部
# 東海における生協の今

## I. 「愛知の生協のグランドデザイン」から未来を考える

磯 村 隆 樹

### (1) はじめに

　地域と協同の研究センター主催の「生協の（未来の）あり方研究会」に所属し，2013年10月にその研究の成果として発刊した『未来を拓く協同の社会システム』に生協運動の実践家の一人として執筆した．

　みかわ市民生協（現コープあいち）[1]に1983年入協以来，約35年の実践を振り返って「生協運動との出会いとこれまで」，「組合員の願いに基づく購買事業と食と安全・安心の取り組み」，「食の安全・安心（消費の協同）からくらしの安全・安心（くらし全般の協同）に」，「組合員のくらしを守るからより良い地域社会づくりへ」という内容とし，実践家の一人として自身の「生協運動への思い」について寄稿した．

　今回は，両生協が合併を具体的に検討する前に，両組織から代表を出して調査・研究を行い2006年3月にとりまとめた「愛知の生協のグランドデザイン」や合併前に策定した「合併の目的」，「新しい生協のめざすもの」に基づいて8年間の歩みを振り返ってみたいと考えた．なぜ今，このことを振り返るのかということは，これらはコープあいちづくりの基礎でもあり，合併前に両組織の組合員や職員，広く捉えれば地域社会の皆さんに新しい生協をつくる目的を提起し約束をしてきたことだと考えるからである．

### (2) 愛知の生協のグランドデザインとは

　合併前の両生協は，県内の活動地域をほぼ棲み分けていた．事業でもコープぎふ・コープみえの皆さんと東海3県の連帯で東海コープ事業連合をつくっており，運動面でも同様に連携して取り組んでいた．その中で改めて，県内合併が必要なのかどうかということについて確信があったわけではなく，まずはそのことの意味や価値について調査・研究を行うこととした．

両生協理事会のもとに理事や職員代表による調査・研究チーム（研究組織「地域と協同の研究センター」より兼子厚之氏も参加）を立ち上げ，2006 年 3 月に『愛知の生協のグランドデザイン（2006.3.28）』をまとめた．グランドデザインでは，愛知県の特徴（現在の状況），生協の県民のくらしへの役立ち（できていることの到達点），これからの地域社会とくらしの変化（予測）に基づき，今後の生協のありたい姿（方向性）がまとめられた．その中で，「組合員のくらしにとって，地域社会の生活文化の向上にとって」頼りになり必要とされ続ける生協になることが大切であること，また連帯を強めるにしても合併するにしても，今後の展望を作る上では，それは何のためか（目的はなにか）をはっきりさせることがスタートとなると考えた．

　その際，両生協が一番大切にする基準は，「理事会や経営にとってどちらが進めやすいかではなく，組合員のくらしにとって，地域社会の生活文化の向上にとってどうか」という点であり，「協同組合としてより大きな貢献ができ，役割を発揮できるにはどうすればいいか」とした．単なる両生協合併，ましてや組織・事業規模を拡大することのみを目的とするのではなく「協同が切り崩される，破壊されていく時代に，協同を大切にしてきた県内の生協が，まずはめいきん生協とみかわ市民生協が率先して，広く団結することが，市民・住民本位の県民のくらし・地域社会づくりの展望を切り拓くことになります．」と考えた．

　グランドデザインは，合併を両組織が検討するにあたって策定された「合併の目的」，「新しい生協のめざすもの」に反映され，今日のコープあいちの礎ともなっている．合併から 9 年を経た今日，グランドデザインで今後の社会変化の中で県内の協同組合の大同団結の起点となりたいとしてきたことを，合併当時の中心的な役割を果たしてきた役職員・執行体制が変わってくる中で組織として継承していくことが大切になっている時期となっており，そこに示されている考え方など大事な点を過去のものとせずに，今後のコープあいちのビジョン，ありたい姿として生かしていきたいと考える．

### (3) コープあいち発足から 9 年，新しい生協づくりは「道半ば」

　合併時からコープあいちがめざしていることは，組合員が主人公である生協

づくりであり，くらしを守る事業と運動を一体的に推進し，地域社会の一員としてより良い社会づくりに貢献できる新しい生協づくりである．合併に際して，目的とめざすものを次のようにとりまとめ，組織合意をつくってきた．

> 《合併の目的》
> 1. くらしの不安に立ち向かい，くらしの願いを実現できる生協になります．
> 2. 地域社会との連携を強め，愛知県全域のくらしに貢献する生協になります．
> 3. 事業と経営資源を一つにすることで，将来にわたってゆるぎない生協になります．

> 《新しい生協のめざすもの》
> (1) 食の安全・安心を第一に，生産者との信頼，顔の見えるおつきあいを強めます．
> (2) 組合員の願いに応える頼りになる事業をすすめます．
> (3) 身近なところで，組合員が楽しく，生き生きと元気になれる生協をめざします．
> (4) 地域の皆さんとご一緒に，くらしやすいまちづくりをすすめます．

　組合員のくらしを守り，地域社会への貢献度を高めていくことをめざし努力してきているが，この約9年間で組合員は約11万人増えて49万世帯が加入してはいるが，世帯加入率15％と全国的に見ても低い状況の中で，その影響力はまだ持ち切れていないのが現状である．

　購買事業では，過疎化や高齢化のすすんでいる中山間地や離島への共同購入配達や都市部の買物困難者対応としての移動店舗，店舗で買い物された商品のお届けサービス，夕食宅配など，くらしの困りごとへの対応を強めてきた．福祉事業も介護保険制度が後退する厳しい経営状況の中で在宅介護を中心に，地域でのモデルとなるような事業づくりをすすめてきた．また地域社会における対外的な活動も，大規模災害時の支援協定や最近では高齢者等の見守り協定の締結もすすんできている．2011.3.11東日本大震災からの被災地復興支援や愛知県の大規模災害への備え，JAの皆さんとの食と農を守る取り組み連携など社会的な貢献度を少しずつ高めることはできてきたと考える．しかし，一部の富裕層だけが潤う政策のもと，増税，社会保障の継続的な後退，TPP問題，

環境や原発エネルギー問題，平和と憲法問題，2025年問題に象徴される少子化・高齢化や人口減少など，くらしの厳しさと将来的な不安は，より高まっていると感じている．

食とくらし，平和・環境など私たちを取り巻く情勢は厳しく，人類の存亡にかかわる問題もはらんでおり，そこに果たす協同組合の役割はより大きくなってきていると考える．1997年6月の日本生活協同組合連合会通常総会で『生協の21世紀理念』として「自立した市民の協同の力で人間らしいくらしの創造と持続可能な社会の実現を」が採択されて約20年，私たち生協もそのことを踏まえて21世紀ビジョンをつくり，2020年ビジョンを掲げて取り組んでいる．次期2030年ビジョン策定でも，社会的な課題に向き合う，生活協同組合の価値を認識する，組合員・職員・生産者メーカー・地域の皆さんとの協同を大切につくりあげていきたいものである．

### (4) 組合員の主体的な事業と活動への参加・参画

組合員の主体的な事業と活動への参加・参画が，今後はより大切になると考える．そのためにも組合員の運営参加を保障する仕組みの更なる充実と実践が求められている．今日の生協経営の厳しさや危機は，新自由主義のもとで進行する社会の劣化，くらしの危機が背景としてあるが，もう一方で「協同組合」思想の危機が存在していると考える．組合員主権を形骸化し常勤役職員による経営支配がすすんでしまうこと，組合員の顧客化と組合員のところでの顧客意識の広がり等は，協同組合の持つ強みを自らが手放してしまうことにほかならないのではないだろうか．本来，組合員が自立した消費者として協同し，くらしの困りごとを解決していくこと，より良い地域をつくろうとする皆さんと協同しくらしの危機を乗り越えていく道が求められていると思う．生協が事業規模拡大のみに価値をおき，大手流通に伍してという考え方もあるようだが，それでは乗り越えられないと思うし，協同組合であることを自ら放棄することとなり組合員・地域社会における信頼を失墜させていくことになると考える．生協運動の中で組合員主権を貫くこと，つまり組合員の事業運営への参加・参画の実態づくりと実感を広げること，組合員からは主体者として声が出せ，それが生協全体として収斂され，地域連帯の場である事業連合の取り組みに反映さ

れるように，単協・事業連合も含めたすすめ方や組織の見直しが迫られているのではないかと思う．組合員主権を貫くとは，地域主権とも読み替えられると思うし，地域のくらしを背景とした今後の生協運動のあり方の問題でもある．

### (5) 次代を担う生協職員の育成

コープあいちでは発足時より運動と事業の中で大切にしたい三つの視点として「組合員・地域・福祉」を掲げている．その視点とは，「組合員を主人公に，協同の力で事業と活動をすすめます」，「地域社会の一員として，くらしを守るネットワークを広げます」，「福祉的な視点で，生協のすべての活動を見直し新しい協同組合の文化をつくります」ということである．三つの視点に基づき運動と事業をすすめていく上で新しい組織文化づくり，協同組合人の教育と育成が重要となってきている．合併9年を経て，両生協のそれぞれ違う制度や取り組みを一つにしてきたが人事制度・給与制度・評価制度など人事諸制度は再評価し，見直す時期にきていると思う．次世代育成については，どのような職員育成（協同組合人）をするのかということを明確にしていく必要があり，基本的な考え方が全ての働く職員に対して共通の表現がされ認識されていくことが大切になると考える．

学習・教育計画（協同組合理念も含め）の整備，組織的な評価と検討に基づく公平な登用が行われることが大切となる．一面的・恣意的な評価や人事と誤解されないようにしなければ，常に上位者の目を気にして仕事をする「ヒラメ人間」をつくり官僚的な組織風土が醸成されてしまう．それは組織の活力にはつながらないし，組織に対する信頼感や安心感も築くことはできない．基本教育の機会均等や意欲あるものには更に自己研鑽できる場づくりも必要である．「目標数値だけをやらせるマネジメント（あれやれ，これやれ……，組合員や職員を見ないあの手・この手の手法など）」では人は育たないと思う．協同組合の事業を理解し，組合員と地域に向き合い，自主的・自律的で総合的な視野を持てる職員を多く育てたいものである．

コープあいちの事業と運動を推進する上で組合員組織政策（自立と自治）を定め，組織の推進軸として①事業ネットワーク（コープあいちの総合力を活かす），②あいちを食べよう日本の食をたいせつに大運動（食とくらしの安全・

安心の追及），③東日本大震災の復興支援活動の構築（忘れない，被災地からこれで大丈夫と言われるまで寄り添い続けること），④ユニバーサル就労（働く意思はあっても働きづらい皆さんへの仕事づくりとそれに伴う職員組織の意識改革）に取り組んできた．このことを基軸として組織横断的にしっかりすすめることが求められているが継承しきれていない現状がある．次期2030年に向けた協同組合のビジョンづくりに入っていくが，世界人類的に待ったなしの課題となっている地球温暖化による環境問題も加えて未来像を検討する中で再構築をしていきたいと考える．

## （6） 今後の実践に向けて大切にしたいこと

コープあいちとしての新しい組織文化づくりでは，合併の9年間で業務組織や組合員組織の仕組みやルールもほぼ一つになってきてはいるが，それぞれの組織文化は地域性の違いや合併前の両生協（尾張地域，三河地域）の特性として継承されている．そのことは必然であり，尊重し合い良いところの共有が大事と考える．協同組合の強みは，人と人の協同であり，一人ひとりが尊重され大事にされることだと思う．組織文化は，10数年の年月がいることを認識し組合員組織・職員組織への配慮が不可欠である．地域エリアの特性や違い等を認め合うこと，どちらが良い悪いではなくコープあいち全体を見渡す広い視点を持ってすすめていきたいと考える．また，協同組合は人と人の結合した相互扶助組織であり，今日の社会で人の絆の弱まり，バラバラにされていく個人を協同に結んでいくことが大事になる．共同購入事業における班（グループ）は，個人配達の伸長の中で減少傾向であることは否めないが，事業を利用する単位としてだけを見るのではなく社会的な「つながり」ということに価値をおいて，協同組合の組織政策の柱に位置づけておくことも不可欠だと思う．身近な協同たすけあいが沢山あるということは，日常のセーフティネットワークの面からも，大規模災害時の備えとしても大切になってくると考える．

コープあいちの持つ事業や活動の幅は広く，その総合力を活かせるように7つのブロックに分けた運営（名古屋北・名古屋南・尾張東・尾張北・尾張南・東三河・西三河）を行っている．このことは，組合員のくらし・地域に職員組織の軸足を置くという点を重視したものである．また，ブロック長をブロック

毎に包括的な責任者として2016年より専任として配置し，事業部門の縦割りになりがちな事業や組合員活動と行政・地域諸組織対応などを連携させていく取り組みを開始．職員や組合員に対する生協の基礎的な教育も担い，協同組合の考え方を理解する人々を広げようにしてきている．このことは，協同組合思想を次世代へ継承していく上でも，コープあいちが地域毎に総合力を発揮していく上でも大事な取り組みである．

購買事業においては，組合員のくらしに寄り添い，声（意見や要望）にしっかりと耳を傾けて事業を構築していくこと，すなわち組合員の事業への運営参加，商品の価値を明確にして利用を広げることや計画購買への参加者を増やす取り組みを確実に積み上げていくことが大事である．しかし，職員が組合員から最も期待される食の安全やコープの商品について語れなくなりつつあり，一般流通と同様に「簡単・便利・低価格・選べる品揃え」でしか話せない傾向が強くなりつつあることを危惧している．このことを見直し，抜けだしていく道を探ることが必要と考える．利便性の高い効率のよい都市部地域には，同様のサービスが広がり，同じ商品なら価格が安いものが選ばれることは必然である．かつては「より良いものをより安く」であり，言い変えれば「確かな品質と価値をもつ商品を適正な価格で」ということを信頼のおける生産者メーカーと共につくりあげていくことが今もって大事と考える．

現在，かつてのような不安な商品はなく食の安全は当たり前のものとされてはいるが，今日的な食や農を巡る問題を明らかにして商品を通じ社会改革をすすめていくことは生協としての大事な取り組みである．食の安全・安心の実現とそのための社会的な役割発揮をめざして，食の安全は，三つの柱からの取り組みが大切であり，そのことを通じて組合員や地域社会からの信頼をつくり上げていくことが大事である．

食の安全の三つの柱の一つ目は，これまでも消費生協が大事にしてきた「生協で扱う商品の安全品質の追求」である．今日的な科学的な知見に基づく安全品質基準に基づく商品の品揃えや扱い商品の危機管理や商品検査の向上がある．"絶対"安全はないが，そのことを追求していく姿勢と取り組みが求められている．また，生産手段を持たない生協では，信頼しあえる生産者・メーカーの皆さんとのパートナーシップ，つまり単なる売り手と買い手ではない関係づく

りも大事になる．二つ目は，食料の安定的な確保である．日本における食料や飼料の海外依存度は高く，食料の安全保障という点からも国内の食料自給力を高めることは，世界的に見れば食料不足の中で大事な課題となる．消費（食）と生産（農）を結び，持続可能な農業と安定した食料供給に，商品事業や活動を通じて貢献していくことが大事となる．日本の国土における農地や農業は，確かに担い手となる農業従事者によって支えられることが大きいが，過去から今日まで日本人が育んできたものであり，未来に継承していくべき大事な国民的な共有財産であると考える．消費を通じて支えることが中心だが，農地・農業について理解を広げ援農などの活動を広げていくことも大事である．三つ目は，食生活から見た安全・安心の取り組みである．一つ目の柱で，商品の安全品質の確保をあげたが，その素材を生かし健康に配慮した食べ方やくらし方の見直し活動，食育活動が大事になる．平均寿命と健康寿命には，男性で約9年，女性で約12年の開きがあると言われている．健康寿命を延ばすには，生活習慣の見直し，特に運動と食事が大事なカギと言われている．生協は，より良い商品・産物を確保することだけではなく，健康を守る側面から食べ方の見直しについて学ぶ機会をつくり啓発活動をすすめていくことが大事になる．

　少子化と高齢化による世帯構成や生活の変化に対して，扱い商品や企画の幅を広げてきたが（このことが全て駄目ということではない），一方で生協の強みや大事にすべきことが相対的に弱まってきているのではないか．組合員が生協の購買事業に期待するものは，こだわりや生協ならではの商品であり，食の安全の三つの柱に基づき「組合員参加」「自給率向上」「地域・パートナー連携の前進」を目的として，この運動の推進軸を「普及」「農商工連携」「耕畜連携」としてすすめていくことが大事である．では，その軸となるべき商品は何かということを単協・事業連合ともに一致させ，組合員と共に磨き直し，価値を広げていくことを一体的にすすめることが大事になる．そのためにも単協・事業連合で真剣に話し合い目線を合わせることが必要である．商品を通じて社会をより良く変えていく力は大きくしていけるものだと考える．

## (7) おわりに

　2016年5月に機会があり，協同組合の発祥の地イギリス・ロッチデール他

を訪問した．イギリス・イタリア両国の生協訪問で実感した点は，「協同組合の基本的な価値を貫く事業と運営を構築していくことこそが生協運動発展の基盤となるということ」を再認識できたことである．組合員の主体的な参加・参画，自らの価値を実現（表現）するCO・OP商品や事業づくりを重視して取り組んでいることが，両国の生協の今日を築いているという自覚（自負）を生んでいる様子が，対応いただいた皆さんの発言から強く感じられた．協同組合の思想を人々の間に広げ，時代を超えて継承し，生活の改善を通じて社会を変革していこうという意識も根底に受け継がれていることの力強さを感じさせられた．我々も，そうありたいと思う．

「平和とより良い生活のために」，「生協の21世紀理念」，自立した市民の協同の力で人間らしいくらしの創造と持続可能な社会の実現をめざし，不断の努力をしていきたいものである．

注
1) コープあいちは，愛知県の三河地域をエリアに活動してきた「みかわ市民生協」と尾張名古屋地域をエリアとしてきた「めいきん生協」が2010年3月21日合併してできた地域生協である．

## II. "身近な"協同(協働)によるまちづくりをめざして

牛 田 清 博

### (1) はじめに

「孤立」は静かに急速に広がっている——そんな実感をしている.

全労済協会の資料からそのことは社会的な問題であると確認できる.更に国の社会保障政策はもとより,生活と密着している自治体の施策においても"憲法25条の解釈改憲"と言えるような実態が進んでいる.そのような中,様々な組織で「安心して暮らし続けられるまちづくり」への取り組みは始められているが,地域住民自らが「身近な協同」をどう育み,広げるかの視点を持ち,進めようとしている組織はまだ少ないのが現実である.

実は生協組織は協同組合のアイデンティティに基づく組合員主体の運動と事業を組み立てられる社会的にも貴重な存在である.市民生協が地域地域で創立され,ほぼ50年が経過する.組合員のくらしを元にした身近な協同の単位＝班から大きな協同を実現してきた生協が,改めて組合員と地域住民を主体にした新しい「身近な協同」を育む挑戦をすべき時期と考える.

そのように考えたときに,コープあいち誕生以来組合員・職員がこの間行って来た組合員組織政策論議と実践,事業間の総合力(事業ネットワーク),そして新たな生活支援の実験,くらしたすけあいの会などの到達点を共有し,そのことで今後の方向と実践に活かせることができれば幸いである.

### (2) "孤立"は急速に進んでいる

全労済協会では,2007年以降,定期的に国民の生活意識調査アンケートを実施してきた.今回の調査は3回目の調査報告書「勤労者の生活意識と協同組合に関する調査報告書2016年版」になる.その大変貴重な調査報告より「孤立」の背景になる一部を抜き出して報告したい.

1）生活状況による社会的リスクの高まり

❶家計の状態（勤労者3割が悪化）

　昨年と比較した生活の変化では，強いていうなら悪くなった32.2％，やや悪くなった9.9％，悪くなった9.0％と51.1％の世帯が悪くなったと変化を感じており，家計の満足度では更に54.9％が不満を感じている．

❷正規と非正規の世帯格差

　家族の中に正規者が一人でもいる世帯とそうでない世帯収入の差は，例えば「非正規－非正規」世帯では600万円を超える世帯は1割もいないが，一人でも正規がいる世帯では1,500万を超える世帯が1割も存在している．更に「非正規－無職」ではその境界が500万円未満に押し下げられている．「正規－正規」世帯では「1,000万～1,500万円未満」の層が最も多くの割合（16.9％）を占めている．非正規労働が合法になってから，世帯間収入の差は大きくなっている．

❸仕事の満足度と総合的な暮らしの評価

　仕事への満足度は44.1％が不満と生活の状況より少し減るが，総合的な暮らしの満足度では42.6％と仕事のあり様と現在の暮らしの総合的な評価は密接な関係があることが分かる．更に，「社会のあり方全般（政治・経済）」についての今後の見通しでは，60.9％が総じて悪くなると答えている．

2）コミュニケーション及び相談相手

　勤労者のコミュニケーションの問いでは，「普段，家計について，仕事について家族について，地域の人間関係について」それぞれの相談相手をきいている（表1）．

　このアンケートから特徴的なことは次の点である．

　（a）一番身近な相談相手は，「家族・親族」の回答が一番高い．

　（b）地域の人間関係以外の相談相手は，「家族・親族」「身近な友人」「会社の人」と上位3位に会社と家族があることは，農村型社会から都市型社会への移行の中で都市型コミュニティの内実が「家」と「会社」であった日本型コミュニティ形成の特徴が残されている．

　（c）相談相手を尋ねた問いでは，一定数（6.1～31.0％）相談相手がいない人

表1 コミュニケーションおよび相談相手（Q20）

(単位：%)

| | 家族・親族 | 身近な友人 | 近所や地域の人 | 会社の人（相談窓口含む） | 市区町村などの相談窓口 | 労働組合の相談窓口 | 地域活動や市民活動などの仲間 | 趣味や習い事などの仲間 | 医師や弁護士、学校の先生など専門家 | インターネットを通じた相手 | その他 | コミュニケーションを取っている相手・相談する相手がいない |
|---|---|---|---|---|---|---|---|---|---|---|---|---|
| 普段からコミュニケーションを取っている相手 | 85.0 | 62.4 | 21.6 | 48.1 | 1.7 | 0.7 | 2.2 | 10.3 | 3.6 | 6.9 | 2.2 | 6.1 |
| 家計について困ったときに相談をする相手 | 68.7 | 17.1 | 1.1 | 3.6 | 1.5 | 0.4 | 0.4 | 0.5 | 0.6 | 0.6 | 2.4 | 22.5 |
| 仕事について困ったときに相談をする相手 | 43.0 | 35.9 | 1.4 | 37.5 | 1.3 | 1.5 | 0.5 | 1.1 | 0.9 | 1.2 | 2.6 | 17.1 |
| 家族について困ったときに相談をする相手 | 46.4 | 38.8 | 2.5 | 6.7 | 2.1 | 0.4 | 0.6 | 1.0 | 1.2 | 1.5 | 2.7 | 24.1 |
| 地域の人間関係について困ったときに相談をする相手 | 48.9 | 26.5 | 9.5 | 5.6 | 3.6 | 0.4 | 1.1 | 0.8 | 0.7 | 1.0 | 2.9 | 31.0 |

がいる．

　私は，このアンケートで注目したいのは，「身近な友人」が各項目で「家族・親族」に次いで高いことである．

## 3）調査報告書から考えたいこと

　世帯の家計状況からは，勤労者全体では家族収入は連続して低下しているが，正規，非正規のバランスにより世帯間の格差が大きく広がっている様子が分かる．仕事の有り様と暮らしの総合的な評価は同じ傾向にあるので，常に正規の仕事の確保が勤労者の一番の関心事になっている．求人は多いが非正規が多くなっているため賃金の上昇が少ない現実があり，暮らし向き全般の満足感は減る傾向である．

　今後，少子高齢化が進むことにより，既に世帯に占める家族の構成割合は，夫婦のみ世帯が3分の1，独り暮らし4分の1，更に親と未婚の子のみの世帯が増えている．それは，家族としての生活におけるキャパシティの低下を生み，家族で相談する余裕がなくなっているし，今後もその傾向が広がって行くと考える．そのため将来は「身近な友人」をいかに増やせるか，また新たにそのよ

うなコミュニケーションを構築できるかが重要と考える．

　認知症発症者の増加も考えないといけない．認知症は現在65歳以上7人に1人，2025年5人に1人と言われ，日本全体で700万人とも800万人とも言われている．少し前だが，NHKスペシャルの「認知症社会」（2017年3月26日放映）では，軽度認知症者も含めると1,300万人とも言われている．実に65歳以上の3人に1人が該当する．介護する家族も先ほどの傾向があり，キャパシティは殆どないと思われ，介護負担・ストレスの増加が必至である．

　そのような今後想定される状況から，「身近な協同」の形成が安心して暮らし続けられる地域づくりには必要であることが分かる．

　今調査報告書でも「自助に共感する理由」として「自己責任型」と「他者への配慮型」の分類を試みているが，調査結果としては自助を「自己責任」だからと捉え，考えている層は必ずしも多くはない．むしろ他人に迷惑を掛けたくないという「他者への配慮」型が全体でも6割を占めている．これは他者との共助の関係を否定している訳ではないが，他者に頼ることができないという思いからの選択によるものである．

　私は"勤労国家レジーム（井沢他）"という日本が戦後背負って来た経過があるが，更に現代社会は分断の進む社会であることに気づき，気づいた人が身近な協同を育むという運動を広げて行くことが大切である．そのためには，「相互依存と相互扶助」の視点で身近な協同と多様な協同がつながるようにすることが生活協同組合の使命だと考える．そうなれば，他者に頼ることができないという多くの国民の認識から，お互いの違いを認め合い相互に頼ることができる関係性（相互依存）を育むことができる．地域で参加の場づくりをする場合は，こうあるべきという形ではなくみんながそれぞれ持っているものを持ち寄りかたちを創るという発想が不可欠である．そのような参加の場づくりを実践する中で，「身近な協同」は形成されると考える．

## （3）　コープあいちの実践から「身近な協同」の広がりづくり
1）三つの柱による活動参加の場づくり〜組合員参加と運営のしくみ
❶組合員参加と運営のしくみの経過と内容
　前身のめいきん生協とみかわ市民生協が合併したのは2010年3月である．

その後双方の組合員組織の仕組みを3年間論議して「組合員参加と運営のしくみ」が2014年4月よりスタートした．
　この組合員参加と運営のしくみの特徴点は，三つの柱「利用の場で気軽に声を出せ，願いが実現できるようなしくみと運営」「住んでいる地域でくらしのこと，生協のこと，商品のことなど話し合えるしくみと運営」「最高の議決機関である総代会を軸にした運営（意思決定のしくみ）」と支援のしくみ「活動費，情報，広報，学びの場，組合員サポート制度，他」と組合員が自ら参加し運営する仕組みとして検討し整理をしてきたことにある．
　その中で進めて行きたいのは行政区や更に身近な生活圏域で創る「地域委員会」と「くらしのテーマグループ」である．
　「コープあいち地域委員会をつくる目的」として次のような記述がある．「住んでいる地域でくらしや生協・商品のことが話し合えるしくみとして，地域で暮らしを守る活動がいきいきとすすむように『コープあいち地域委員会』をつくります」だ．
　「くらしのテーマグループ」の目的では，「地域の組合員のくらしにとって必要な『くらしづくり・まちづくり』のテーマに沿って，くらしを豊かにする活動に取組みます」とあり，補足では「くらしの不安や困りごとを協同の力で解決する活動に取組む組合員組織・活動を地域に広げる，つなげることが大切です」である．

❷組合員参加と運営の現在の到達点（組合員参加の広がりづくり）
　現在は，地域委員会は31，くらしのテーマグループは135であるが（2018年12月20日現在），いずれも身近な協同を育む組織としてはまだ大きい地域を単位にしている．今後はより身近な地域での取り組みができるようにと運営を少し見直すことで組合員のみなさんと話し合いをしている．
　ゼミナール形式の学びの場である「コープひろば」は託児もつけての連続した学びを募集し開催しており，参加した組合員は子育て層が多くその後も既存組織への参加や自分達でグループを立ち上げている．更に，くらしたすけあいの会への活動参加などにつながっている．

❸身近な協同・たすけあいの場づくり
　組合員参加と運営のしくみでは，地域の組合員や地域住民へ呼びかけ続ける

テーマとして,「コープあいちは『たすけあい・つながりづくり』を大切な価値観とし,地域社会の一員として住みよいまちづくりに貢献します」と記述があるが,組合員参加と運営の視点でこの取り組みの広がりはつくれていない.今後実践のテーマとして中心に位置づける必要がある.

2) 地域たすけあいの会づくりの取り組みから
❶地域くらしたすけあいの会とは？
　両生協のくらしたすけあいの会では,それぞれの会の協力会員とも減少傾向にあり,今後会が存続できるのかという根本問題があった.この問題を解決し,今後目指すべき方向性を創りだすために,くらしたすけあいの会合同検討会を立ち上げて,2011年検討報告書にまとめた.
　簡単にいえば,地域ごとに分権化した,「地域たすけあいの会」をつくり地域ごとに活動を行い,協力会員を増やすということと,それを全体的に支援する「全体のくらしたすけあいの会」があるという仕組みを目指すこととなった.
　2014年にはそれぞれのくらしたすけあいの会が組織合同し現在も地域たすけあいの会へ分権化する方向を持ち活動をしている.最終的に日常生活圏域での分権化組織をつくることにチャレンジをしている.現在17の地域で交流会を重ねている.
❷18年6月には,「地域活動事例交流会」を開催し,様々な地域で地域のニーズやつながりに合わせて行っている身近な協同たすけあいの事例を交流した.少し紹介をしたい.
　（a）豊橋市「とよはしちょいボラの会」豊橋市各小学校区で一回100円30分の援助ができる仕組みを町内会とともに行っている.
　（b）コープ上社店にて,ふれあい便（買い物は行い,その後運ぶ仕組み）の受付業務を生協より受託.たすけあいの会としての本来活動（困ったらおたがいさま）の活動の一形態として実践をしている.
　（c）豊明市「ちゃっと」南医療生協支部,コープあいちくらしたすけあいの会,JAあいち尾東「けあきの会」の協同組合間連携で,豊明市から受託をして実施している.30分300円の生活援助を基本に実施している.
　（d）名古屋市の中川区内で,ごみ屋敷片づけチームが出来つつある.（自然

発生）大都市の中でもたすけあいの会の仕組みから身近な協同が発生する例がある．

❸18年11月には朝倉先生に講演を頂き，協同組合の源流から見たくらしたすけあいの会の意義やJAのたすけあいの会のNPO化についてなど，たすけあいの会として継続して大切にしていきたい思いと今後の発展形についての組織のあり方など大変重要な示唆を頂いたところである．

　今後については，くらしたすけあいの会の会員自身が主体になって話し合いを継続して行くが，地域からのニーズによるひろがりと専門性も加味した責任のある役割を担う人づくりなどを考える点や本来大切にしてきた「お互い様の精神」を維持するためにも組織のあり方の方向性を出す時期である．

❹くらしたすけあいの会でも継続するためのあり方について議論を重ねているがNPO法人の内容なども検討するも，今一つしっくりこないようである．

　介護事業上は訪問して生活援助することは「サービス」になるが，このように組合員が介在し，つなぐ取り組みを通じて行われる「サービス」は，提供する側からされる側へ一方通行の「サービス」ではない．たすけあいの会では，「困った時はお互い様」の気持ちで関わるので，日常的に「活動をする」という表現を使っている．決して「サービスをする」とは言わないし，聴くと違和感がある．

　この関係性はくらしたすけあいの会の利用会員（組合員でなくても良い）・協力会員（組合員）間のメンバーシップ間の「お互い様の関係」を通じて育んできたが，実は活動している協力会員の中にも「多様な地域の住民との関係性」へ活動が広がりつつあるのが，現在の状況である．

　私は，2008年に超党派の国会議員で法制化をめざしてきた「協同労働の協同組合法制」が，今後のくらしたすけあいの会の大切な理念を維持発展しながら，地域やニーズに合わせて活動も変化させ，継続して責任を担える組織のあり方として適していると考えている．まだ法制化に至っていないが数年の内には成立する可能性があり，今から論議をしても遅くはないと考える．

## 3）一人ひとりの願いを生協の総合力（運動と事業）で支援をする
❶生活支援センターなごやの立ち上げ〜総合事業と利用をつなぐ取り組み

（a）名古屋市における介護予防日常生活支援総合事業の取り組みは16年6月から，要支援1・2の方で生活援助のみの方の移行を進めている．コープあいちでは，総合事業の担い手を組合員から募集し，単独事業所として後方部局で業務を兼任し立ち上げをした．

（b）名古屋市独自の研修も行い，年間4回の独自研修（託児付16時間）を組合員へ呼びかけてきた．

（c）2年半の実践が行われ，利用者は85名，担い手は23人と当初計画よりは名古屋市の施策の関係で少なくなっているが，経常剰余の予算（300万円）は18年度末でクリアする見込みである．

（d）ここへもたすけあいの会からの参加，組合員からの参加，上社店からのふれあい便の仕事をしていた方からの移行など広がりを見せている．

（e）たすけあいの会の活動でもより専門性を求められる場面もあり，必要と思う方からは，より専門的な知見を得られる場として認識をして頂いている．

（f）また，今後は組合員の身近な家事援助への参加の視点，働く場としての視点としても重要で，地域くらしたすけあいの会と福祉事業所の連携なども今後は考えられる可能性も出てきたところである．

❷一人ひとりの願いと事業のつなぎをどう創るか＝名東区の実践から

たすけあいの会協力会員，夕食宅配をしているワーカーズ，福祉事業のケアマネージャーなどが利用者へアンケートを通じて生協の事業を紹介した．約100名の方への聴き取り（御用聞き）では，約3割の方からコープあいちが行っている様々な事業への問い合わせがあった．通常のチラシなどの反応よりは格段に高い反応であり，その方の暮らしや悩みや思いに寄り添う気持ちがありその人らしく今後の人生を過ごすためにお手伝いをする感覚が共感を呼んでいる．

介護事業では，「混合介護」などと位置づけているが，そもそも生協は暮らしに必要な事業を総合的に取り組んでいるので，それを身近にいる組合員が必要に応じてつなぎ，役立ててもらうことは，商品事業と同様に解決できることであればそれでも良いのではないかと考える．

❸個々の持つ価値をつなぐ仕組みの研究
　人と人の関係性や地域や個人の資源，組合員・市民の持つ知恵や技術を把握し，必要な方にマッチングして「活動」すること等コーディネーター・協力会員の人間力に頼っているが，昨今のAIや情報処理技術の発展を背景にコープあいちもくらしたすけあいの会と一緒に研究することなどが必要である．

### (4)　身近な協同を"いっぱいつくる"
　現代の"孤立"は社会的な孤立であり，その解決のために生活協同組合は身近な協同をどう広げるか，育むか，その実践事例について少し実践の様子を紹介させて頂いた．まだまだ実践を続けないといけないことばかりであるが，今後の方向性について私なりの意見を述べたいと思う．

1）地域コミュニティにおける組合員主体の身近な協同のあり方
❶組合員組織と地域，職員組織の位置づけ
・地域委員会は組合員のニーズや要望を元に組み立てるならば，地域のプラットホームとして，個々のテーマグループと地域の諸団体，組合員のボランティア活動（サークル）とがつながる場になる．必ずしも行政区単位ではなく小さい地域単位でつくっても組合員参加と運営のルールとしては可能である．そのために生協は「実践に相応しい仕組み」の提供をする必要がある．
・身近な協同の組織として現在もある班や地域のネットワークづくりを応援する仕組みもつくる．ボランティア活動をするチームでも良いし，隣近所のお茶のみ会でも良い．特に地域の困りごとやニーズを日常的に把握し，解決に結びつける．その中で，生協の事業で解決できることは職員へつなげられるようにしなくてはいけない．先に名東区のアンケートについて少し報告したが，縦割りの職員組織をどう情報の共有化をして，一人ひとりの組合員に向き合えるかどうかが要になる．職員の位置づけについては「組合員活動の事務局」であったり「事業をする人」ではなく，組合員からの困りごとを事業につなぐ役割，さらに共に地域コミュニティを良くするために組合員と共に考えあう「パートナー」としての位置づけを鮮明にすることが必要である．

❷関係性から発するニーズへの対応

　「安心して暮らせるまちづくりを協同（協働）のちからで実現したい」はコープあいちの2020ビジョンのスローガンの一節である．組合員と職員の関係も，一緒に問題把握して解決をするパートナーという関係性の中で，ともに地域コミュニティ・ビジネスへの組合員・地域住民の参加を強めることが必要である．関係性から生まれる新しいニーズを解決するための場づくりを支援する．主体は組合員，住民，職員であり，全世代の関わりのあるビジネスモデルとして地域委員会（生協の代表組織として）や地域の諸団体，住民とともに考え，構想が生み出されることを期待する．

　ふれあい便（たすけあいの会とワーカーズのコラボ）の取り組みでは，店舗（コープ上社店）の600メートルの競合出店にもかかわらずふれあい便をたすけあいの会が受付をすることで来店者が以前より増えるようになっている．単にお届けするという仕組みだけでなく，困ったときはお互い様の気持ちで接することが関係性を発展させて人が集まっていると考えられる．大切にしたい取り組み事例である．

## 2）コ・アクティブ・ラーニングの地域版の展開

　地域でさらに実践が広がる中で，身近な協同の育み方，地域の実践を通じて学んだことを継承することや広げることが必要となってくる．そこで，東海3生協（地域と協同の研究センター）で行っている「理事ゼミナール」のコ・アクティブ・ラーニングの学びを地域コミュニティの知と気づきの場にしたいと思う．

❶コ・アクティブ・ラーニングとは

　組合員理事ゼミナールの企画書には次のように記述をしている．

　「コ・アクティブ・ラーニング（ともに能動的な学び合い）」は一方的知識注入型の講座よりもはるかに学習効果が高いことは広く知られています．本提案の場は，それをさらに進めるために，(a)「考えて，発見して，学んで」⇒(b)「調べて」⇒(c)「やってみて」⇒(d)「さらに発見して，学ぶ」という学習と実践（フィールド学習）を結んで，生きた学びを得られるような課程を組み立てたいと考えます．

それをこの場づくりの大きな特徴と価値として構成したいと思います．つまり，毎回，考える素材としての情報やひとつの考え方の講義・解説とグループ研究やグループワーク，そして次の課程へのフィールド学習（調査・研究課題を提示して，調べたり，実践したり）の成果を，次に結ぶことを想定します．」

❷今後の地域での実践の中での想定について

地域の実践の場で主体的に行う組合員や地域住民のみなさんがどんな学びや気づきを得たいか，また様々な経験知を抽象化して普遍化する取り組みも必要である．そして何よりも気づきを経て共に活動をする仲間を増やすことが必要となる．しかも多様な価値観を持っている人がいるので，共通して必要とする内容まで創って行く必要がある．

❸座学とフィールドでの学びの焦点として（イメージ）

　（a）生協運動の歴史と可能性を考え合い，生協への確信を再確認
　（b）民主的な運営〜多様なニーズを元に地域で実践をする上の運営
　（c）地域社会，くらしと生協を考えあい，行政・社協とのお付き合いと政策提案ができるように
　（d）地域における協同組織の参加の場のデザインを研究しあう
　（e）自他の共感の世界をつくるコミュニケーションを学びあう
　（f）サーバント・リーダーシップを学びあい，育みあうことをささえる
　（g）消費者主権，市民主権を学び合い，互いに育み合う

座学を主に考えたが，実践的な「参加の場」も現場で行うなど参加型で楽しく内容を作成していければ，このような場は他の協同組合・非営利団体，行政や社協とも知の連携は広がると思う．生協がそのような場づくりを今から始めれば今後の地域づくりにとって大きな役割を果たすことができると思う．

## 3）職員組織のあり方について

レイドローの『西暦2000年における協同組合』の4つの優先分野を改めて読んでみた．第Ⅴ章の①第1の優先分野：世界の飢えを満たす協同組合，②第2の優先分野：生産的労働のための協同組合，③第3の優先分野：社会の保護者を目指す協同組合，④第4の優先分野：協同組合地域社会の建設，は有名であるが，第4の優先分野にある下記の文章は私が生協に入協後まもなく読ん

で印象に残っている．少し長いが引用をしたい．

> 大都市は，ほとんど人間関係のない，お互いにまったく他人として生活している人間の集団である．都市は，多くの住民にとって孤独と疎外の大海である．ただ近くに住んでいるというだけでそれ以上のきずなは何もない．ほとんどの人にとって，住んでいる場所はアパートか郊外であった，村落のような生きいきとした地域社会はまず存在しない．協同組合の偉大な目的は，地域社会や村落をたくさん大都市の中に建設することである．多くの社会的経済的ニーズに応じて協同組合を設立すれば，地域社会の創設に総合的効果をおよぼすであろう．あらゆる種類の協同組合は，隣組を内部に向けさせ，自分たち自身の手段方法で必要な事業を始めさせるものである．協同組合の自助という理念は，共通の利害やニーズを分かち合うもので，都市部を結びつけ，地域社会に転換させる社会的粘着力となることができる．

印象に残っているのは，「協同組合の偉大な目的は，地域社会や村落をたくさん大都市の中に建設することである」という部分であるが，「多くの社会的経済的ニーズに応じて協同組合を設立すれば地域社会の創設に総合的効果をおよぼすであろう」の中に，職員自身が組合員になり協同組合をつくる労働者協同組合も入ると考えて来た．

現在，全国の生協では職員に関する課題（採用，教育，理念教育，モチベーション，非正規雇用の増大，退職者増加，賃金，労働環境，モラル，時間管理等々）は山積である．組合員民主主義，組合員の参加，組合員が主人公という組合員を主体にしての起案を論議し政策化するなかで職員それぞれがその実現のために労働をするという関係性は実践の中で身に着けているが，果たして非正規労働者や委託業者労働者がいる中でその組合員との関係性をベースにモチベーションを上げることは出来るだろうか．

生協総合研究所・総研レポート『生協職員の働き方の現状と課題』でも，「非正規雇用（パート）では社会貢献とミッションに対する評価が低い者の割合が高く，特に週30時間以上働く長時間パートでその傾向が強くみられた」（25頁）

と分析にあった．

ここで，1992年の第30回ICA大会で報告されたベーク報告『変化する世界における協同組合の価値』から次の一節を紹介したい．

> 協同組合に積極的に参加する職員の存在は，協同組合のサクセス・ストーリーにとって常に決定的であった．したがって，協同組合の参加型民主主義においては，職員に対してふさわしい位置づけが与えられなければならない．とりわけ協同組合は，職員が利用者組合員とともに所有者や組合員になる共同パートナーシップ・モデルを試みることによって，私企業における利益分配に相当する方法を見つけ出さなければならない．

今日のような，厳しい雇用環境の中で，また雇用形態の違うなかで，モチベーションを継続するためには，抜本的に職員組織のあり方を変えなくてはいけないのではないか．コープあいちでは，「ユニバーサル就労」としてまず障がい者を職場に迎え入れる努力をここ2～3年行っている．「働きたいが働けない人たち」という定義ではまだまだ門戸が開かれていないが，前進はしつつも，今後のテーマでもある．

また，同一労働同一賃金や労働者の親の介護や子育てなど家族の社会化の中で働き方も融通を効かせられるあり方が求められる．

このような，現在生協における職員組織のあり方を検討する際にくらしたすけあいの会の紹介でも記述した「協同労働の協同組合法制」のもとで，私たちの労働者協同組合を設立しても良いのではないかと思う．ここでは，同一労働・同一賃金として選択ができるようになり個々の生活やキャリアアップを意識しての働き方が出来るようになると思うし，何よりも協同組合のアイデンティティに基づいた考え方や生協固有のマネジメントを育む必要性を感じるからである．私たちが入協した80年代までは組合員との距離感も近く，共に困難な課題を乗り越えるパートナーであった．そのような関係性を現在の生協職員に持てるようにと言っても中々難しい．であれば自らが出資し運営する主体者としての位置づけを持ちながら組合員組織の生活協同組合とともに社会的孤立を克服する大きな挑戦をしていきたいと思う．

## (5) むすび：地域・まちづくり推進型の生協をめざして

コープあいちの前身の名古屋勤労者市民生協，みかわ市民生協は創立から40年・35年で組織統合し2010年コープあいちを創った．その後コープあいちは10年が経過しようとしている．創立からの半世紀を俯瞰すると次のような段階を経ていると思うしその蓄積においても可能性は多いにあると思っている．

1) この50年間を起・承・転・結で考えれば，簡単であるが次のように考えることができると思う．

❶起

1970年～80年初頭で経営的にも何とかできて新卒採用も出来るようになる．

❷承

1980年～90年代前半では，事業の発展を受けて，更に次の構想を考え，実践をした（90年代構想を受けて）．

東海5生協では80年代後半から論議を重ね，90年代に「地区生協づくり」を行い，東海3県で26の地区生協が誕生した．現在は存在をしていないが，この実践から20数年が経過している（みかわ市民生協では2010年まで地区別運営として実践を重ねた）．

新自由主義は80年代からアメリカで始まった．レーガン，サッチャー，中曽根の時代である．レイドローの『西暦2000年の協同組合』は新自由主義における人間疎外の経済・社会を協同組合が地域コミュニティを基軸にどんな役割を持って行くのかを示唆した論文であった．私たちも協同組合人の一端として学んで来た．グローバル経済とともに新自由主義が広がるなかで対抗軸は地域での経済や社会活動であった．

地区生協づくりは社会・経済的にはこのような時代背景の中で行われた新しい挑戦であった．

❸転

90年代後半～2010年は，バブル崩壊，産業構造の転換の中で生協も経営的に厳しくなり，特に店舗事業の負担が多くなる．一方，在宅を中心にした介護保険事業への挑戦も始まった．この時期に事業規模も地区に分けて運営をしてきた地区生協は止めることになり，地区別運営として，また単協としてその運

営は継続されることとなった．

❹結

　2010年に組織合同してから2020年で10年．めいきん生協とみかわ市民生協は新しい生協法のもと，「新しい生協づくり」を組合員の総意で創造することを確認し誕生した．それは別の言い方をすれば，食の安全・安心からくらし全般の安全・安心へということである．

2) そもそも「地区生協づくり」は

　10〜20年の実践で実現できるテーマでは無かったかもしれない．

　現在のコープあいちは，両生協の地区生協づくりのDNAを生かし，更に誕生から10年間の経験も含め，いよいよ「地域・まちづくり推進型」の生協を目指すことができる段階になったと思いたい．

　社会的な孤立が急速に進んでいる現在の地域社会において，これからのコープあいち最初の「起」は，思い切って組合員・地域住民が参加する「身近な協同」づくりを地域にいっぱい創る生協としてチャレンジをしたい．そして，そのためにも職員のあり方については，早めに議論をしていきたいと思う．

## III. 組織の変化と今後の生協のあり方

森　下　　智

### (1) はじめに

　私は，NPO法人地域と協同の研究センター「生協の（未来の）あり方研究会」に，生協活動を実践する者の立場で参加している．本論は，30年を超える生協への関わりの中から見えてきた，私たち"コープみえ"の組織の変化や，日々の現場で起きていることについてと，そのことに対する個人の問題意識としてまとめたものである．

　この内容は，コープみえ組織内での議論を経て確定したものではない．

　現在，コープみえでは，自組織のあり方を表す「コープみえの基本的な考え方」の策定に向けた協議を行っている．そして今後，「2020年理念・ビジョン」の次の「2030年理念・ビジョン」の検討も始まる予定である．私がここで取り上げた問題意識については，これらの議論を進める中で提起していくこととしたい．

### (2) 生協との出会い

　私は，1985年にコープみえの前身である三重県民生協へ入協した．職業を決める際には，明確に"協同組合で働きたい"という意思があったわけではないし，それどころか協同組合そのものについて，きちんと理解していたわけでもない．当時，私の在学していた大学には大学生協はまだなく，身近にある生協と言えば，住んでいたアパートの近くにあった地域生協の店舗で買い物をしたぐらいである．その店舗も，初めての買い物のときは「出資金を出してください」，その後の買い物のときには「出資金を増資してください」などと，商品代金以外のお金が必要な"少し変わった店だなあ"という感じで，恥ずかしながら，私の協同組合に対する理解もその程度のものであった．

　そうした中，私が入協した1985年当時の三重県民生協は，設立13年目で組

合員数は約 1 万 2,000 人，年間供給高は 20 億円程度の規模であったと記憶している．班へ商品を届ける地域担当者からスタートし，伊賀地区と鈴鹿地区を経た後，地区本部制への移行に伴い，鈴鹿市・津市などを中心とした中勢地区本部，次に，松阪市・東紀州地域などを中心とした南勢地区本部で事業活動や組合員活動を担ってきた．2003 年に県内の 4 つの生協が合併してコープみえとなった後は，店舗事業部，人事部などの業務を経て，現在は共済・夕食宅配・住まいの事業などを推進するくらしの事業部と，福祉事業部の管掌役員をしている．事業部門や組合員活動部門，管理部門など数々の部署を経験してきたことになる．

### (3) 時代の変遷とともにうまれてきた利用の仕組みの変化

私が入協した 1985 年当時は全国的に見ても生協の成長期で，組合員数も供給高も出資金も右肩上がりで伸びていたころであり，前年比較で 2 ケタ伸長するのも珍しくない時代であった．地域担当者として私たちが行っていたその頃の配達形態は，組合員が 5 人程度で班をつくり，そこへまとめて 5 人全員分の商品を届ける班購入という形しかなかった．そのあとの個人ごとの仕分けは，班の組合員が分担して行っていた．その荷おろしの場には班の組合員のほとんどの方が集まり，商品の仕分けをしながらワイワイガヤガヤと様々な情報交換が行われるという風景が，日常どこの班でもあった．

このような班購入という利用の仕組みは，1990 年代半ばから 2000 年代にかけて大きな変化がうまれることになる．そのことの一例としてコープみえ合併前年度の 2002 年度末と，2016 年度末の共同購入事業の供給高の内訳の変化を表 1 に示す．

共同購入事業の利用の仕組みは，1996 年度から JSS という組合員による配達サポーターが，個人別に商品を仕分けして利用者宅へ有料で配達する，いわゆる個人配達の仕組みが始まった．開始から 7 年目の 2002 年の共同購入事業の供給高は，班購入の割合が 72.2% で個人利用の割合が 27.8% であったものが，2016 年度では班購入が 32.4%，個人利用が 67.6% の割合となり，ほぼ真逆の状況に変化している．この変化の背景には，女性の社会進出や就労等により，班の荷おろしの場に来られないという暮らしの変化や，人間関係の希薄化など

表1　コープみえ合併前後の共同購入事業の推移

| 年度 | 内訳 | 供給高（万円） | 割合（%） |
|---|---|---|---|
| 2002 | 共同購入事業供給高合計 | 142億2,808 | 100.0 |
|  | 班購入 | 102億7,568 | 72.2 |
|  | 個人利用 | 39億5,240 | 27.8 |
| 2016 | 共同購入事業供給高合計 | 180億9,140 | 100.0 |
|  | 班購入 | 58億6,536 | 32.4 |
|  | 個人利用 | 122億2,604 | 67.6 |

注：個人利用には，個人宅配，ペア宅配，ジョイント・サポート・システム（略称JSS），コープステーション購入を含む．
出所：2003年・2017年コープみえ通常総代会議案書より．

表2　コープみえの加入者と脱退者数の推移（2012-16年度）　(単位：人)

| 年度 | 加入者 | 脱退者 | 純増 |
|---|---|---|---|
| 2012年度 | 14,798 | 7,814 | 6,984 |
| 2013年度 | 13,464 | 6,783 | 6,681 |
| 2014年度 | 10,305 | 6,278 | 4,027 |
| 2015年度 | 9,495 | 6,316 | 3,179 |
| 2016年度 | 9,525 | 6,157 | 3,368 |
| 平均 | 11,517 | 6,670 | 4,847 |

出所：2013年〜2017年コープみえ通常総代会議案書より．

が関係していると考えられる．

### （4）日常の仲間づくりや利用の場で起きていること

#### 1）コープみえへの加入動機と脱退の理由

　2012年度から2016年度までの5年間で，最少9,495人，最大1万4,798人，平均では1万人を超える方がコープみえに加入している（表2）．生協の創立期から成長期では，「食品添加物のできるだけ少ない食品を手に入れたい」「無農薬・低農薬の野菜がほしい」「生産者がはっきりしている生協の卵や牛乳を利用したい」というように，加入者の動機は明確な理由が多かった．しかし昨今の仲間づくりの現場では，「生協に加入すると家まで届けてくれるので便利」「生協の商品は，農薬や食品添加物の面でなんとなく安心と思える」「生協の職

員の訪問を受けて加入をすすめられたから」「買い物をする手立ての中の一つとして」という，利便性や漠然とした安心感，あるいは買い物の一つの手段といった動機が増えている．今後，生協の個人配達よりもっと便利な宅配が増えてきたら，または，生協の商品に対する信頼感などが薄らいだとしたら，生協への新規加入者数はこれまでの数値を維持できるか危惧されるところである．

　新規の加入がある一方で，脱退や利用休止も発生している．2012年度から2016年度の5年間における，1年あたりの脱退者の平均人数は6,670人である．加入者数から脱退者数を差し引いた純増は，最少3,179人，最大6,984人であるが，ここで一つ問題がある．共同購入事業の週あたりの利用者人数は，この純増人数分が毎年そのまま単純に増加しているわけではないのである．1週間あたりの利用者人数は，前年の同時期に比べ同程度かあるいは，前年を下回る週もある．これは，脱退者以外で共同購入事業の利用を休止していく方がいることが原因である．この傾向は2013年度以降に顕著になった．

　2016年度1年間の脱退者数とその理由は表3のような状況である．

　イの「エリア外転居」，ウの「所在不明等による見なし脱退」，エの「組合員死亡」という理由による脱退は別として，ここで注目しなければならないのは，アの「共同購入を利用しない」と，ケの「商品に魅力がない」という脱退理由である．この二つの理由で，割合としては36.6％になり，1年間の全脱退者の3分の1以上を占めている．この傾向は2016年度特有のものではなく，他の年度でもほぼ同様の傾向となっている．

　組合員が生協へ加入した理由の多くは，買い物の利便性や商品への信頼などに中身は分かれるものの，俯瞰的に見ると商品を利用することが主な目的だったはずである．共同購入事業で毎週お届けしている商品案内では，2018年1月4週を例にとると，食品や日用雑貨など，約3,500品目の商品が掲載されている．それにも関わらず，"利用しない"から脱退するとは，その背景に何があるのだろうか．例えば，「一つひとつの商品の価格が高くて利用できないのか」「内容量が家庭の消費量に見合わないのか」「個別の商品の調理の仕方がわからないのか」「商品案内を見て献立の立て方がイメージできないのか」「OCR注文用紙に記入して提出するのが面倒なのか」，色々な理由は考えられる．しかしあくまでそれは推測であって，現状では「共同購入を利用しない」あるい

表3 コープみえの脱退者数とその理由（2016年度）

| 記号 | 理由 | 人数（人） | 割合（％） |
|---|---|---|---|
| ア | 共同購入を利用しない | 2,152 | 35.0 |
| イ | 転居（エリア外） | 747 | 12.1 |
| ウ | 所在不明等による見なし脱退 | 637 | 10.3 |
| エ | 組合員死亡 | 588 | 9.6 |
| オ | 店舗を利用しない | 184 | 3.0 |
| カ | 勤めに出る | 163 | 2.6 |
| キ | 転居（エリア内） | 162 | 2.6 |
| ク | 班の運営上の問題 | 145 | 2.4 |
| ケ | 商品に魅力がない | 101 | 1.6 |
| コ | 生協の活動に参加できない | 98 | 1.6 |
| サ | 除名 | 73 | 1.2 |
| シ | その他 | 1,107 | 18.0 |
|  | 合計 | 6,157 | 100.0 |

出所：東海コープ情報システム．2016年脱退事由データより．

は「商品に魅力がない」という脱退理由について，分析や背景についての考察などがほとんどできていないのが実情である．

2) 共同購入事業の登録人数と実利用人数

次に共同購入事業への登録者数と，実際に事業を利用している組合員の割合は表4のような状況になっている．

実際の共同購入事業登録者数18万2,041人のうち，2017年12月度の4週の間で1度でも商品を利用したことのある方は9万4,030人であり，逆にその間に1度も利用したことのない方は8万8,011人に達する．割合にすると，全登録者の48.3％が利用休止となっている．この利用を休んでいる方々の休止の理由は不明であるが，これらの方へ何も対応せずそのまま放置しておくと，結果的にしばらくして先ほどの，「共同購入を利用しない」という理由での脱退につながっていくのではないかと思われる．

毎年の純増者数に比べて，利用する組合員数が伸び悩んでいるということに対して，現状では有効な手立てが打ち切れているとはいえない．しかし，主に利用者数を増やすことで事業の拡大を図ってきた共同購入事業の特徴を考える

表4　コープみえの共同購入の登録者と利用者

|  | 登録者数（人） | 利用者数（人） | 利用率（％） |
| --- | --- | --- | --- |
| 共同購入事業合計 | 182,041 | 94,030 | 51.7 |
| 　班購入 | 77,072 | 37,124 | 48.2 |
| 　個人宅配，ペア宅配 | 92,952 | 51,500 | 55.4 |
| 　JSS | 588 | 265 | 45.1 |
| 　コープステーション | 11,429 | 5,141 | 45.0 |

注：登録者数は2017年11月20日現在，利用者数は2017年11月4週，11月5週，12月1週，12月2週の4週間の間に，1度でも商品を利用したことのある組合員数の合計．
出所：miepub/couseデータより．

と，この状況は看過できるものではない．「共同購入を利用しない」「商品に魅力がない」という理由での脱退や，あるいは，共同購入の利用を休止している方々に関して，その背景にある原因を掘り下げる．そのうえで商品案内に掲載している商品の構成・規格・価格などを見直すこと，生協商品の価値や調理方法を知っていただく取り組みを行っていくこと，あるいは注文方法を見直すことなどの対応をとっていくことが必要ではないだろうか．

### 3）組合員との接点，情報共有という観点での配達の場の価値

　かつての班購入が主体であった頃には，生協の職員が商品を毎週届け，多くの組合員が荷おろしの場所に来ていた．そこでは，職員と組合員とのコミュニケーションが活発に行われ，様々な情報伝達が行われていた．これらの場での商品に関することやその他の情報の伝達は，口コミによるものがその大半だった．職員と組合員，組合員と組合員という間で，双方向の情報の循環があった．こうしてみると，配達の場は単なる商品の受け渡しだけでなく，くらしに必要な情報を共有する場としての機能を持っていたといえる．そして，このことを通して，生協の配達の場の価値が高まっていたと言えるのではないだろうか．

　しかし現在では，個人利用の割合の増加，有職の組合員の増加，あるいは配達コース編成の都合などで，配達時に職員と組合員が顔を合わせない，保冷容器を使った留守宅仕様での配達が増加している．班購入で仮に有人の班があったとしても，利用されている方の一部が荷受けに来られているだけのところも多くなっている．個人宅配の配達は，そのほとんどを委託先へ外注していると

いう状況もある．

　こうして配達の場が変化するとともに，情報のやり取りという点で，いつの間にか一方的な生協からの文字のみによる情報伝達や，組合員からの単発的な要望発信が増えてきており，双方向のやり取りが減少していると感じている．

　その結果，量としては多くの情報を発信しているにもかかわらず，総代懇談会や組合員交流会の場などで直接説明する機会があると，組合員からは「そんな取り組みをしているとは知らなかった」というような反応が多々返ってくる．"組合員がほしい中身をタイムリーに発信できていない"，あるいは，"伝えたい人に伝えたい情報が届いていない"という状況に陥っていると考えられる．

　改めて情報共有の重要性を考えると，荷おろしの際に直接顔を会わせる配達の場は残されており，ステーション購入でもサポーターと組合員が面会するチャンスがある．このような貴重な，生協（職員）と組合員の接点を生かすために，商品を受け渡しする場に焦点をあてて，そこに価値を見出せるような議論をすすめることが必要ではないだろうか．また配達以外の，例えば組合員交流会やコープカフェなどの，組合員と接する場についても同様に考えていかなければならない．

　これらの情報共有の場を再構築する中で，改めて組合員の生活全般に目を向けること，ほしい方にほしい情報を伝えること，一人ひとりのくらしのニーズに対応していくことを目指していかなければならない．そして，情報の循環や双方向のやり取りの仕組みを構築していくうえでは，そのツールとしてSNSの活用についても検討しなければならない．

### (5) 福祉の視点での事業や活動，地域の一員としての役割発揮
#### 1) コープみえの福祉政策について

　コープみえでは，2020年に実現していたい姿とめざすことを，理念・ビジョンとして描いている．そのビジョンのなかで，「住み慣れた場所で，安心してくらし続けられる地域づくりに貢献している福祉事業と福祉活動を広げていくこと」を確認している．この中身を，2011年にコープみえの福祉政策として整理し，さらに，2017年には内容を一部改訂し，政策にそった取り組みを進めている．福祉政策の内容は章末を参照されたい．

2）むすびに：地域の一員としての役割発揮

　福祉政策では，いわゆる介護保険制度の範囲の狭義の福祉事業ということにとどまらず，コープみえで進めているすべての事業や活動に福祉の視点を持つこと，地域の一員という立場で取り組みをすすめることなどが示されている．

　例えば，1995年の阪神・淡路大震災，2011年の東日本大震災，2016年の熊本地震などの大規模災害発災後には，地元の生協がそれぞれの役割を果たしてきた．今後，高齢化の進行や貧困問題などが顕在化してくる中で，地域の一員として生協に求められることは多様化してくると思われる．これらのことに応えるためには，現在すすめている行政との見守り協定や，社会福祉協議会との食糧支援協定などをさらにすすめるとともに，現在，生協が持っている事業やインフラを使って，地域へのお役立ち度をどのように高めるか，ということをさらに掘り下げていかなければならない．

　また，コープみえの福祉政策を検討してきたことの背景には，人が住み慣れた地域で安心して暮らし続けていくために必要な，地域コミュニティが急速に弱体化していることがある．高齢化，少子化，核家族化などによる単身世帯の増加，他人への無関心，昨今の行き過ぎとも思える自己責任論などが要因であると考えられる．

　コープみえでは，2017年9月から「コープくらしの相談窓口」を開設した．2018年3月までの半年間に寄せられた相談件数は，184件にのぼる．内容は，相続問題，保険や年金の手続き，近隣とのトラブル，介護のことなど多岐にわたっている．相談者からは「どこに聞けばよいのかわからないので，生協の窓口に連絡した」という声が多く寄せられている．一昔前なら家族や親戚，近所の方などに相談して解決できたことが，相談する先が無くなってきているのである．コミュニティの弱体化や孤立化ということが，表れてきている例の一つである．

　このような状況が広がる中で，ゆるやかに人々が集える場を提供し，失われつつある地域コミュニティの再生の一端を担うことや，介護保険制度の外にある日常の生活の困りごとへ対応を広げることも，生協が地域で求められる役割の一つである．こうした活動に取り組むことが，地域社会の中での生協の新たな存立価値につながるのではないだろうか．

かつて，生協は創立期以来，主に食の安全・安心を考え，求める消費者を組織し，役割を発揮し発展してきた．このことは大切にしながら，これからはさらに視野を広げて，くらし全般の安全・安心に目を向け，地域の一員としての役割を発揮できる組織になっていかなければならないのである．

〈参考〉
『コープみえ　福祉政策』
1. くらしの安心と支えあう協同
　　1) くらしの協同と支えあいを大切に
　　　・コープみえでは「つながりあう安心，笑顔が輝く　くらし」を基本理念に，事業と運動に取り組み，組合員の輪を広げてきています．こうした協同の力，支えあいを大切にした生協の取り組みをより一層すすめていきます．
　　2) 誰もが安心してくらせる豊かな社会の実現
　　　・福祉の視点をもった生協の事業・活動を通じ，憲法第25条の生存権，ノーマライゼーションの理念を大切にした，誰もが毎日安心してくらせる豊かな社会（人と人がつながり，協同と支えあいのある街）の実現をめざします．
　　　・より良いくらしをめざし，健康・医療・介護・子育て・社会保障制度などを学ぶ場や情報提供などに取り組みます．また，諸団体等とも連携した制度改革など運動面の取り組みを強めていきます．
　　　・障がい者，児童，生活困窮，低所得者への対応等を検討していきます．
2. 福祉の視点をもった事業・活動の展開
　　1) すべての事業・活動に福祉の視点をもって
　　　・生協のすべての事業・活動に，福祉の視点をもち，誰も（高齢者，障がい者，子育て層，若者，外国籍住民など）が利用・参加できる事業と活動の展開をはかります．
　　2) 幅広い対応力をもった事業・活動の実現
　　　・生協のもつインフラや生協の特色を活かした総合的なサポート力の発揮と，幅広い対応力をもった事業・活動の実現をめざします．例えば，配達時の見守り活動など．
　　　・そして，くらしのさまざまな生活課題に応え対応できる，生協の事業・活動を追及していきます．例えば，夕食宅配の拡充のためのセントラルキッチンの研究など．
　　　・既存の福祉事業は地域でより一層必要とされる事業となるよう，事業と運営

の改善努力をはかりながら取り組みをすすめます．新たな福祉サービスの展開は情勢もみながら調査研究等をすすめていきます．
　3）生協で働く全ての人が，福祉の視点や考え方を大切にしていきます
　　・生協の事業・活動を福祉の視点ですすめられる人づくり・担い手づくりをすすめます．
　　・生協の福祉事業で働く人の育成・確保をすすめます．
　　・福祉活動や地域の福祉の担い手づくりをすすめます．
3．地域とともに，地域で必要とされる生協であるために
　1）地域や諸団体との連携・協力
　　・地域の一員として，行政・地域諸団体と連携・協力し，地域に根差した事業・活動を展開していきます．
　2）組合員・地域の多様な活動の推進，応援・支援
　　・地域の組合員・住民が主体となった協同の場，人と人のつながりの場，ボランティア等の参加の場などがつくられていくことをめざし，誰もが気軽に参加できる幅広い多種多様な活動を広げます．
　　・地域で活動する諸団体との交流をすすめるとともに，活動への応援・支援の取り組みを検討します．例えば，福祉的活動を実施する諸団体への金銭的支援など．

---

【めざすこと】
　1．くらしの安心と支えあう協同
　　1）くらしの協同と支えあいを大切に
　　2）誰もが安心してくらせる豊かな社会の実現

【取り組み】
　2．福祉の視点をもった事業・活動の展開
　　1）すべての事業・活動に福祉の視点をもって
　　2）幅広い対応力をもった事業・活動の実現
　　3）生協で働く全ての人が，福祉の視点や考え方を大切にしていきます

【社会への貢献】
　3．地域とともに，地域で必要とされる生協であるために
　　1）地域や諸団体との連携・協力
　　2）組合員・地域の多様な活動の推進，応援・支援

すべての事業・活動に福祉の視点をもって

# IV. 生協運動に夢とロマンを

河原洋之

## (1) はじめに：生協運動の原点

　私は「生協運動の夢とロマンを」実感する経験をさせていただいた．そんな私の生協に入協してからのさまざまな経験をもとに，現在の生協の役職員にもぜひ「夢とロマン」を持ってほしいと願い，生協に対する心からの感謝の気持ちをこめて記述を行う．

　岐阜大学農学部（当時は岐阜県各務原市，現在は岐阜市）に入学したとき，私自身は大学で何かをやろうという明確なイメージは持っていなかった．愛知県東三河の自宅からの通学は，当時の交通事情では不可能だったので下宿することにした．当初，農学部の寮に入ろうと思い，同じ学部に在籍していた高校時代のクラブの先輩に相談したところ，当時の寮は学生運動の拠点となっていたためやめたほうがよいと言われ，岐阜市の長良キャンパスに近い安い下宿を紹介していただいた．その先輩が，生協の組織部（今の学生委員会）で活動しており，下宿にも教育学部の生協組織部員の方がいらっしゃって，私も岐阜大学消費生活協同組合（以下，岐阜大学生協）の組織部に入った．そのころの岐阜大学生協の職員のみなさんは非常に劣悪な労働条件の中で働いていて，「こんなところいつかやめてやる」とよく冗談交じりにおっしゃっていた．しかし，学生相手の気楽さもあったのか，みなさん和気藹々と仲良く働いておられたように感じた．当時の岐阜大学生協組織部の学生は，月に4,000円の活動費（現在の学生委員には支給されていないらしい）に魅かれながら，「生協運動は民主主義の学校」とか，当時の岐阜大学の学生自治会は一部の学生運動派閥が主導権をにぎっていたので「学内の民主化運動の一環」とか言いながら，それなりに活動の意味や使命感を見つけて活動をしていたように思う．生協活動は，他の学生運動やサークル活動と違って，生協の職員という大人の人たちと一緒に活動し話もできたし，事業をしているので経済的基盤があり，比較的安定的

に活動を続けていけたように思う．その当時の岐阜大学生協の専務理事だった渡辺優氏がしきりに使っていたのが「生協運動に夢とロマンを」という言葉だった．生協運動を通じて組合員の生活を守る，社会を良くしていく，大学を良くしていく，生協運動に関わることで社会変革の一翼を担う等々……，非常に抽象的だが，そんなことをまじめに考えながら活動していた記憶がある．ただし，それが「夢とロマン」を感じながらかというと少々違っていたように思う．

### (2) 全岐阜県生協連による飛騨生協支援

　岐阜大学生協の組織部時代に，他の組織部の学生と一緒に高山市（岐阜県）にあった生活協同組合飛騨生協（以下，飛騨生協）の店舗を見学した．当時の飛騨生協は，「ゆりかごから墓場まで」のスローガンを文字通り実践しており，飛騨地域における葬祭事業でも大きな実績をもっていた．また，高山市にある飛騨生協の店舗は，当時高山市で唯一エスカレーターのあるデパートだった．そのエスカレーターを利用して店舗を見学しながら，「同じ生協でも岐阜大学生協とは全然違う．まるで天と地だね」と感想を言い合った覚えがある．しかしその飛騨生協が経営危機に陥った．その原因等についてはこの小文では詳しく触れる余裕はないが，いちばん大きなものは「組合員不在の運営」といわれた．

　1982年に全岐阜県生活協同組合連合会（以下，全岐阜県生協連）は「飛騨生協再建支援決議」を決定し，東海や関西の多くの地域生協が飛騨生協の支援に参加した．「飛騨生協の灯を消すな」がそのスローガンだった．岐阜大学生協も全岐阜県生協連に加盟していたので支援活動に関わることになった．私の前任の専務理事だった渡辺優氏（前述）は，その任についたまま飛騨生協支援で高山市に常駐していた．1983年の冬だと思うが，当時岐阜大学生協常務理事だった私は，寒い冬に当時の岐阜地区市民生活協同組合（以下，岐阜地区市民生協）の水野隼人専務理事の車に乗せていただき郡上八幡からせせらぎ街道を通って雪道を高山市まで行き，飛騨生協レインボー店の販促に参加した．販促と言っても，経営が厳しいため，店舗にある在庫を少しでも換金するのが目的だったと思う．今でも記憶に残っているが，当時のレインボー店の棚にはほとんど商品がなく，どの棚もうっすらほこりがたまっていた．店内は薄暗く活気

がなかった．その頃には，私が学生のときに見学した店舗はすでに売却されていた．道中，水野専務から債権者が鬼のように返済を迫ってくる債権者集会の様子も伺った．そして，労働組合の役員で構成されていた当時の飛騨生協の役員は，非常勤役員も含めて百万円単位で個人返済を行ったことを聞いた．その時のレインボー店の様子も含めて，倒産するとはこういうことだというイメージが頭に強烈に焼きついた．水野専務が何度も強調していた「赤字は悪」という言葉が心にきざみこまれていった．

### (3) 岐阜大学生協に入協

時は前後するが，1978年に私は大学を卒業して岐阜大学生協に就職した．当時の組織部の学生は，だれかが残って岐阜大学生協で働くというのが暗黙の了解になっていた．水野隼人氏も，渡辺優氏も岐阜大学農学部の卒業生だった．私の研究室（農学部家禽畜産学科畜産経営研究室）の教授の千田正作先生（故人）が，当時岐阜大学生協の理事長を経て岐阜地区市民生協（現在の生活協同組合コープぎふ）の理事長に就任していたこともあり，私が生協に残るのだろうというのが同学年の組織部員の共通認識になっていた．自分もそのつもりで，就職活動も行わず，岐阜大学生協の長良キャンパスの食堂でアルバイトをしていた．その様子を気にされたのか，4年生の後期に千田先生の部屋によばれて「あなたはそれで良いのですか」と尋ねられたことがあった．その時にどんな返答をしたのかは全く覚えていないが，卒業のときに先生から花瓶をいただいた．若かった私はその理由を尋ねることもせず，鬼籍に入ってしまわれた先生の意図は今でもわからないが，激励のお気持ちではなかったかと勝手に思っている．今でもその花瓶は玄関に飾ってある．一方，当時の研究室の助教授で卒論等のご指導をいただいた杉山道雄先生には，現在もいろいろな場面でお世話になっている．卒業後は各務原市（岐阜県）の那加キャンパスの食堂で働き始めたが，40度を超える厨房の中で汗まみれになりながら調理をしており，とても「生協運動に夢とロマンを」などという気持ちにはなれなかった．毎日がまさに必死だった．

卒業した次の年の1979年に，岐阜大学の統合地（柳戸地区・岐阜市）における第2食堂と喫茶の運営が生協となることが決定された．グリル喫茶は岐阜

大学生協初めてのフルサービスの店で，当時の岐阜大学生協にはそのノウハウがなかったため，店長の調理師会のつながりで市中の大きな喫茶店を紹介していただき，1980年の下期にフルサービス店舗運営の研修をした．17時過ぎまで那加キャンパスの食堂で働き，そのあと喫茶店で仕事をした．普通の調理士の仕事をしたことがなかったので，その世界での常識もまったく理解しておらず，いろいろ恥ずかしい経験をたくさんした覚えがある．朝8時過ぎに那加キャンパスの食堂に出勤して，夜11時近くに車でアパートに帰るという毎日で，大変だったがそれなりに充実した楽しい半年間だった．当時帰る車の中で，寺尾聡の「ルビーの指輪」がカーラジオから流れていたのを懐かしく思い出す．でも，「夢とロマン」には程遠い．

### (4) 岐阜大学生協の赤字の経験

　私が，「生協運動に夢とロマンを」という言葉を思い出したのは，1984年に岐阜大学生協の専務理事に就任してからだった．その年に柳戸キャンパスの大学会館内の第1食堂と購買・書籍中央店，コーヒーラウンジがオープンした．第1食堂は当時東海地方の大学生協で初めての本格的なカフェテリアスタイルの食堂で，購買・書籍も新品の什器で，まさにピカピカのお店だった．そんなときに私は専務理事に就任した．当然，岐阜大学生協も店舗の備品や什器等に多額の投資を行い，供給の大幅な伸張を予定していた．しかし全然供給は伸びずに，赤字と短期借入金がどんどん膨らんでいった．そのときの短期借入金残高は7,300万円で，現預金残高に匹敵しており，前年同期より4,000万円も増えていた．そして，1984年度上半期決算では，内部留保がほとんどない状態で1,144万円の赤字を計上した．毎日が資金繰表とのにらめっこで，このままでは職員の給料が払えないとか，また銀行借り入れが必要だとか……本当に胃の痛い毎日だった．その銀行借り入れも，理事長先生の土地建物を担保にいれさせていただいたり，岐阜地区市民生協の水野隼人専務理事に連帯保証人になっていただいたり，今思うと本当に大変失礼で危ないことをしていた．このままでは，永遠に借入金が膨らんでいき，総代会で決定した借入金限度額を超えてしまうのではないかとおびえていた．経費を思い切り圧縮したり，他の大学生協で良い実践があったら必死でまねしてみたり，自分なりに精一杯努力する

のだが供給は一向に上向かない．経営悪化した飛騨生協のイメージが頭の中に浮かんでは消えた．当時私は市営住宅の5階に住んでいたが，このままでは飛び降り自殺をしてしまうのではないかと，自分を必死でおさえていた覚えがある．当時理事会では，「赤字になったら坊主頭になる」と学生理事に約束していたので，年度末には約束どおり坊主頭になった．当時の大学生協連の金子常務（故人）に「気合が入っているな」と声をかけられたが，全くそんな余裕はなかった．今にして思うと，新店舗づくりにおける組合員との関わりや参画が非常に弱かったことが供給伸張しない要因だとはっきり言い切れるのだが，当時は店舗がきれいなら自動的に利用は増えると勘違いしていた．

　もう自分の力ではどうにもならないと悩んでいたときに，支えてくれたのが学生委員だった．1984年は学生理事がそれぞれ分担して店舗を担当した．店舗担当理事はもう一人の店長さんという位置づけだった．購買の店舗担当理事でもある当時の女性の学生委員長が，自費で東京の大学生協の店舗を見学して回り，このお店のこの部分がよいとか，こういうことを岐阜大学生協でもやったらどうかということを，学生委員と職員の合同の夏季合宿で報告してくれた．それに刺激されたわけではないのだろうが，その後は学生委員が店舗に立って商品を販売したり，店舗レイアウトの変更を一緒に行ってくれたり，食堂の列の整理係や棚卸しも一緒に行ってくれたりと，自分たちの力で何とかしなくてはと自主的に活動してくれた．そして，1984年の下期には供給も上向き，経営もよくなってきた．あれほど自分では無我夢中で努力しても動かなかった数値が，学生委員の運営参加で動いた．図1の1984年の月別供給高と予算との比較（岐大生協ニュース第106号より）を見ると，明らかにその傾向があらわれている．そして，職員もいきいきと働きだした．この経験は私にとって驚きとともに，組合員の参画こそが生協運動の原点であり，そこに生協の存在意義があるという確信につながった．それこそが私にとっての「生協運動に夢とロマンを」の実感だった．

　以下多少長くなるが，岐大生協ニュース第101号（1984年10月29日発行）に掲載された上半期の活動を通しての教訓を転記する．「1. 私達組合員が生協の運営に本気でかかわっていかなければ，生協の経営は悪化することが解りま

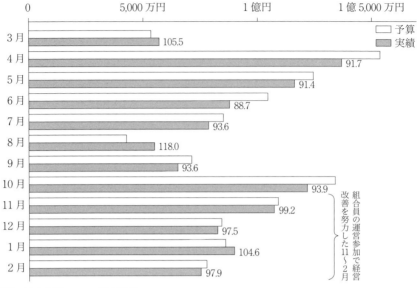

出所:岐大生協ニュース第106号.
図1　岐阜大学生協の1984年度月別供給高と予算の比較

した．特に今年のように新店舗への投資を行う時は，私達組合員が一生懸命店舗を利用しやすく改善し，そこへ利用結集することがとても重要です．2. 私達組合員が生協の運営にかかわっていくには"確かにそうだ"と確信しなければなりません．そのためにも，総代，運営委員，仲間，そして一人ひとりの私達組合員を本当に大切にして，理解するまで話し，理解したら他の組合員に教えていくことが必要です．3. 教職員の増資活動でも明らかになったように，学生・院生は学生・院生の，教職員は教職員の，それぞれの理事・総代が中心となってつながりを強めることの重要性が明らかになりました．4. 専従者の役割の重要性も明らかになりました．専従者が，店舗担当理事を中心とした組合員との話し合いを一生懸命行い，一緒に悩み，実践することが始まりました．バス停でのビラまき，教職員訪問，夏季休暇中の集中学習と専従者自身も頑張りました．この力と組合員の参加が呼応すれば，大きな飛躍が生まれます．」

## (5) 工短デー

　私にとって大学生協時代に忘れられない出来事がもうひとつある．それは「工短デー」の取り組みである．当時の岐阜大学には，工業短期大学部（略して工短と呼ぶ）という夜間の学部があった．工短の授業は 17 時 50 分から 19 時 20 分と 19 時 30 分から 21 時までで，当時その休憩時間や授業終了後に生協の店舗は営業していなかった．工短の学生の中にも学生委員会があり，21 時から学生委員会を開催し，工短における生協の活動をどのように進めたらよいかを論議していた．当時工短ホールという建物があり，学生委員はそこに集まってはいろいろ話し合いを行っていた．私も工短の学生委員会には必ず出席していたので，その日は帰宅が 23 時を超えていた．工短の学生委員は昼仕事をしているので，朝職場に出勤して仕事をし，夕方大学に来て授業を受け，そのあと生協の活動を行うというのが普通だった．したがって私も工短の学生委員会を欠席するわけにはいかなかった．そんな工短の学生委員会で，「私たちも生協の店舗を利用したい」という声があがってきた．それはしごく当然の要求だった．しかし，工短の定員は 1 学年 200 人，3 学年総勢 600 人で，夜間に営業しても採算のとれる見込みはなかった．それでも彼らはあきらめず，1986 年の春に"工短デー"として夜間営業を試験的に実施した．その後は，不定期ではあるが月 2 回の夜間営業を実施し，工短学生委員会は，企画づくり，宣伝活動，工短生への利用訴え，そして当日の運営サポート（レジ支援など）を担っていた．その夜間営業（工短デー）は，そんな学生委員会の努力のなかで徐々に利用が安定していった．

　そして，1987 年 6 月 6 日に開催された第 59 回総代会において，第 5 号議案で「工短生の利用改善のために購買・書籍中央店の週 1 回 21 時 30 分までの営業を実現するために」が提案され，賛成 104 名，反対 0 名で可決された．岐大生協ニュース第 114 号（1987 年 7 月 1 日発行）には以下の記事が掲載されている．「昭和 62 年 6 月 6 日，いよいよ総代会当日です．工短生の願いである夜間営業は，第 5 号議案として取り上げられています．私たちは，夜間営業への熱い思いをクラスで集めました．総代会では，その思いをすべての総代さんたちにうったえました．（中略）工短生一人一人の小さな声は，大きな願いとなって実を結んだのです．その道のりは実に 3 年というものでした．初めの声をなげか

けた先輩は卒業してしまいました．"先輩，とうとう夜間営業ができましたよ"（中略）どうかみなさん，毎週1回，火曜日の夜間営業をお願いします．私たちの熱い思いなのです．」実現後も工短の学生委員会のメンバーは，工短デーの日には看板を出し，工短の学生に「今日は工短デーです．生協を利用してください」と一生懸命呼びかけていた．彼らの明るい笑顔に文字通り「生協運動に夢とロマンを」感じていた．

### (6)　「9.11東海豪雨」災害

　私は1989年に大学生協東海事業連合に移籍し，そこで7年間仕事をしたあと1996年に岐阜地区市民生協に移籍をした．移籍と同時に東海コープ協議会で働くことになり，その協議会が1年で解散し，めいきん生協（名古屋勤労市民生活協同組合，現在の生活協同組合コープあいち）に出向することになった．「めいきん生協」では，旅行事業からはじまり，文化事業，共済事業を担当していった．そして，共済事業の部長をしていた2000年に「9.11東海豪雨災害」が発生した．当日は，名古屋駅についたらJRが不通となっていて岐阜に帰ることができず，藤が丘（名古屋市名東区）に住んでいる独身の共済事業部の職員のアパートに泊めてもらうことにした．藤が丘まで地下鉄で移動し，駅でその職員を待っていたのだが，バケツをひっくり返したような雨で，まさに身の危険を感じたことを記憶している．迎えに来てくれた職員の車に乗っても，前が見えにくく，川の水も増水して恐怖を感じた．そして翌日枇杷島地区で水害が発生したことを知った．

　日本生活協同組合連合会（以下，日本生協連）の共済事業部からすぐ職員を派遣していただき，水害の給付活動やお見舞い活動に取り組んだ．水害は枇杷島地区だけでなく，名古屋市の北部や東部，知多半島の方でも発生していたので，まず被害の概要を把握することから始めた．そして，被災地に入っての給付活動につながっていくのだが，毎日夕方に当日の活動報告と翌日の活動計画を検討する対策会議を開催し，奮闘の毎日が続いた．私も一週間経った頃に被災地に入って被害調査を行ったが，そのときの組合員からのヒアリングで，水害の恐ろしさを実感すると同時に，「来てくれてありがとう」と心から感謝されたことにとても感激した．そして，日本生協連や多くの生協の職員が支援に

駆けつけてくださり，まったく経験のない事態を前に足のすくんでいた私を指導し，まるで自分の生協の組合員に対するように丁寧に被害調査をしていただいたことに心から感謝した．これも別な意味で「生協運動に夢とロマンを」感じた．

### (7) コープぎふ組織デザイン委員会

東海コープ協議会に出向した1996年は「岐阜地区市民生協」だったのが，2001年に出向解除となって戻ったときには「生活協同組合コープぎふ」（以下コープぎふ）となっていた．大学生協からの移籍と同時の出向だったので，初めてコープぎふで仕事をさせてもらえることになった．コープぎふでの仕事の中で，組合員，特に女性の底力を痛感させてもらう経験をした．

2009年10月より「コープぎふの組織デザイン委員会」に参加させてもらった．委員会のメンバーは，副理事長（当時）を含む7名の女性の組合員理事と当時常務理事の私，事務局の男性職員1名という構成だった．2010年度以降のコープぎふの組合員組織をどのようにしていくのか，そのデザインを考え理事会に諮問することを目的にした委員会で，2009年10月から2010年5月にかけて，計12回開催された．討議開始当初から大激論がたたかわされる委員会で，たしか第5回か第6回までは全然論議がかみ合わなかったことを記憶している．理事のみなさんは自分の意見を決して曲げず，なかなか一致点が見つからなかった．このままではどうなるのかと，事務局の職員と一緒に頭を抱えていた．しかし，そのうちに論議の方向性が整ってきた．私や事務局の職員が方向性を調整したという覚えはなかった．それこそ，いつのまにか論議がかみ合い，期待していた以上のレベルの論議が行われ，私から見ればすばらしい答申がまとまった．それでも，参加した組合員理事は満足していなかったことを覚えている．なぜこうなったのか原因はわからないが，以後私は女性が構成する会議等では，論議の方向をコントロールしたり変に調整したりすることはやめた．時間はかかるかもしれないが，そのほうが最終的にすばらしい結論がでてくると確信している．男性にはない女性の豊かな発想力や感性，するどい直感力等が，最後には男性の想定以上のものをつくりあげる．それもある意味で「生協運動の夢とロマン」だと思っている．

## (8) おわりに

　私は大学生協と地域生協という二つのタイプの違う生協で働かせていただいた．大学生協は，毎年新しい組合員が入学してくるので常にフレッシュで，規模も小さいので小回りがきく．ただし，規模が小さいゆえにガバナンスの脆弱性をもっている．一方，地域生協は規模も大きく，歴史の蓄積もあり，社会的な影響力もある．まさに生協運動の王道といえる．ただし，組織の肥大化の中で官僚化の危険性を有している．その意味で，どちらの役職員にも生協運動に対する深い理解と，真摯で誠意をもった協同組合人の姿勢が求められることには変わりがない．

　そして，私は岐阜大学生協の専務理事時代に，自分の非力さと組合員参画の力を実感した．組合員がやりたいと思うことをやる，組合員の幸せにくらしたいという気持ちに心から寄り添う，組合員が「おたがいさま」の気持ちでくらせる社会にしたいという思いに少しでも応える，そんな素直な気持ちこそ生協の役職員にとっていちばん大切なことではないのだろうか．それを愚直に実践していく中でこそ「夢とロマン」を実感することができると確信している．私は，周りの多くの人たちに支えられ，いろいろなことを学ばせてもらった．とてもいただいた恩にはこたえられていないと痛感しつつ，この文章もそんな感謝の気持ちの一旦として受け止めていただければありがたい．

# V.「地域・社会的生活協同組合」をめざして

向井　忍

### （1）協同組合原則の改定とレイドロー報告の意義
1）協同組合の定義・価値と原則改定

　格差と貧困が広がる中でも，世界107カ国で12億を超える人々が「誠実，公開，社会的責任，他人への配慮」を信条とする協同組合に参加している事実は私たちにとって未来への希望である．1895年に設立された国際協同組合同盟（ICA）は農業，消費者，信用，保険，保健，漁業，林業，労働者，旅行，住宅，エネルギー等世界各国の308の協同組合全国組織が加盟する世界最大の非政府組織（NGO）として，国連経済社会理事会，国際労働機関（ILO），国連食料農業機関（FAO）の正式な助言機関になっており[1]，協同組合は「2030年への持続可能な開発目標（SDGs）」の担い手としても位置づけられている．

　ICAは1995年の第31回マンチェスター100周年大会で「協同組合のアイデンティティ・価値・原則に関するICA声明」を採択し，協同組合の定義と価値を定め，価値を実現する指針としての「協同組合原則」を改定した（表1）．「協同組合原則」は全面的に改定され，第7原則に「地域コミュニティの持続性への関与」が加わった．これは3回目の改定であるが，この原則改定が提起された1980年ICA第27回モスクワ大会から1995年ICA100周年大会までの間に，戦後社会の枠組みが転換した．1979年12月ソ連によるアフガニスタン侵攻に対し1980年7月のオリンピックモスクワ大会は日本・米国・中国・西独等がボイコットした．冷戦による軍事費膨張は国家財政を圧迫し1989年の東欧革命をへて1991年にはソビエト社会主義連邦が崩壊する．一方や，"ゆりかごから墓場まで（福祉国家）"を"社会はない，あるのは国家と家族である（小さな国家）"に転換したサッチャー政権（1979～90年）に始まり，レーガン政権（1981～89年），中曽根内閣（1982～87年）と新自由主義が席巻し，世

表 1　協同組合の定義・価値・原則

> (1) 協同組合の定義
> 　協同組合は，共同で所有し民主的に管理する事業体を通じ，共通の経済的・社会的・文化的ニーズと願いを満たすために自発的に手を結んだ人々の自治的な組織である．
> (2) 協同組合の価値
> 　協同組合は自助・自己責任・民主主義・平等・公正，そして連帯の価値を基礎とする．それぞれの創設者の伝統を受け継ぎ，協同組合の組合員は，誠実，公開，社会的責任，そして他人への配慮という倫理的価値を信条とする．
> (3) 協同組合原則（略して記載）
> 第 1 原則：自発的で開かれた組合員制
> 第 2 原則：組合員による民主的管理
> 第 3 原則：組合員の経済的参加
> 第 4 原則：自治と自立
> 第 5 原則：教育，訓練および広報
> 第 6 原則：協同組合間協同
> 第 7 原則：コミュニティへの関与

出所：日本生活協同組合連合会ホームページ協同組合の定義・価値・原則～「協同組合のアイデンティティに関する ICA 声明」より．

界を覆う．1995 年には WTO（国際貿易機関）が発足しグローバリゼーションが加速するが，2008 年リーマンショック（金融危機）に至る．

## 2）レイドロー報告の意味，その「問い」

　1980 年モスクワ大会で協同組合原則の改定を提唱したレイドロー報告のテーマは「西暦 2000 年の協同組合」であった．カナダ協同組合中央会会長であったレイドローは「不確実性の時代」「狂気の時代」と言われた 1980 年代を前に，協同組合が「正気の島」となることを訴え，「西暦 2000 年の協同組合」への優先分野を示した．そして「1960 年代，1970 年代の国際協同組合運動が主として消費組合の「構造改革」，協同組合の効率化・統合化を重要課題としてきた」ことに対し「それまでの運動の根源的な問い直し」[2] を提起した．加えて，当時の協同組合原則は「原則そのものを明確にするかわりに，現在の慣

行を原則の水準に押し上げようとした」もので,「主として消費生協に準拠しているように思われ,農協,労働者協同組合,住宅協同組合など,他の種類の協同組合に同様に適用することはできない」ことを指摘した.レイドローは自身の報告について"これは確定した研究ではなく 2000 年まで継続して作業を続けること"を求め,1984 年第 28 回ツルノフ報告「協同組合と世界的諸問題」,1988 年第 29 回ストックホルム大会マルコス報告「協同組合の基本的価値」,1992 年第 30 回 ICA 東京大会ベーク報告「変化する世界における協同組合の価値」,1995 年 ICA 100 周年大会をへて,ICA 1999 年ケベック大会では「組合員制に今日的な価値を――新たな千年紀に向けた協同組合の挑戦」[3]としてレイドロー報告に論究されている.

西暦 2000 年から 20 年近くが経過するが,学生時代にレイドロー報告に出会った筆者にとって,レイドローの「問い」にどう応えてきたかは今に続く課題である.本論は,レイドロー報告に照らして現在の到達点を確認し,今後の生協運動の課題を考えることを目的とする.

レイドローの「問い」とはなにか.第一に,レイドロー報告は,多国籍企業との競争に注意をとられていた協同組合関係者に対し,協同組合は歴史的に協同組合という存在が大衆の心の中に定着するかどうかの「信頼性の危機」,未熟な事業・経営を乗り越えられるかどうかの「経営の危機」に直面してきたが,今日では「思想の危機」に直面していると指摘した.そして"協同組合の真の目的は何か","他の企業とちがう独自の役割を見失ってないか"を正面から問いかけた.レイドロー報告の導入部分でふれた「思想の危機」という指摘は衝撃的であった.協同組合の"信頼性・経営・思想"の危機は繰り返し形を変えて現れる.地域社会があらたな困難に直面している現在こそ,"本当に困難を抱えている人々から信頼されているか","ニーズに応える持続的な事業体とはどのようなあり方なのか","生協に関わるそれぞれの責任において,将来にむけた役割を真剣に探求しているか",深く問い直し続けねばならない.

第二に,レイドロー報告は,食糧,雇用,消費物資の流通,地域環境の四つの分野で,協同組合の果たしうる役割を研究し,「西暦 2000 年」を射程に同時代人の「優先分野」として示した.考察を叙述した結論は「第一の優先分野(世界の飢えを満たす協同組合)今後,世界の協同組合はとくに世界の食糧問題に,

生産から消費までの全過程にわたって，その努力を集中すべきである．これは，人類にとっての重要なニーズの分野であり，ここでは協同組合は，世界的な指導性を発揮することができる．第二の優先分野（生産的労働のための協同組合）労働者生産協同組合は，労働者と職場との間に新しい関係を築き，もう一つの産業革命をもたらす最良の手段である．第三の優先分野（保全者社会のための協同組合）従来の消費者協同組合は，たんに資本主義企業と競争するだけでなく，それ以上のことをするような方向へ転換すべきである．そうすれば，ユニークで，違った形態の事業体として知られるようになり，組合員だけに奉仕するようになるだろう．第四の優先分野（協同組合地域社会の建設）都市の住人に奉仕するためには，都市のなかに村を建設するのに役立つ多くの異種協同組合の集合体をつくるべきである」[4]と結ばれている（（　）内は筆者加筆）．

　第一優先分野の「世界の飢えを満たす」課題は，今日も解決されていない．レイドローが生産から消費まで全過程の努力を提起した視点は「持続可能な開発目標（SDGs）」と同一であるが，食料主権や家族農業を重視する協同組合の行動が重要である．第二優先分野で光が当てられた労働者生産協同組合は，社会的協同組合やワーカーズコープの活躍につながっている．既存の協同組合において，職員労働の位置づけや雇用形態は多様だが，協同組合労働の固有の役割を重視すべきであり，"IT化による第4次産業革命の波"にどう向かうか等の新たな課題がある．第三優先分野 conserver society は，消費生協のあり方を問うものである．conserver はフランス語で保存する，維持するという意味があり，1980年日本生協連訳では「社会の保護者をめざす協同組合」，1989年日本協同組合学会訳では「保全者社会のための協同組合」と訳された．conserver society の用語が最初に使われたのはカナダの科学協議会報告書「カナダの自然資源政策問題（1973）」で[5]「カナダ人は，個人として，また彼らの政府，機関，産業として，資源の搾取に夢中な消費者社会から，より建設的な取り組みに従事する保全者社会に移行しなければならない（from a consumer society preoccupied with resource exploitation to a conserver society engaged in more constructive endeavours.）」と記された．この用語の使用は米国，オーストラリア，ニュージーランドにも広がり，1987年の国連世界環境開発委員会（ブルントラント委員会）をうけた報告書「Our Common Future」をへて，

1992年にブラジルのリオデジャネイロで開催された国連世界環境開発会議での「持続可能な発展（sustainable development）」につながった[6]．即ち，「保全者社会」とは「持続可能性」のコアとなる概念といえる．筆者は，本論で愛知での実践をふりかえって保全者社会の協同組合には，環境や資源の保全にとどまらない社会の公正さを保つ役割があることに気づいた．第5節でふれる．第四優先分野で異業種協同組合の集合体で都市の中にムラの建設をよびかけたことは，「協同組合セクター論」にたつレイドローの着眼であり，今日では多様な経験が生まれている．コープあいちの経験からすると，協同組合を超えた非営利のネットワークの役割が大きい．四つの優先分野の全体が，今日の「持続可能性（SDGs）」につながっている．

この他にも示唆的な内容を含むレイドロー報告の検討過程には日本代表も加わり，翻訳は1980年の大会直前に，農協グループで2万部，生協グループで1万部発行された．第四優先分野で日本の総合農協が紹介されたが，第三優先分野では消費生協の現状に厳しい見方がされており，日本生活協同組合翻訳版の「はじめに」で日本生協連中林貞夫会長（故人）は，「勿論，この分析にはいろいろな意見や異なった主張もあるであろう．わたくしも氏の意見は懐疑的で，今日の困難を乗り切るには迫力が欠けていると思っている．むしろ日本の生協のおはこである班を中心にする組合員活動の強化等が主要テーマだといいたい」と述べている．レイドロー報告は，協同組合関係者の議論を活性化し，1981年4月には日本協同組合学会が設立された．

## 3）レイドロー報告後の世界の変化

世界はレイドローの予想を超えて進んでおり，レイドロー報告にも限界がある．一つは，レイドロー報告は「国民国家」が国民経済への責任と役割を果たすと予想した点である．第二章「世界の趨勢と諸問題」では，(1) 経済：「経済面では……国内産業を救済するため政府が行なう保護関税への動きが着実に起こるものと思われる」，(9) 企業の力：「本世紀の最後の20年間には，企業の力の拡張と多国籍企業は何らかの規制を受けようし，事実を知り，警戒を怠らない市民からの庶民的要求にこたえて行動する，用心深い政府によって，よりきびしい統制下に置かれることになろう」としている．このような情勢認識

の上に，第三章「協同組合の理論と実践」では，(6) 協同組合と国家：「明らかに，権力を持った政府によって代表される国家は，国民経済の財政運営に責任を負っている」．(7) 協同組合部門：「現代においては，協同組合運動のリーダーは，その事業体制について，公企業や私企業とともに共存して活動し，三者が経済全体を形作るものとして，新しい光をあて，より現実的な方法を考える．これはわれわれが通常混合経済として引き合いに出す体制で，協同組合の部分は協同組合部門（セクター）として知られている．この三者のそれぞれの割合は国民経済によって大きく異な」ると見通している．しかし新自由主義的グローバリゼーションが広がり，多国籍企業の行動は国家の規制を超え，少数者が世界の富を独占し（タックスヘイブンによる課税逃れ），産業の海外移転と雇用の流動化をすすめ，格差や社会的排除を構造的に拡大している．「小さな政府論」と財政危機を理由に公的部門の市場化・民間委託が進められ，セクター間の関係は大きく変わっている．地方自治体をまきこむ自立的な社会的経済セクターを構築するアプローチが必要となっている．

もう一つは，情報社会の進展である．18世紀末の第1次産業革命（蒸気・石炭による工場制機械工業），19世紀末の第2次産業革命（電力・石油による重工業，大量生産・大量輸送・大量消費），20世紀後半の第3次産業革命（電子機器・コンピューターによる自動化，エレクトロニクス製品，自動車）に続く，第4次産業革命を迎えている．ICAもあらたな変化に注意を喚起している．ICAは「2012国際協同組合年」の総会で「協同組合原則ガイダンスノート」作成を決め，2015年に確定版を発表した．ガイダンスノートは「1996年に背景文書が発行されて以降，世界は大きく変化した．産業革命初期に協同組合自体が生まれて以降と同様，社会は変わり，経済のグローバル化は急速に進み続け，世界的な金融危機があり，新たなテクノロジーが生まれた」と指摘している．

その後も2017年英国のEU脱退の国民投票や米国第一主義・ポピュリズムなど，国際社会は新たな混迷を深めている．日本社会も固有の変革期にある．経験したことがない超高齢社会に突入し，さらに少子化により人口は2008年の1億2,649万人をピークに2040年には1億1,092万人，2060年には8,000万人台への減少が予測される．「量的成長を前提とした社会」は限界を迎えている．

「人口減少社会」への移行においては「将来世代のニーズを損なうことなく，現代世代のニーズを満たす発展」と表現されてきた持続可能性のパラダイム自身が問われる．国際的にも日本においても，あらためて私たち自身がどのような将来を選択するかを示さなければならない．そのために第2節から第4節では，1970〜2010年頃までの実践を振り返り，私達の到達点を確認しておきたい．

### (2)　「班活動」の源流と名勤生協の設立期

筆者が勤務してきためいきん生協は高度経済成長期の1969年に設立された．設立準備から直後の1970年代まではまさに「信頼の危機」を乗り越える時期であるが，めいきん生協の誕生は組合員参加＝「班活動」と不可分であるので，はじめに日本の生協の「班」の歴史を概括する．

### 1)　日本の生協の「班活動」の源流

筆者は，日本の生協の「班活動」の源流を1982年に発刊された山本秋『日本生活協同組合運動史』で知った．著者の山本は戦前に消費組合運動に関わり，厚生省で消費組合行政を担当し，戦後は日本協同組合同盟の常任中央委員となった．同書には戦前の消費組合運動の活動が豊富な資料で記されている．これを機に連載された「生協の班の歴史」[7]によれば，「班」の思想は1927年（昭和2年）に，関東消費組合連盟の西郊共働社が共同購入組織の班として「十人組制度」を提唱したことに始まる．西郊共働社は1929年（昭和4年）1月に組織宣伝部を確立して班作りに着手し，同年7月頃時点で沼袋班は6回，阿佐ヶ谷班1回，高円寺第2班が復会等，六つの班で班係を3名ずつおいて班の活発化に努めたとされる．戦前の消費組合運動は労働組合運動との連携が強かったが，西郊共働社は奥むめおなど知識人を主体にしていた．奥むめおは，婦人参政権実現の運動の先頭にたち，消費組合運動でも先駆的に「婦人部」の中心となった．1929年の関消連第8回大会の監査報告では「婦人部の活動は頭角を抜いている」として，家庭用品即売展示会の成功，剰余金を生み出したこと，女性や子どもがおおぜい「水清き海岸」に行ったことを高く評価しており[8]，西郊共働社が班をつくる時期に婦人部の活動がひろがり，生活に密着した活動が消費組合の事業を強めたことが窺える．戦争体制が進み，自主的消費組合は

弾圧され，組合員から切り離された配給組織に置き換えられていった．
　こうした歴史を戦後に引き継いだのは，1946年，日本協同組合同盟により設立された協同組合研究所で山本秋氏が編纂した「生活協同組合便覧」である．「便覧」は生協の「百科全書」的役割を果たしたといわれる．その第二節「組合活動の基礎は班にある」で，「従来，班を単に連絡の場所，受入態勢の場所として戦時中の上意下達機関たる隣組組織を考えているため，なんの強制力もない今日の生協組が上から班を組織しても，いつまでもそれを使うことはできず，連絡事項すらいつしかどこかでストップして戻ってこなくなる．班は組合活動の基礎的な拠点である．班そのものがつまり組合員が自主的に活動するものでなければならない」と記載した．共立社生協の前進である鶴岡生協専務理事（故）佐藤日出夫氏がこれを読み「労働組合出身の自分は生協について全く知らなかったから，これを見て，生協は班をつくらねば成り立たないのだと信じて」[9] 鶴岡生協は，1954年頃から班づくりに着手し，1956年10月はじめての班ができた．1969年の日生協組織委員会で，家庭会（婦人部活動）と一体に，方針化された．

## 2) めいきん生協の創立と運営委員会の始まり

　鶴岡生協は店舗を中心にした生協として「班」をつくったが，もう一つの流れが1960年代に大学生協の支援で設立され，安全な食品を求める消費者運動と一体に広がった地域生協の「班」である．名古屋大学消費生協の支援で1969年に設立された名古屋勤労市民生活協同組合（めいきん生協）は1976年に「週単位・班単位共同購入」を始めた．名大生協が発行した『法人化二十周年名大生協の歩み』[10] より，班単位共同購入が誕生するまでの経過を紹介する．名大生協による設立準備活動は1965年に始まった．初めは専従職員が教職員住宅などの家庭に生協の設立を呼びかけた．1968年4月の記録によれば，1ヶ月間（24日）で家庭係3名が，コープ商品の普及と利用班（家庭班）組織の訴えを目的に訪問した軒数は596軒，コープ商品を利用した軒数は325軒，普及したコープ商品は11種類で1,858点，供給高13万2,505円，組織できた家庭班は36班で合計110軒になっている．5月から事業計画を点検・充実させる目的で，班単位の共同購入・月別・週別の計画購入運動がはじまった．4月

30日に5月度全体の計画（第1週食品，第2週雑貨，第3週ハム乳製品等，第4週殺中剤等季節商品）を載せたチラシを配布，5月1日から4日まで第1週（6〜11日）のチラシと主な商品の見本をもって51の家庭班を訪問した．6〜8日の3日間の供給高は9,409円であった．当初の事業形態は家庭係制度（御用聞き活動）といい，午前中に注文をとり，午後に配達した．家庭班（家庭係制度）の仕組みにしたのは「組織の強さにおいてこの制度が優れている」と判断したからであったが，実際には組合員と専従者のつながりは強くとも組合員どうしのつながりが弱いという本質的な弱点があった．事務局内部の徹底した討論で，8月中旬以降，家庭班制度はあらためられ，共同購入活動の拠点としての店舗による供給活動が基本であることが確認され，両者の折ちゅう型として移動供給方式が始まった．扱い品目も食品・雑貨中心から野菜・卵中心に変え，全ての専従者が事業活動とともに組織活動に参加するなど工夫をこらし，採算性を確保する見通しを切り拓くことができた．こうした試行錯誤の上に1969年3月11日，名古屋勤労市民生協の創立総会が1,038名の参加で開かれ（実出席443名），組合員1,330人，専従13名，出資金83万円，供給高1.4億円の地域生協が誕生した．

設立4年目の1973年10月に第4次中東戦争が勃発した．11月には灯油，ちり紙，洗剤不足のパニックがひろがり，名勤生協も灯油入荷制限の通知を受けた．これに対し11月5日に初の運営委員会代表者会議を開催し，19日より灯油元売・通産省との交渉，26日に「生協組合員の集い（久屋広場）」として抗議集会と街頭行進を行うことを決めた．12月1日，20日には緊急運営委員会代表者会議を開いて灯油分け合い方針を相談した．組合員の代表が話し合った結論は「お年寄りや赤ちゃんのいる家庭」へ灯油や洗剤を優先することだった．こうした経験から運営委員会の組織が広がっていった．

3）班単位・週単位共同購入の始まり

1975年6月1日から，生鮮共同購入の取り組みが始まった．冷凍商品として冷凍魚（バラ凍結）（バラえび，むきえび，太刀魚のすり身，カラスカレイ，レンコタイ，イカ，深海魚），沼津あじ開き，オーストラリア牛肉，とうもろこし，冷凍もちなどが開発された．あわせて6月1日から，家庭用フリーザー

の扱いを開始した．組合員への機関紙「虹」(1975年6月1日第25号) では，「台所をより豊かにする生鮮共同購入にそなえて，冷凍庫の研究を開始：より冷え，たくさん入り，しかも安い！　冷凍食品の取り扱いがふえる中で冷凍庫についても考えてみましょう」．「6月の重点商品：冷凍食品試食会のお知らせ・安くてもっとおいしいお魚を食べることができたら……，生協では，今後，冷凍食品について，いっそう力を入れていくことになりますが，中でも，冷凍魚がその中心です」と呼びかけた．11月には無添加ハムが実現した．翌2月13日には運営委員会代表で構成する共同購入・店舗企画会議が設置され，それまで月例共同購入，季節商品共同購入，無添加ハム共同購入，と品目ごとに月に何度も行っていた共同購入を，週に一度の配達にあわせて届ける「班単位共同購入」が1976年にスタートした．1969年度末に3,060人であった組合員は1980年までの10年で4万3,176人と14倍に，年間供給高は1.5億円から101.5億円と67倍になる．

### 4)「班」と組合員の力

このように，めいきん生協の班は"よりよい商品を購入するための組合員のつながり"として始まった．モノ不足，灯油の出荷制限という緊急時に"限られた商品をどう分け合うか"を組合員の代表が集まって話し合った経験から，運営委員会組織ができた．産地と協力して新鮮で使いやすい冷凍商品を開発・試食し調理方法を学び，家庭ではフリーザーを揃え，生鮮品や無添加ハムを1週間単位で保管して利用する生活習慣を取り入れることで，週に一度の班単位共同購入が可能になった．創立期に「信頼の危機」を乗り越えた主体は"組合員自身の活動"であり，それを支えた専従職員の力である．高度経済成長期において，生協の発展は既存の流通業との競争によってではなく，消費者と生産者・メーカーと専従職員それぞれが"生活・技術・仕事を革新し"より良いくらしを求めて政治にも目を向ける，新しい生活価値の創造に原動力があった．協同組合原則でいえば，第1原則：自発的で開かれた組合員制，第2原則：組合員による民主的管理，第3原則：組合員の経済的参加に相当する．各地にこのような姿があり，レイドロー報告に対して日本生協連会長が「今の危機を乗りこえるには組合員参加と班活動を強めること」と考えた根拠もうなずける．

1992年ICA東京大会では，組合員の出資，利用，参加の一体的な姿である「HAN」が世界の協同組合に注目された．現在も医療生協では健康学習などを行う班会が活発であり，店舗中心の生協も班組織を維持している．しかし，肝心の共同購入を創造してきた地域生協が，共同購入を「宅配事業」と呼び換えることにより，「班」を"商品を購入する仕組み"として過去のものにしていないだろうか．第6節でふれるが，共同購入は今や住民の日常生活を支える最大のライフラインであり，人口減少社会（コミュニティ）において，ますますその役割を高めている．

### （3） 80年代後半から90年代の「信頼と経営」

1985年プラザ合意による円高をきっかけに世界の資金が日本に集中してバブル経済が進行するが，1990年は"バブル崩壊"で迎える．大規模開発による地域や自然環境の破壊に対し1992年には環境サミットが開かれる．日米貿易交渉による市場開放と1995年WTO（世界貿易機関）発足で，食品安全基準や環境ISOなど「国際化」が進み，遺伝子組換えや環境ホルモン，狂牛病やO-157食中毒など，国境を越えた食の不安も広がる．国内の生産者や産地と消費者のつながりも強まる．

1)「地区生協」づくりと，交替での「商品企画の決定」

めいきん生協の共同購入は各地に広がり，共同購入で揃わない生鮮品を購入する店舗もつくられた．組合員は共同購入班又は店舗の班に所属し，複数の班ごとに組合員代表である総代を選び，総代が世話役になる「地区総代会議」という運営組織を地域ごとにつくり，商品検討や産地見学などが行われた．1984年より新しい運営政策に挑戦する．1984年から準備段階を経て1986年に「地区生協」による運営が始まる．全組合員は7万人程度であったが，約6千から8千人の規模で「地区」を分け，地区ごとに共同購入配送センターを建設し，地区運営を統括する事務長と商品活動と組織活動の担当職員を配属する．1985～87年の3年間，名古屋市内の吹上ホールを3日間借り切って「食とくらしのつどい」を開催し，全地区の班長がバスで集まり，生産者・メーカーや提携業者と利用したい商品や産物を話し合い，「地区生協」の夢や目標を描い

**表 2　「21 世紀への七つの翼」**

| | | | |
|---|---|---|---|
| 第一の翼 | 商品 | 「家族みんなの食事をまかなう幅広い商品づくりへ」 |
| 第二の翼 | 店舗 | 「『くらし元気!?』と声をかけあえる生活協同センターを」 |
| 第三の翼 | 産地 | 「生産・流通・消費をむすんだ産地と都市のネットワーク」 |
| 第四の翼 | 福祉 | 「生涯をとおし生き生きとした人生であるための協同を」 |
| 第五の翼 | 仕事 | 「くらしの協同を支える仕事おこしを」 |
| 第六の翼 | 環境 | 「土・水・空気そして太陽とともに生きる協同を」 |
| 第七の翼 | 国際 | 「地球丸ごとの幸せを願い世界・アジアを結ぶ大きな協同を」 |

出所:「物語の数だけ笑顔がこぼれて．25 周年．ありがとうこれからもごいっしょに―」

ていった．産消提携の生産者連絡会やコープ商品メーカーの連絡会はこのとき誕生し，生協組合員との信頼関係が築かれていった．班単位共同購入の改革として，注文する商品番号を組合員が直接入力する小さなコンピューター＝「注文電卓」が開発され，地域で班長会を開いて使用法を説明して，班に一台ずつ貸し出された．

「食とくらしのつどい」を機に，毎週の共同購入で扱う商品リストを「地区生協」が順番に分担して決める「商品企画の分担制」が始まった．1990 年時点では 11（A～K）地区で分担し，11 週ごとに担当週が回ってくる．担当する週の商品企画を 15 週間前に決めるので 10 月 1 週を担当する場合 15 週前の 6 月 1 週に確定する．担当週には当該地区の自慢商品をアピールする．自慢商品は事前に各班でも確かめ，専従職員も学習する．商品企画の分担制は，東海 5 生協の商品部が事業連合に統合される 90 年代前半まで続いたが，こうして組合員の商品への信頼と利用が高まっていった．

## 2) 班と直接結びついた「地区生協」の運営

生協の将来ビジョンは，中小小売業者や研究者を含む「まちづくりを考えるシンポジウム」を通して話し合われ，創立 20 周年の 1989 年には「21 世紀への七つの翼」（表 2）としてまとまり，地区ごとには生活協同センター（店舗）のあるまちづくりが目標となった．1988 年から 1994 年までに 9 つの生活協同センターが建設された．1 階は 150～200 坪程度の売り場，2 階に会議室や調理スペースが設けられた．地区生協の方針は班の代表が参加する地区総代会で決

定される．地区総代会では，2〜30名の「地区理事」を選び，地区理事は毎月地区理事会を開いて，組合員の声をもとに商品や事業の改善などを話し合う．年2回は各班の代表が集まる「班長会」を開く．配送センターや店舗の会議室，生涯学習センターや団地集会室などで，午前，午後，時には夜の部も開いて，商品や暮らしのこと，地区生協とめいきん生協の事業や経営の状況を話しあう．出された声は，各地区の地区理事から2名が，めいきん生協全体の理事として，全体理事会に持ち寄る．地区理事は任意の肩書だが，全体理事は全体総代会で総代の選挙で選ばれる生協法に定められた法人の理事である．全体理事会では各地区から進捗状況が報告され，商品や共同購入の改善点などを協議する．総代会は年度方針と予算を決定し，前年度の決算を承認する最高議決機関である．全体理事以外の地区理事は総代として全体総代会に参加する．11地区（各約20名）の地区理事も総代となるので，総代定数の中の約200名程度を占める．生協模範定款により組合員が10万人を超えるまでの総代定数は200名以上であったので，当時は班の代表による地区総代会で選ばれた地区理事が全体総代会の総代となり，全体総代会で方針を決定し，全体方針を地区理事会で具体化して実践するという，協同組合ならではの原則的運営参加の形がつくられていた．組合員が10万人を超えた1991年以降に総代定数は500名となった．こうした班や地区活動をベースにした消費者と生産者の相互理解なくてはできなかった二つの経験を紹介する．

3）"平成米騒動"からうまれた「産消提携米」

　一つは平成の米騒動である．冷夏による作況指数74で迎えた1993年秋，日本は米不足でパニックに見舞われた．9月，政府は加工用米20万トンの緊急輸入を決定し，94年6月までに加工・主食用計254.6万トンの米を輸入した．9月末，共同購入でお米の注文が殺到し欠品が発生した．また価格も量も変動が激しく，毎週の共同購入のお米の注文欄は，本体注文書から切り離した特別注文書とし，直前に決まる品名と価格を記入して発行した．農産部は東海コープに統合されず，生協毎にあったので，筆者は事業企画室で農産部と連絡をとって特別注文書の作成を担当した．めいきん生協は食管制度に基づいて国が主食の需給に責任を持つべきであるとの立場から，米の流通に責任をもつ食糧事

務所と交渉し，前年実績の国産米確保と配分を求めたが，11月3・4週は共同購入では"1人1袋"に注文を限定することとなった．10月7日より「コメニュース」を毎週発行し12月20日には，国内の主食を日本に輸出せざるを得ないタイ国の現状や食文化，世界のお米事情に詳しい研究者を招いて学習会を行った．日本による長粒種米の緊急輸入はそれを主食とする文化圏の食料不足や価格高騰を引き起こすものでもあり，タイ米は長粒種として美味しく食べようと，国産米に比例するタイ米の契約量を加工業者に依頼してピラフに加工して商品化した．1994年1月，全地区にお米対策委員会を設置して現状や生産者の学習会，お米の実験田，生産者との交流をすすめた．2月2・3週には緊急輸入のカリフォルニア米・タイ米のサンプルを班で試食し，3月から緊急輸入米を共同購入で企画することとなった．緊急輸入された長粒種のタイ米，アメリカからの短粒種米は安全なのか，輸入米の残留農薬検査のため，これを精米する経済連工場を訪問してサンプルを採取して検査し結果を報告した．3月に，食料庁は国産米の単品販売を中止し，タイ米中心のブレンドを指導．その後セット販売を容認し市場は混乱した．生産者からの縁故米で国産米を入手される方もおられ，タイ米を扱う生協への苦情や批判も出されたが，海外に食料を依存する国として各国の人々への感謝の気持ちはわすれてはいけない，という話し合いもされた．

　各地区の組合員代表と田植え・稲刈りで提携する農協の営農部長などで構成する全体のお米対策委員会では，米パニックの経験から，生産者と組合員のつながりを強くするため「特別表示米」制度を活用して地元農協の産地指定米を複数扱うことを話し合った．1994年10月より県下の五つの農協生産者と各地区組合員が提携する「産消提携米」――G・I地区とJA鍋田（コシヒカリ），B・H地区とJA十四山（あいちのかおり），C・D地区とJAとよた（コシヒカリ・葵の風），J地区とJA安城（葵の風・コシヒカリ），E・F地区とJAやまびこ（チヨニシキ）――が生まれた．お米から麦・大豆と扱いが広がり，果物や野菜にも広がって，農協としても地元の生協に目が向くようになった．中山間地の農協とは，都市と農村の交流や環境保全なども視野にいれた協同が志向され，これらが愛知の協同組合間協同の基礎になっている．（政府は11月には食管法を廃止し「主要食糧の需給と価格の安定に関する法律」を公布（95年

11月施行）して米の生産・流通・販売を原則自由化した．)

### 4）障がい者共同作業所との提携

　もう一つが，各地区生協と障がい者共同作業所との提携の広がりである．空き缶や瓶をリサイクルする仕組みの強化（名古屋市内），回収した牛乳パックの整理作業，お店2階で喫茶の運営委託などが行われ，市民平和行進でも共同作業所の仲間とともに平和をアピールした．1996年8月，めいきん生協とJAやまびこの提携の歴史が長い北設楽郡設楽町で，社会福祉法人ゆたか福祉会による「キラリンとーぷ福祉村」づくりが始まった．「福祉村」とは，障害を持った人達が安心して生涯をおくれる新しい生活施設で，日本初の完全個室（国のめやすは4畳に2人）のグループハウスであり，「知的障害者更生施設」「身体障害者療養施設」，働く場づくり，親子宿舎，地域交流センターなどの建設資金確保の取り組みが始まった．めいきん生協は自然豊かな農村と都市の交流をとおしてひとが人らしく安心して暮らせる社会づくりをめざし，"福祉村づくりを支え，産消提携やまちとむらの交流を発展させる，特徴ある商品・産物を生協組合員が利用する運動"に取り組んだ．生産者・メーカーや全国の生協・事業連合から，趣旨にあう商品や産物を紹介いただき1998年7月～99年3月まで毎週の共同購入で支援特別企画を組み，組合員が購入した価格の5%を寄付にあてる．「特別注文書」裏面には福祉村に関わるニュースを掲載し，組合員や協力されたメーカーから，この取り組みへ共感が紹介された．生産者・メーカー120社の協力により，組合員約7万6,000人が，総額2億2千万円を利用し，その5%の1,100万円，お店のバザー・募金や特別カンパ，他生協の寄附等の500万円も含め1,600万円が集まった．1998年9月26日「福祉村キラリンとーぷ」の開所式では，特別企画を利用した全組合員のサインを得たうえで寄贈された．生協商品と社会的課題の関わりが理解されれば，組合員と生産者・メーカーが協力して，利用による収益の一部を地域社会に還元できることを示した．

### 5）「東海コープ協議会と事業連合」の設立，11地区から5地区本部制へ

　90年代に東海三県（岐阜・愛知・三重）の五つの生協の連帯活動が本格化し，

5生協とも「地区運営」に移行して合計26地区が運営の基礎単位となる「東海コープ協議会」が設立された．1992年ICA東京大会後には，アジアの協同組合の代表を招いた連帯集会が東海コープ協議会主催で開かれた．めいきん生協は地区生協を強めるため1997年には11地区を，組合員4万人程度・エリア内に店舗と共同購入センターを持つ5地区に再編した．地区生協を主体にして1990年に10万世帯であった組合員は，2000年12月で21万世帯に倍増した．くらしの要望に応える活動や事業が広がり，1990年「くらしの相談室」開設，1991年くらしたすけあいの会発足．1991年旅行事業，1993年モーニングコープ（早朝の牛乳や食品配達）事業，1996年「たすけあい共済」の元受認可．1997年住まいの事業（斡旋），1999年くらしたすけあいの会が主体になる独自ホームヘルプ事業が開始された．しかし，バブル崩壊後の事業低迷は生協の中心事業にあらわれ，共同購入の事業高はピーク時1993年の294億円から1999年は252億円まで15％近く減少した．班あたり利用人数平均も6人から3.8人へ減少し，人数が1人，2人の班も少なくなかった．90年代の利用低迷は全国の生協に共通し，大型店出店の影響から，女性の就業など要因は複合的である．「東海コープ協議会と東海コープ事業連合」は「店（生活協同センター）づくり（商品開発，店舗運営力，人材開発，資金力）」が目標であったが，生協間で店舗の基本政策が一致せず，「会員生協の自立」が不可欠という判断に立ち戻り，1998年には東海コープ協議会は解散し，「地区生協づくり」は，理念は否定されないものの実践的に中断した．

　1990年代を振り返ると，「班」を基礎にした班長会や総代会議，地区理事会による地区運営は「自主・自立的（第4原則）」をめざし，「教育・訓練（第5原則）」の場であり，地区生協でのお米を中心とした体験田や産消提携米づくりは農協との「協同組合間協同（第6原則）」に発展した．生活協同センターのあるまちづくりはレイドローの提起した「都市の総合的ニーズに応える異業種協同（ムラ）づくり」にも照応する．残念なことに1995年ICA大会で協同組合原則は改定されたが，全国的には1995年阪神大震災，中心的生協での不祥事の発覚，東海においては事業連帯方針の転換もあり，原則改定を日常活動に活かす努力は弱いまま西暦2000年を迎えた．

　会員生協を主体に，会員生協が委託する事業を事業連合が受託する関係で再

スタートした事業連合のもと，商品の品質管理や情報・物流システムは整備され，作業改善が進み，安定して商品や産物を確保し，食の情報を伝える技術も向上し，利用の仕組み改善も進んでいる．しかし，組織運営と事業経営の乖離をどう防ぐか，事業連帯のもとで組合員が主体となる生協の商品事業の活力をどうつくるのか，なにより協同組合間の連帯のビジョンをどう示すのかは今に続く課題である．

### （4）　組合員主体の生協とは：2000年代の模索

　2000年総代会でめいきん生協の常勤役員体制が替り，新体制での出発となった．直後の9月の東海豪雨災害では全国の支援を受け，地区理事会とともに被災地域訪問やボランティアセンター運営に関わった．生協内では組織と事業，制度の"改革"が続く．2000年介護保険スタートと同時に在宅福祉事業（訪問，居宅，通所介護）を開始．共同購入は，個配を強化するため注文電卓方式をOCR用紙に切り替え，代金決済は引き落とし，当番（班長）登録が必要なくなり，個人別にパックされた商品を，宅配かグループで受け取る"個人単位"共同購入に移行した．2007年11月にはじめて450坪のSM店を出店する．組織運営では"地区理事のなり手がいない"という声が聞かれるようになり，5つの地区理事会代表で地区理事会運営の今後を検討し，各地区理事会の意見もふまえ2003年から地区理事会は地域協議会と名称を変えた．合同した5地区のエリアは広いため再び11地区に分割し，5人の地区事務局が11の地域協議会を分担した．班長会はなくなった．2004年には新人事制度（考課制度）を理事会と労働組合の合意で導入する．2007年生協法改正により，共済事業の元請けを返上し，定款上の理事会の機能が強化された．環境ISOの認証に続き，減損会計など国際会計基準が生協会計基準に取り込まれる．食の分野では，2001年9月には国内初のBSE発生，その後も大規模な食中毒事故や従来にない感染症は発生し，2008年には「手作り餃子事件」が起きた．

### 1）2007年「安心してくらせるネットワークづくり」のよびかけ

　こうした中で，"生協の役割は何か，どう行動すべきか"の選択・判断と試行錯誤が続いた．生活協同組合は組合員が生活上のニーズを解決する協同の組

織である．2003 年から 2005 年にかけて，組合員の生活から生協のあり方を考えるため共同購入・モーニングコープ・本部・福祉事業部・共済部・住まいの事業部・生活サービスなどの部署の責任者が集まった．それぞれの部署に直近の半年から 1 年間に寄せられた「組合員からの相談」や「問い合わせ記録」を持ち寄ってみると「くらしの困りごとの内容」は相当部分が重なっていたことがわかった．2006 年秋に，各部署の特徴的な事例を持ち寄って「喜ばれる仕事」交流会を開催したところ，発表された「組合員に喜ばれた仕事」とは，組合員の抱える困りごとを事業部の枠を超えた職員の連携で解決した場面が共通して出されていた．そこから「生活に関わる事業（住まい，生活サービス，共済，福祉，モーニングコープ，相談等）」の共通点として「本体事業の他に相談機能があり，それぞれ専門分野の担い手がいて，職員・提携事業者・介護職員・ワーカーズ・ボランティアまで独自の働き方がある」ことを共有した．その共通性に着目して，生活問題の解決を呼びかけるために各部署の提携先や関係部署と地域のワーカーズやボランティアなどが連携・協力することをよびかけたのが 2007 年 3 月の第 1 回「安心して暮らせるネットワークのつどい」である．めいきん生協は呼びかけ団体ではあるが，生協内部の活動交流会ではなく，実行委員会が推進する体制をとって，小泉内閣により社会保障財源が削減される動きに対し「一緒に安心して暮らせるネットワークをつくる」ことを目的に，以降毎年 3 月に全体のつどいを行い，地域ごとにも「つどい」を開催してきた．「つどい」に参加したのは 1990 年代をとおしてまちづくり提携を継続していた方，くらしたすけあいの会，ワーカーズや共同作業所，ボランティア，NPOを取得した組合員などであった．生活関連事業の提携先，専門職，社会福祉法人，株式会社，医療生協，文化団体等多様なグループが参加した．予想外の広がりと反響があり，回を重ねるごとにテーマも参加者の実践も深まった．

第 1 回 2007 年 3 月　私たちができることから　　（83 団体・個人）143 名
第 2 回 2008 年 3 月　つながりがみえてきた　　　（83 団体・個人）161 名
第 3 回 2009 年 3 月　地域づくりをめざして　　　（93 団体・個人）163 名
第 4 回 2010 年 3 月　つながる・ひろがる・わたしたちができること
　　　　　　　　　　　　　　　　　　　　　　　（103 団体・個人）164 名

第 5 回 2011 年 3 月　コープあいち合併でめいきん生協，みかわ市民生協の経験交流
第 6 回 2012 年 3 月から震災支援や現地の復興もテーマに加わる．
第 7 回 2013 年 3 月　後述する「2012 年地域支え合いモデル事業」の報告会と一体に開催．
第 8 回 2014 年からは「安心してくらせるまちづくりのつどい」に名称を変え，2016 年まで 10 年継続した．

　当初から意識したのは「困難を抱えている一人のために，多様な関係者が協同する」という協同のあり方であり，実践交流の中で地域に必要な「ネットワーク」の姿がみえてきた．それは「生活支援のネットワーク」「医療・介護のネットワーク」「まちづくりのネットワーク」「権利擁護のネットワーク」「生協事業の相談窓口と横のネットワーク」という五つのネットワークづくりである．「地域包括ケア」を先取りする内容であるがそれぞれ一例を紹介する．

2)「コープ相談センター」と様々なネットワーク
　様々な生活の困りごとを受けとめる窓口を地域ごとにつくることが目標となった．めいきん生協には 1990 年から「くらしの相談室（法律・税金相談を含む）」があったが，加えて"どこに相談してよいかわからない困りごと"をつなぐ「コープ相談センター」を 2007 年 10 月に開設した．2009 年の実績だが，商品分野では，共同購入配達の場で聞いて報告される「組合員ボイス」は年間 1 万 1,518 件，「コープベル」への電話件数が 6,924 件に対し，「コープ相談センター」に 901 件，「くらしの相談室」には 1,629 件の相談があった．ちなみに「住まいの事業部」でも年間 3,000 件の相談を受けていた．相談内容から，家族による解決力の低下がわかってきた．「消費生活」の問い合わせでは，消費者被害の関連も多かった．「家族・家庭生活」の分野では，核家族化と高齢化が影響し，家の周り，買い物・食事，清掃など日常生活の（家事）支援要望が増え，生協が「より良い商品・サービスを届ける」だけではくらしを支えられなくなっていること，ボランティアやワーカーズ等の生活支援や福祉・介護等の専門家との協力で生活を支える必要性がわかった．これらは「社会生活」

面にもあらわれ，外出や通院・買い物から，引越しの依頼，福祉用具や介護認定まで，典型的には"入院・入所したくても身元保証ができる家族がいない"という相談もあった．

### 3）生活支援のネットワークとして

　2009年10月には，「コープ相談センター」でうけた困りごとをつないでいる方々に集まっていただき第1回の相談窓口交流会を開催した．くらしたすけあいの会，ワーカーズ，専門職，NPO，ハウスクリーニング，提携先等が参加した．相談窓口交流会は現在も継続され，「生協の総合的なサービス」を紹介するパンフレットも作成されている．「コープ相談センター」と一体に依頼が急速に伸びた事業がある．それはあっせん方式であるが「葬祭」で，組合員数に対する申込の比率は全国の生協の中でも有数の実績となった（2009年で年間400件余）．2009年6月には，LPA（ライフプランアドバイザー）の会が葬儀の講演会を開催し，LPAや葬祭，共済などの連携も始まり，生協理事長と葬儀社社長で提携理念を確認する鼎談を実施し，組合員広報で紹介した．2010年には，コープ相談センターと提携業者の電話番号とを裏表に印刷したカード12万枚を，新規加入を含む組合員にお渡しした．葬儀社の担当職員は「安心して暮らせるつどい」や相談窓口交流会にも参加し，事業の宣伝ではなく，なにかあったときの困りごとを相談できる「コープ相談センター」の一員として紹介した．現在は，葬祭とコープ相談センターとは独立している．

### 4）医療・福祉のネットワークとして

　2007年9月，めいきん生協も呼びかけ団体となって「あいち在宅福祉サービス事業者懇談会」を設立した．保育や障害分野に学び，高齢分野でも高齢者の権利や職員・事業者の立場から社会的に発信できる組織をめざし，社会福祉法人，生協（地域・医療・高齢），NPO，株式会社，有限会社など住民参加型の在宅介護事業者が法人形態を超えて参加する全国に例のない懇談会である．2009年9月には厚労省・労働局の介護職員実態調査を受託し，毎年独自に介護事業所の実態調査を行い要望にまとめ，名古屋市との懇談を行っている．調査をとおして利用者や職場の具体的な状況を示し，「お泊りデイサービスの基

準づくり」「名古屋市総合事業（訪問 A 型）の報酬見直し，同ミニデイ型通所サービスの実態調査と検証」「障害基幹相談支援センターの定員見直し」などに反映している．

2017 年の介護保険高齢者介護第 7 期計画より，市町村に移管された総合事業について市町村の側は総合事業の担い手をつくれない，既存の事業者は報酬が低いため参加を見合わせるという，利用者にとって深刻な状況がある．コープあいちは名古屋市で「生活支援訪問介護（A 型）」に参加して日常生活支援員養成講習を進めるとともに，在宅福祉事業者とともに報酬見直しを求め実現している．

### 5) まちづくりのネットワークとして

組合員や地域住民が生活課題を解決できる力をつけるため，組合員が参加する福祉活動を支援する生協福祉基金もスタートした．地域福祉に係る団体に毎年，1 件 10 万円以内・30 団体以内等のルールで助成する．2009 年 1 月より第 1 回生協福祉基金助成の受付を開始し，その後も毎年継続している．助成するだけでなく各団体の活動交流会が行われ，地域や団体相互の学びとつながりが進んでいることが生協福祉基金の特徴である．

### 6) 生きる権利を守るネットワークとして

2006 年には「身元保証・財産管理」の NPO あんきネットを設立した．従前からくらしたすけあいの会やヘルパー・ケアマネージャーから，家族が身近にいない高齢者の入院や施設入所における身元保証の必要性が出され，どうしたらよいかの相談が「くらしの相談室」に寄せられており，生協職員・ケアマネージャー及び弁護士を含む関係者の検討を経て，めいきん生協，名古屋第一法律事務所により NPO 法人を設立し，その後，税理士事務所 OTA が団体として加わった．会員とは，総合支援契約（本人，あんきネット，担当弁護士の三者）を結んで，身元保証，契約に付随する生活支援，死後実務，葬送支援，納骨・墓地等支援，金銭管理，任意後見，相続遺言を行う．総合支援契約を発動する会員には，弁護士による（遺言や相続等）の随時相談，生活支援契約にもとづき緊急時も駆けつける生活支援員（くらしたすけあいの会の有志），こ

れらをコーディネイトするスタッフが関わる．将来に備えて契約する会員にとっては，高齢期の生活を自己決定できる社会参加の場となることをめざしている．延べ利用会員は約 150 名であるが，あんきネットは「2025 年ビジョン」を決定し，団塊世代が後期高齢期を迎える 2030 年に備えて，日常生活圏域に密着したネットワークづくりをめざしている．

### 7）2010 年コープあいち発足．2012 年「地域支えあいモデル事業」受託

　2010 年 3 月 21 日，めいきん生協とみかわ市民生協が合併，発足したコープあいちは「ふくしの視点」を掲げた．この理念が生かされたのは 2012 年「地域支え合いモデル事業」である．「安心して暮らせるネットワークのつどい」に愛知県健康福祉部職員が参加されたきっかけで，健康福祉部の関係部署にコープあいちの地域福祉活動の事例を報告する場を持つなど積み重ねる中，愛知県が 2011 年 6 月にまとめた「あいち健康福祉ビジョン（2011-2015）」に「地域の生活課題に対応し」「人と地域に新しいつながり」をうむ主体として，社会福祉協議会や NPO，企業，ボランティアに加えて各種協同組合が初めて位置付けられた．同ビジョンでは「課題に応じた範囲でその地域ニーズや社会資源を把握するコーディネイターの役割が重要である」とされ，協同組合の役割について，「協同組合は「人と人のつながり」と「事業の力」の両面を兼ね備える特徴を活かして，地域福祉推進の主体となることが期待される」と明記された．

　こうした経過の中，2012 年国際協同組合年に，コープあいちは医療福祉計画課との協働事業として「新しい支え合いモデル事業」に応募することになった．同課は，生活協同組合であるコープあいちが「地域の支え合いの結び目」として事業を受託する理由や根拠をつぎのように整理した．「1，コープあいちは，地域住民に身近な県全体の組織であり，食・生活サービス・共済・福祉・相談などくらし全般に接した活動を行っている．また，くらしの相談支援事業を約 20 年にわたり実施しているため，生活課題に対応するネットワークの結び目としての役割が期待できる．」「2，協同組合である以上，組合員を考えた事業であることは当然であるが，生協法改正時の趣旨にもあるように，生協は地域社会の一員として地域に対し貢献することが重要であり，地域全体を視野

**表3**　「平成24年度　新しい公共支援事業（地域における支え合い事業）について

| | |
|---|---|
| 1 | 委託事業名　地域における支え合い事業〜民間の主体的な相談支援ネットワークによる多様な生活課題への対応〜 |
| 2 | 受託団体　生活協同組合コープあいち |
| 3 | 事業概要　地域における既存の相談支援ネットワークを充実強化するとともに，複雑化・多様化する地域の課題に対応する新しいネットワークの構築を検討します． |
| 4 | 事業実施期間　平成24年4月から平成25年3月まで |

出所：「新しい公共支援事業」24年度実施事業概要よりあいちNPO交流プラザホームページ．

に入れたネットワークづくりに取り組む」ことを組織として掲げている．「3，組合員も地域住民の一員であり，愛知県では約40万世帯がコープあいちに加入していることから，そこから地域に波及していくことが想定される．」こうして，「地域住民にとって身近な県全体の組織である生協が，自ら連携ネットワークの結び目となり，県内各地で支え手同士のネットワーク構築を進める」モデル事業に申請し，採択された（表3参照）．

　モデル事業では，名古屋市内（千種区本山，守山区小幡，緑区大高）と中核市である豊橋市，奥三河の五つの「地域会議」を設け，地域性に合わせて「地域での支え合い」を協議した．モデル事業の成果はその後のつながりに生かされている．守山区では「コープ小幡店内で毎週木曜午前に行う"いっぷく茶屋"」が，地域包括支援センターと協力して住民の困りごとをキャッチする場となっている．緑区では「団地の買い物支援」が課題となり，コープあいちの「移動店舗（フレンズ便）」が誕生した．現在名古屋市内や近隣市の団地自治会や区社会福祉協議会と協力して「フレンズ便」を運行している．千種区では，その後，区社協や町内会と協力した「交流会（防災，見守り）」が開催され，町内会とのつながりが深まっている．この他にも名古屋市内の西区・北区では「安心してくらせるまちづくり」の会合を毎月継続し，子ども食堂やフードバンク，学習支援までテーマが広がっている．名東区では2018年に「地域ささえあい交流会（区役所，社協，NPO，医療生協，障害者作業所，在宅福祉事業，くらしたすけあいの会，地域と協同の研究センター等）」が開催されている．

豊橋市では，2013年に「豊橋福祉を考える会」が発足し，中学校区毎に住民が参加するボランティア組織「ちょいボラの会」がスタートした．奥三河地域は後述する．

## 8）コープあいちの発足理念と東日本大震災支援

　発足の理念が試されたのが 2011年3月11日東日本大震災である．2000年東海水害の時にも地域支援を正面にすえたが，生協の枠内での支援体制になった反省から，今回は生協間の支援だけでなく，被災地の復興支援では安城市に本部がある NPO と協力して岩手県気仙地域で滞在型の支援体制を継続した．また震災直後から愛知県，愛知県社協と名古屋市社協，災害支援 NPO を訪問し，発足したばかりの「あいち・なごや東日本大震災支援ボランティア連絡会」に参加できるよう申しいれた．連絡会のつながりで，愛知県に避難してきた方への支援として，県・市の依頼をうけて4月には緊急支援物資（布団・家電製品など）を，生協車両でボランティアとともに各世帯に届けることになった．布団の配達時に会えた方に声をかけて5月には初の被災された方の交流会を生協生活文化会館で開催した．こうした実績から，6月に愛知県が設置した「愛知県被災者支援センター」の運営に加わることとなった．「愛知県被災者支援センター」は，東日本大震災と原発事故で避難した方の支援のために，愛知県が設置し NPO に運営委託した．当初は四つの NPO が共同で受託し，現在は名古屋市に本部がある NPO レスキューストックヤードが共同代表である．コープあいちは愛知県社協とともに運営協力団体となっている．9月には，被災してコープあいちの組合員登録した方を訪問して声を伺い，お住いの市の担当部署に呼びかけて近隣市町とともに被災者交流会を開催し，地元組合員が食事づくりや託児を担当した．原発事故で避難した方に，愛知での食品の安全性確保と検査体制について，名古屋市の卸売市場での食品検査体制や東海コープ商品安全検査センターで実施した福島県を含む全国の生協組合員の陰膳調査の結果も紹介した．2012年，2016年には観劇（前進座「水沢の一夜」，「怒る富士」）への招待も行った．2013年からは組合員の自主グループが，愛西市，津島市，弥富市，あま市，蟹江町，大治町，飛島村，小牧市，東海市，田原市，豊橋市，日進市，瀬戸市などで被災者交流会に関わった．2014年からは，組合員の震

災活動支援募金が愛知県に避難している方の支援（交流会等の開催費用）として寄贈された．避難された方の経験を伺う機会も，2013 年職員全体集会や経営幹部の会議で設けられた．2013 年には損害賠償等の相談窓口として「くらしの相談室」を紹介した．協同組合では，南医療生協での健康相談や北医療生協での甲状腺エコー検査，愛知県経済連からのお米の提供，ひまわり農協での東日本大震災の共同学習会も行われた．

9）「愛知県への避難者支援で発揮された，コープあいちの独自の役割」

　2011〜16 年の 5 年間にわたって，コープあいち職員は年 2 回お米を避難された全世帯（約 500 世帯）に届ける役割を担った．1 回は伊勢湾台風を経験された飛島村から各世帯に 10kg のお米を，もう 1 回は愛知県経済連とコープあいちから 5kg の米を提供する．お米は産地から東海コープ事業連合の物流センターを経由して共同購入配送センターに入荷する．センターからお届けの連絡の電話をすることで，毎回 95％ の世帯と連絡が取れ，お届け時に直接声を伺うことができた．伺った要望などの声は愛知県を通して各市町村の担当部署に報告された．中山間地から離島まで県内全域に，公営住宅だけでなく民間借上住宅・親族宅などに避難されている約 500 世帯，しかも知り合いのない避難先で孤立しがちな方に，年 2 回，短期間で連絡をとり，お米を届け，顔をあわせ，声を聴くことは，生協の物流と職員のコミュニケーション力なくしてはできない．このように定期的にお会いできるという事実がベースになって，2014 年には「保健師が各避難世帯を訪問して健康状態などを聞き取る」調査がおこなわれた．名古屋市では 16 保健所の行政保健師が，名古屋市以外は行政保健師または「在宅保健師会あいち」の保健師が行政職員や愛知県被災者支援センターのスタッフとともに訪問する．保健師訪問での聞き取りに個別相談での内容等を加味して，各世帯への「個別支援計画」がつくられ，住宅や仕事，健康，家族などの相談支援が継続している．個別支援のための「パーソナルサポート支援チーム」は当初の事業計画にはなかったが，2011 年 7 月より設置され，弁護士・司法書士・臨床心理士・外国人支援・医療などの関係者による月 2 回の会合を継続している．2018 年 10 月で 172 回目になる．コープあいちのケアマネージャー，地域包括支援センター職員，ライフプランアドバイザー，くら

したすけあいの会も，2014年から交流会会場に設けられた相談コーナーに参加し，被災者支援のための研修会にも参加して，行政・社協・専門家との連携をふかめている．

コープあいちの要請で改定された国の規則がある．それは「災害時の長期間の広域避難者への員外利用」である．2013年3月の厚労省社会・援護局主管課長会議で『消費生活協同組合法施行規則を改正し「災害時等に長期間被災地以外での避難生活をおくる避難者に対応するため，必要と認められる期間，物品を供給する場合」の員外利用が認められたことが報告されている．2011年4月2日（土）に東京で開かれた全国の研究所交流会の際に，日本生協連専務理事に「避難した組合員の生活支援のため再加入しなくても避難先の生協を利用できるようにする」「これは被災した生協の出資金を保全することにつながる」と必要性を説明・要望し，資料を提供した．日本生協連の尽力で要望通り改定された．

「愛知県被災者支援センター」も「地域支え合いモデル事業」とも「新しい公共」として行われ，「共益（なかまうち）」組織とみられがちな生活協同組合が，行政や社会福祉協議会，NPO等とともに地域社会の問題解決に関わる画期となった．生活協同組合の組合員や職員が普段から行っていることを，社会的文脈の中で協働し補完しあいながら生かすアプローチである．2000年以降の試行錯誤は，生協・関係者が地域の一員として当事者とともに「問題・課題」に向き合うことで，自治体を含む主体的なつながりをつくりうることを示しており，第7原則「地域コミュニティの持続可能性への関与」の重要性を教えている．

(5) 21世紀の持続可能な社会を担う協同組合として

以上は筆者が関わった「西暦2000年前後のめいきん生協・コープあいち」の一側面である．各時期の経験を今にどう生かすべきかはそれぞれでふれたので，本節では，第1節で紹介したレイドローの「問い」に照らし現在の到達点と今後への方向を確認しておきたい．

1）西暦 2000 年へ四つの優先分野に照らして

　筆者は 2016 年日本協同組合学会岐阜大会シンポジウムで，第 2 節から第 4 節で紹介した実践を念頭において生活協同組合が現代社会で果たす三つの役割を報告した[11]．

　第一は「市場による歪みを是正し品質を向上させる」役割である．生協運動は農村から都市に労働人口が移動し，生産と消費が遊離し，大量生産と大量消費が進む時期に，消費者と生産者が結びついて安心な食とくらしを確保するためにうまれた．食の安全のための生協商品の独自規準は公的基準に影響し，市場に流通する商品にも波及している．国際化に伴う食の不安に対し，リスクアナリシスに基づく食品安全基準と制度を整えることができた．また，資源循環やフードバンクなどにも関わり，「私的セクター」の（外部不経済）に対する「社会的規制力」になっている．第二は「人と地域のつながりで制度の隙間を埋め，対応力を高める」役割である．生協運動は継続的な事業として人と地域のつながりを維持してきた．創立期の班や運営委員会もその一つである．1990 年代にくらしたすけあいの会が始まり，共同作業所と福祉のまちづくりをすすめ，2000 年前後からは在宅介護に参加した．地域包括ケアを先取りする，相談窓口の設置や生活支援，身元保証の NPO や在宅介護事業者の連絡会など安心してくらせるまちづくりをすすめている．第三は，「個人の尊厳を尊重し，これを公共的な社会規範とする」役割である．生協運動は平和を大切にし，民主的運営を具現化し，大災害が相次ぎ，生き辛さを抱える社会で，地域での見守りや一人ひとりに寄り添った支援や支え合いをすすめ，あるべき公の姿（公の正義）を示す実践に努力してきた．日本国憲法第 25 条にもとづく生活協同組合の出自の特質である．第一の役割は「消費と生産の公正な関係をめざすもの」であり，創立時 1960 年代から 1990 年代までに，第二の役割は「社会権を守るもの」であり 1990 年代から 2000 年代までに，第三の役割は「社会正義を示すもの」であり 2000 年代から 2010 年代に入って，それぞれ顕著になっている．

　第 1 節で紹介したとおり「保全者社会」は「持続可能性」のコアとなる考え方である．1997 年以来国際司法裁判所において国際公法の概念として認知されてきた「持続可能性」の概念は，「生態学的なバランス」「社会的正義」「経

済的な安全」の三側面が，相互に依存し，再生し合い，同時に追求されなければならない[12]とされている．とすれば，先のような三つの役割を担ってきた生協の歩みは，レイドローが第三優先分野で提起した「保全者社会のための協同組合」につながる一つの姿といえるのではないか．

　もちろん，この「三つの役割」の到達点は端緒的であり，現代社会を変えるほど十分なものではない．むしろ社会環境はさらに困難を迎えている．第一の役割では，市場に対する消費者・市民の自立を可能にしてきた雇用・家族・社会保障等の基盤が弱体化し，「市場」のゆがみを是正する協同の主体の維持が課題となっている．「相対的貧困」が6人に1人となり，地域のつながりや自己肯定感，学ぶ権利からも排除される子どもたちがいる．第二の役割では，準市場化した「制度」は後退し，自助・互助・共助が強制されている．医療や介護の制度（報酬）改定，社会保障制度の後退に直面し，既存の介護事業者は報酬の対象となる領域に集中し，市町村事業に移行した「生活支援」に距離を置くところもある．2017年の「地域包括ケアシステム強化の介護保険法改正」で2018年より自治体に対する「保険者機能強化推進交付金」が設けられ，「高齢者の自立支援，重度化防止に資するケアマネジメント」に保険者（市町村）が取り組むと交付金が増えるしくみとなったことから「介護報酬改定」同様に政策誘導[13]が強まっている．第三の役割では，社会システムや制度では対処できない困難が広がっている．相次ぐ自然災害での被災者，子ども・高齢者・障害のある人等の人権問題でもある．「人が個人として尊重されること」「思想信条の自由」「圧政と恐怖からの自由」「内心の自由」……日本国憲法が定める「基本的人権」の大元を否定する「憲法改正案」すら示され，排外主義的行動も生まれつつある．

　いずれの困難さも，生活協同組合の目的が「事業体の継続」ではなく「人（生活文化の向上）」にあるという核心に関わっている．「社会的排除」を"語る"だけにとどまってないか，「制度」の後退に対して「事業」を守る保守性に陥ってないか，あたりまえのことが息をするように自由になされるために生活者の協同組織として社会的に行動しているか．レイドローの「三つの危機」の警鐘に照らし，とりわけ，現代の「思想的危機」に陥っていないかどうかについて検証すべきである．

2)「経済的・社会的・文化的ニーズと願いを満たす」主体とは

　協同組合は「共通の経済的・社会的・文化的ニーズと願いを満たすために自発的に手を結んだ人々の自治的な組織」であるが，上記のような環境変化のなかでニーズは単独で現れるのでなく複合的になっている．これらを満たす協同組合の事業として"専門的・分業的な機能の集合"を選択するか"総合的な事業の連携力"を選択するか二つの方法がある．筆者は前著『未来を拓く協同の社会システム（2013）』で後者を提起した[14]．生活の変化は「利用購買」と「相互扶助」の連携を求めており，"協同組合事業の概念"を深化させることが必要である．」「利用購買事業（集中）」と「相互扶助事業（個別化）」はベクトルが異なっており，それを統合できる政策が必要である．具体的には，「事業間連携」と「よろず相談支援力」を強め，1人の生活を「公・民・協・セクター間協働」で支える関係性の構築をめざす」というものである．「利用購買」と「相互扶助」では事業の仕組みも財源も，労働の担い方も異なるため，協同組合の事業概念を深く捉えなおすことを提起した．自治体や民間セクターとの協働や協同組合間協同など様々な形があるが，重要なのは事業の主体を組合員におき，参加型の協同組合として「人のつながりによる社会の対応力」を高めることである．

3) 今日求められる「協同組合の価値」とはどのようなものか

　「中間層」が縮小する行き詰まり感は「分断や排除」を許容し，社会がめざす目標を見えにくくしている．貧困は，20世紀後半には経済成長を背景に「絶対的貧困」から「相対的貧困」へと変化してきたが，志賀信夫は，21世紀初頭は「社会的排除」として現れていると指摘する[15]．ここに裏腹に生まれる「自己責任」イデオロギーは，社会権としての「協同」観を変えている．「健康で文化的な生活を営む権利」ではなく「多様性に応じた選択肢」が負担能力に応じて紹介される．「自治を前提にした補完性の原理」が，「自助」を補う「互助・共助」，さらには「商助」「＊助」と際限ない相互責任論にすり替えられている．「自助・互助」と「協助」と「公助」は，そもそも成立つ根拠が異なる．生活協同組合は身近な関係性から，他者への信頼関係を結び，社会のあり様を問う組織である．確かに「協同」は歴史的な人の営みの中に継承されてきたが，

表4　全国の人口増減区分と，地域居住地職域生協の組合員数（2016年度末）

| 2040年<br>人口増減予測 | 自治体数 | 世帯数 | 構成比<br>(%) | 2015年人口<br>(千人) | 構成比<br>(%) | 組合員数<br>(人) | 構成比<br>(%) | 加入率<br>(%) |
|---|---|---|---|---|---|---|---|---|
| 20～40％減 | 1道16県 | 11,728,374 | 18.6 | 25,901 | 18.5 | 5,326,390 | 22.3 | 45.4 |
| 10～20％減 | 2府20県 | 21,709,560 | 37.8 | 49,632 | 39.1 | 8,557,654 | 38.5 | 39.4 |
| 0～10％減 | 6県 | 16,412,130 | 28.6 | 36,613 | 28.8 | 5,809,671 | 26.2 | 35.4 |
| 0～2％減 | 1都1県 | 7,626,973 | 13.3 | 14,949 | 11.8 | 2,511,224 | 11.3 | 32.9 |
| 合計 |  | 57,477,037 | 100.0 | 127,095 | 100.0 | 22,204,939 | 100.0 | 38.6 |

出所：日本生活協同組合連合会「2018年度総会資料」および国立人口・社会問題研究所「2040年都道府県別人口動態」より作成．

今日では，社会権としての「協同」観を広げることは協同組合関係者の大きな役割である．そのためにも「自己責任イデオロギー」による変化の底流をつかみ，「自立した市民の協同」の延長ではなく，「市民の自立像」の不安やゆらぎを直視した関係性の再構築するアプローチが必要ではないだろうか．

今後「協同組合原則」が改定される際には，協同組合が個人の尊厳を守り，そのような社会づくりに関わることが強調されて良い．多様な選択枝の中で市民として自立する過程での"弱さ"を認める柔軟さと，社会を変革する意思を育む芯のつよさに貫かれたものでありたい．

### (6)　「地域・社会的協同組合」の時代

第1節で，日本における優先分野として「人口減少社会における協同組合」の課題を示した．本節では「人口減少社会」の具体的事例に照らして，期待される生活協同組合のあり方を考える．

### 1)　「人口減少社会」の進行と生活協同組合

日本生活協同組合連合会の2018年度総会資料に掲載された都道府県別の地域生協・居住地職域生協の組合員数及び世帯加入率と，国立人口・社会問題研究所が発表した2040年の都道府県別人口動態をもとに，人口増減率区分毎の加入率を計算したのが表4である．都道府県ごとには，複数の地域生協・居住地職域生協に加入している組合員もあり，重複を含めた世帯加入率であるが，

表5　東海3県の人口増減区分別，世帯数と生協組合員数

| 2040年人口増減予測 | 自治体数 | 世帯数 | 構成比 (%) | 組合員数 | 構成比 (%) | 加入率 (%) |
|---|---|---|---|---|---|---|
| 30～70％減 | 31 | 224,725 | 4.8 | 63,188 | 7.0 | 28.1 |
| 10～30％減 | 53 | 1,724,913 | 37.0 | 422,425 | 46.7 | 24.5 |
| ±0～10％減 | 34 | 1,768,367 | 38.0 | 261,290 | 28.9 | 14.8 |
| 増加 | 22 | 939,507 | 20.2 | 157,280 | 17.4 | 16.7 |
| 合計 | 140 | 4,657,512 | 100.0 | 904,183 | 100.0 | 19.4 |

出所：コープぎふ，コープみえ，コープあいちの「総代会議案書」より作成．

2040年人口推計で「人口増加」は東京都と沖縄県のみ（101％台）で，人口が「10～20％未満減」「20～40％未満減」少する1道2府36県に，世帯数の56％・人口の57％・組合員の60％以上が住む．人口減少率が高い道府県ほど生協加入率が高い．この傾向は地域ごとにみるとさらに顕著である．東海三県でコープぎふ，コープみえ，コープあいちの三つの生協で集計したのが表5である．総代会議案書から，東海三県で合計140市区町村の組合員数（2018年3月20日現在）を調べ，2018年4月に総務省が発表した2040年に予想される人口動態（人口減少割合）の4区分で集計した．組合員は2040年に「人口増」及び「人口減少が10％未満減」にとどまる市区町村に41万8,570人（全組合員の46.3％）である．対して，人口が「10～30％減未満」「30～70％減」少する84市区町村（世帯数194万9,638世帯）には48万5,613人（53.7％）が住んでいる．かつて地域生協は農村から都市に人口が移動する時代に成長したが，今日の組合員の居住地からすれば，地域生協は「都市部」だけでなく「人口減少地域での生活の安定」に備えることが中心課題である．生協加入率は，人口が「30～70％減」少する市町村では28.1％で，4区分の中で最も高い．中山間地の町村の加入率は4割を超えている．組合員加入率が高ければ，そのコミュニティが抱える生活課題は当然にも組合員の生活課題そのものである．従って生協が協同組合原則のとおり「1人1票制で，地域コミュニティの持続可能性に関与しつつ，その経済的・社会的・文化的ニーズに応えるのであれば，急速に進む「人口減少社会」の生活の変化や要望に応えうる協同組合組織と事業の再構築が優先分野となる．「人口減少」は超高齢化，少子化，外国にルーツ

を持つ人々との共生が重なる．

2) 人がつながり，地域に資金を循環させる

　生協の共同購入の組織と事業の役割が大きくなる．東海三生協の全組合員（90万8,383人）中，共同購入に登録している組合員は（46万2,150人）約51%，その内2018年4月1回に共同購入を利用した組合員は（29万1,485人）約32%である．東海三県の全世帯（465万7,512世帯）比で6.2%となる．これに対して，2040年に「30～40%の人口減少」が予測されている離島や中山間地域は生協加入率も生協を利用する割合も高い．愛知県奥三河では生協への世帯加入率は約4割で，毎週の共同購入利用は，新城市・作手（全973世帯）の17%，豊根村（全478世帯）の32%，東栄町（全1,324世帯）の27%，設楽町（全1,933世帯）の33%，南知多町・日間賀島（全616世帯）の22%，南知多町・篠島（全616世帯）の19%の世帯が利用している．

　愛知県奥三河は，2012年「地域支え合い事業」モデル地域の一つであり，2014年にJA愛知東とコープあいちが「生活支援」の協議を行い，連携して住民生活に関わっている．「地域会議」の会場となった設楽町は人口4,921人（2018年4月），高齢化率4割，世帯の5割がコープあいちに加入する．支え合い事業の後2013年から設楽町名倉地域で三つの高齢者サロンが始まり，コープあいちの共同購入商品をサポーターが届ける受取拠点ができ，2016年12月に町内の名倉小学校を会場に「支えあいの集い」が社会福祉法人ゆたか福祉会と地元医師会の共催，コープあいち等の後援で開催された．近隣住民153名が集まり，医師会や訪問介護・看護ステーション，町，社協，社会福祉法人から，在宅医療や看護，看取り，移動サービス，配食サービス，サロンや健康体操の取り組みが報告された．2018年4月からゆたか福祉会が設楽町の生活支援コーディネーターを受託してサロンなどで住民の生活課題を把握しているが，設楽町ではコープあいちの共同購入が毎週3分の1の世帯に接している．農協も厚生連病院と協力して組合員の日常生活の把握に努めている．独居高齢者が多い地域で生協と農協が手を結び，生活支援コーディネーターや介護事業所，社会福祉協議会等との連携が強まれば，買い物・相談・見守りという生活インフラの厚みを増すことができる．新城市作手地区でも，農協と生協の組合員が主体

になってサロン「よらまいかん」を開催している．新城市八名地区では，2017年3月にAコープが閉店した直後からJA女性部が毎週土曜の朝市を開催し，2018年4月からは旧店舗内も活用してバザー品や手作り品を並べ，2019年春には厨房跡を活用した惣菜や弁当づくりを準備している．農協女性部の方々はコープあいち組合員でもあり，生協の地域委員会での経験が生かされている．これらは住民が生協と農協を生かして食とくらしを支えており，地域での協同組合の存在が人を通して生かされている．生協の共同購入は全国津々浦々に広がり，高齢化が進む都市部でも，中山間地の集落でも，離島でも，確実に商品を届けることを通してその人らしく尊厳あるくらしを支える土台になっている．地元で営業する小売店が家族や従業員，取引先を通して地元に利益を還元し，地域経済と仕事を支えているように，地域住民が加入する非営利の生活協同組合はなにができるかが重要である．地域で資金が循環することが地域の持続可能性を高める．雇用（働く場），子育てや居場所，産地や商品・原料・加工政策から自然エネルギーの活用まで地域循環型事業としての質が鮮明に問われる．

## 3）コミュニケーションの適正規模と相談機能

　地域生協は経済成長期に「消費の協同＝規模の協同」による食の安心安全に応える商品事業と「人と人の共感力と弱い関係性」によるたすけあいを積み上げながら協働してきた．しかし，自立した個人が（消費の協同→規模の協同）に向かう方向性は孤立しがちな個人との（弱い関係性）を覆い隠しかねない．加入してもすぐ利用を休止する現実を前提にしたままの拡大と効率化では，顔がみえる対応やくらしの変化の受け止めも難しくなり，悪循環がうまれる．コミュニティの持続可能性が重視される人口減少社会でそれを繰り返してはいけない．人と人の関係を維持するコミュニケーションの適正規模が求められる．1990年代の地区生協の経験は，こうした文脈のなかで生かされる．

　商品事業の中に「相談機能」と「担い手と専門性との連携力」を位置づけ，その力を強める政策は必須である．2015年の数値だが，コープあいち名東センターで，商品のお届け時や受注時に配慮が必要な方が，同センターで共同購入を利用する75歳以上1,030人（内85歳以上221人）に対し，約1割に相当する109人であった．同センターでは電話受注時にはそれぞれの方ごとにてい

ねいな個別対応ができる仕組みを構築し，生協の福祉事業所との間で，ヘルパーが訪問し共同購入を利用している組合員について連携表をつくり，双方で生活を支える体制をとっている．留意対応の理由は認知症だけではないが，高齢者の認知症出現率を考慮すると，在宅生活を支える購買と福祉の連携は必須である．店舗や共同購入センターがソーシャルワークの専門職と連携し，地域包括支援センターや福祉事業所，生活援助グループとともに一人の生活を支える連携力が不可欠になる．そのためにも組合員に接する職員は徹底して「消費」の背景にあるくらしに共感する力を高め，生協事業が形成してきた社会関係資本（人のつながり・情報・相談支援力）を活用して，個人を包摂できる事業を担う専門性が求められる．

　情報技術の進展はこれらを可能にする．第4次産業革命について，名城大学鳥居弘志教授（経営学）は，「第4次産業革命は，生産，販売，消費から，健康，医療，公共サービス，働き方，ライフスタイルまで，身の回りのあらゆるところに影響し，様々な社会問題への解決力を提供する．データが一番高価な商品となり，ビッグデータの有効活用が差別化となる．生産性の向上＝知的作業が自動化される．AIとの協働労働に向けた人材養成・教育が必要」と変化を特徴づけているが，協同組合の課題として「組合員との関係（ニーズの把握，組合員相互のコミュニケーション・ネットワーク，マス（and/or）マイクロ・マーケティング）」「専従職員の働き方の変化（知的作業の機械化，生産性の向上．組合員とのコミュニケーションをとるための時間をつくる）」「社会問題への対応（少子高齢化，地域社会づくり）」を挙げている．生協にはWeb注文システムなど蓄積してきた事業インフラとノウハウがあり，それらを活用して「一人ひとりのくらし」に役立つ知恵（情報・人）を，中山間地，沿岸部，地方都市，都市部などの生活に還元できる．生活情報を共有しつつ，一人ひとりに応える商品事業として分散系システムに転換する事も可能である．地域生協と事業連合の機能を統合して基本的な購買ネットワークを構築し，農業協同組合や厚生連病院等と協同すれば商品物流や金融・医療を含む生活インフラを維持することも可能であろう．

　以上のように，「人口減少社会」で人と地域を支えながら「質的な成長」に転換する役割は，地域と生活に密着した協同組合こそ担えるのであり，優先分

野として掲げる妥当性がある．

4）外国にルーツを持つ人々との共生

　日本で 2017 年に生まれた子どもは 94 万 6 千人である．日本に在住する外国人は 2017 年 12 月現在 256 万人（人口の 3% 弱）で，5 割（131 万 8 千人）が 20〜30 代の子育て世代である．日本に在住する外国人が国の制度改正で増加し，その子ども達が 10〜20 年後の日本を担っていくことも想定される．国際結婚，外国人同士の結婚，外国人ひとり親家庭の増加（実家や親戚，頼れる家族が国内にない），「母語が日本語でない子ども」「母語をもたない子ども」，さらには「思考できる言語をもたない子ども」の増加も危惧されている．自治体間で他地域の若い世代の「奪い合い」をするだけでは問題解決にならない．「地域の人間関係を支え」「地域の協同関係で支える」，多様な人々が社会参画できる寛容・インクルーシブな社会，コミュニティレベルでの意識改革も課題になる[16]．

5）変革の主体を再生する生活協同組合

　協同組合は公的セクター・私的セクターとコミュニティの接点に位置する人格的結合体である．従来は「事業」と「活動」の二側面で語られてきたが，2012 国際協同組合年以降の ICA が強調するように，今日では「地域社会」という第三の側面を加えて，三側面を好循環させうる組織として注目されている[17]．協同組合は経済・社会・環境の三側面に働きかけて持続可能な地域社会に変えていく役割がある．私的セクターに対しては，人々が生み出した富を独占させず循環させる社会システムへの変革を志向し，公的セクターに対しては「個人の尊厳」が脅かされる事態には正面から対峙する市民運動性を貫き，コミュニティにおいては，だれもが尊重される社会への深く明示的な社会哲学を示すことである．そのためにも，一人ひとりの市民が考え，問い，選択できる情報を蓄積し，集える身近な場（プラットフォーム）が重要である．地域で循環する生活密着型の協同組合像を再生し，世代間再分配の仕組みを盛り込むことが若者の希望につながる．地域から逃げることはできない．愚直であってもそうした地域と社会に根ざす生活協同組合＝「地域・社会的協同組合」を育てていく壮大な課題が横たわっている．

注
1) IYC 記念全国協議会サイト世界の協同組合についてのウェブページ http://www.iyc2012japan.coop/japan/world.html
2) 堀越芳昭「協同組合の基本的価値」『協同組合資本学説の研究』日本経済評論社，1989 年．
3) 一般社団法人協同総合研究所・海外ワーカーズ情報「協同組合発展の第 2 の波を掲げたケベック大会」のウェブページ http://jicr.roukyou.gr.jp/kaigai/ica99taikai/kaisetu.htm 菅野正純（協同総合研究所）
4) 日本協同組合学会訳編『西暦 2000 年における協同組合：レイドロー報告』日本経済評論社，1989 年．
5) 「THE CANADIAN ENCYCLO PEDIA」Conserver Society のウェブページ https://www.thecanadianencyclopedia.ca/en/article/conserver-society による．
6) 同上．
7) 山本秋『日本生活協同組合運動史』日本評論社，1982 年．「生協の班の歴史」は，生活問題研究所常務理事会編『商品流通と生協経営：生活問題研究所資料月報』生活問題研究所，第 81 号より連載．
8) 山本『日本生活協同組合運動史』295 頁．
9) 同上，535 頁．
10) 筆者が名大生協学生理事として在籍中，総代会議案書や機関紙等をもとに原稿をまとめた．
11) 『協同組合研究』第 35 号第 2 号（通巻 96 号），24-29 頁．
12) 国際協同組合同盟（ICA）「協同組合原則へのガイダンスノート」2015 年（2017 年　日本協同連絡協議会（JJC）訳　http://www.iyc2012japan.coop/approach/pdf/180115_01.pdf）
13) 長友薫輝（まさてる）三重短期大学生活科学科教授．
14) 向井忍「Ⅴ　一人の生活のために」小木曽洋司・向井清史・兼子厚之編『未来を拓く協同の社会システム』日本経済評論社，2013 年．
15) 志賀信夫『貧困理論の再検討：相対的貧困から社会的排除へ』法律文化社，2016 年．
16) 神田すみれ氏（地域と協同の研究センター研究員）のコメント．
17) 国際協同組合同盟（ICA）「協同組合の 10 年に向けたブループリント」2012 年（2013 年邦訳　https://www.ica.coop/sites/default/files/publication-files/ica-blueprint-final-july-2013-japanese-390418092.pdf），「21 世紀の協同組合の成長」https://www.ica.coop/sites/default/files/media_items/Cooperative%20Growth%20for%20the%2021st%20century.pdf

補論

# 協同組合と文化
―「協同組合の文化」考―

中川雄一郎

## 1. はじめに：今なぜ「協同組合の文化」なのか

　私は朝日新聞に掲載された二つの「『文化』考」に出会った[1]．一つは「甲子園のことば」と題する欄に記載された――第84回全国高等学校野球選手権大会（2002年）で――長嶋茂雄氏が「甲子園で決勝を観戦しながら語った」言葉である．

　　高校野球というのは，日本の野球文化の骨格なんです．大会が8月．旧盆がある．終戦記念日がある．その中で平和をかみしめながら，甲子園大会が行われる．トーナメントが持つせつなさも色を加える．

　もう一つは天声人語氏の記述である．

　　平安のむかし，かき氷は削り氷と言われた．清少納言が『枕草子』で，上品なものの一つにあげている．「削り氷にあまづら入れて，あたらしき金椀（まり）にいれたる」．ツタから取れた甘味を氷にかけ，真新しい器で味わう．貴族ゆえに許されたぜいたくだったのだろう▼製氷技術などない時代，冬にできた氷を氷室（ひむろ）に入れて夏まで保存していた．貴重品ではあるが，貴族たちは口に入れたり酒を冷やしたりと使っていた．ところが鎌倉時代に入り，氷不足になったようだと，田口哲也著『氷の文化史』にある▼氷室を守り，氷を楽しむ文化が，質実剛健の幕府の気風に合わなかったか．昔は，宮中に上がると氷を味わえたのに，との恨み節が当時の文書に出てくると

いう（中略）▼夏を楽しもう．そんな常套句を言うのがはばられる昨今ではあるが，季節を彩る主役脇役は健在である．夏氷，夏花火，夏祭り……．〈匙（さじ）なめて童たのしも夏氷〉山口誓子．子どもも大人も，うれしくなる瞬間は，まだまだある．

　かくして私は，日本の文化には「野球文化」もあれば「氷を楽しむ文化」もあり，それ故『氷の文化史』も著されることを知ったのであるが，能よく考えてみると，文化は人びとの「生活と労働」のあり様の，すなわち，生活様式の表現であり，また「健全かつ実際的な判断能力」に基づいて「誰もが共有する意識」(common-sense) の対象でもあるのだから，われわれの社会にはさまざまな種類の「文化」があって当然なのである．とはいえ，私は「文化」の概念を問われて，「それは人びとの生活と労働のあり様・生活様式の表現である」と答えるだけではすまないだろう，と思うようになった．そこで私は，われわれの社会には「野球文化」も「氷を楽しむ文化」も存在する――したがって『氷の文化史』も著される――のであるから，「協同組合の文化」――（「協同組合文化」）――も存在するだろうし，そうであれば「協同組合の文化」の概念を示さなければならないだろう，と思うようになった．こうして私は，もう少し間口を広げて，「協同組合の文化」の社会的，歴史的，イデオロギー的，それに理念的な価値あるいは価値観に言及する必要があるだろう，と考えるようになった．

　「協同組合の文化」についてわれわれが「間口を広げる」ことは，そう難しい作業ではないかもしれない．なぜなら，長嶋茂雄氏は，高校野球を「日本の野球文化の骨格」である，とわれわれに語ることによって「日本の野球文化」の社会的，歴史的，理念的な価値（観）をわれわれに示唆してくれているし，同様に天声人語氏も，清少納言までをも動員して，「氷を楽しむ文化」の歴史的，社会的，理念的な価値（観）をわれわれに知らせてくれているからである．要するに，両氏は共に，各々の時代（歴史）において「社会と文化が共有しているものは何か」を，またわれわれが「社会と文化の共通点について考察すべき点は何か」を示唆してくれているのである．したがって，本論では，両氏と同様に，協同組合の社会的，歴史的，イデオロギー的，それに経済的な価値（観）を

分かち合う人びとによって創り出される協同組合の理念とアイデンティティの社会的プロセスとして「協同組合の文化」が考察されるであろう．

　一般に，「文化の主題」は，「人間の世界」(the human world) において文化と社会が共有し合っているものは何か，あるいは文化と社会に共通するものは何かを明らかにすることにある．そこで，この「文化の主題」を「協同組合の文化」に当て嵌めると，「協同組合の文化の主題」とは——事例を分かり易くするために——例えば，複数の協同組合が協力・協同し連帯して事業と運動を展開するならば，同じ事業と運動を独自に展開している同数の個々の協同組合の総計よりもより多くの社会的，経済的な利益や価値」を人びとにもたらす社会的因子（ソーシャル・ファクター）となり得る現実を示すことであり，したがってまた，前者の協同組合グループは，例えば「社会関係資本 (social capital) の発展」に，後者の同数の個々の協同組合の全体よりも社会的，経済的な能力を発揮している現実を明らかにする，ということになる．別言すれば，現代グローバリゼーションの下にあっては，個々の協同組合の組合員や役職員などステイクホルダー（利害関係者）は，「協同組合間協同の原則」（ICA 第 6 原則）に基づいて，民主主義に基礎を置く自治的で互恵的な協同組合の理念とアイデンティティを有するすべての協同組合との間で「協同の事業と運動の普遍的な特質・特性 (ethos)（エートス）」を創り出し，維持し，発展させることによって「協同組合の文化」を創造し，維持し，発展させる意味と意義とを多くの人びとに働きかけなければならないだろう．なぜならば，そう働きかけることによって協同組合は，社会的な諸資源を公正に配分し，また文化的諸資源を活かしていく人間の本来的な要求に応じた社会的な形式 (form) と制度・秩序 (system) を生み出し，それらを維持していくより公正な社会的統治（ソーシャル・ガバナンス）の諸条件を再生産することに貢献するからである．これこそが「協同組合の存在理由（レイゾンデートル）」であり，したがってまた「協同組合の文化」という言葉の真の意味なのである．かくしてわれわれは「ある文化は，ある人びとが社会的，経済的，政治的な諸問題を解決するための努力の成果として生まれる」と言われる所以（ゆえん）を知るのである[2]．

　しかしながら，「文化の概念」を「獲物漁（えものあさ）りの概念」と特徴づけたテリィ・ラヴェル教授が指摘しているように，われわれはまた「文化の概念から分析的，論理的な思考の価値を奪い取ってしまう，何でも彼でもが『文化』であると解

釈しようとするわれわれの性癖」[3]を避けなければならない．そのためにわれわれは，一方で「協同組合の文化」を通じて「社会」と「経済」の相互関連性を明確に認識し，意識することによって，他方で日々営まれる生活世界でなされるコミュニケーションを通して，単なる専門的な知識でも，また単に誰もが知っている知識でもない，「健全で実際的な判断能力」に基づく「誰もが共有する意識」，すなわち，コモン・センス（common sense）の志向を拡げかつ深めることによって，「協同組合の文化」の社会的，歴史的，イデオロギー的，それに経済的な立ち位置をより鮮明にしなければならないだろう．このことを確認して，「協同組合の文化」にアプローチする．

## 2. 協同組合の文化：二つの事例

　私は「はじめに」で「協同組合の文化」を追究する今日的な意味と意義に触れておいた．そこで次に私は，「協同組合の文化」に関わる二つの事例を示すことで，協同組合の文化の社会的，歴史的，イデオロギー的，そして経済的な価値（観）と，それらの価値（観）に支えられている個々の協同組合とそのステイクホルダーが協力・協同し連帯することによって，さもなければ実現しなかったであろう「単なる諸部分の総計以上のもの」（the more than the sum of the parts）としての「文化」を実らせる社会的，経済的な成果について観てみようと考えた．すなわち，われわれは現代社会に存在する「文化的なもの」（the cultural）と「社会的なもの」（the social），そして「経済的なもの」（the economic）は，人間の世界における同じ一つの現象の各部分であることを知り，またそれらの諸要素が交差しかつ交錯する環境の下で日々営まれる生活と労働を通してお互いに理解し合い，協力し協同する方途を探り当て，相互に関係を結んでいく実体を意識するのだと私は考えたのである[4]．

　さて，二つの事例のうちの一つは，ドイツの「協同組合の理念と実践」の事例であり，もう一つはイギリスの「ロバート・オウエンの手紙（1821-1858）」である．いずれもユネスコ（国連教育科学文化機関）による無形文化遺産登録の事例である[5]．

### (1) 協同組合の理念と実践

　ユネスコは，2016年11月30日，エチオピア・アディスアベバで開催された「無形文化遺産保護条約政府間委員会」において，ドイツから申請されていた「人びとの共通の利益と価値を形にする協同組合の理念と実践」を無形文化遺産に登録することを決定した．私は，ユネスコによるこの登録を「協同組合の事業と運動がその明確な『理念』に基づいた『実践』を通じて人びとの共通する利益と価値を創り出していることへの社会的承認である」と見ている．というのは――「個人は自らが他者によって承認されてはじめて幸福に導かれる」とするG.W.F.ヘーゲルの「承認の必要性」，すなわち，「他者の自分に対する期待」・「他者に対して自分が果たすべき役割」・「他者に対して自分がなし得ること」を捩って言えば――この登録は，「人びとの協同組合に対する期待」・「人びとに対して協同組合が果たすべき役割」・「人びとに対して協同組合がなし得ること」の何であるかを，別言すれば，「協同組合の存在理由(レイゾンデートル)」を協同組合人たちに深く意識させると同時に，他の多くの人たちが「協同組合の事業と運動のエートス」を理解し認識する機会となるだろう，と私には思えるからである．しかもそれは，ドイツに限らず，世界の多くの国々において協同組合の事業と運動を実践し，かつ支えるステイクホルダーへの励みとなるであろう，と私は想像している．

　この無形文化遺産は，先ず2014年12月にドイツ国内で作成された「27案件の国内目録」からの選出，次いで「ユネスコの一覧表」への登録，そして専門委員会における選考というプロセスを経て登録された「無形文化遺産」なのである．専門委員会のヴォルフ委員長はこの一連の選考プロセスを振り返って，次のように述べている．

> 　ドイツで生活している人びとの現実を描くことを意図しました．一般に，私たちは，文化をエリート的なもの，すなわち，歴史的な意義(センス)や芸術的な意識(センス)を理解する人たちのものと考えてしまいますが，そうではありません．無形文化遺産はそのような文化的概念を打ち破り，私たちの日常生活における文化にこそ光を当てようとするものです．

ヴォルフ委員長のこの言葉は，市民たる人びとの誰もが「共有する意識」であり，「健全で実際的な判断力」である——「単なる専門的な知識でも，また単に誰もが知っている知識でもない」——コモン・センス（common sense）に基づいて「文化」を，とりわけ「民衆の文化」を明確に捉えた表現である，と私には思える．なお，ドイツは 2015 年 3 月にユネスコの「無形文化遺産一覧表」に登録すべき案件として「協同組合の理念と実践」を提案している．この提案もまた協同組合を的確に表現しているので，ここに書き記しておこう．

　　人びとの共通の利益と価値を明確にし，かつ実質化してきた協同組合は，コミュニティが直面する諸課題の克服に貢献することを通じて，人びとに持続可能な社会的発展を促進する協同組合の能力を認識させ，以てより多くのグループやコミュニティが協同組合の概念を人びとのニーズに合わせて適用していくよう促すであろう．

　こうして，ユネスコ政府間委員会は，2016 年 11 月 30 日に，「協同組合」を「人びとの共通の利益と価値を通じてコミュニティづくりを行うことのできる組織であり，雇用の創出や高齢者支援から都市の再活性化や再生可能エネルギー・プロジェクトまで，さまざまな社会的諸問題への創意工夫あふれる解決策を編み出している」と高く評価し，「協同組合の理念と実践」の一覧表への登録を決定したのである．
　これらの提案は協同組合の概念を実に巧みに表現している，と私も高く評価したい．なぜなら，「地域コミュニティが直面する諸課題の克服への協同組合の貢献」こそが地域コミュニティにおける「人びとの生活と労働の質の向上」に伴って現れ出る「地域コミュニティの質の向上」——そして「逆もまたそうである」（vice versa）——を実現していく協同組合の事業と運動のエートスであることを世界の人びとに教示するからである．こうして協同組合のステイクホルダーは，持続可能な「共通の経済的，社会的，文化的なニーズと願い（アスピレーションズ）」を満たし，叶える「協同組合の能力」の何であるかを彼・彼女たちが理解し，認識し，意識していく道筋を明らかにするのである．要するに，「地域コミュニティとそこで生活し労働する人びと」の双方に「持続可能な共

通の利益と価値」をもたらす「協同組合の事業と運動の能力」の実体を，ドイツ協同組合の提案は明確に捉えているのである．そのドイツユネスコ委員会担当者の次の述懐を日本の協同組合ステイクホルダーはどう認識し，意識するのだろうか．「協同組合の理念と実践に関する提案はドイツにおけるすべての実践家の名においてドイツが準備しましたが，それはまた世界の他の多くの国々における実践家を意識しての提案でもあります」．

### (2) ロバート・オウエンの手紙

　ユネスコはまた，2016年6月21日，「マグナ・カルタ」（Magna Carta），「チャーチル記録文書」（Winston Churchill's Papers），および「シェイクスピアの生涯に関する主要資料」（Key Documents on William Shakespeare's Life）と共に「ロバート・オウエンの手紙（1821-1858）」（Robert Owen's Letters 1821-1858）をイギリス無形文化遺産に登録した．イギリスにおける協同組合運動の歴史，思想，理念，そして現代協同組合運動の理論と実践を研究してきた私は，「ロバート・オウエンの手紙」が無形文化遺産に登録されたことを率直に喜びたい．

　「ロバート・オウエンの手紙（1821-1858）」（以下，「ロバート・オウエンの手紙」）は，現代にあってもなお「オウエン，協同組合運動の父」と称されているオウエンの生涯（1771-1858）の後半に彼が関わった「時代の文脈」をわれわれに告げ知らせてくれるだろう，と私は考えている．オウエンが生きた時代の大半は，イギリスの経済と政治を，したがってまた社会を激しく揺れ動かし，「資本と労働の対立」を常態化させた時代であり，フランスの著述家アルジャンソン――あるいはフランスの経済学者ジェローム＝アドルフ・ブランキ――が名づけた「産業革命」に相応しい，まさに「疾風怒濤の時代」であった．そのような観点から，この「ロバート・オウエンの手紙」は，産業革命が新たな経済－社会的構造を突き動かして駆け抜けた「時代の文脈」をわれわれに語り伝えてくれる「文化遺産」である，と私は思っている．

　それ故，われわれは，イギリスにおける協同組合運動とロバート・オウエンの関係を客観的に認識するために，1760年代から1850年代初期にかけて展開された産業革命が労働者階級に及ぼした経済的，社会的，そして政治的な影響と，それに対抗する労働者階級の経済的，社会的，そして政治的な運動につい

て論及するよう求められるであろう．その意味でも，激動の産業革命の最中に大紡績工場の経営（統治）——オウエンは「経営」ではなく，「統治」(government) という言葉を使用した——を経験したオウエンは，労働者階級の社会改革者たちに思想的影響を及ぼした稀有な人物であったと言ってよい．その点で，「ロバート・オウエンの手紙」がユネスコの無形文化遺産に登録された意義と意味を協同組合のステイクホルダーは改めて認識すべきであろう．そこで，オウエンおよびオウエン主義者たちとイギリス協同組合運動との主たる関係を「三つの時期区分」に基づいて簡潔に言及すると，次のようになるだろう．

**第1期**

ロバート・オウエンの社会的企業思想に基づく協同思想を追究するためには，先ずその経済的，社会的，それに政治的な背景としてのイギリス産業革命（1760-1850年代初期）の展開プロセスを捉えておく必要があるが，そのプロセスを協同組合運動の視点から見るならば，特に産業革命初期の後半，すなわち，熟練職人（artisan）や他の熟練労働者（skilled labourer）によって組織された「共済（助け合い）組織」である「友愛組合」(Friendly Society) が合法化される1793年前後から，とりわけ繊維産業部門における機械化の一層の進行に伴う失業の危機に直面した熟練職人や熟練労働者たちによる「機械打ち壊し運動」(Luddites Movement) のような激しい労働運動が展開された1810-20年代初期にかけての——D.G.H. コールが自然発生的で地方分散的な「孤立した実験」と称した——初期協同組合運動（生活防衛型協同組合運動）のプロセスに焦点を合わせなければならないだろう．なぜなら，オウエンは，彼のイデオロギーの基底を成す協同思想を1813-21年の間に形成したからである．

イギリス経済史，イギリス労働運動史，そしてロバート・オウエン思想の優れた研究者であるコールは，「ロバート・オウエンが人類の知識にたいして重要な貢献をした」のは1813-14年の『新社会観』（『社会に関する新見解』）と1821年の『ラナーク州への報告』までであったと述べているが[6]，それはおそらく間違ってはいないだろう（なお，『ラナーク州への報告』は，スコットランド・ラナーク州当局の総会に提出されたのが1820年11月6日，オウエンによって公表されたのが1821年1月15-27日の間であると言われている）．

1815年に終結した対ナポレオン戦争（英仏戦争）後のイギリスの経済的，

社会的な状況の悪化，すなわち，戦争特需後の不況の拡大と失業の増大に対応するための経済－社会政策に関わるラナーク州の諮問に応えて，オウエンは理論的かつ具体的な協同コミュニティ建設計画を論じた答申書『ラナーク州への報告（*Report to the County of Lanark*）』（1820年5月1日）を提出したが，ラナーク州の検討委員会は議論の末にその採択を拒否した．それでも『ラナーク州への報告』の影響は間もなくロンドンの労働者階級に及んでいった．例えば，ジャーナリストで初期オウエン主義者（Owenite）のジョージ・ミューディは，翌1821年1月の植字工の集会で「協同経済組合」（The Co-operative and Economical Society）の設立を提起し，「250家族によって構成される協同コミュニティの建設」を提案している．また彼は協同経済組合の機関誌『エコノミスト』（1821年1月27日〜22年3月9日）を発行して，協同経済組合およびロンドンにおける「集合家族居住協同コミュニティ」の建設について論じている[7]．

第2期

アメリカ・インディアナ州のニューハーモニーで行われた「コミュニティ実験」（1825-28年）の最中とその失敗後にウィリアム・トンプソンなどオウエン主義者たちと共に開始された，イギリス国内での協同コミュニティ建設を目指す組織「ロンドン協同組合」（The London Co-operative Society, 1824-34）の機関誌『協同組合雑誌；相互協同と平等な分配に基づく社会的取決めに関する新制度の月刊誌』（*The Co-operative Magazine; Or The Monthly Herald of The New System of Social Arrangements, founded on Mutual Co-operation and Equal Distribution, 1826-30*）を発行し，協同組合運動と協同コミュニティ建設とを結びつける実践的な指針を提示した．

第3期

産業革命初期の1760年代から中期の1820年代中葉にかけて展開された初期協同組合運動と近代協同組合の創始であるロッチデール公正先駆者組合（The Rochdale Society of Equitable Pioneers）の創立との間の架橋的役割を担ったロバート・オウエンと，ウィリアム・トンプソンをはじめとするオウエン主義者たち（Owenites）とによって1830年代前期に協同組合コングレス（The Co-operative Congress）が取り組まれる．この協同組合コングレスこそイギリス最初の全国的な「協同組合ネットワーク」の形成であった．すなわち，このコング

レスは,初期協同組合運動に欠けていた協同組合運動の全国的なネットワークを産業革命後期の中葉にマンチェスターやロンドン,それに地方の産業都市で展開されていた生産者協同組合運動と消費者協同組合運動の指導者たちの参加を得て形成することにより,それらの協同組合運動の現状と展望を踏まえた協同コミュニティの建設について議論・討議する場であった.とりわけ1832年4月にロンドンで開催された第3回協同組合コングレスはイギリス協同組合運動の近代化への決定的な一歩を踏み出す重要な契機となった.「協同組合に関する諸規則」(Regulations for Co-operative Societies)が満場一致で採択されたのである[8].この「諸規則」は次のことを強調した.

① 協同組合の目的は協同コミュニティ (community on land) の建設である.
② 組合員の継続的な出資によって資本(資金)を蓄積する.
③ この出資金を用いてさらなる資金の蓄積を増進するために「組合員に市場価格で供給される,通常の消費のための,しかも最も純良な種類の品物を協同組合が卸売り価格で購入する」.
④ 協同組合が首尾よく運営されるならば,協同組合から引き出される直接的な利益 (benefit) は,組合員相互の雇用,児童教育のための学校の設立,成人向けの図書館と読書室の開設である.
⑤ 協同組合の目的完遂のために,協同組合によって蓄積された「資本」は不分割とされる,すなわち,組合員に分配されてはならない.利益の配当を目的とする協同組合は自治的統一体 (the corporative world) としての本コングレスの一員とみなされない.
⑥ 協同組合のすべての取り引きは「現金取り引き」でなければならない.この重要な原則からの逸脱が多数の協同組合の崩壊の唯一の原因であり,その結果,協同組合の全般的な発展を遅らせてしまった.
⑦ 複数の協同組合への加入はこれを承認してはならない.

この「諸規則」が議論の末に「満場一致」で採択された事実こそ,イギリス協同組合運動にとって,また消費者協同組合運動の一層の発展にとって極めて重要な意味を持つことになる.というのは,このコングレスの指導的役割を担

ったウィリアム・トンプソンをはじめとするオウエン主義者たちは，消費者協同組合の事業と運動が協同コミュニティの建設資金を確保するのに有効であり，また現実的な方法であることを認識していたからである．実際，このことは，既にブライトン協同組合に指導的な立場から関わっていたウィリアム・キング医師が自ら編集・発行した『協同組合人』(The Co-operator, May 1828-August 1830)のなかで言及していた．キングは，労働者とその家族が貧困に対する相互の保護と安全でかつ健全な生活（well-being）を実現するために，労働者の組合員によって設立された消費者協同組合が生み出す（金銭的な）利益を蓄積して先ず「共同資本」(common capital)を形成し，次にその資本を以て生産者協同組合を設立し，やがて双方の協同組合で生み出され，蓄積された共同資本を以て土地を購入し，協同コミュニティを建設して自立した人間的な生活を送るのだと労働者たちにこう訴えたのである[9]．

　　協同組合は，資本が十分に蓄積されたならば，土地を購入し，その土地で生活し，組合員自らがその土地を耕作し，また組合員が必要とする品物を生産し，かくして衣・食・住について組合員のすべての必要を満たすことができるであろう．その時には，協同組合はコミュニティと称されるのである．

　ロバート・オウエンがウィリアム・キングの『協同組合人』に目を通していたか否かは明らかではないが，オウエン主義者たちは，『協同組合人』を読み込んでおり，キングの経済理論――とりわけ「資本と労働」論，「利潤と賃金」論――と「共済組合」論を含む協同組合論がオウエン主義の「協同組合の理念とアイデンティティ」に近似していることを汲み取っていた[10]．というのは，1832年10月にリヴァプールで開催された第4回協同組合コングレスは，キングに次のような「感謝決議」を送ることを決議したからである．「本コングレスは，『協同組合人』の表題で，ブライトンにおいて発行された小冊子の博愛的かつ有能な著者の簡潔にして真に能弁な言葉で論じられた重要な問題の……有益なる教訓に対し感謝を捧げるものである」[11]．しかしながら，キングはこの「感謝決議」を丁重に断っている[12]．

ユネスコの無形文化遺産に登録された「ロバート・オウエンの手紙」に触れる前に，私がオウエンおよびオウエン主義者たちによるこのような協同組合運動に言及したのは，オウエンが近代協同組合運動の創始にどう関わったのかを，言い換えれば，「オウエン，協同組合運動の父」と称されるプロセスを明らかにしておきたかったからである．そうすることはまた，われわれが「近代協同組合の創始」としてのロッチデール公正先駆者組合の誕生の歴史的意義については言うまでもなく，現代の協同組合運動の理念とアイデンティティを理解し，認識するためにも，ロバート・オウエンの「経済的，社会的，そして文化的な貢献」とは何であるのかを，すなわち，オウエンが追い求め，かつ実践した協同組合運動の理念とアイデンティティの脈絡を，そう言ってよいならば，オウエンの「個人的行為の社会的文脈」の道筋とその意義とを認識するために必要な作業であったのである．

　ところで，無形文化遺産としての「ロバート・オウエンの手紙」であるが，それらは1821年から彼が没する1858年までの38年間の「手紙」である．この時期はイギリス産業革命の中期と後期の双方にまたがる時期でもあり，したがって，先の「三つの時期区分」のうち私が主に言及したのは，オウエンがウィリアム・トンプソンを中心とするオウエン主義者たちとの論争を通じて「初期協同組合運動」と「先駆者組合の創立」とを結びつける架橋的役割について，すなわち，イギリスおよびアイルランドにおける協同組合運動の全国ネットワークを形成する極めて重要な役割を果たした第3期にほぼ限られていたので，オウエンの「社会改革思想」の基礎が創り出されたという意味で，ここで第1期における「オウエンの主要な経験や実践」のなかでもオウエニズムの柱となる「性格形成の原理」を論じている『新社会観』に簡潔に言及しておくことにする．

　第1期には，『新社会観』(『社会に関する新見解』) の出版 (1813-14年) の他に，「工場法の改正」(1815年)，ニュー・ラナーク工場の労働者の幼児教育のための「性格形成学院の開校」(1816年)，それにカンタベリー大主教の諮問に対する答申書「労働貧民救済委員会への報告」(1817年) などがあるが，ここではニュー・ラナークでの「性格形成学院の開校」に直結する『新社会観』について言及する．というのは，オウエニズムの出発点の一つは『新社会観』

における「性格形成の原理」，すなわち「環境決定論」にあったからである[13]．その「性格形成の原理」についてオウエンはこう主張する．

> どのような一般的な性格でも——最善の性格から最悪の性格まで，最も無知な性格から最も啓蒙された性格まで——どんな社会にも，世界全体にさえも，適切な手段をもちいることによって与えることができる．そしてこの手段は，ほとんどが世事に影響力を持っている人たちの支配，統制下にある．

「性格形成の原理」は二つの命題から成っている．一つは前半部の「どのような性格でも適切な手段を用いることによって形成することができる」という「環境決定論」である．別言すれば，人間の性格は「その人自身の意志と努力によってではなく，環境と教育によって形成される」，との見解である．言うなれば，これは「当事者個人の内的意識とは関係なく，外から加えられる条件によって左右されるのであるから，自分の意志や努力はいかなる部分も形成することは不可能」ということになる．実は，オウエンのこの主張には「労働者階級が貧困，無知，労働苦，道徳的退廃など悲惨な状態にあるのは，自分が自己改善の努力をしない結果だという『自己責任』の原則を批判する意図が込められている」．要するに，これには，「自分の行為に責任がないという意味で，……一切の賞罰を否定する理論的な根拠」が示唆されているのである[14]．

また「どんな社会にも，全世界にさえ」という言葉は，オウエンが工場経営で成功を収めた経験から，すなわち，企業レベルの狭い範囲で適用してきた原理を「全世界のどこでも適用可能な普遍的原理へと拡大できるとの確信を抱い」ていたことを示唆している．オウエンのこの「経営哲学」はオウエン自身によって「社会哲学」に昇華され，彼の「社会変革の思想となる理論的基礎を用意した」．その点で，『新社会観』には「私有財産制の否定や平等コミュニティの思想はまったく含まれていなかった」ことから，もしオウエン主義者がこの原理に基礎づけられた思想を社会主義と理解したのであれば，「私有財産の否定や平等コミュニティの構想は，彼らにとって社会主義の不可欠な前提ではないこと」を意味したのである．この点を指摘した土方直史氏は「オウエン独

自の社会主義」に関わる「性格形成の原理」における「第一命題の含意」の重要性を強調している[15]．

　もう一つの命題は，後半部の「世事に影響力を持っている人たち」――おそらく「上流階級あるいは有産階級」の人びとで，かつ開明的あるいは博愛的な人たちを指していると思われる――が「性格形成の手段」を保持しているのであるから，彼らによって性格形成のイニシアティヴが執られるべきだとするオウエンの期待である．有産階級の人たちはかかる「社会改革」が急務であることを理解しているとはいえ，彼らがオウエンの改革論を受け入れるのには，それが「社会秩序を攪乱したり，既存の制度，とりわけ私有財産制を脅かしたりするものではないことの保証」が必要なのだと，オウエンは見て取ったのである．そこで彼は「国内の革命がなくても――戦争や流血がなくても――いや，現にあるものを，何であれ機が熟さぬうちに混乱させることがなくても，世界はあの原理を受け入れることができるようになるだろう」と論じたのであるが，これは「平和的に全階級を解放するための上流階級・有産階級の反省」を待つということであり，オウエンの漸進主義を特徴づけるものであった[16]．

　第2期では，「ニューハーモニー平等コミュニティ憲法」（1826年2月）を採択したものの1827年6月にニューハーモニー村を去り[17]，そしてその後イギリスで取り組んだ「労働公正交換所」の失敗を経験したオウエンは，人びとに道徳的再生を求める「新道徳世界」を語ることになる．それでもオウエンは，既に見たように，続く第3期においてオウエン主義者たちと共に，1826-1830年にかけて（第1次）ロンドン協同組合に関与し，また1831-35年にかけては「協同コミュニティの建設」のための協同組合コングレスの指導者として「消費者協同組合運動と生産者協同組合運動の全国ネットワークの形成」の指揮を執ったのである．

　こうして，これら「三つの時期」を取り上げただけでも，オウエンが論敵も含め多数の人たちに「手紙」を書き送ったことはよく知られており，その意味で，1821-1858年のオウエンの手紙は，文字通りの「協同組合の文化」の何であるかを示唆する強い印象をわれわれに与えてくれるだろう，と私は期待するのである．

　さて，「オウエンの手紙」であるが，それが「ユネスコ無形文化遺産の一覧表」

に登録された意義について，イギリスの協同組合記録保管担当者（the National Co-operative Archivist）のソフィ・スチュアート氏は，オウエンの手紙が無形文化遺産に登録された理由を次のように記している[18]．

> ロバート・オウエン（1771-1858）は，彼の時代に先駆けて公正・公平な労働条件，例えば，労働時間の短縮，疾病手当の保障などを率先して実行し，また教育の重要性を主張し，かつ実践した人物であった．オウエンはさらに，世界的規模の現代協同組合運動の基礎となる協同組合の理念を展開し，拡めていくのに決定的に重要な人物であった．1821年から彼が没する1858年までのこれらの手紙は，協同組合運動の理念を詳細に論じており，したがって，協同組合運動の開始を際立たせ，深い印象を人びとに与えている．彼の手紙は，チャーティズムや労働組合運動などイギリス内外における労働運動とオウエンとの関係を理解し，認識するのに大いに役立つであろう．

　これまで見てきたように，ドイツおよびイギリスにおける「協同組合運動の歴史と理念とアイデンティティ」がユネスコ無形文化遺産保護条約政府間委員会において無形文化遺産に登録された．前者は「人びとの共通の利益と価値を形にする協同組合の理念と実践」が，また後者は「ロバート・オウエンの手紙」に包摂されている「歴史と理念とアイデンティティ」が「文化」として世界的に承認されたのである．私の観点からすれば，前者も後者も，協同組合のステイクホルダーが創り出す「協同組合の理念と実践の統合」によって生み出される実体（substance）としての「社会的利益」（social benefit）であり，しかも多くの協同組合ステイクホルダーによって蓄積されてきた実在（reality）としての「協同組合の文化」なのである．その意味で，「今なぜ『協同組合と文化』なのか」との私の問いかけは，以下の論述を通してさらに明らかになっていくであろう．

## 3. 持続可能な開発目標（SDGs）と協同組合の文化

### (1) MDGsと協同組合

国連は，2015年9月25日に開催された「第70回国連総会」において，15年後の2030年までに「われわれの世界を変革する：持続可能な開発のための2030アジェンダ」，すなわち，2030年までに成し遂げる17項目の「持続可能な開発目標」（Sustainable Development Goals: SDGs）を決議した[19]．これらの17項目には並々ならぬ決意が込められている，と私には思える．

周知のように，このSDGsに先立つ15年前に開催された2000年9月の国連総会は，2015年（一部は2020年）を達成期限とする8項目の「ミレニアム開発目標」（Millennium Development Goals：MDGs）を決議した．その目標は次のものであった：①極度の貧困と飢餓の撲滅　②初等教育の完全普及の達成　③ジェンダー平等の推進と女性の地位向上　④児童死亡率の削減　⑤妊産婦の健康の改善　⑥HIV／エイズ，マラリア，その他の疾病蔓延の防止　⑦環境の持続可能性の確保　⑧開発のためのグローバルなパートナーシップの推進[20]．

これらの目標の対象は——ある意味では当然であるが——事実上，発展途上諸国に向けられており，先進諸国の政府，企業，市民組織などがその目標達成に協力する，という構図を配していた．例えば，「2013年ミレニアム開発目標報告書」は，①「極度の貧困と飢餓の撲滅」と②「初等教育の完全普及」の目標達成プロセスについて次のように記している[21]．

①　収入が1日当たり1.25ドル以下の人びとの割合を半減させるとのMDGsのターゲットは2015年の期限よりも5年早く達成された．2010年の極度の貧困の下で生活する人口割合は，すべての発展途上国・地域で「1990年の47パーセント」から「2010年の22パーセント」へと減少している．しかしながら，およそ12億人もの人びとが依然として極度の貧困生活を送っており，2015年の時点でも9億7000万人の人びとが1日当たり1.25ドル以下の生活を余儀なくされていると推定される．またそれぞれの地域における進捗状況も一様ではない．極度の貧困生活は，中国では

1990 年の 60 パーセントから 2010 年の 12 パーセントへと減少したが，サハラ（砂漠）以南のアフリカ地域と南アジア地域ではなお広く見られる．2015 年においてもなお，これらの地域の発展途上諸国人口の 40 パーセントは極度の貧困生活を送っていると予想される．（以下略）

② 発展途上国・地域では初等教育を受ける機会を拡げることに関して大きな進展が見られ，就学率は 2000 年の 83 パーセントから 2011 年の 90 パーセントへと上昇した．同じ期間に世界の初等教育就学年齢のうちの非就学児童数は，1 億 2000 万人から 5700 万人へとほぼ半減した．しかしながら，サハラ以南の各国・地域にはなお世界の非就学児童の半数以上にも及ぶ児童が生活している．サハラ以南地域の初等教育就学率は 2000 年の 60 パーセントから 2011 年の 77 パーセントへ上昇したが，各地域の人口もまた急速に増加していることから，2011 年までに初等教育就学年齢児童数は 3200 万人に及ぶと予測され，初等教育就学率の減少が危惧される．他方，南アジアでは初等教育就学率にかなりの進展が見られ，2011 年に 93 パーセントに達している．

これら二つの目標と同様に，他のミレニアム開発目標も発展途上諸国・地域を対象としており，したがって，それらの国々や地域における開発目標達成の成果が報告されている．しかも，それらの成果は，先進諸国の政府，企業それに市民組織など多くの人びとの努力による「一定の成果」であって，全体としては「未だしの感」を拭えない，と私には思える．とはいえ，このような努力のプロセスが多くの人びとの耳目に届くならば，MDGs への人びとの関心と積み重ねられた多様な諸活動の成果は，必ずや SDGs への人びとの関心を高めることにつながっていくだろう，と私は予期している．その点で，国連経済社会理事会との協議資格を有する世界最大の NGO（非政府組織）でもある国際協同組合同盟（ICA）に結集している世界の協同組合とそのステイクホルダーが「協同組合の理念とアイデンティティ」に基づいた能力（パワー）を発揮し，MDGs の遂行に大きな役割を果たしてきたことは称賛に値する．2009 年 12 月の国連総会で「2012 年を国際協同組合年とする」議案が満場一致で決議された背景

に「世界の協同組合の MDGs への貢献」に対する高い評価があったことは，今では周知の事実である．そのような観点からすれば，「世界の協同組合の SDGs への一層の貢献」が期待されることは，十分にあり得ることであろう．

## （2） SDGs と協同組合

冒頭で簡単に触れておいたように，2015 年 9 月の国連総会は「持続可能な開発のための 2030 アジェンダ」，すなわち，17 項目に及ぶ「持続可能な開発目標」(SDGs) を採択した．この「2030 アジェンダ」は「国連社会開発研究所（UNRISD）や国際労働機関（ILO）を中心に，ポスト 2015 社会開発アジェンダとして議論を重ね，まとめられたもの」であり，いわば SDGs は「MDGs の後継」と言ってよい[22]．したがって，SDGs が設定された背景を理解するためには，2030 アジェンダをめぐっていかなる議論が交わされたのかを見ておかなければならない，との柳沢敏勝教授の指摘は重要である．柳沢教授の指摘はまた協同組合運動の実践家・実務家や研究者などにとって必要な視点を提示しているので，少々長くなるが引用しておく[23]．

> 2030 アジェンダに関わる議論が交わされる舞台となったのは，社会的連帯経済タスクフォース（TFSSE：以下，タスクフォース）である．タスクフォース（特別委員会）は，2013 年 9 月に国連内に設置された新たな組織であり，UNRISD，ILO やユネスコなど 20 を超える国連機関と ICA などの非政府組織とによって構成されている国連横断的な組織である．タスクフォースは国際的な学会や政策の世界において SSE（Social and Strategy Economy：社会的連帯経済—中川）の認知度を高めるために設立された．（中略）
> 
> タスクフォースの認識によれば，SSE は 8 つの領域において重要な役割を果たし，「いずれも 21 世紀初頭の持続可能な開発という課題の核となる」であろう．すなわち，(1)人間的な労働　(2)環境　(3)地域開発　(4)都市と人間的生活　(5)女性　(6)食料安全保障　(7)健康・医療　(8)金融，である．
> 
> そのうえで，タスクフォースは各国政府に SSE を支援する措置を講じ

るようこう求める．「各国政府は——民間企業に有利な競争場裡において——SSE の潜在能力のみならず，その関係諸組織の実践躬行(きゅうこう)能力もまた過少評価されることのない政策環境や法的環境を保証し，以て SSE が活動する状況を理解することが重要である．すなわち，SSE の組織レベルにおける連帯・協動と国家の介在に基づく連帯・分担改定とを合致させる必要がある」．（中略）

では，21 世紀初頭の持続可能性の核となる領域において，大きな可能性を持つ SSE とは何か．タスクフォースの基本方針を記載している *Position Paper* によれば，SSE は「明確な社会的目的」と「明確な環境的目的」を掲げる多様な組織および社会的企業の「財とサービスの生産」を指導する．これらの組織および社会的企業は協力，連帯，倫理，民主的自主管理といった原則に基づいて実践を躬行する．SSE は協同組合，社会的企業，自助グループ，コミュニティに根差した組織，インフォーマル経済で働く労働者団体，サービス供給型 NGO，そして連帯金融などの総体である．われわれは，協同組合のみならず，社会的企業および連帯金融が列挙されている点に注目しておく必要がある．

さらに柳沢教授は次のことも指摘している．すなわち，

「SSE の持続可能な役割」に関わって *Position Paper* が述べているように，世界的な観点からすると，現在の「社会開発」は再考されなければならない．なぜなら，現在の状況がそうであるように，「国境を越えて『荒稼ぎする』グローバリゼーション」の下では，「通常型ビジネス」と称される多くの大規模営利企業が「金融危機，食糧危機，気候変動，貧困，不平等の拡大を阻止する」ことに取り組むことは難しいのではないか，と見られているからである．「われわれの世界を変革する：持続可能な開発のための 2030 アジェンダ」の前文が宣言しているように，「われわれはだれ一人取り残さない」と誓っているのであるから，われわれは「協同組合に代表される『つながる組織』の社会的連帯経済なしには 21 世紀の地球は持続可能性を失ってしまうだろう」とのタスクフォースの方針書を強く受けと

めなければならないであろう．

このようにSDGsの周辺を観ていくと，協同組合のステイクホルダーは，SDGsに対する協同組合の果たすべき機能と役割についてその想像力をより逞しくしなければならないだろう，と私は強調したい．なぜなら，協同組合の歴史と理念とアイデンティティは，協同組合のステイクホルダーをして，SDGsの17項目に対応する「協同組合の価値の社会的文脈」――言い換えれば，「協同組合運動の社会的文脈」――を思い起こさせるにちがいないからである．例えば，1995年のICAマンチェスター大会で採択された「協同組合の価値」がそうである[24]：「協同組合は，自助，自己責任，民主主義，平等，公正，連帯という価値を基礎とする．協同組合の組合員は，協同組合の創設者たちの伝統を受け継いで，正直，寛容，社会的責任，他者への配慮という倫理的価値を信条とする」．私は，「協同組合の社会的価値」とでも称すべきこれらの価値（観）こそ「協同組合の文化」を生み出し，かつ支えるのだと思っている．というのは，後で見るように，「文化」とは「最も信頼できる人間味豊かなもの」であり，また「個人一人ひとりが有為な人間に成長していく媒体」でもあり，さらには「人間の協同性（共同性）を区別し，識別する実体」であって，なおかつ「ある行為・活動と他の行為・活動とを区別し，識別する実体」でもあるからだ．協同組合とそのステイクホルダーがSDGsに大きな関心を寄せ，そのための実行に熱意を注ぐのは，SDGsを単なる「ビジネス・チャンス」と捉えるのではなく――前述の無形文化遺産に登録された「ドイツ協同組合の理念と実践」の事例で見たように――SDGsの実践を通じて「協同組合の人間的，社会的な価値あるいは価値観」を実体化しようと努力するからである．要するに，協同組合とそのステイクホルダーは協同組合の存在理由を――再びヘーゲルの「承認の必要性」を捩って言えば，「人びとの協同組合に対する期待」・「人びとに対して協同組合が果たすべき役割」・「人びとに対して協同組合がなし得ること」の何であるかを――明確に理解し，認識することで「協同組合の事業と運動の社会的文脈」を自己意識化して「人びとと共にある自己自身を知る」のである．「ヘーゲル観念論の三つのテーゼ」は，「精神は『われわれ』であり，『歴史』であり，そして『歴史のなかで自己を知る』である」と言われているが，そう

であるならば，協同組合ステイクホルダーは，近・現代の協同組合の事業と運動の本質を歴史のなかでこそ知り，認識することが可能となるのだと私には思えるのである．そしてそれには「協同組合の文化」が一役買っているに違いない，と私は確信するのである．

## 4．「文化」を支える「社会」とは

### (1) 「文化の主題」は何か

　さて，私が「はじめに」で言及した二つの「『文化』考」は，いわば身近な「文化」考であったが，それでもそれらは私にあることを気づかせてくれた．それは，「社会と文化が共有している物事」を，あるいは「社会と文化の共通項」を，もっと言えば，「社会と文化との密接な関係性」を捉えること，これである．このことは，われわれが「協同組合の文化」を認識する際にも強く意識すべき観点である，と私には思える．というのは，文化の主題は，われわれに「人間の世界」（the human world）を考察するよう求めるからである．

　先に述べたように，私にとって，「文化の主題」の一つは，例えば，「協同組合の文化」が「個々の協同組合の総計を超え出る社会的，経済的な利益や価値（観）を人びとにもたらす社会的因子であることの事実を示す」ことである．具体的に表現すれば，「仮に100の協同組合が連帯・連携／協力・協同して事業と運動を展開するならば，それは，個々別々の100の協同組合が個々別々に発揮する経済的，社会的な能力を大きく超え出る能力を発揮して社会関係資本（social capital）の発展に大きく貢献する」，ということになろう．

　国際的な視点からそのような「協同組合の能力」を示すならば，先に言及したMDGs（ミレニアム開発目標）において世界の協同組合がその能力を明示したように，またMDGsの結果を受けて2015年に採択されたSDGsに再び協同組合の経済的，社会的，そして文化的な能力が発揮されるとするならば，「協同組合の文化」の本質が，したがってまたその実体が世界の人びとに一層明確に示されるであろう，と私は考えている．その意味で，UNRISDやILO，それにユネスコなどの国連機関とICAなどのNGOによって構成された「社会的連帯経済タスクフォース」が，世界の協同組合，社会的企業，それにソーシ

ャル・ビジネスなどと連帯し連携することで地球的規模の「社会的連帯経済」の基盤を構築し得るとすれば，世界の人びとの目は協同組合の経済的，社会的，そして文化的な能力を確かなものだと理解し，認識するであろう．このように，現代グローバリゼーションの下において，多くの市民が「協同組合の文化」の存在理由をそれぞれの社会のなかにはっきり見出すようになれば，彼らは協同組合の普遍的な特質を，すなわち，「協同組合それ自体の存在理由」をもまた明確に理解し，認識するようになるだろう，と私は期待している．

　だが，われわれは時として，「文化」を「獲物漁りの概念」と特徴づけたテリィ・ラヴェル教授から，われわれの「文化の概念」について注意を促されるかもしれない．なぜなら，彼が強調しているように，われわれは「さもなければ，何でも彼でもが『文化』であると解釈しようとするわれわれの性癖のために，文化の概念から分析的，論理的な思考の価値を奪い取ってしまう」かもしれないからである[25]．その点で，「何でも彼でも『文化』であると解釈しようとする」われわれ自身の悪しき性癖を避けるよう厳しく問われることは，一方で協同組合を通じて「文化と社会の相互関係」を——したがってまた「文化と経済と政治の相互関係」を——意識すること，他方でまた——単なる専門知識でも単に誰もが知っている知識でもない——「健全で実際的な判断力」に基づいた「誰もが共有し得る意識」，すなわち，「コモン・センス」を拡げかつ深化させていく機会を社会に提供するよう意識することである．

### (2) シチズンシップと文化

　私は本論を「今なぜ『協同組合の文化』なのか」との問いかけを以て始めた．その意図するところは，先ずは「文化とは何か」を，次いで「社会と文化の相互関係」を，そして「協同組合の文化」の普遍的な特質・特性 (ethos) を理解し，認識することである．

　ところで，われわれは「文化」(culture) をどのように理解し，認識しているのだろうか．例えば，私は，私が翻訳したキース・フォークス教授の『シチズンシップ』(*Citizenship*)「第1章　シチズンシップの理念」の，既に触れたセンテンスの一部である「統治は，社会秩序を創り出し，それを維持し，また物質的資源を分配し，文化的資源を活かしていく，という人間本来の要求に関

係する」の最後の個所の訳を「物質的資源を分配し，文化的資源を活かしていく」とした．というのは，日本語としては，「物質的資源を分配し」は一般に用いられる言い回しであるのに対し，「文化的資源を分配する」はほとんど用いられない言い回しであるからである．実は，このことは，われわれが「文化」をどう捉えているのか，すなわち，「文化」についてのわれわれの理解と認識のあり様に関係してくる，と私は考えた．そう考えた末に私は，「文化的資源はただ単に分配（配分）されるのではなく，人びとの日々の生活や労働のなかで想像されかつ創造されて，日々の生活と労働に活かされていく」のだと「文化」を社会的に位置づけて，「活かしていく」と訳したのである．

シチズンシップは基本的に政治学の分野に属するので，この言葉（用語）は政治学者の目からはさほど問題になるような言葉ではないかもしれないが，協同組合学を追究している私にとってはそうではない．「文化」は単なる「分配（配分）可能な量的なもの」ではないからである．そのことは次の文章に——最後の二行の文章も含めて——目を通せば理解できるであろう．実際，この文章は——ユルゲン・ハーバーマスの言葉を借りて言い替えれば——民主主義を基礎とする「コミュニケーション・コミュニティとしての協同組合」のヒューマン・ガバナンス人間的な統治に欠くことのできない協同組合人の基本的なステータスを論じてもいるのである[26]．

　　シチズンシップは，常に互恵的な理念であり，それ故にまた社会的な理念でもあるのだ．シチズンシップは，他者に対する責務と義務的拘束から個人を解き放つ一連の権利ではまったくない．権利は常にその承認とメカニズムのための枠組みを必要とするのであって，その枠組みを通じて権利は行使され，実現されるのである．裁判所，学校，病院それに議会などを含むそのような社会的枠組みは，市民のすべてがその枠組みを維持する役割を果たすよう求める．このことは，シチズンシップが権利だけでなく義務や責任も包含していることを意味する．実際，権利が公式に表現されなくても，社会が公正にその機能を果たすことは十分考えられる．しかしながら，コミュニティのメンバーが義務や責任の意識を持たないとすれば，安定した人間的なコミュニティを想像することは難しい．それ故，シチズン

シップは人間的な統治のための優れた基礎となるのである．
　統治は，社会秩序を創り出し，それを維持し，また物質的資源を分配し，文化的資源を活(い)かしていく，という人間本来の要求に関係するのである．

　私は「市民の権利と責任（義務）」について述べているこのセンテンスの文意を次のように読み取り，理解し，認識した．すなわち，

　　市民の権利は「裁判所，学校，病院，議会などを含む社会的枠組み」を通して行使されるのであるから，すべての市民はかかる社会的枠組みを維持する役割を果たさなければならない．このことは，われわれ市民はその権利を行使するための社会的枠組みを維持する重要な役割を果たさなければならない，とのことを意味する．要するに，「市民の権利と責任・義務は対立するものではなく，相互に補い合うものである」と言われるのは，この意味においてである．別言すれば，これは「市民がその権利を行使するための社会的枠組みを維持する役割（市民の責任・義務）が市民自身によって遂行されてはじめて，市民であるわれわれには安定した人間的な生活と労働が可能となる」との社会における市民の役割の重要性に言及しているのである．このような観点こそ，「人間的な統治」(ヒューマン・ガバナンス)をして，われわれにより良い社会制度を支える市民の役割の重要性を明確に理解させ，認識させ，そして意識させる「市民のステータス」としてのシチズンシップに外ならないのである．

　このように，市民としての「コミュニティのメンバー」が「人間本来の要求に関係する物質的資源を適正に配分し，また文化的資源を適切に活かしていく」役割を果たすこと，これもまたシチズンシップの概念なのだとフォークス教授は述べているのである．そしてこのことは，市民の「生活と労働」と地域コミュニティの「持続可能な発展」との質的向上の諸条件を再生産する役割を負っている協同組合にも当て嵌まるのである．
　こうして観ると，「シチズンシップ」（市民のステータス・市民であること）の概念は「文化」の概念と同様に多様である．とはいえ，シチズンシップには

際立った特徴がある．それは，民主主義に関係する「市民の自治・権利・責任・参加」に基礎を置く「参加の倫理」の実体化であり，したがってまた「上意下達の承認受諾関係」を拒否する市民の能動的ステータスを意味し，さらには市民の生活と労働を豊かにしていく合意形成を社会的かつ政治的に成し遂げ，それを持続させる「強固な正当性を有するアイデンティティ」を提供することである．このような観点からシチズンシップの概念を示すとすれば，次のように表現することができるだろう[27]．

> シチズンシップは，われわれ個人一人ひとりを平等に処遇せよと要求することによって，社会秩序を脅かすかもしれない社会的な緊張関係の原因を打ち消すことができる．シチズンシップは権利，義務および責任を包括する一連の政策を通じて，また社会生活の利益と負担を共有することによって，諸資源を公正に配分し，有効に管理運営する方法を提示するのである．

かくして私はシチズンシップをこう理解した：市民である個人一人ひとりは，お互いに「人間の尊厳」を承認し合い，かつ「個人的行為の社会的文脈」を認識し合うことによって「個人的行為と社会的実践とは相互に依存し合う」ことを自己意識化していく．個人はまた市民として「権利を行使し，責任・義務を遂行する」ことにより民主主義に必要な諸条件を再生産する「人間的な諸関係」を創り出す．こうして，個人一人ひとりは自己のアイデンティティを豊かにすることで創意に富んだ行為者となるのである．そこで私は，われわれ一人ひとりが市民としての自己自身を自立・自律させるシチズンシップの概念を次のように提示する[28]．

> シチズンシップは，市民の一連の自治と権利と責任・義務をそのなかに包み込む参加の倫理に基づいて平等と正義・公正を実現する社会メンバーシップ（構成員）の行為，行動，活動である．

このことを確認して，次に私は，市民たる個人一人ひとりの生活と労働の社会的文脈に関わる「文化」に言及する．

### (3) 文化を貫く共通のテーマ

　文化は多様である．一般的に，われわれの知っている文化には先ず「大文字のC」で始まるCulture，すなわち，芸術（Art），教育（Education），それに高度な知的素養を必要とするその他の知的業績（Intellectual Achievement）がある．これらは，洗練された上質の優雅さや精巧さに基づく文化であって，生活様式とその価値（worth）の階層性を表現している．これらの文化の展開は，社会の進歩・発展のプロセスとして認識される，ある種の「人間の歴史」に関わる評価の中心に位置している．またこれらの文化は「典型的には民族（ethnicity），階級（class），そして所在地（locality）といった観点から確認される，多様な人びととの間で営まれてきた生活様式に見られる相異の形式を示す文化として共有される」意識を育む[29]，とリチャード・ジェンキンズ教授は述べている．マックス・ウェーバーが論じたように，それぞれの人びとのそれぞれの文化は，それぞれ異なる影響をそれぞれの人びとに及ぼすのであるから，ある人びとの文化と他の人びとの文化は異なる文化なのだと人びとによってみなされるのであり，したがって，コモン・センスの観点からすれば，人びととはお互いに別々に行為し行動し活動しようとするであろう．なぜなら，彼らの行為・行動・活動は彼らの「文化」によって決定されるからである[30]．

　文化はまた「自然」と向き合うことによって，その意義を明確にする．ジェンキンズ教授は，このことを次のように論じて，「文化の本質」をわれわれに教えてくれている[31]．

　　文化は確かに人工的・人為的（artificial）であって，人間によって生み出され，創り出された産物であり，人びとが成し遂げた成果である．……文化は，したがって，われわれの自然的本能，われわれの本性（nature）の卓越さを超越していくことの表現であり，象徴である．その意味で，人間の本性（human nature）は文化の対立物として理解されるであろう．（中略）文化はまた人間と動物との相違を特徴づけるものとして示される．すなわち，人間は文化を持っているが動物は持っていない．その意味で，この文化の基礎は言語によるコミュニケーションである．すなわちそれは，近未来にはまだ存在していないであろう物事を象徴化する能力であり，またそ

れらの象徴を巧みに操作する能力でもある．（中略）

　文化の真の本質は，直接的，即自的な集団を超え出た，協力し協同する関係（co-operative relations）を確立した人間性豊かな共同体（human collectivities）同士の拡大されたコミュニケーションを確立する基本的な必要条件を創り出すことである．だが，このような能力は自然に創り出されるものではないのであるから，……すべての物事が個人一人ひとりの人間的な発達プロセスの一部として習得されなければならない．われわれが知っていることのほとんどは，何よりもまず，われわれは教えられなければならない，ということである．

イギリスにおいて文化論が社会的に取り上げられるようになってきたのは19世紀後半から20世紀初期にかけての時期であった．なかでも「文化人類学の祖」と称されている人類学者のエドワード・タイラー博士（1832-1917）の文化論は，ある意味で「簡潔にしてかつ奥深い」と言うべきか，彼は次のように「文化」を語っている[32]．

　文化とは，簡単に言えば，人びとが行為し行動して創りあげるすべての物事である．それは，人間の生活と努力のあらゆる側面でもある．言語からスズ製の缶切りや栓抜きまで，道端の家畜小屋からベートーヴェンまで，核兵器から貨幣まで，……そのリストは数えきれない．トイレの衛生はアリストテレスと同じ程に文化的なのである．文化についてのこのような理解・解釈は，依然として「人間の世界」（the human world）についての人類学的存在論の重要な基礎である．文化がさまざまな文化に分かれていくにしたがって，「人びとの世界」（the world of humans）についての理解や解釈もまた——文化の分化を横目で見ながら——非常に心地よさそうに座しているのである．

タイラー博士のこのような「文化」論は現代の「文化」論に類似しているかもしれない．というのは，既に言及した，「文化」を「獲物漁りの概念」と特徴づけたラヴェル教授の指摘と同様に，タイラー博士にも「何でも彼でもが

『文化』であると解釈しようとする性癖」が見られるように私には思えるからである．その意味でまた，文化論は中々に難解な学問だと私には思われる．それでもここで，ジェンキンズ教授の示唆に従って，これまで言及してきた「文化」を貫いている共通のテーマを簡潔にまとめると，次のようになるだろう[33]．

(1) 文化は，最も信頼できる人間味豊かなものであり，人びとの複合的なコミュニケーションと，人びとの間の諸関係を受け止めるわれわれの能力とに根ざした物事(ものごと)を遂行する人間に特有な方法である．
(2) 文化は，それ自体のなかに，制御(コントロール)された発展と変化・変革の影響を取り込む．すなわち，文化は，そう言ってよいならば，個人一人ひとりが有為な人間に成長していく媒体である．
(3) 文化はまた，人間の協同性（共同性）を区別し，識別する実体であり，またある行為・行動・活動と他の行為・行動・活動に関わるそれらの特徴的な様式(パターン)を区別し，識別する実体である．

## (4) 「文化」と「社会」

これまで述べてきたように，文化は社会のなかで生まれ，創造され，発展するのであるから，文化についてわれわれの間でおそらく一致し得る論点は，先に引用したジェンキンズ教授の次の指摘にあるだろう．すなわち，(1)文化は人間によって生み出された産物であり，人びとが成し遂げた成果である，(2)文化の基礎は言語によるコミュニケーションであり，近未来にはまだ存在していない物事(ものごと)を象徴化する能力である，(3)文化の真の本質は，直接的，即自的な集団を超え出た，協力・協同を確立した人間味のある共同体同士のコミュニケーションを確立する基本的な必要条件を創り出す，そして(4)ある文化に関わるすべての物事が，個人一人ひとりの人間的発達のプロセスの一部として習得される，というものである．そこで，これらの論点と先にまとめた三つの共通のテーマを前提に，現代の文化と社会の関係に言及してみよう．

今では多くの人たちに知れわたっている事実であるが，1988年5月に当時のイギリスのマーガレット・サッチャー首相が，スコットランド国教会長老派

の総会で「イギリスには社会というようなものはありません」(There is no such thing as society in Britain) と演説し，イギリス市民を驚かせた．彼女は，一体，この言葉を以て何を言わんとしたのか，その真意を私もいささか知るようになった．一言で言えば，それはまさに，彼女の「新保守主義政治」と「新自由主義経済政策」に基づいた，社会的，経済的な競争場裡で生起した諸結果のすべてを「自己責任」として「あなた方」は受け入れなければならない，との彼女のメッセージであったのである．換言すれば，サッチャー首相のこの言葉は，市民の誰かが社会的に「包摂」(inclusion) されるのであれば，他の誰かが「排除」(exclusion) されるだろう，との彼女の「社会意識」の観念を表現していたのである．

しかしながら，サッチャー首相の観念の表現とは反対に，イギリス市民の多くは，「より良い社会を創り上げ，そこで子どもたちが成長してくれることを願う」という社会意識の表現の意味を熟知していたのであるから，「イギリスでは，彼女の表現と同様な観念や言葉は永久にマーガレット・サッチャーを連想させるであろう」[34]，と今でも思われている．

ミセス・サッチャーがイギリス市民に投げつけたこの言葉について，ジェンキンズ教授はこう論じている[35]．

　この言葉の意味するところによって呼び起こされる物事（ものごと），それは生活全般に関わって協力し協同する人びとの意識 (sense) とその本性 (nature) である．言い換えれば，社会的なメンバーシップの意識と社会的な帰属意識であり，人びとがお互いに期待し合い支え合う意識，責任・義務を自発的に担う意識，そして（人びとの間で合意されてきた）規範を守る意識であり，また地域の制度や慣行など既成の規範的な行事や活動に参加し関わっていく意識，さらには急を要する仕事や事業よりもずっと幅広くかつ共通する物事に関わる意識である．これを要するに，社会というようなものはあります という意識，これなのである」(A sense that there is such a thing as society).

われわれ個人一人ひとりは，生活世界のさまざまな生活空間においてさまざ

まな物事に関わり,参加することによって「共有する意識」を育み,自らの生活様式(ライフスタイル)を創り出しつつ「社会」というものを形成していくのである．われわれが一般に「文化」と呼んでいる「民衆文化」は,そのような「社会というようなものはあります」という環境のなかで生まれ,創造され,発展してきたのである．

　しかしまた他方で,われわれは「消費(者)社会」(consumer society)や「情報(化)社会」(information society)といった言葉で括(くく)られる表現(レトリック)に無意識のうちに追従(ついじゅう)し,「人間の集合体」(human collectivity)にさえ最も抽象的な観念が擦り込められてしまうことに気づかずにいるかもしれない．そうであるならば,「社会の正当かつ対等平等な構成員の資格(メンバーシップ)を享受している」市民として,われわれは現実の「社会」とどう向き合って生活し労働するのか,したがってまた「自らの権利を行使し責任(義務)を履行する」ことを通じて,個人の尊厳を認め合い,「個人的行為の社会的文脈」を確認し合い,協力し協同して「社会の人間的なガバナンス」を支える共同の責任を遂行する諸条件をどう再生産していくのか,確かめ合わなければならないだろう．市民社会のなかで生まれる「文化」は,われわれ市民のこのような努力のプロセスのなかで創り出されるのである．実際のところ,われわれの生活世界にあっては完全に抽象的で純粋な物事など存在しないのである．

　かくして,このように「社会」のコモン・センス的な意味を考察することによって,次の三つの特徴点が浮かび上がってくる[36]．

(1)　各人は,たとえ間接的な関係であるにしても,意味のある何らかの方法でお互いに結び合う「人びとのネットワーク」に関わっていく,

(2)　ところが,そこに「社会の構成員の資格(メンバーシップ)」の基準が引かれると,往々にして人びとの間に社会的包摂と社会的排除の境界——すなわち,包摂と排除の限界状態——が作り出されてしまい,排除の論理が生まれ,継続される,

(3)　そこで,各人は再び協力・協同して,さまざまな問題や課題に対応し,それらを解決する方法について議論し,合意して,解決に向けての行為・行動・活動と組織の具体的かつ特有な形式と制度(システム)についてのコモン・セ

ンスを，すなわち，「共有すべき意識」を確認し合い，社会的排除の諸要因を取り除いていく．

　これらの三つの特徴点についてわれわれが考慮すべき点，それは，「イギリスには社会というようなものはありません」と豪語したマーガレット・サッチャー首相の「社会」の観念と人びとの「社会」のコモン・センスとが，明確に相異していることをわれわれが認識することである．なぜ彼女は「イギリスには社会というようなものはありません」と言い放ったのか．その質問にジェンキンズ教授は分かり易く答えてくれている[37]．その前に私の「回答」を簡潔に示せば，「社会は『抽象的実在』である」，これである．これこそが「社会」を捉える出発点であり，したがってまた「文化」を捉える出発点なのである．

　われわれはお互いに「社会」を構成している個々の人たちを見たり，触ったり，彼・彼女たちに耳を傾けたり，彼らの好みを知ったりすることで，彼らの生活のあり様を知る（匂いを嗅ぐ）ことができるが，しかしながら，われわれは社会を見たり，触ったり，社会に耳を傾けたり，社会の好みを知ったり，すなわち，社会の匂いを嗅いだりすることはできない．このことが，部分的に，「社会というようなものはありません」との，ミセス・サッチャーのある種の観念（sense）の理由を説明してくれている．われわれにとって「観察可能な現実」が，ミセス・サッチャーにとっては「社会は個々の人たちが生活しているのと同じように存在しているのではない」との意識になってしまうのである．

　一方での協力し協同しようとするわれわれの明確な意識と，他方での社会のような捉えどころのない実体との間にあっては，われわれの関心事それ自体がわれわれ自身を板挟みの状態に置いてしまう．この袋小路から抜け出す方法は，人間はなぜ——同じことであるが，少しでも——社会（の現状）について話し合い，議論し合わなければならないのか，その理由を問い，回答を提示することである．そうすることで，人びとは緊急を要する数多くの問題に取り組むことになり，人びとは，われわれが常日頃直面している現実の課題や問題に関わっていくことになるのである．

ジェンキンズ教授の回答に見られるように，実は，個々の人びとがこのように思考し，行為し，行動し，活動すること，このことが民主主義を高めていくことになるのである．それ故，人びとが協力し協同する組織においてしばしば見られる現象であるが，それは，それらの組織の個々のメンバーが変わっても，またそれらの組織がそのルールに基づいて変更されても，それらの組織が民主主義に支えられている限り，組織の機能は長期にわたって存続する，ということなのである．協同組合学の視点からこのことを次のように言い換えることができるだろう．すなわち，その組織の活動は，①すべてのメンバーが日常的に共有している意識（common sense）に基づいている，②メンバーシップ（メンバーの権利と責任）を有意義なものにしている，③協力し協同するという意識を確かなものにしている，そして④メンバーの行為・行動・活動を民主主義的に実行する形式と制度（システム）が優先されている，これなのである．

## 5．むすびに代えて：協同組合の文化

### (1) 協同組合の文化

　先に私は，「協同組合ステイクホルダーの MDGs への貢献」の根本思想が「協同組合の事業と運動の理念（イデー）とアイデンティティ」にあることを示唆しておいた．したがって私は，協同組合がその事業と運動における理念とアイデンティティを世界の人びとに明らかにしてきたプロセスもまた書き加えておかなければならないだろう．なぜなら，協同組合の事業と運動は，「協同組合アイデンティティに関する ICA 声明」（1995 年の ICA マンチェスター大会）が明示しているように，いわば「協同組合の事業と運動の歴史的賜物」としての「定義・価値・原則」に基づいて展開されているからである[38]．とりわけ協同組合の「価値」は，19 世紀 30 年代から 21 世紀の現代にかけて協同組合のステイクホルダーによって生み出され，蓄積され，試（ため）されてきた協同組合の事業と運動の「形式（フォーム）と制度（システム）」の基礎であり，かつ「協同組合の文化」の根源を表現しているのである．

　ここで私が言っている「協同組合の文化」とは，協同組合の理念やアイデンティティ，それにイデオロギーとに基づいて展開される協同組合の事業と運動

の価値(観)を共有する「形式と制度」であり，したがってまた，その形式と制度に基づいて協同組合の組合員や役職員などステイクホルダーによって組織化される社会的プロセスの特徴的な行為・行動・活動の普遍的な特質・特性(ethos)を意味する．その点で，協同組合にとって自らの文化の重要性は言うまでもないことである．ただし，すぐ前で示唆しておいたように，「協同組合の文化」には，協同組合のエートスと他の異なる文化の組織との関係を説明するイデオロギー的枠組みもまた含まれる．その意味で，「協同組合の文化」の概念は，基本的に組織的なレベルにおいて適用されることになるのである[39]．

既に引用した言葉であるが，一般に，「ある文化は，ある人びとが社会的，経済的，政治的な諸問題を解決するための努力の結果として生まれる」と，言われている．また「ある人びととはある文化を維持するために，特定の制度的，構造的な支柱を維持しなければならない」との言葉も聞くことがある．このように，「文化」という言葉は「人びとの生活と労働における努力のプロセス」を言い表してもいる．すなわち，「文化は，その支柱が変われば，それに伴って変化していく」のである．実は，このことは，「文化が人びとの問題解決の努力から生まれる」にしても，その文化が人びとにとって問題解決への最良の方法を示唆しているとは限らない，とのことを意味しているのである．そう！文化は完全なものではなく常に現れ出るものなのである．要するに，人びとは，自らの生活世界がどのように動いているのか，また動かされているのか，したがってまた「自分たちはどのように行動すべきか」を常に考え巡らせてその発展方向を捉える必要がある，ということでもあるのだ．このような社会学習的な文脈のなかから，人びとは自らの「生活と労働」の選択肢を評価して決定を下すのである．われわれはこの枠組みを「文化」と呼んでいるのである[40]．

そこで私は，これらの「文化」論を視野に入れて，協同組合の「組織文化」を，ホワイト夫妻（以下，夫妻）が *Making Mondragon*（佐藤・中川・石塚訳『モンドラゴンの創造と展開』）で追究した「モンドラゴン協同組合の文化」を参照にして簡潔に考察する．

夫妻は「モンドラゴン（協同組合）を理解するためには，その文化を維持し，またその能力が適応性をもって変更できるよう影響を与える組織文化を理解する必要がある」と強調する．そこで，ここでは夫妻が論究した「モンドラゴン

協同組合の組織文化」に言及することで「協同組合の文化」の「本質的な要素」を探ってみることにする.

夫妻は次のように論じる[41].

> モンドラゴン協同組合の文化は，確かにバスクの人びとの民族文化と無関係ではない．しかしながら，モンドラゴン協同組合を単にこの民族文化の産物である，とするいかなる試みも非常な歪曲であり，過度な単純化である．モンドラゴン協同組合の指導者たちは，バスク文化の諸要素のなかから選択しつつ彼らの評価した諸要素の側面を強化し，未だ存在していない別の要素を創り出すためのサポート・システムを工夫したのである．こうして，彼らは独特な組織文化を創り出したのである．

夫妻の言うサポート・システムとは「(モンドラゴンの) 文化を維持し，またその文化の能力が適応性を以て変更できるよう影響を与える組織文化」のことである．要するに，モンドラゴン協同組合の文化の特徴の一つは，協同組合の事業と運動に適応可能な「バスクの民族文化の能力」を取り入れて，独自の組織文化を定着させたことである．例えば，「組合協議会」であるが，これは，協同組合の「統治」の手段の一つであって，「多くの組合員の批判に出会った」が，それでも「労働者」としての組合員を代表する機能に加えて，「組織的な自己評価」が適用される機能もまた有している．その点で，この組合協議会は協同組合における重要なネットワークの役割を果たす「組織文化」を代表するものなのである[42].

モンドラゴン協同組合の指導者たちは，労働者組合員の思考や感情に注意を払いつつ主要な提案と決定を行っている．指導者と組合員の間では，特定の問題について対立する見解や意見はしばしば見られるが，重要なことはその「対立」を解決することを通して，「活気ある社会的，経済的，技術的な発展を追求できる組織文化を創り出したことがモンドラゴンの強さである」[43]と夫妻は述べ，さらにその一つが指導者と労働者組合員との間で社会的な過程と行動を同時に形成するための「認識的枠組み」を設定し，両者が「共有し得る意識」を創り出したことであると論じて，その基礎となる「基本的価値」を示し

た[44]．

### (2) 基本的価値

**平　等**：すべての人間は平等な権利と義務（責任）をもって生まれる．この平等が意味することは，「社会階級や地位の格差」ではなく，協同組合における個人間および組織間の関係に基づく最小限の区別を承認することを意味する．

**連　帯**：協同組合の組合員は生活と労働において公正，平衡，均衡を重んじる．この連帯の概念は協同組合間に，また単位協同組合と支援組織との間にも適用される．さらにこの概念は組合員と協同組合との間の，また各協同組合とバスク・コミュニティの，したがってまたバスクの一般の労働者との間の関係にも適用される．

**労働の尊厳**：この価値は上記二つの価値とも関係している．ブルーカラーであれホワイトカラーであれ，人間の労働には尊厳があるし，またなければならない．

**参　加**：組合員は，自分たちに関わる政策決定について審議に参加する権利を有し，また参加する義務（責任）も有している．

### 目　的

**仕事（雇用）の創出**（Job Creation）：これは第一義的な目的である．協同組合は「仕事（雇用）の創出」に絶えず取り組み続ける．

**雇用の保障**（Employment Security）：組合員は定年まで雇用が継続される．しかし，これは「特定の職種」に就いていることの「無限の権利」を保持することを意味しない．また経済活動は，流動的であることから，特定の職種が無限に保障されることはあり得ない．経済的進歩は必然的に特定の職種の排除を伴うので，協同組合は同時に適正な数量の仕事（雇用）を創出しなければならない．すなわち，「雇用の保障」の取り組みは，同時に「仕事の創出」の取り組みを含むことになる．

**人間と社会の発展**（Human and Social Development）：われわれは，仕事（労働）を人間的なものにすることの重要性および組合員の社会的な成長を育成する必要性について論じている「多様な資料」の存在を熟知している．

**自治および自主統治**（Autonomy and Self-governance）：国内外の経済状況に対処するために，共に結びつき，相互支援のための自治および自主統治の組織的発展に取り組む．
　**経済的進歩**：モンドラゴン協同組合の指導者たちは，「利益の追求」を組織の根本的な目的としてきたのではなく，必要かつ不可欠ではあるとはいえ，「限定的な一条件として利益・剰余を生み出す」ことを承認している．財政的成功に基づく「強さ」なしに多様な目的を達成することは期待され得ないからである．

　この「認識的枠組み」は，一種の「協同組合の文化」モデルである，と私は考えている．ホワイト夫妻は，この「認識的枠組み」には「9つの指導原則」，すなわち，「均衡，未来への方向，組織的自己評価，開放性，政治的多元性，情報の自由，協同組合間の補完，協同組合グループの形成，それに規模の制限」が伴うことを指摘しているが，本論では，紙幅の都合もあり，「協同組合の文化」研究にとって不可欠である――と私には思われる――「組織の設立に関わる基本的価値，組織の目的についての理念とアイデンティティの組み合わせ」を優先させたことを断っておく．そこで最後に，「協同組合の文化」研究の意義を再認識するために，ホワイト夫妻が論究した「モンドラゴンの組織文化の意味」の一節をここに付しておく[45]．

　　協同組合の組織文化の諸要素は相互に共生し合い，補強し合う必要がある．文化の諸要素は，行き当たりばったりに規定された望ましい諸条件を表現することではないし，また文化は企業の政策文書のなかで開陳されるような，これぞ信じて疑わない「信奉理論」から成るものでもない．「協同組合の文化」の本質は，その行為・行動の研究によって推論される．協同組合が備え持っている本来的な機能や役割を活かしていく「活用理論」を導き出す，というものである．したがって，協同組合の「企業文化」は，組合員のために，彼らの行動指針やより一層の研究・討議のための判断基準を提供するものである，ということになろう．
　　われわれは，ある組織の文化のなかで働こうとする人たちはその文化を

発展させる役割を担うことが求められる,と考えている.にもかかわらず,モンドラゴン協同組合の文化を構成するいくつかの要素は,他の協同組合においても応用性を持ち得るかもしれない,とも考えている.とりわけ重要なそれらの要素の一つは「協同組合の未来の方向づけ」である.すなわち,協同組合組織の指導者たちは,未来のいくつかの目的概念と関係づけて現在の活動を方向づけなければならない,ということである.それにこの「未来の方向づけ」と結びつけられる組織的な自己批判もまた重要な要素である.なぜなら,政策決定に効果的に参加するためには,組合員と指導者たちは緊急の決定を要する諸事項から一歩後退することができなければならないし,自分たちの組織が機能してきたあり方について批判的な見直しができなければならないからである.(中略)

　われわれは,モンドラゴン協同組合の文化を模倣せよ,と勧めているのではない.いかなる組織の指導者にとっても,とりわけ協同組合の指導者たちにとって重要なことは,緊密な協同組合の組織文化を創り上げるよう試みること,これなのである.

　これまで「協同組合と文化」のテーマの基に主に「文化とは何か」を考察してきたが,私としては,日本における「協同組合の文化」研究は漸く緒についたばかりであると思っている.にもかかわらず私は,本論を進めながら,協同組合の事業と運動が創り出した「協同組合の文化」,とりわけ「協同組合の組織文化」には社会的に追究され,論じられ,語られる意義と意味が大いにあると強調したい.ホワイト夫妻が述べているように,遠からずして日本においても「社会的,経済的,政治的な諸問題を解決するための努力の結果として『協同組合の文化』が生まれたのだ」と多くの人びとに実感させる「協同組合の文化」が確たる根を張るだろうことを私は予期しているのである.

注
1) 2018年8月8日付朝刊.
2) William Foote Whyte and Kathleen King Whyte, *Making Mondragon: The Growth and Dynamics of the Worker Cooperative Complex,* 1988, p. 254.(佐藤誠・中川雄一郎・石塚秀雄訳『モンドラゴンの創造と展開:スペインの協同組合コミュ

ニティ』日本経済評論社,1991 年,321 頁)
3) Richard Jenkins, *Foundations of Sociology: Towards a Better Understanding of the Human World*, 2002, p. 39.
4) *Ibid*., p. 51. なお,私がここで記している「実体」とは,さまざまに変化していくものの根底にあってなお「持続する本質」を意味する.
5) ドイツ協同組合の「ユネスコ無形文化遺産」については,拙論「(巻頭言)無形文化遺産に登録された『協同組合』と『ロバート・オウエンの手紙』(『生活協同組合研究』生協総合研究所,2017.7,Vol. 498,2-3 頁)をほぼそのまま掲載したが,『ロバート・オウエンの手紙(1821-1858)』については,イギリス協同組合運動の歴史的な展開をつけ加えることで「ロバート・オウエンと協同組合運動の関係」を明確に理解できるよう配慮したことを断っておく.
6) 永井義雄「『ラナーク州への報告』解説」(永井義雄・鈴木幹久訳『社会科学ゼミナール:ラナーク州への報告』未來社刊,1970 年)113 頁.なお,永井義雄氏は次のように続けている:「ここにえがかれたユートウピアは,アメリカにおける「ニューハーモニー村」の実験の理論的基礎を提供したのであったが,その失敗後,やはりこの『報告』の一部を理論的基礎とする「労働交換所」もたちまち失敗し,やがてオーエンは,『新道徳世界』にたどりつく.そこでは,「新社会観」における「性格形成原理」が一層くどくどしくのべられてはいるが,かつての生彩にとむ資本主義批判にかわって,人びとの道徳的再生の必要が宗教的語調をもってかたられている.彼の未完の『自叙伝』が,『報告』の時期でおわっているのは興味ぶかいことである.

前半とはまったく逆に失敗で色どられているオーエンの後半生を運命づけたこの『報告』は,しかし,彼の思想的成熟の最頂点をしめすものである.『新社会観』における,法改革による資本主義社会の浄化の観点は,新しい社会組織による克服へとすすんでおり,資本主義批判の深化はかなり明白である.『報告』にいたって,資本主義的生産における分業と賃労働関係とが,社会的害悪の根源であることを,彼は理解した.また彼は,資本主義的生産方法が一定の歴史的役割をもっていたことを,そしてそれがつくりだした巨大な生産力が,ついにはその根底をなす私有財産と,またしたがって階級とをもたぬあたらしい社会制度の出現を,必然にも可能とすることを感知した.イギリス資本主義のまさに確立期において,すでにそれの滅亡を予言し,「全面的変革」を主張したオーエンの功績は,忘れられてはならぬであろう.」113-4 頁.
7) 土方直史著『ロバート・オウエン』研究社,2003 年,97 頁.およびトム・ウッドハウス/中川雄一郎編著『協同の選択:過去,現在,そして未来』生活ジャーナル社,1994 年,17 頁.
8) *Proceedings of the Third Co-operative Congress; held in London, on the 23rd-29th of April 1832*, by William Carpenter, pp. 102-3.
9) T.W. Mercer, *Co-operation's Prophet, Life and Letters of Dr. William King with a Reprint of The CO-OPERATOR, 1828-1830*, Co-operative Union Ltd., Manchester 1947, p. 46.
10) 拙著『イギリス協同組合思想研究』日本経済評論社,1984 年,第三章を参照され

たい．

11) *Proceedings of the Fourth Co-operative Congress, held in Liverpool, on Monday, October 1, 1832*, by William Pare, p. 44. なお，ウィリアム・キングの経済理論および協同組合思想については，同上を参照されたい．
12) キングが「感謝決議」を断った理由は「敬虔なクリスチャンであった彼が協同組合運動の指導者であったことを保守的なキリスト教徒たちから非難されていたからである」と言われているが，具体的には定かではない．それでも，オウエン主義者のウィリアム・ペアーが送った手紙に対する返信をキングは第4回コングレスの議長を務めたトマス・ハーストに送っているので，その手紙からキングの「苦悩」が伝わってくるだろう（T.W. Mercer, *op. cit.*, p. 170）．
13) ここでの私の論定は，土方直史著『ロバート・オウエン』〈イギリス思想叢書9〉研究社，2003年，46-49頁）に依拠している．
14) 同上，47頁．
15) 同上，48頁．
16) 同上，49頁．
17) なお，ニューハーモニー村については，同上，第5章「ニューハーモニーの実験とその挫折」，また協同組合運動，コミュニティ構想，労働公正交換所については第6章「オウエニズムの再生と浸透」，そして「新道徳世界」については第7章「『新道徳世界』への途」を参照されたい．
18) 『生活協同組合研究』生協総合研究所，前掲書，3頁．
19) SDGsの17項目は次のものである：「2030年あるいは2025年，または2020年までに」──(1)あらゆる場所のあらゆる形態の貧困を終わらせる (2)飢餓を終わらせ，食料安全保障および栄養改善を実現し，持続可能な農業を促進する (3)すべての人びとの健康な生活を保障し，福祉を促進する (4)すべての人に（社会）包摂的かつ公正な質の高い教育を保障し，生涯教育の機会を促進する (5)ジェンダー平等を達成し，すべての女性および女児の能力を高める (6)すべての人びとの水と衛生の利用可能性と持続可能な管理を確保する (7)すべての人びとの安価かつ信頼できる持続可能な現代のエネルギーへのアクセスを確保する (8)（社会）包摂的かつ持続可能な経済成長およびすべての人びとの完全かつ生産的な雇用と，働き甲斐のある人間らしい雇用（ディーセント・ワーク）を促進する (9)回復力に富む（レジリエント）インフラ構築，（社会）包摂的かつ持続可能な産業化の促進およびイノベーションの推進 (10)各国内および各国間の不平等を是正する (11)（社会）包摂的で安全かつ復元力に富む持続可能な都市および人間的な居住を実現する (12)持続可能な生産・消費の形態を確保する (13)（2020年までに）気候変動およびその影響を軽減するための緊急対策を講じる (14)（2025年までに）持続可能な開発のために海洋・海洋資源を保全し，持続可能な形で利用する (15)（2020年までに）陸域生態系の保護，回復，持続可能な利用の推進，持続可能な森林の経営，砂漠化への対処，および土地の劣化の阻止・回復，それに生物多様性の損失を阻止する (16)持続可能な開発のための平和で包摂的な社会を促進し，すべての人びとに司法へのアクセスを提供し，あらゆるレベルにおいて効果的で説明責任を伴う（社

会）包摂的な制度を構築する　(17)持続可能な開発のための実施手段を強化し，グローバル・パートナーシップを活性化する．

20) 詳しくは，国際連合広報センター，www.un.org/millenniumgoals を参照されたい．
21) 「ミレニアム開発目標の達成」同上を参照されたい．
22) 柳沢敏勝「いま，なぜ，社会的連帯経済なのか」（日本共済協会『共済と保険』vol. 714，2017. 12，5 頁）．
23) 同上，5-6 頁．
24) 日本協同組合学会編訳『21 世紀の協同組合原則：ICA アイデンティティ声明と宣言』日本経済評論社，2000 年，16 頁．
25) Richard Jenkins, *op. cit.*, 2002, p. 39.
26) キース・フォークス著・中川雄一郎訳『シチズンシップ：自治・権利・責任・参加』日本経済評論社，2011 年，6-7 頁．
27) 同上，7 頁．
28) 同上，20 頁．
29) R. Jenkins, *op. cit.*, p. 52.
30) *Ibid.*, pp. 52-53.
31) *Ibid.*, p. 53.
32) *Ibid.*, p. 54.
33) *Ibid.*, p. 54. なお，ここで言う「実体」とは，注4）の「実体」と同様に，「さまざまに変化していく物事の根底に存在する本質的なもの」を意味する．
34) *Ibid.*, pp. 41-42.
35) *Ibid.*, p. 42.
36) *Ibid.*, p. 43.
37) *Ibid.*, p. 43.
38) 日本協同組合学会編訳，前掲書，16-22 頁．なお「協同組合のアイデンティティに関する ICA 声明のバックグラウンド・ペーパー」(23-50 頁) を参照されたい．
39) ここでの「協同組合の文化」論は，Cf. William Foote Whyte and Kathleen King Whyte, *op. cit.*, pp. 254-265.（日本語訳，前掲書，321-335 頁を参照されたい）
40) *Ibid.*, p. 265.（同上，334-335 頁）
41) *Ibid.*, p. 265.（同上，334-335 頁）
42) *Ibid.*, p. 257-258.（同上，325 頁）
43) *Ibid.*, p. 257-259.（同上，326-330 頁）
44) *Ibid.*, p. 257-256.（同上，326-327 頁）
45) *Ibid.*, pp. 278-280.（同上，353-355 頁）

# あとがき

　私たち「生協の（未来の）あり方研究会」は，特定非営利活動法人「地域と協同の研究センター」において，2009年5月31日に発足してから2019年2月まで計76回の定例研究会を積み重ねてきた．

　研究会の最初の成果として，研究会メンバーの共著『未来を拓く協同の社会システム』（2013年10月）を刊行した．ここでは，生協運動を基軸として協同の社会システムづくりへの期待と問題意識を各位の論考として寄せ合った．この著作は協同組合学会の2015年度の学会賞を受賞したが，そのことは私たちの作業が意味あるものであることを確認できたうれしい出来事であった．

　こうした協同組合・生協研究を継続するとともに，地域と協同の研究センターでは，学びの場として生協職員を対象とする「協同の未来塾」，組合員理事を対象とした「組合員理事ゼミナール」を設置して，組合員，職員に生協の今とこれからを考え合う場を創ってきた．こうした場の担い手として本研究会のメンバーも関わってきた．この関わりもまた組合員や職員との実践的なコミュニケーションの機会になり，研究会の討議を豊かにする役割を持っていたように思われる．その意味で，研究会の継続と成果は，地域と協同の研究センターの事業や活動の中で関連づけられていたからこそ可能になったと改めて思うのである．

　その後，現代社会の課題の深刻化を前に，未来社会を切り拓く生協運動の存在価値をさらに発揮してほしいという期待から具体的な提言を立論構成したいと考え，第2次の共著として本書『協同による社会デザイン』を刊行するにいたった．

　研究者は，各専門分野から協同組合・生協運動への提言としての論考を寄せ合い，生協の実践家は「こうありたい生協運動」への思いを論述し合い，それを1部と2部として編成した．

　現代社会は，資本主義経済システムがもたらす弊害と矛盾の深刻化，そして格差と分断が進行しつつ激しく変化する時代を迎えている．とりわけ，日本社会に

おいては，少子高齢化による人口減少や過疎化の進行からコミュニティの存続危機が問われ，かつ都市部においても新しいコミュニティが求められている．そのような課題を解決するためには，協同と連帯を手段に心と知恵を寄せ合う社会と経済のあり方が大きな役割を果たすであろう．その要素を基底にもつ各種の協同組合や生協運動が果たす存在価値は大きいと考える．

　地域社会の住民，そして地域社会に生きる組合員の願いと期待に応えるためには，協同組合・生協らしい存在価値を発揮して社会革新の進化モデルとして機能する生協のあり方が問われている．平和と自然・環境を守り，人間らしいくらしと社会，そして社会文化をめざす方法として「豊かな協同」が活かされていくことを願う．

　　　　　　　　　　　　編者　小木曽洋司・向井清史・兼子厚之

## 執筆者紹介 (章順. ＊編者)

＊小木曽洋司（序章Ⅰ，第1章）
　　中京大学現代社会学部教授．地域社会学

＊向井清史（第2章）
　　名古屋市立大学大学院経済学研究科特任教授．非営利経済論，地域政策

朝倉美江（第3章）
　　金城学院大学人間科学部教授．社会福祉学

近藤充代（第4章）
　　日本福祉大学経済学部教授．社会法学，民事法学

加賀美太記（第5章）
　　就実大学経営学部准教授．経営学

＊兼子厚之（序章Ⅱ，第6章）
　　元地域と協同の研究センター理事

磯村隆樹（2部Ⅰ）
　　生活協同組合東海コープ事業連合常務理事

牛田清博（2部Ⅱ）
　　元生活協同組合コープあいち執行役員

森下　智（2部Ⅲ）
　　生活協同組合コープみえ執行役員

河原洋之（2部Ⅳ）
　　生活協同組合コープぎふ参与

向井　忍（2部Ⅴ）
　　生活協同組合コープあいち理事長補佐

中川雄一郎（補論）
　　明治大学名誉教授

上記の執筆者のうち，中川雄一郎氏および加賀美太記氏は本書発刊において特別執筆者として研究会に加わり執筆いただいた．その他の執筆者は，「地域と協同の研究センター」の「生協の（未来の）あり方研究会」メンバーである．

特定非営利活動法人　地域と協同の研究センター
〒464-0824　名古屋市千種区稲舟通1-39
TEL. 052-781-8280／FAX. 052-781-8315
ホームページ http://www.tiiki-kyodo.net/

## 協同による社会デザイン

2019年4月25日　第1刷発行

定価（本体3600円＋税）

編　者　小木曽洋司
　　　　向　井　清　史
　　　　兼　子　厚　之
発行者　柿　﨑　　　均
発行所　株式会社 日本経済評論社
〒101-0062 東京都千代田区神田駿河台1-7-7
電話 03-5577-7286　FAX 03-5577-2803
E-mail：info8188@nikkeihyo.co.jp
振替 00130-3-157198
装丁・渡辺美知子　　印刷・文昇堂／製本・根本製本

落丁本・乱丁本はお取り換え致します　Printed in Japan
Ⓒ Y. Ogiso, K. Mukai and A. Kaneko et al. 2019
ISBN978-4-8188-2528-4 C0036

・本書の複製権、翻訳権、上映権、譲渡権、公衆送信権（送信可能化権を含む）は、㈱日本経済評論社が保有します。
・JCOPY 〈(一社)出版者著作権管理機構 委託出版物〉
・本書の無断複写は著作権法上での例外を除き禁じられています。複写される場合は、そのつど事前に、(一社)出版者著作権管理機構（電話 03-5244-5088, FAX03-5244-5089, e-mail:info@jcopy.or.jp）の許諾を得てください。

協同組合のコモン・センス　　　　　中川雄一郎　本体2800円

格差社会への対抗―新・協同組合論―
　　　　　　　　　杉本貴志編／全労済協会監修　本体2100円

協同組合　未来への選択
　　　　　中川雄一郎・杉本貴志編／全労済協会監修　本体2200円

協同組合を学ぶ
　　　　　中川雄一郎・杉本貴志編／全労済協会監修　本体1900円

明日の協同を担うのは誰か―基礎からの協同組合論―
　　　　　　　　　　　　　　　　　佐藤信著　本体3000円

非営利・協同システムの展開
　　　　　　中川雄一郎・柳沢敏勝・内山哲朗編著　本体3400円

21世紀の協同組合原則
　　―ICAアイデンティティ声明と宣言―
　　　　　　　　ICA編／日本協同組合学会訳編　本体1400円

未来を拓く協同の社会システム
　　　　　　　小木曽洋司・向井清史・兼子厚之編　本体3200円

日本経済評論社